絵と写真で見る

足利将軍の城館

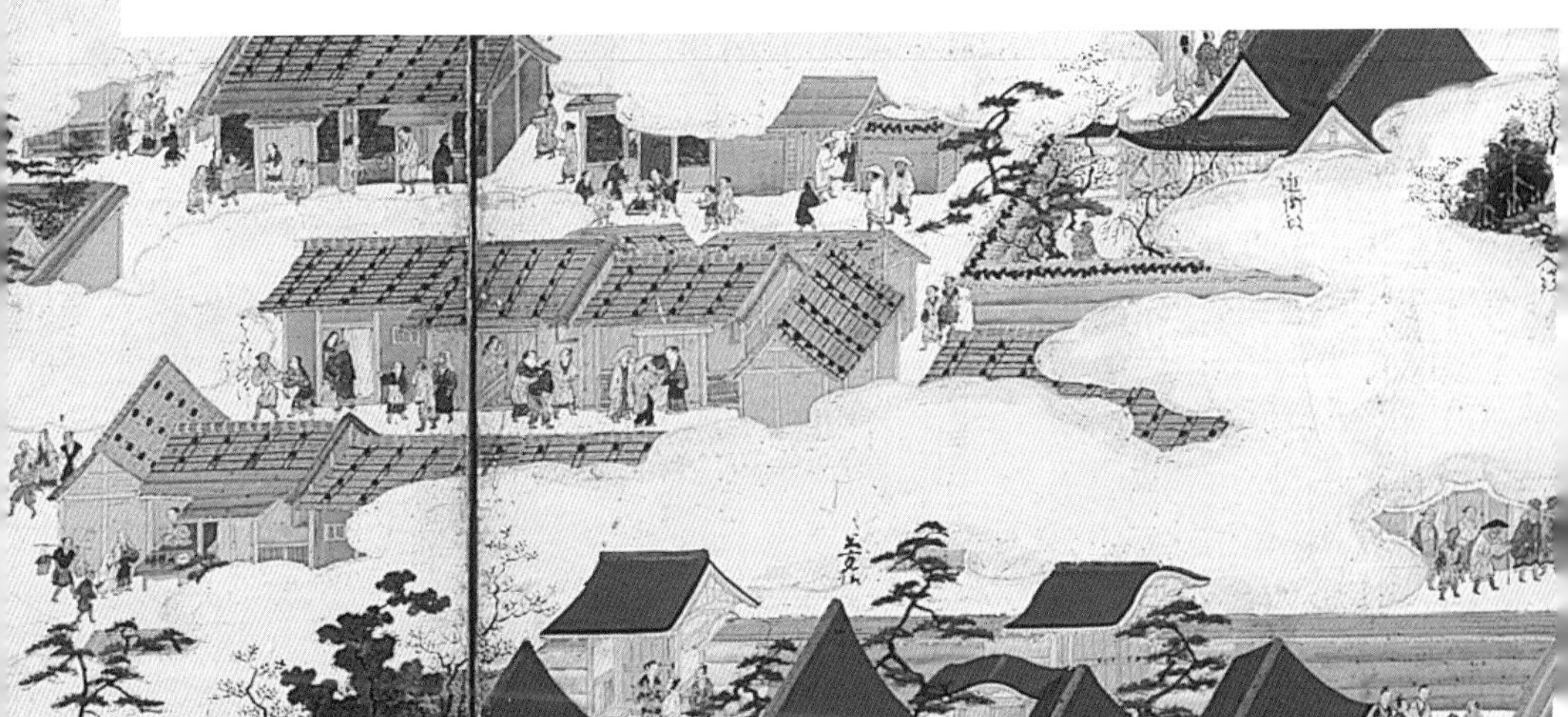

今出川御所

「上杉本洛中洛外図屏風」に描かれた今出川御所（部分）　天文８年（1539）から将軍足利義晴が造営した居所である今出川御所が描かれ、屏風の発注者には自身も利用した足利義輝が候補者にあがる。将軍家の象徴ともいえる「花の御所」跡に位置しており、その華やかさがうかがえる　米沢市上杉博物館蔵

京都の東山連峰には、数多くの城跡が残る。戦国時代の足利将軍たちは誰しもが知る名刹を利用しつつ、没落を余儀なくされた近江から京都への復帰を図った。これらの城跡は彼らの足跡であり、戦国時代の京都を物語る遺跡である。ぜひ、このような視線を京都周辺の山々に向けてほしい。

京都市に残る足利将軍の城郭

北白川城塞群推定復元図

北白川城塞群は、京都を一望する瓜生山一帯に位置し、近江からの入り口を扼する。9ヶ所の山城遺構が確認され、イラストは三好長慶に京都奪還戦を挑んだ将軍足利義輝が入った永禄元年（1568）の状況をイメージしている。北東から城塞群を見たもので、近江と京都をつなぐ白鳥越が左手前から尾根上を城塞群に向かって伸び、遠く右奥に鴨川と下京をのぞむ　画：香川元太郎　監修：中西裕樹　初出：『歴史群像』176（2022年）

中尾城
Ⅶ
Ⅵ
Ⅲ
Ⅱ
Ⅳ
Ⅴ

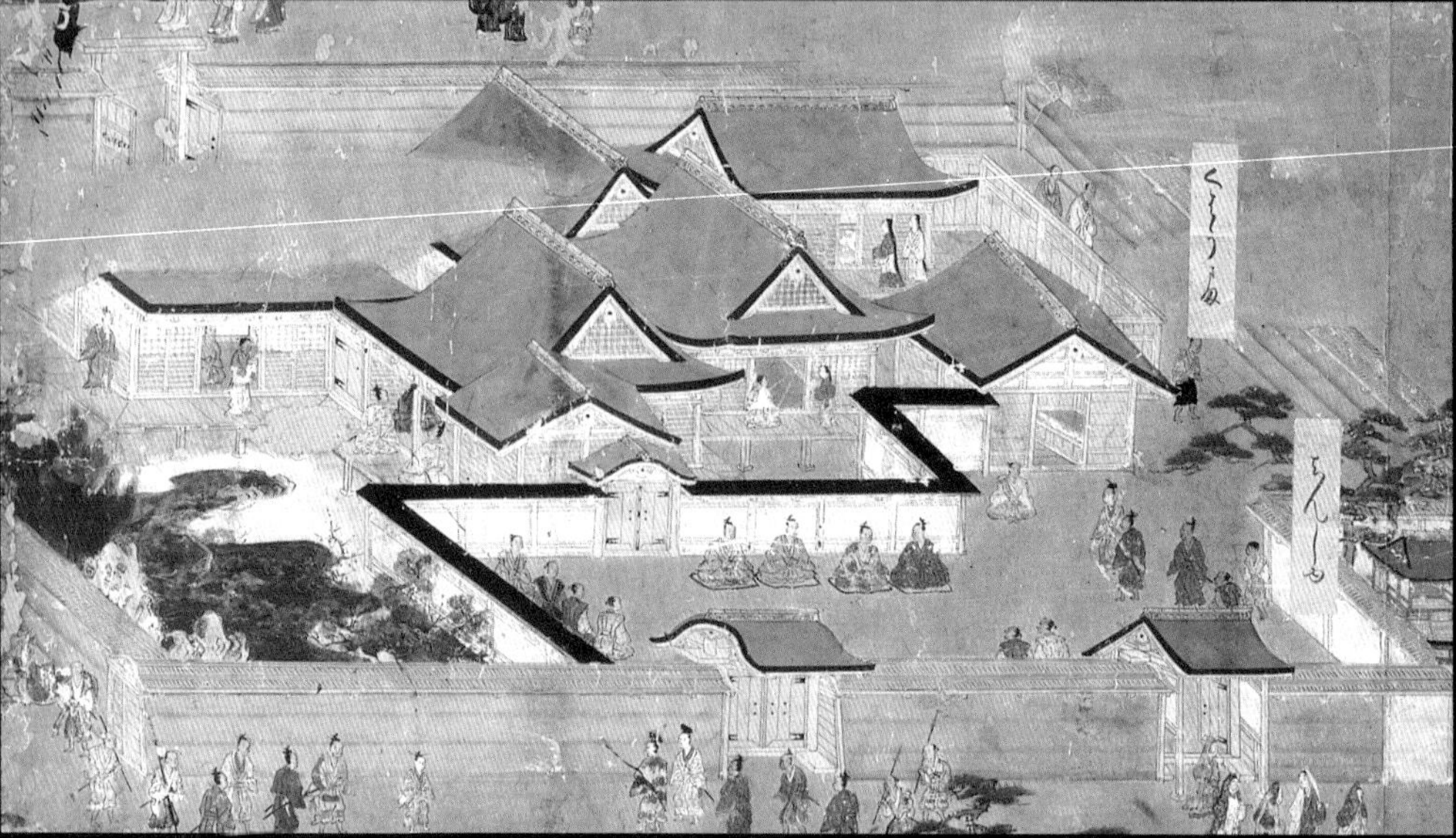

▲「歴博甲本洛中洛外図屏風」に描かれた柳の御所（部分）　大永５年（1525）に将軍足利義晴が洛中に造営した初めての居所であり、義晴を将軍につけた細川高国が主導した。屏風には、「柳の御所」「柳原御所」とも呼ばれたこの義晴の居所を多くの武家が訪れる様子が描かれる　国立歴史民俗博物館蔵

桑実寺縁起絵巻（部分）　享禄４年（1531）から天文３年（1534）にかけ、将軍足利義晴は、近江国の古刹・桑実寺を居所とした。近江守護六角氏の観音寺城と「背中あわせ」になる山の寺であり、義晴は六角定頼に支えられて京都復帰を目指していた。桑実寺縁起は、義晴が後奈良天皇や三条西実隆らに詞書を依頼し、土佐光茂に描かせて天文元年（1532）に奉納したものである（重要文化財）　滋賀県近江八幡市・桑実寺蔵　京都国立博物館寄託

▲旧二条城跡から出土した北面石垣　画像提供：京都市文化財保護課

▶芥川城跡に残る石垣　大阪府高槻市　撮影：中西裕樹

▼置塩城跡に残る石垣　兵庫県姫路市　撮影：中西裕樹

戦国期の畿内近国では、摂津の芥川城や播磨の置塩城などの支配拠点＝山城において、登城者の目につく道沿いなどに石垣が構築されていた。永禄12年（1569）から造営が始まる将軍足利義昭の居所＝平地の旧二条城では全面的に構築された可能性が高く、その画期を示唆する

中尾城

▶中尾城A群南端の二重堀切　中尾城は、前将軍足利義晴が天文19年（1550）の死の直前まで築城に意を注いだ山城である。前後の有様を記す『万松院穴太記』には尾根先を三重に掘り切ったとの記述があり、注目される　京都市左京区　撮影：中西裕樹

北白川城塞群

◀山城跡Ⅳの横堀状となる堀切H　北白川城塞群は、将軍足利義晴・義輝が利用し、その縄張りは白鳥越や山中越という京都と近江を結ぶ山道を意識した。この堀切は横堀状となり、白鳥越が通る尾根続きを強烈に遮断する　京都市左京区　撮影：中西裕樹

如意ヶ嶽城

▶B南側のⅡとの間の横堀　如意ヶ嶽城は、永禄元年（1568）に将軍足利義輝が三好長慶からの京都奪還戦で陣を置いた地である。自然地形の周囲を横堀で囲い込む、典型的な戦国末期畿内における陣城遺構が残る　京都市左京区　撮影：中西裕樹

図説 日本の城郭シリーズ 18

足利将軍の合戦と城郭

木下昌規
中西裕樹
［著］

戎光祥出版

はしがき

本書は、明応《めいおう》の政変《せいへん》後の戦国期における足利将軍《あしかがしょうぐん》の軍事活動と、それにともなう将軍の居所や城館などを概要図とともに通覧するものである。

足利氏による幕府は、鎌倉末期より南北朝時代の動乱期、明徳《めいとく》の乱《らん》や応永《おうえい》の乱《らん》にいたる戦乱のなか、その軍事活動や北朝《ほくちょう》天皇家との関係などから、その権力を確立していった政権である。ただ、戦場で武威を示す将軍は義満《よしみつ》の時代で一区切りし、武家の棟梁としての姿も、公武に君臨する権力者・「室町殿《むろまちどの》」に変質していく。

足利将軍は武家、公家の両面を併存しながら十五・十六世紀に君臨するが、応仁《おうにん》・文明《ぶんめい》の乱《らん》、明応の政変を経て、戦国期に入ると畿内近国をはじめ、全国的に騒乱が拡大した。そのなかで、将軍を当事者とする騒乱もたびたび発生し、それに対応せざるをえなくなった。将軍は世間に武威を示しつつ、その存亡を懸けて数々の合戦に臨むこととなったのである。本書でも述べるが、足利将軍の存立基盤は軍事のみではない。朝廷との繋がり、儀礼的秩序、経済など多岐に亘る。つまり、本書の内容はその一面をクローズアップしたものとなる。

本書では、「将軍の軍事活動」をテーマとして二部にわけ、木下が執筆を担当した前半の第一部「戦国足利将軍の激闘」の「総論1　史料からみる戦国期の将軍の合戦と軍事」では、足利義澄《よしずみ》から義昭《よしあき》までの歴代将軍の軍事活動を通覧し、中西裕樹氏による第二部「足利将軍ゆかりの城館」では、「総論2　戦国期の足利将軍の居所と城館」とともに、義晴《よしはる》以降に将軍家と関わりのある居所・城館を「柳の御所」以下、概要図などとともに個別に取り上げ、紹介した。

第一部の総論が本書全体の半数を占めるなど、通常の本シリーズ（『図説日本の城郭シリーズ』）と異なるのは、二〇一九年に開催された戎光祥出版株式会社による戎光祥ヒストリカルセミナー「覇権戦争の実態を暴く！―足利将軍・三好・松永―」での木下と中西裕樹氏による講演内容が基礎となっているためである。本企画は史料からみられる将軍の軍事と、実地調査における結果との相違がどうなのか、両面から戦国期の将軍の軍事活動に注目しようとしたものであった。そこで、セミナー終了後、同社編集長の丸山裕之氏よりセミナーの内容をもとに書籍としてまとめることを提案されたことで、本書刊行につながった。そのような経緯もあって、通常とは異なる形となった。

ところで、史料からみられる城館の様相と、実際の発掘調査などから判明している事実との相違点も少なくない。本書でもそのような相違点は読者にも複数みつかると思う。それらを比較することで新たな発見もあろう。本書を片手に戦国期の将軍が存亡を懸けて戦った土地、足跡をたどっていただければ、戦国期の将軍をより身近に感じ取ることができるだろう。戦国期の将軍を追体験する材料として本書を活用してもらえれば幸いである。

さて、最後に本書を企画し編集を担当していただいた戎光祥出版株式会社の編集長丸山裕之氏、そして本書の刊行を許していただいた同社代表取締役の伊藤光祥氏、さらに共著者である中西裕樹氏に感謝申し上げたい。特に中西氏には、新型コロナ感染拡大による影響もあって、実地調査を一任することになってしまった。中西氏の尽力のおかげでこれまでに類例のないものが完成したことに深く感謝したい。

二〇二三年十月

木下昌規

【目次】

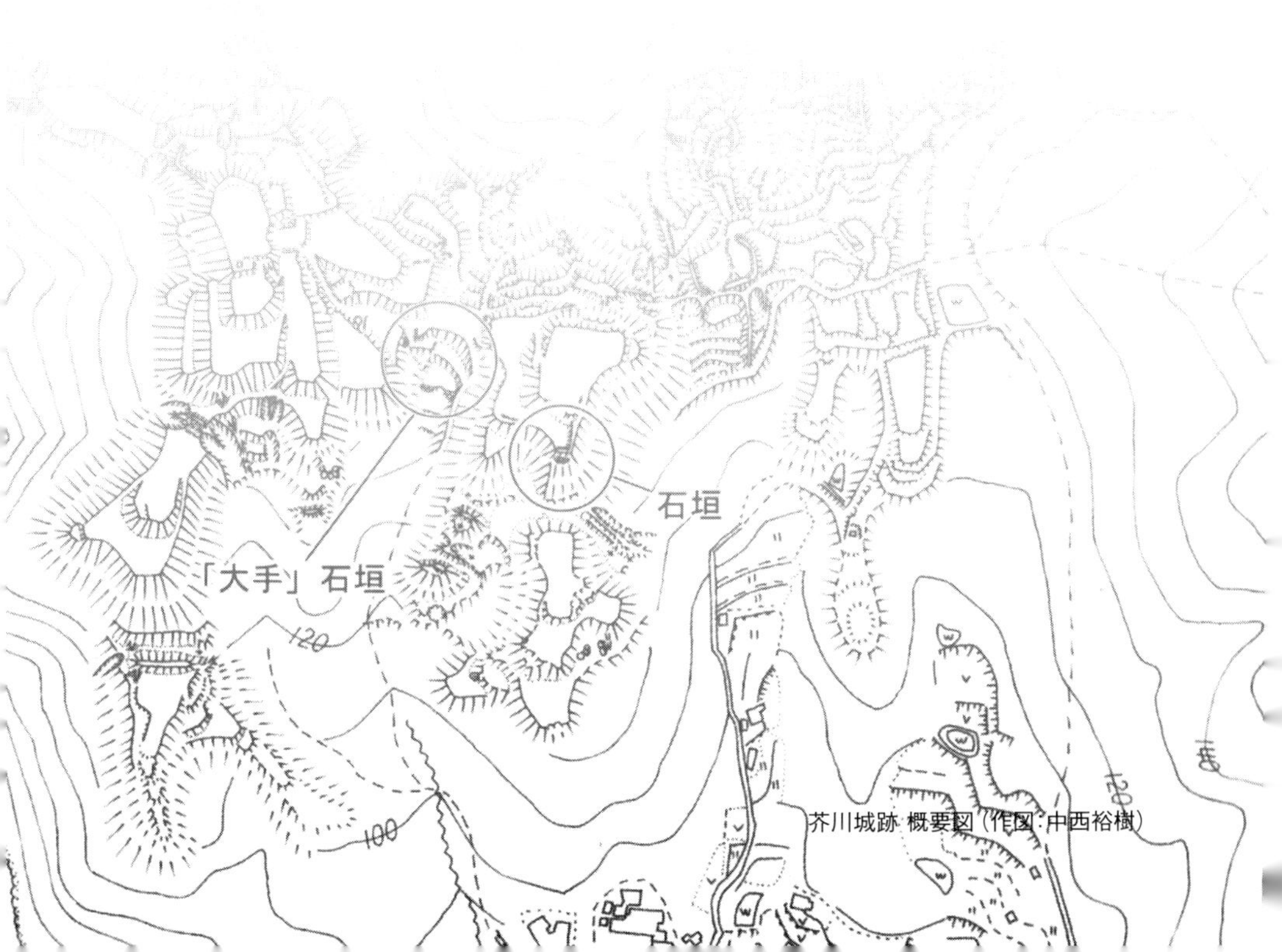

芥川城跡 概要図（作図：中西裕樹）

凡　例

一、歴代将軍の名前の表記については、改名の時期にかかわらず、義尚、義稙、義澄、義晴、義輝、義栄、義昭と一般的に認知されている表記に統一する。

一、人名や歴史用語には適宜ルビを振った。読み方については、各種辞典類を参照したが、歴史上の用語、とりわけ人名の読み方については定まっていない場合も多く、ルビで示した読み方が確定的なものというわけではない。また、執筆者ごとに読み方が違う場合もあり、各項目のルビや有無については、各執筆者の見解を尊重したことをお断りしておく。

一、参考文献に対応する箇所については、〔(著者)(刊行年)〕とした。

一、典拠史料については、以下のように省略した(省略しないものは記載せず)。

記録:『蔭凉軒日録』→『蔭凉軒』、『大館常興日記』→『常興』、『お湯殿の上の日記』→『お湯殿』、『和長卿記』→『和長』、『兼見卿記』→『兼見』、『兼右卿記』→『兼右』、『厳助往年記』→『厳助』、『後奈良天皇宸記』→『宸記』、「惟房公記」→「惟房」、『実隆公記』→『実隆』、『大乗院寺社雑事記』→『大乗院』、『忠富王記』→『忠富』、『多聞院日記』→『多聞院』、『親長卿記』→『親長』、『言継卿記』→『言継』、『天文日記』→『天文』、『長興宿禰記』→『長興』、『蜷川親俊日記』→『親俊』、『後法興院政家記』→『後法興院』、『後法成寺関白記』→『後法成寺』、『宣胤卿記』→『宣胤』、『守光公記』→『守光』、『鹿苑日録』→『鹿苑』　※出典『群書類従』『史料大成』『大日本古記録』『史料纂集』ほか

軍記物:『万松院殿穴太記』→『穴太』、『細川両家記』→『両家記』、『足利季世記』→『季世記』　※出典『群書類従』『史籍集覧』

戦国遺文：『大内氏編』→『戦大』、『三好氏編』→『戦三』、『瀬戸内海編』→『戦瀬』、『佐々木六角氏編』→『戦六』

大日本古文書家わけ：『益田家文書』→『益田』、『上杉家文書』→『上杉』、『蜷川家文書』→『蜷川』、『毛利家文書』→『毛利』、『小早川家文書』→『小早川』、『吉川家文書』→『吉川』、『相良家文書』→『相良』、『島津家文書』→『島津』

他文書：『大友家文書録』→『大友』

史料集：今谷明・高橋康夫共編『室町幕府文書集成　奉行人奉書篇』上・下巻（思文閣出版、一九八六年）→『奉書』、『増補新訂国史大系　公卿補任』→『公卿』、史料纂集『朽木文書』→『朽木』、磯川いづみ編『戦国史研究会史料集成9　伊予河野氏文書集（2）』→『河野』、奥野高廣『増補織田信長文書の研究』（吉川弘文館、一九八八年）→『信長』、また、足利義稙発給文書については木下聡編『戦国史研究会史料集成7　足利義視・義稙文書集』、義晴、義輝、義昭の発給文書については『シリーズ・室町幕府の研究』掲載の発給文書一覧の番号を併記した。それぞれ『稙』『晴』『輝』『昭』と略表記する。

本書掲載城郭位置図
24. 御所・安養寺（一乗谷）
越前
美濃
但馬
丹後
若狭
15. 岩神館
（朽木谷）
丹波
12. 水茎岡山城
16. 桑実寺・観音寺城
13. 坂本
14. 長光寺
8. 堂之庭城
18. 矢島御所
近江
19. 置塩
25. 芥川城
11. 槇島城
摂津
播磨
山城
17. 公方屋敷
（和田谷の城館群）
22. 越水城
23. 普門寺（富田）
伊賀
河内
20. 堺
伊勢
和泉
淡路
大和
紀伊
21. 平島館

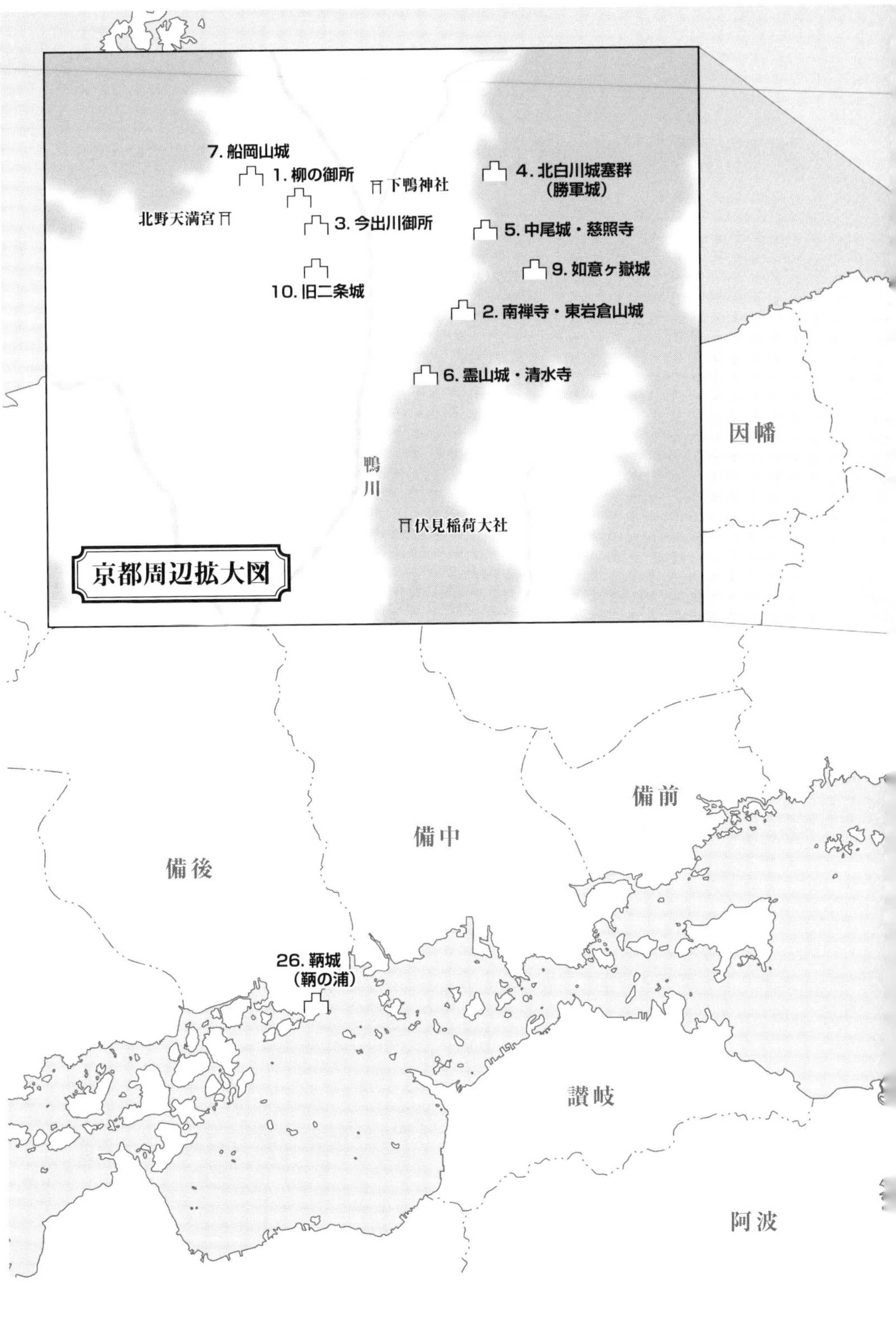

京都周辺拡大図
7. 船岡山城
1. 柳の御所
下鴨神社
4. 北白川城塞群
（勝軍城）
北野天満宮
3. 今出川御所
5. 中尾城・慈照寺
9. 如意ヶ嶽城
10. 旧二条城
2. 南禅寺・東岩倉山城
6. 霊山城・清水寺
鴨川
伏見稲荷大社
因幡
備前
備中
備後
26. 鞆城
（鞆の浦）
讃岐
阿波

足利将軍家略系図

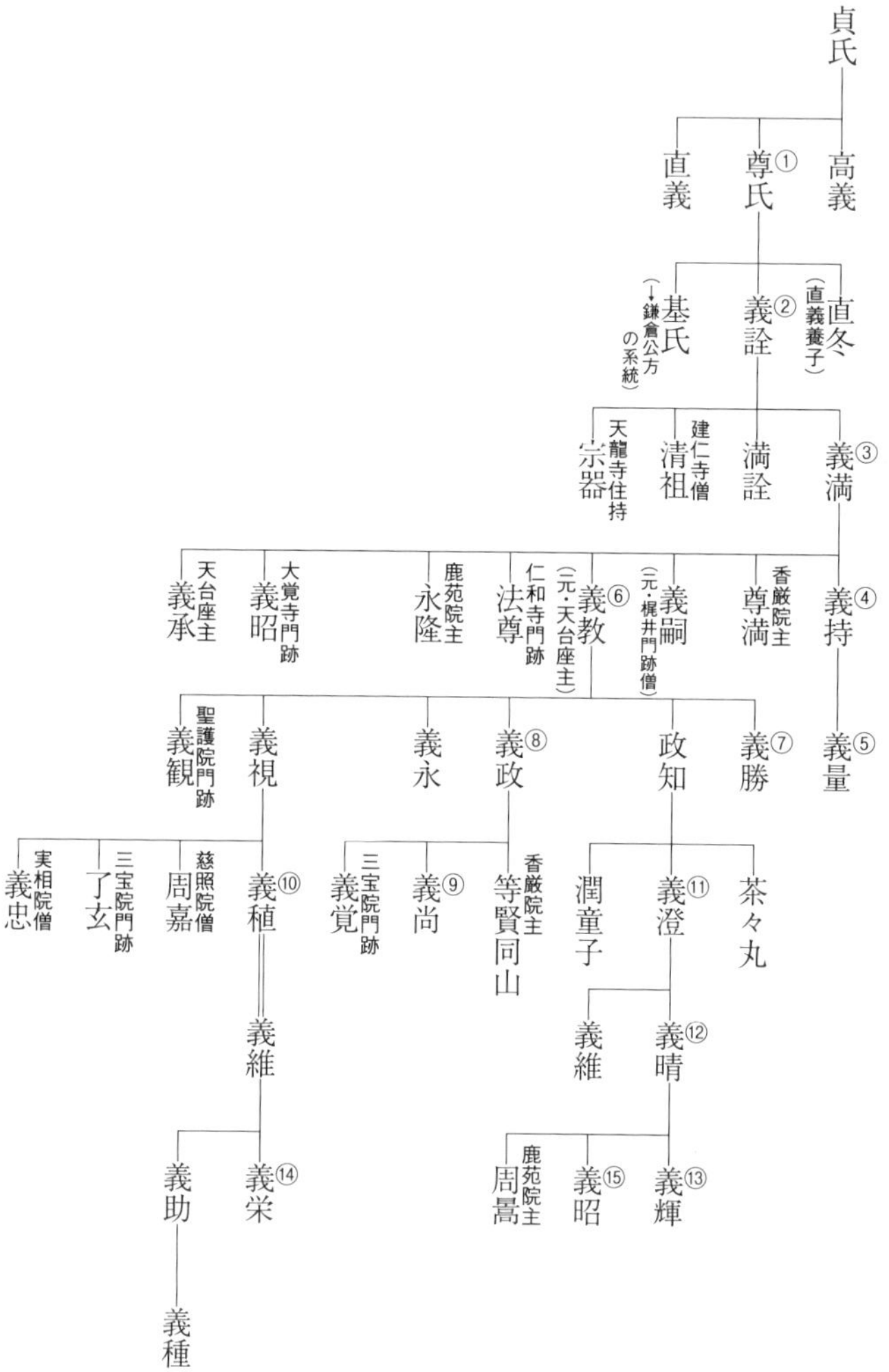

数字は将軍就任順

第一部　戦国足利将軍の激闘

総論1　史料からみる戦国期の将軍の合戦と軍事

木下昌規

はじめに

室町幕府《むろまちばくふ》が軍事力を背景として成立した武家政権であることはいうまでもない。もちろん、軍事力のみが幕府・足利《あしかが》将軍《しょうぐん》存立の要因ではないが、権力の一端である軍事活動をみることは、本書の対象とする戦国期の将軍権力の実態を理解するうえでも重要であろう。だが、南北朝期から室町中期における幕府直属軍や軍勢催促などのシステムについては多くの成果があるものの、通史〔福島二〇〇九、山田邦二〇〇八、天野二〇二〇、大薮二〇二一など〕で言及されることなどを除ければ、戦国期の将軍の軍事活動を通してみたものは少ない。なお、本書では特に言及しないが、有事の合戦に限らず、日常的には洛中の治安維持（侍所《さむらいどころ》の検断《けんだん》、土一揆《つちいっき》の鎮圧など）、即位式や門役を含めた禁裏《きんり》警固も、将軍の軍事活動といってよい。

第三代将軍足利義満《よしみつ》以来、歴代の室町殿《むろまちどの》は代始めの際に、敵対勢力への武力攻撃（武力のデモンストレーション）を行っていることも指摘されている〔榎原二〇〇六〕。ただ、足利将軍本人による直接の軍事行動（親征《しんせい》）は、十四世紀の南北朝期の動乱を別とすれば、義満による山名《やまな》氏討伐（明徳《めいとく》の乱《らん》）、大内義弘《おおうちよしひろ》討伐（応永《おうえい》の乱《らん》）を最後に事実上停止していた。応仁《おうにん》・文明《ぶんめい》の乱《らん》（以下、大乱）でも将軍継嗣たる今出川殿《いまでがわどの》足利義視《よしみ》が山名持豊《もちとよ》（宗全《そうぜん》）討伐の大将となったものの、[*1]当時の将軍・室町殿の義政《よしまさ》自身が西軍討伐のために自ら出陣することはなかった。永享《えいきょう》の乱《らん》や享徳《きょうとく》

＊1　『大乗院』応仁元年六月六日条。

の乱《らん》、応仁・文明の乱といった内乱においても、将軍・室町殿が直接戦場に出陣し、軍事指揮を担うことはなかったのである。言い換えれば、義満以降の将軍・室町殿の権威を示すのに、軍事動員などは行っても、戦場で直接「武威《ぶい》」を示す必要がなくなったためといえるだろう。

　幕府の軍事力の中心は、これまでの先行研究でも明らかにされているように大名・守護・国人らで、さらに将軍直属の奉公衆《ほうこうしゅう》などが加わった。そのため、幕府の軍事は守護・大名の存在を無視することはできない。ただ、大乱により幕府体制は大きく変化した。それは在京する守護・大名の減少である。東国や九州を除き、各国の守護は在京するのが原則であったが、大乱を契機に守護・大名の在国が増加したのである。これは在京する守護・大名が幕政を補完する幕府の体制そのものに影響した。幕府の重職である管領《かんれい》は名目的な存在となり、京都の治安維持を担う侍所所司《しょし》（頭人《とうにん》）の補任は十五世紀末には事実上断絶するようになる。

足利義稙木像　京都市北区・等持院蔵

　そのなかで将軍による親征が復活した。長享《ちょうきょう》元年（一四八七）、第九代将軍足利義尚《よしひさ》（義熙《よしひろ》）が行った近江の六角高頼《ろっかくたかより》討伐（第一次近江親征）である。これは大乱後における将軍の軍事活動の転換点といってよい。続く第十代将軍義稙《よしたね》（はじめ義材《よしき》）も義尚にならって大規模な親征を二度（第二次近江親征、河内親征）行った。だが、明応《めいおう》二年（一四九三）の河内への親征中に、京都で細川《ほそかわ》政元《まさもと》を中心とした、いわゆる明応の政変が発生し、将軍家の家督を失った。

鈎の陣土塁跡　足利義尚による六角高頼征伐の際に構えられた陣跡である　滋賀県栗東市　撮影：筆者

この政変後、将軍家を紛争の当事者とする騒乱がたびたび発生することとなる。これは当初は将軍家の家督をめぐる争い（「二つの幕府」・「二人の将軍」〔山田一九九三〕）であったが、十六世紀半ばには三好長慶《みよしながよし》のように将軍候補を擁立せず、将軍と敵対する存在も現れ、将軍家と大名との関係の相対化が進むこととなったのである（足利対非足利）。そのため、将軍家の地位は不可侵なものではなくなり、将軍当人も生存競争の当事者として軍事活動を行わざるをえなくなる。大名勢力と軍事的に対峙する必要が生じたことで、そのつど将軍は軍事的な対応を迫られることとなったため、その存立には軍事力の確保が必須となった。将軍家の軍事要請は末期の足利義昭《よしあき》期まで継続して行われたが、前述のように戦国期には将軍自体が動乱の当事者となることも多くなったため、動員の成否が政権体制の存続に直接影響した。軍事動員の重要性はむしろ増したといってもよいだろう。

そこで本書の第一部では、周辺の通史的な面の叙述はできるだけ簡素としつつ、明応の政変後の義澄《よしずみ》期から義昭期までの、戦国期足利将軍（室町殿）各代の軍事活動や合戦（将軍が直接関係するもの）、二つの将軍家の関係、御所の造営や築城などを、幕府の軍事面を支えた大名や直属軍を構成する奉公衆などの動向を踏まえながら通覧していく。

一、足利義澄と足利義稙の軍事活動

第十一代足利義澄（はじめ清晃《せいこう》、還俗《げんぞく》して義遐《よしとお》、義高《よしたか》）の政権（将軍在職：明応三年〈一四九四〉～永正五年〈一五〇八〉）は、明応の政変（一四九三）により、義稙が廃立されたことで成立した政権である。将軍家の分裂により、義澄時代の軍事活動のほとんどは対立する前将軍義稙、そし

正覚寺城跡碑　足利義稙が河内親征時に陣を置いた　大阪市平野区

畠山政長の墓　大阪市平野区

てその支持勢力との抗争となった（二人の将軍・二つの将軍家）。そこで本章では義澄と義稙の軍事活動を並行的にみていきたい。

義澄の家督継承と御小袖

義澄は室町幕府第八代将軍足利義政の庶兄で、当時伊豆にあった堀越公方《ほりごえくぼう》・足利政知《まさとも》の子である。義澄は文明十二年（一四八〇）に伊豆国で誕生し、その後、上洛した際は「御伴衆」が三百人ほど供奉《ぐぶ》している。[*2]義澄は上洛後、将軍家の子弟が入室する嵯峨《さが》の香厳院《きょうげんいん》に入院したため、供奉してきた三百人は伊豆に戻ったのであろう。つまり、寺院にいる義澄にはもともと独自の側近団はなかったとみてよい。

足利義澄木像　京都市北区・等持院蔵

明応二年（一四九三）四月二十二日、細川政元が主導する明応の政変が発生したことで、畠山基家《はたけやまもといえ》（義豊《よしとよ》）の征伐のために河内に親征していた義稙より、将軍家の家督が義澄に移った。

だが、もともと幕府内に基盤のない義澄は、新しく直臣らとの関係を構築する必要があった。そのなかで、義政御《み》台所《だいどころ》日野《ひの》富子《とみこ》が「准母」[*3]となった。また、同じく義澄の後見として義政の側近であった幕府重臣伊勢貞宗《いせさだむね》（前政所《まんどころ》頭人《とうにん》〈執事《しつじ》〉）が支えた。将軍直臣であり、将軍直属軍の主体である奉公衆は富子を将軍家を代表する存在として尊重しており、彼女の支持、後見は幕府に人的基盤のない義澄

＊2　『蔭凉軒』長享元年五月二十八日条。

＊3　『親長』明応五年六月十四日条。

にとっては重要なものであった。

義澄は政変後に還俗し、叙爵《じょしゃく》（従五位下《じゅごいのげ》）したのち、五月六日には将軍家の重宝御小袖《ごこそで》と伝家の太刀二銘を引き継いだ。[*4]御小袖とは、将軍家家督を象徴する伝家の重宝で、十四世紀中頃成立とされる『異制庭訓往来《いせいていきんおうらい》』のなかに、「源氏相伝鎧」の一つとして登場する。『梅松論《ばいしょうろん》』や『太《たい》平記《へいき》』でも足利家重代の鎧として初代将軍足利尊氏《たかうじ》が着用したことがみられる。その姿は『軍陣《ぐんじん》聞書《ききがき》』から白糸威《しらいとおどし》の大鎧とされるが、これは着用せず、第四代将軍義持《よしもち》以降は「見せない鎧」となったされる。

御小袖の着用については義満による山名氏討伐を描いた軍記物『明徳記《めいとくき》』に記述がみられる。それによれば、義満は山名討伐のために出陣したが、御小袖は着用しなかったという。その理由は御小袖は朝敵退治のときに着用するのが将軍家の佳例《かれい》で、「家僕《かぼく》（ここでは山名）」の退治のためには着用しないとある。つまり、相手が大名であっても朝敵でなければ着用しないということになっていたのである。将軍御所には「御小袖間」があり、重代の銘刀とともに安置されていた。さらに御小袖は将軍より上位の存在と認識されていたという〔加栗二〇一七〕。

ただ、これ以前の義尚や義稙による親征の際も、御小袖も持参されているように、討伐対象が朝敵かにかかわらず、将軍の親征の際には一緒に持参されていた。将軍家の家督を象徴する御小袖は義尚、義政の死後は将軍家を代表する富子が保持していたが、義稙の家督継承が確定するなかの延徳二年四月に義稙に引き渡されていた。[*5]だが、明応の政変によって、義稙が家督の座を失うと、御小袖は新しい将軍家の家督・義澄に引き継がれたのである。

さらに御小袖とは別に、重代二銘の太刀（剱）も義澄に引き継がれた。それについて、公家で神道家の吉田兼右《よしだかねみぎ》による日記『兼右卿記』天文十六年（一五四七）九月十四日条に「武家の二銘

＊4　『後法興院』明応二年五月六・八日条。

＊5　『蔭涼軒』延徳二年四月二十八日条。

御太刀は平家重代《へいけじゅうだい》である。惟〔維〕盛の時代、辰巳へ光にて飛行し、太神宮にて相調えた神剣であるという。壬生地蔵《みぶじぞう》の仏作という。銘の一方は治世《ちせい》とあり、一方は誠剣《シャウケン》とある。世中にこの名はしらない。よって記録する」とみえ、平家重代の太刀で「治世」と「誠剣」の二銘があったことがわかる。これらは平時には御小袖と同じく御所内の「御小袖間」に安置され、将軍親征の際に下位の直臣である御末衆により持参された。

御小袖や二銘の太刀は将軍家の家督と、その「武威」を象徴する重宝であった。これらを引き継いだ義澄には将軍家家督（室町殿）としての正統性が付与されたのである。一方で、もう一つの伝家の楽器「達智門《だっちもん》」という笙《しょう》は義澄には引き渡されなかったようで、しばらく所在不明となる（将軍家は笙の家でもあった〔石原二〇一八〕）。

細川政元画像　京都市右京区・龍安寺蔵

義澄政権と大名

義澄は明応三年（一四九四）十二月二十七日に元服し、同日第十一代将軍に就任した。義澄政権を支えたのは主に細川政元などの細川一門のほか、赤松政則《あかまつまさのり》・若狭守護武田元信《たけだもとのぶ》・畠山義豊らである。

政変後の明応二年五月十九日、義稙の討伐対象であった畠山義豊・義英《よしひで》父子が総勢五千ほどの軍勢を従えて河内より上洛し、二十一日には義澄の幕府に出仕している。[*6] さらに二十三日には大和より越智《おち》・古市《ふるいち》氏らも上洛した。[*7] かつての討伐対象であった彼らは政権の交替により、今

＊6　『蔭凉軒』明応二年五月二十一日条ほか。

＊7　『後法興院』明応二年五月二十三日条。

赤松政則画像　京都市東山区・六道珍皇寺蔵

はその構成員となったといってよいだろう。特に家督継承後まもない義澄に対して大軍を擁して上洛することは、義稙派へ軍事的な圧迫を加える意味や、義澄政権の軍事力を誇示する意味もあろう。さらに五月二十七日には斯波義寛《しばよしひろ》や赤松政則・京極政経《きょうごくまさつね》らが義澄に御礼している。[*8] 政則には加賀国守護職が与えられたほか、[*9] これ以前には嘉吉《かきつ》の変《へん》により、失った所領すべての返付を細川政元が申し入れたという。[*10] 政則は政変後、その去就がはっきりしていなかったこともあり、その離反を防ぐ目的もあろう（また政則室は政元の姉）。だが、政則の補任《ぶにん》により、本来の加賀国の守護である冨樫泰高《とがしやすたか》は京都より出奔した。[*11] 現政権の維持を優先するため、一部の守護家が切り捨てられたのである。

ただ、政元を中心とする細川一門をみると必ずしも一枚岩ではなかった〔末柄一九九二〕。明応四年（一四九五）十月には和泉上守護細川元有《もとあり》と同下守護細川政久《まさひさ》が義稙派の畠山尚順《ひさのぶ》と連携して政元に対抗したのである。[*12] 元有らの抵抗は続かず、結局政元に服属することとなったものの、尚順とたびたび連携した。[*13]

また、京兆家《けいちょうけ》に次ぐ家格である阿波細川氏（細川讃州家《さんしゅうけ》）をみると、明応三年には阿波守護細川義春《よしはる》が山城国守護を自称して被官の三好之長《みよしゆきなが》を山城に入部させ、山城国守護職を得ようと独自の動きを示した出来事もあった。[*14] この当時、山城国守護は伊勢貞陸《さだみち》であったが、国衆らはこれ

---

*8　『後法興院』明応二年五月二十七日条ほか。

*9　『蔭凉軒』明応二年五月二十八日条。

*10　『蔭凉軒』明応二年五月一日条。

*11　『蔭凉軒』明応二年六月十日条。

*12　『大乗院』明応四年十月二十六日条。

*13　『大乗院』明応六年九月二十五日条など。

*14　『後法興院』明応三年十月二十八日条。

に従わず、「日来合戦」の状態であり、[*15] 義春は反貞陸の国衆と連携し、守護職を目指したのだが失敗に終わった。そして、そのわずか一ヶ月後に義春は義澄に暇乞いせずに勝手に帰国してしまった。守護職獲得が失敗したのは、山城国を義春が領国化することを政元が嫌ったためとみられている〔末柄一九九二〕。義春は十二月二十一日に没するため、帰国は体調不良が原因の可能性もあろうが、独自の行動をとる阿波細川氏の動向はこの後の義澄政権にも影響することとなる。

細川一門の分裂は政元を主要な権力基盤とする義澄政権にとって、政権の不安定化を意味したのである。さらに赤松政則もこのころ帰国しており、当時、家督を追われた義稙が各所へ上洛支援を求めるなかで、幕府の軍事力低下を意味する在京大名の減少は避けなければならない。そこで義澄が期待したのが武田元信であった。これはその分国若狭が京都に近いこともあるが、政権が政元のみに依存しないためにも必要であった〔山田二〇〇〇〕。ただし、明応の政変当初、元信は義稙と政元に両属するような態度で、明応三年までは義稙との繋がりがあったという。さらに所領問題をめぐって政元とも緊張関係になるなど、必ずしも元信は政元に従うだけではなかった〔河村二〇二一〕。ただし、政元の姉婿でもあった政則が明応五年に死去すると、義澄の元信への期待はより高まった。元信は当時数少なくなった在京大名の一人として、禁裏《きんり》の四足門《よつあしもん》役などをつとめるなど軍事的奉公も行っていた。[*16]

同年には近江の六角高頼も政権に参加した。高頼は義稙やそれ以前の義尚期に討伐の対象として、将軍の親征の目的となっていたが、義澄の時代に幕府に復帰したのである。当初、政変後も高頼は赦免されておらず、義澄は六角一門の山内就綱《やまうちなりつな》を新しい六角氏の惣領《そうりょう》＝守護としていた。[*17] しかし、高頼は実力で就綱を下し、国内での勢力を回復しつつあった。そのなかで義澄は明応四年十月に高頼を赦免したのである。[*18] これにより高頼は義澄政権を担う構成大名の一員として公認

＊15　『後慈眼院殿御記』明応三年九月八日条。
＊16　『実隆』明応五年正月十六日条ほか。
＊17　『大乗院』明応二年十月二十二日条。
＊18　足利義高御内書案（『蜷川』三〇九）。

された。だが、これは実際には幕府がこれまで幕府に抵抗してきた高頼に「敗北」したことを意味するものとされる〔村井二〇一九〕。

奉公衆と直属軍

義澄政権を支えたのは、もちろん大名だけではない。将軍直属軍の中心は奉公方《ほうこうかた》（その所属員が奉公衆）であり、その中核が番衆《ばんしゅう》とされる〔福田一九七一〕。奉公衆はもとは『明徳記』にみえる将軍の「御馬廻の三千余騎」であり、義満期の明徳の乱以前には成立したとみられている〔森一九九三〕。番衆は五ヶ番に分かれ、それぞれの番の長である番頭《ばんがしら》のもと、番子《ばんこ》（番の構成員）がいた。日常的な将軍、将軍御所の警固なども番衆の職掌である。しかし、番衆＝奉公衆ではなく、戦国期には広義の「奉公衆」として外様衆《とざましゅう》や御供衆《おともしゅう》らも含まれるようになる〔西島二〇一一、木下聡二〇一八〕。大乱以後でみれば、「一乱以後は四番衆は小人数である。二番衆も小人数である。三百人計りがいる。召仕える侍以下二千人計りがいる。一番・三番・五番は大人数である。すべて侍の数は二万人計りあるだろうか」[19]という状況であった。だが、実際には大乱以前も以後も奉公衆総勢で一万を超える事例はみられないため、あまり信用できる数ではない。

明応の政変の際、奉公衆の多くは義澄を支持し、義稙から離反して戦線を離脱し、京都に戻ったが[20]、すべての奉公衆が義稙から離反したわけではなく、その一部は義稙に供奉して細川勢に抵抗した〔設楽一九八七〕。『大乗院寺社雑事記《だいじょういんじしゃぞうじき》』明応二年（一四九三）五月二日条や「金言和歌《きんげんわか》集《しゅう》」などには四番衆の番頭畠山政近《まさちか》、二番衆の番頭桃井《もものい》氏ら三十九名の名が記載される。政変によって、義澄支持と義稙支持とに分裂していたのである。そのため、義澄の時代の奉公衆のうち、五ヶ番衆の構成、人数について具体的なことはわからない。ただ義稙の時代を超えないこと

＊19　『大乗院』文明十八年八月十五日条。

＊20　『親長』明応二年四月二十七日条ほか。

は確かであろう。

奉公衆の構成を知る材料である番帳をみるべきだが、義澄時代のものは残らない。義澄以前の番帳としては、「永享《えいきょう》以来《いらい》御番帳《ごばんちょう》」・「文安年中《ぶんあんねんちゅう》御番帳《ごばんちょう》」・「長享《ちょうきょう》元年《がんねん》九月《くがつ》十二日《じゅうににち》常徳院殿《じょうとくいんでん》様《さま》江州《ごうしゅう》御動座《ごどうざ》当時《とうじ》在陣衆《ざいじんしゅう》着到《ちゃくとう》（以下、長享番帳《ばんちょう》）」などが知られる。これらに記載されるのは番衆のみならず、大名（御相伴衆《ごしょうばんしゅう》、国持《くにもち》を含む）、外様衆、御供衆、申次《もうしつぎ》、走衆《はしりしゅう》、評定衆《ひょうじょうしゅう》、奉行衆なども含まれる。このほかに、御供衆や申次について記載されたものには「長禄二年以《ちょうろくにねんい》来《らい》申次記《もうしつぎき》」もある。そして、政変直前の番帳として「東山殿時代大名外様附《ひがしやまどのじだいだいみょうとざまづけ》」があるが、これは今谷明《いまたにあきら》氏により、成立年代が明応元年末から翌二年初頭と比定されている〔今谷一九八〇〕。その人員をみると、外様衆が四十名、御供衆は十八名で、申次十名、一番衆（番頭「細河左京亮《さきょうのすけ》」）八十九名、二番衆（番頭「桃井民部少輔《みんぶのしょう》」）六十三名、三番衆五十一名（番頭「上野〈尚長《ひさなが》〉」）、四番衆（番頭「畠山中務少輔《なかつかさのしょう》〈政近〉」）六十四名、五番衆（番頭「大館《おおだち》陸奥守《むつのかみ》〈政重《まさしげ》〉」）九十三名で、番衆だけで三六〇名の名前が確認される。直属軍として四、五千規模はあっただろう。義尚期の「長享番帳」では、番衆は三〇四名が確認されるから、義稙期にはさらに増加したことがうかがえる。前述の記事と異なり、各番衆の人員はほぼ均一化していることがわかる。だが、義澄期はこれより減少したことは間違いない。

ところで、将軍が奉公衆を軍事動員する際、どのように行っていたのであろうか。それを示す史料が残る。

就二江州御動座一、被レ成二召文一候、依二番頭在国一、為二尚直月行事一、可二付進一之由候、御請之儀、早々可レ有二御申一旨、被二仰出一候、恐々謹言、

付紙ニ土岐《イ肥田》瀬田伊豆判官

（延徳三年）卯月廿七日　　　　　　　　　　　　尚直（花押影）

小早河美作守（敬平）殿御宿所*21

意訳：近江への御動座について、召文《めしぶみ》が出されました。番頭は在国しているので、（私）尚直が月行事として送付するようにとのことです。御請《おうけ》のことを早々に申しあげるようにとのこと、仰せがありました。恐々謹言。

この史料は義澄期ではなく前代の義稙期のもので、延徳三年（一四九一）の義稙による近江親征の際に発給されたものである。宛所である小早川敬平《こばやかわたかひら》は備後沼田《ぬた》（広島県三原市）の領主で四番衆に所属する在京の奉公衆である。発給者の土岐瀬田尚直《ときせたひさなお》も同じく四番衆に属する奉公衆である。当時の番頭は畠山政近であるが、当時彼は畠山政長《まさなが》に属して出陣していた〔川口二〇二〇〕。

右の史料から、将軍が奉公衆を軍事動員するにあたって、①（おそらく将軍から）召文が発給されること、②通常は番頭が仰せを番子に伝えるが、番頭が不在の場合は月行事が代行して伝達すること、③奉公衆は召文に対する「御請（請文）」を提出することなどがわかる。提出後、実際に参陣したのであろう。当時の他の番衆の動員も同じと考えられる。「御請」の提出により、事前に幕府は参陣者を把握することができたという〔吉田二〇〇三〕。だが、所属する番衆それぞれに対して、実際どのくらいの軍役が求められたのかは不明である。一定の収入のある国人層のものもいれば、無足《むそく》（無収入）のものもあり、その規模はさまざまなこともあって、各奉公衆の動員力が均一ではないことが想定できるが、その基準は不明である。

また、軍事動員はいわゆる武家のみに行われたものではない。このときの親征には、葉室光忠《はむろみつただ》、飛鳥井雅俊《あすかいまさとし》、高倉永継《たかくらながつぐ》・永康《ながひろ》父子、白川忠富《しらかわただとみ》（忠富王）、日野政資《まさすけ》（富子の甥）、広橋守光《ひろはしもりみつ》といった昵近《じっきん》公家衆も供奉している。*22 昵近公家衆は将軍を主人として、将軍に出仕奉公する公家衆であ

*21 土岐尚直奉書写（『小早川』二二五）。

*22 『後法興院』延徳三年八月二十七日条。

る。このうち政資は十六騎を従えたというから、彼らにも軍事奉公が期待されたことがわかる。さらに祇園社《ぎおんしゃ》の執行《しぎょう》に対しても参陣を命じている。*23 将軍直属軍とはこのように奉公衆や昵近公家衆、さらに寺社より動員された兵力の混同部隊であったといえるだろう。

帰洛を目指す義稙

明応の政変後、義稙は細川政元の内衆《うちしゅう》上原元秀《うえはらもとひで》の屋敷に幽閉されていたが、六月末になって幽閉先より逃走し、越中に逃れた。*24 義稙の逃亡により、義澄と義稙という「二人の将軍」という事態が発生することとなった。将軍家の分裂である。これにより「二つの将軍家」の相克が、戦国畿内の政治情勢の主軸となるのである。

神保長誠画像　富山市・本覚寺蔵

義稙の越中下向は神保長誠《じんぼながのぶ》が警固をつとめたが、*25 彼は政変により自害した前管領畠山政長の重臣であった。京都を逃れた義稙は近江を経て越中に入国したが、越中の義稙のもとには能登守護畠山義統《よしむね》と前加賀国守護冨樫泰高、越後国守護上杉房能《ふさよし》の代官ら北陸の大名・守護らが御礼を申し入れたほか、近習七十名が従ったという。ただ周防の大内義興《おおうちよしおき》にも支援を求めたものの、これは拒否されたらしい。*26 このうち冨樫泰高は、前述のように義澄政権により加賀国守護職を剥奪されていた。義稙を支持するようになるのは当然であろう。

越中に逃れ、「越中大樹《たいじゅ》（公方）」と呼称された義稙

*23「研優社平成二十六年秋期古書目録」・『稙』三六。

*24『親長』明応二年七月一日条ほか。

*25『親長』明応二年七月十六日条。

*26『親長』明応二年八月十一日条。

放生津城跡　富山県射水市

は、長誠のいる放生津《ほうじょうづ》城（富山県射水市）を御座所とした（のち隣接する正光寺《しょうこうじ》に）。一方、河内では政長系畠山氏と義就系畠山氏の両畠山氏の抗争がなお続いていた。義澄政権を支えた畠山義豊・義英父子と、紀伊を拠点に義稙と連携する尚順である。義稙は畿内の尚順と連携を取りながら、上洛の機会をうかがっていた。

また、義稙は十二月には豊後の大友材親《おおともきちか》や肥後の相良《さがら》氏といった九州の諸将に対して御内書《ごないしょ》（書状形式の将軍発給文書）を発給し、[*27] 政元退治を命じている。このほかに大内義興にも同様に帰洛への支援を求めているが、[*28] これらは義稙側近一色《いっしき》（種村《たねむら》）視久《みひさ》が現地まで下向して届けた。ただ、九州諸将宛ての御内書の一部は現地に直接届けられたのではなく材親に預けられ、材親より各地へ伝えられた。[*29] 九州では大友氏が義稙与党の中心で、材親が九州における義稙方の軍事責任者とされたのである。

これらの御内書は翌年の正月中に諸将に伝えられたようだ。[*30] 御内書を受け取った相良為続《ためつぐ》は「凶徒御退治」のため、「九州諸家が申し合」[*31]せて忠節を尽くす旨を返答している。これらは四月に義稙のもとに届けられた。[*32] 他にも七月には紀伊の高野山金剛峯寺《こうやさんこんごうぶじ》や熊野山《くまのさん》などの諸寺に対して上洛支援を求めている。[*33] 紀伊の諸寺はその後、実際に畠山尚順と連携して和泉・河内へ侵攻した。[*34] 義稙の要請はまったく無視されるものではなかった。それだけではなく義稙のもとには奉公衆の一部も供奉していた（設楽一九八七ほか）。そこで、義稙は彼らに次のような感状を発給している。

就㆓今度不慮之儀㆒、供奉輩馳上之処、相残堪忍、一段感覚候、殊当国下向之処、馳参之条、誠忠節至極候、弥抽㆓戦功㆒者、可㆑為㆓神妙㆒候也、

明応三年二月二十四日　（花押影）

狩野左京亮とのへ[*35]

---

*27 「大友文書」「相良」・『稙』六七・六八。

*28 大内義興書状（『相良』二四一）。

*29 一色視元書状写（『相良』二三九）。

*30 前掲*29。

*31 相良為続請文案（『相良』二四三）。

*32 『大乗院』明応三年附記。

*33 「和簡礼経」・『稙』七六。

*34 「和簡礼経」・『稙』八九。

*35 「諸家文書纂九　狩野家文書」・『稙』七〇。

意訳：今度の不慮（政変）により奉公衆が帰洛したところ、（義稙のもとに）残って堪えていることは、一段と感動するものである。特に当国（越中）に下向したところ、馳せ参じたことは、誠に忠節の至りである。いよいよ戦功を尽くせば神妙である。

宛所の狩野《かのう》氏は奉公衆のうち五番衆に属するが、彼は政変後も義稙に供奉していたのである。この後も京都を没落した将軍が供奉した直臣に感状を遣わすことがたびたびみられるが、将軍側が自発的に発給したのか、供奉した直臣側の要求なのか、判断はむずかしい。また、越中の義稙に供奉する人々は「無用人」「御憑《たの》みない者たち」*36ともされるように、主に諸家の傍流や勢力のない人々であることがみてとれる。

さらに、義稙は越中まで供奉している外様衆吉見義隆《よしみよしたか》（能登が本領）の代行者に対して、義稙の上洛の際、被官人を率いて軍事奉公するように求めた。

就二今度御上洛一諸国諸被官人事、相催之可レ被二供奉一、然各於二所帯以下一者、不レ可レ有二相違一、若有下令二違背一之輩上者、可レ被レ加二其成敗一由、所レ被二仰下一也、仍執達如レ件、

明応三年八月廿一日　若狭守（諏方長直）（花押）

沙弥（慈倫）（花押）

吉見右馬頭代（義隆）*37

意訳：今度（義稙が）上洛することについて諸国の諸被官人を招集して供奉されるように。それぞれの所帯以下については、相違ないように。もし違反するものがいれば、成敗をくわえられるようにと、命じられました。よって伝達はこの通りである。

翌年には山中《やまなか》氏に対して、「御家人」として一族を「相催」して参陣するよう求めている。*38このような事例のみではなく、供奉した直臣らを中心に同様な文書が発給されたと思しい。

---

*36　『大乗院』明応三年三月二十六日条。

*37　足利義材奉行人連署奉書（『尊経閣所蔵吉見文書』・『奉書』三九四三）。

*38　足利義材奉行人連署奉書（『山中文書五』・『奉書』三九四五）。

またこのころ、風聞では義稙には伊勢国司北畠《きたばたけ》、尾張の斯波と織田《おだ》、美濃の持是院《じぜいん》（斎藤《さいとう》）妙純《みょうじゅん》、九州では大内・大友・菊池《きくち》・島津《しまづ》・相良各氏などが義稙に味方すること、大内氏には摂津池田《いけだ》が内通したことなどがあった。[*39] 実際はともかく、京都の義澄、政元らを不安にさせるには十分であろう。翌四年にも義稙に通じた玉村近江守《たまむらおうみのかみ》が「西国の面々が上洛することは必定」と喧伝している。[*40] 義稙陣営は義澄・政元方に対して情報戦を繰り広げていたのである。

義稙が各地の各勢力に対して積極的に上洛支援を求めるなか、義澄陣営は公家・門跡《もんぜき》らが義稙と通じる行為の禁止を通達した。[*41] かつて大乱の際には足利義視や西軍に通じた公家衆がいたが、今回も同じであろう。このような義澄方の対応は越中の義稙の動向を無視できなかったことを意味する。と同時に、京都周辺に公家や寺社関係者に義稙支援者がいたことがうかがえる。

しかし、義稙をめぐる環境は必ずしも好転しなかった。明応五年には九州における義稙与党大友義右《よしすけ》（材親から改名）が実父政親《まさちか》により殺害されたのである。さらに政親も大内義興により自害させられた。[*42] これは義稙を支持する義右と義澄政権を支持する政親との対将軍家政策をめぐる政策不一致が原因であった。さらに美濃では義稙支援者でもある持是院妙純が、同年十二月に義澄陣営に転身していた六角高頼に大敗し、討ち死にしている。[*43]

和睦交渉と破綻

義稙が上洛をうかがうなか、明応四年（一四九五）、細川一門の両和泉守護細川元有《もとあり》と同基経《もとつね》らが政元より離反し畠山尚順に属したが、これをうけて政元は両畠山氏の和睦に動いている。[*44] これは畠山義豊の反発により成立しなかったが〔小池二〇二二〕、両畠山氏の去就は義澄、義稙の両陣営にとっては戦局を左右する重要なものであった。

---

*39　『大乗院』明応三年附記。
*40　『後法興院』明応四年六月二十四日条。
*41　『後法興院』明応三年八月十五日条。
*42　『後法興院』明応五年七月六日条。
*43　『後法興院』明応五年十二月十日条ほか。
*44　『大乗院』明応四年十一月八日条。

同六年に、義稙は再び上洛を目指した。六月には上洛は必定との噂が世間に流れただけではなく、畠山政長が生存しているとの風聞も加わっていた。それにつき、『大乗院』の記事からみると、義稙は八月に朝倉貞景《あさくらさだかげ》を御供に上洛すること、神保氏の内衆蔵河《くらがわ》某が細川政元との和睦の軍資金数千貫文（数億円）を持って上洛しようとしていることなどが伝わっている。それだけではなく、義稙の上洛により、義澄が隠居するとの風聞も伝わった。[＊45] これら真偽不詳の風説が畿内では流布していたのである。

このころ、神保長誠らを中心に和平が推進されていたが（山田二〇一六）、それが進展したのは明応七年であった。『大乗院』明応七年四月十六日条には、義稙が六月に上洛することが必定であること、これは政元方より義稙に申し入れたこと、一色義秀《よしひで》・赤松義村《よしむら》・土岐政房《まさふさ》・朝倉貞景・飛驒国司《ひだこくし》姉小路基綱《あねがこうじもとつな》らが上洛の御迎えをすること、斯波氏は距離をとっていることなどがみえる。義稙は河内の畠山尚順勢との連携を保っていたが、[＊46] 義稙と政元との和睦が本格的に進められようとしていた。和睦は政元が主体的に和睦に動いていたともいう。[＊47] 交渉は政元と義稙とが直接行うもので、義澄や伊勢貞宗は除外されていたらしい（車谷二〇二三）。

なお、このころ義稙は「義材」より「義尹」に改名した。[＊48] これは義稙が上洛にむけて、心機一転を図ったという意味があろう。だが、この和睦に対して義稙側近の一色視久らが反対した。視久は大内氏の支援のもとで上洛すべきと進言していたのである。[＊49] しかし、義稙周辺が和睦と進軍の両意見に分裂するなか、政元方での和平に反対するものもあり、実現は未知数であった。政元側には、一門の典厩《てんきゅうけ》家当主細川政賢《まさかた》が連携相手である畠山義豊の支援を求める進言をしたこともあって、交渉が破綻していったのである（小池二〇二二）。

そこで、義稙は和睦をあきらめて上洛の軍事侵攻することに決して、明応七年九月に越中より

＊45 『大乗院』明応六年五月五日条、七月三・八日条、八月十六日条。
＊46 『後法興院』明応七年五月十九日条。
＊47 『後法興院』明応七年同八月六日条ほか。
＊48 『和長』明応七年八月十九・二十九日条。
＊49 『大乗院』明応七年二月七日条ほか。

朝倉貞景を頼って越前に移座した。[50] これは、義稙を庇護し和睦を推進していた神保長誠との確執により越中を退去したためである。[51] ただ、義稙の越前移座の実態は、朝倉氏への支援要請のためともされる〔山田二〇一六〕。本来の守護家斯波義寛に替わって越前を実行支配する貞景の軍事力に期待したことは間違いないだろう。吉見義隆が政元方との交渉役として京都にあったが、義稙の越前移座の情報は政元方には伝えられなかったようだ。[52]

義稙の上洛戦

義稙の上洛は「必定」とみなされながらも、「威勢」[53]がなかった。しかし、翌明応八年（一四九九）には、畿内情勢に変化があった。河内で抗争を続けていた義澄派であった畠山義豊と、義稙と連携する畠山尚順（当時は尚慶《ひさよし》に改名）の軍勢が衝突し、二月一日、敗北した義豊が自害し、義豊の子義英は逃亡したのである。[54] 幕府御料所である河内十七ヶ所は義豊より細川政元が知行契約を行っていたが、尚順が政元の代官を追放したことで、[55] 現地が尚順方の成敗下に入った。義豊は義澄陣営のなかでも軍事的に重要な成果を収めていたため、その死は義澄・政元には衝撃であったと思われる。これをうけて、政元は河内に軍勢の派兵を計画したものの、これは延期された。[56] だが、義豊の死にともなって、政元の内衆赤沢朝経《あかざわともつね》（澤蔵軒宗益《たくぞうけんそうえき》）が義豊の影響下にあった山城南部や大和へ侵攻して、勢力の拡大を進めている。

尚順が河内を制圧しつつあるなか、六月に義稙は故細川義春の父である阿波の細川成之《しげゆき》に使者を派遣した。[57] 阿波細川氏は義稙とつながっていたのである。義稙は紀伊の尚順とも連携しながら南北より京都を圧迫し、侵攻する計画であった。さらに義稙には比叡山の一部僧徒が味方についた。僧徒らは公家衆西坊城《にしぼうじょう》顕長《あきなが》や桃井某、東蔵坊《とうぞうぼう》を大将として伊勢貞宗の孫が入る南円院《なんえんいん》を攻

＊50　『後法興院』明応七年九月五日条。
＊51　『和長』明応七年九月四日条。
＊52　安富元家書状（『朽木』二一〇）。
＊53　『大乗院』明応七年十月二十六日条。
＊54　『大乗院』明応八年二月二日条。
＊55　『後法興院』明応八年二月一日条。
＊56　『後法興院』明応八年二月二十五日条。
＊57　『大乗院』明応八年六月十一日条。
＊58　『鹿苑』・『後法興院』明応八年七月一日条。

めた。[58]山内を反義澄方にまとめようとしたのだろう。彼ら僧徒は根本中堂《こんぽんちゅうどう》に閉籠して、京都方に対抗の意思を示したのであった。

義稙の上洛が現実味をおびたことは、義澄にとって危機であった。上洛戦が現実化し、京都が動揺するなかで、義澄は丹波や播磨勢の上洛を命じた。[59]僧徒への対応を命じたのである。そのため、義稙に連動した僧徒らの閉籠は長くは続かなかった。細川政元は内衆の赤沢朝経や波々伯部《ほおかべ》元教《もとのり》らを派兵し攻撃させたことで二十日に根本中堂は炎上し、西坊城顕長ら首謀者は討たれたのである。[60]さらにこのなかで、義稙による伊勢貞宗の暗殺未遂事件もあった。[61]政変の中心人物である彼を上洛の障害とみていたのであろう。

義稙は畠山尚順らと連携し、上洛に向け出発した。しかし、滞在元の朝倉貞景は延期を進言したという。[62]貞景の延期要請は当時の飢饉が影響していたとみられている〔山田二〇一六〕。義稙はこれを受け入れず、好機として上洛を決したのであった。[63]だが、朝倉方の支援のない義稙の上洛勢は五、六百ほどであったという。[64]このころも尚順と政元との和睦交渉の話題があるように、義稙は上洛の軍を発することで京都の細川政元に圧力をかけ、和睦を選択させようとしたかったのだろう。和睦となれば軍勢の必要はなくなる。

九月には義稙上洛の風聞が京都に伝わっている。[65]十一月、義稙は越前を発し、敦賀を経て近江の坂本まで動座した。[66]このとき義稙の先駆の兵は三千ほどであったという。[67]ただ、一万とも、五、六百規模という記録もあり、[68]実数は確かではない。朝倉勢は加わっていないため、進軍途中で動員された勢力であったのであろう。当時、北白川《きたしらかわ》（京都市左京区）周辺ではすでに衝突寸前の状態であったようで、二十日には政元が上洛して翌日の坂本出陣に備えている。[69]

＊59　『大乗院』明応八年七月十二日条。
＊60　『大乗院』明応八年七月二十一日条。
＊61　『後法興院』明応八年七月八日条。
＊62　『後法興院』明応八年七月四日条。
＊63　『大乗院』明応八年七月十二日条。
＊64　『大乗院』明応八年七月二十三日条。
＊65　『後法興院』明応八年九月十八日条。
＊66　『後法興院』明応八年十一月十六日条。
＊67　『後法興院』明応八年十一月十七日条。
＊68　『鹿苑』明応八年十一月十六日条。
＊69　『後法興院』・『鹿苑』明応八年十一月二十日条。

大内義興画像　山口県立山口博物館蔵

義稙の敗北

　義稙勢の上洛が目の前に迫るなかで、十一月二十日には細川政元は一門の和泉下守護細川基経父子を京都防衛にあたらせ、*70翌二十一日に細川野州家の政春《まさはる》・高国《たかくに》父子を大将とする二、三千の細川勢、つまり幕府軍が坂本に出発した。義澄政権にとって政元ら細川一門がほとんど唯一の身体保証であった。

　翌二十二日に義稙勢と細川勢が衝突した。幕府軍には六角高頼も加勢し、義稙勢を追い込んだ。高頼は第二次近江親征により、義稙による討伐をうけていたが、今回はそれに報復したかたちとなった。その結果、義稙勢は大敗し、義稙は比叡山に逃れた。二、三千ほどの細川勢に大敗したということで、実際このときの義稙勢は当初の五、六百程度であったのかもしれない。なお、義稙の敗走時には、義澄の御前には政元や武田元信、伊勢貞宗らが祗候していたという。*71彼らは義澄政権の中枢であり、今回の対義稙戦についても彼らが衆議のうえ作戦を計画していたと思しい。だが、義稙の上洛戦にともなって、奉行衆や昵近公家衆の一部が義澄政権より離反して、義稙のもとに供奉することを選択していた〔今谷一九八二ほか〕。義稙の上洛が現実味を帯びるなかで、義稙に期待したのである。

　細川勢は二十八日に義稙の逃れた比叡山の捜索を行おうとしたものの、延暦寺方が「滅亡したとしても、（捜索は）承知しない」*72と強く拒絶したことで山中を十分に捜索することはできなかった。

*70　『拾芥記』明応八年十一月二十日条。

*71　『鹿苑』明応八年十一月二十二日条。

*72　『後法興院』明応八年十一月二十八日条。

*73　『後法興院』明応八年十二月十三日条。

細川方の探索を逃れた義稙は、その後比叡山から甲賀《こうか》へ、次いで河内に逃れたという。[*73] 次いで義稙は多武峰《とうのみね》（奈良県桜井市）を頼ったようだが、さらに逃走先として周防山口の大内義興か奈良の興福寺大乗院を期待した。[*74] しかし結局、大内氏を頼って周防へ下向することとなり、十二月晦日に山口に到着した。[*75] 義稙は畿内近国より離れることとなったのである。

大内氏は当初は政変に対して一定の距離を保っていた。政変の際に本国にいた政弘は義稙を支持していたようだが〔藤井二〇一四〕、義稙廃立後に義澄政権が発足すると義澄への忠節を誓っており、[*76] 当初より義澄政権と対立していたわけではない。さらに大乱終結にあたり、大内氏は日野富子や伊勢貞宗と密接な関係を継続しており、[*77] 貞宗が支持する義澄への反発はあまり大きくなかったのかもしれない。だが、義稙側近の一色視久が大内氏に期待したように、義稙方との音信も継続し、義稙与党となる可能性も十分にあった。実際に義稙が大内氏を頼って山口まで逃避してきたことで義興は義稙支援を決し、二つの将軍家の対立に当事者の一人として直接関わることとなったのである。だがこれは、大内氏と対立する大友氏の方針転換につながった。義稙与党から義澄与党へと立場が変わることとなったのである〔山田貴司二〇一二〕。

最後の治罰の綸旨

義澄は大内義興が義稙を保護したことを知り、敵とみなした。そこで、文亀元年（一五〇一）に次のように後柏原天皇《ごかしわばらてんのう》による治罰《ちばつ》の綸旨《りんじ》の発給を求めた。

多々良（大内）義興、可レ被レ加二治罰一之由、天気所レ候也、以二此旨一、可下令レ洩二-申-入左馬頭（足利義澄）殿一給上、仍執達如レ件、

文亀元年後六月九日　　右中弁賢房（万里小路）奉

*74　『大乗院』十二月十三・十五日条。

*75　大内義興書状（「入来院文書」・『戦大』一〇六三）。

*76　大内政弘書状写（「大内氏掟書所収文書」・『戦大』七七二）。

*77　『親元日記』、大内政弘書状写（「大内氏掟書所収文書」・『戦大』八七四ほか）。

大内氏館跡の土塁　山口市

謹上　日野侍従（高光）殿＊78

意訳：大内義興に治罰を加えるようにと、天皇のご意向である。この内容を義澄殿に漏らすことなく申し入れられるように。よって伝達はこの通りである。

この綸旨は「最後の治罰綸旨」〔今谷一九九二〕といわれるものである。この綸旨は義澄本人ではなく、その側近公家衆である日野高光《たかみつ》に宛てられているが、これにより義興は朝敵となった。だが、即位式以前の治罰綸旨は「相応しくない」とされていた。＊79当時の後柏原天皇は前年の明応九年（一五〇〇）十月二十五日に践祚《せんそ》したものの、即位式はまだ挙行できていなかったのである。それでも義澄は強く綸旨を求めたのだ。

治罰の綸旨はこれまで十五世紀にはたびたび見られた。大乱の際には山名宗全、足利義視などに対して、大乱後も畠山義就に対して治罰の綸旨が発給されてきた。前代の義稙も延徳三年（一四九一）の六角氏征伐のための親征の際に治罰の綸旨を申請している。＊80義稙の場合と異なるのは、義稙は大名らを動員した親征に際して、その権威を利用する目的があったのに対して、この治罰の綸旨では、義澄の親征が計画されたわけではない。大内一族で義興と対立する大内高弘《たかひろ》と大友政親《まさちか》の跡を継いだ大友親治《ちかはる》を対義興作戦の中心としたのだった。これは綸旨そのものが大友家のもとに伝わったことから知られる。すでに大名らが義澄派、義稙派に分裂しているなかで、大規模な軍事動員は不可能であった。そこで、義澄は綸旨そのものを大友氏に与えることで、対大内戦の主体として、中国・九州の諸勢力への軍事指揮権を与えたのであった。＊81

さらに義澄はこの綸旨をうけて、中国地方の諸将に対し、前天龍寺《てんりゅうじ》住持泰甫恵通《たいほえつう》を上使として朝敵義興の討伐を要請している。

就㆓義興（大内）退治之儀㆒、被㆑成㆓治罰綸旨㆒之条、不日相㆓‐談大内太郎（高弘）・大友備前守（親治・義長）父子以下㆒、

＊78 『大友文書』、「忠富王記」文亀元年七月三日条。

＊79 『大乗院』文亀元年閏六月二十三日条。

＊80 『親長』延徳三年八月二十二日条ほか。

＊81 室町幕府奉行人連署奉書案（「大友」・『奉書』二二五七）。

抽二忠節一者、尤可レ為二神妙一之旨申二‐含泰甫和尚一候、猶右京大夫（細川政元）可レ被レ申候也、

八月十日　（花押）

小早川又太郎（扶平）とのへ[*82]

意訳：大内義興を退治することについて、治罰の綸旨が出されたので、急ぎ大内高弘・大友親治と相談のうえ忠節を果たせば、特に神妙であることを泰甫和尚に申し聞かせている。なお、詳細は細川政元よりも申されるものである。

この御内書には「猶右京大夫」とあり、政元による副状が発給されているが、[*83]これは一連の対大内戦略について、政元が関与していたことを意味する。さらにこれ以前に毛利《もうり》・小早川《こばやかわ》氏ら安芸の国人層に対して同国の「郡主」[*84]でもある武田元信も書状を発給しているが、そこで、義稙の山口動座についての幕府の下知と政元書状について、「この内容を拙者より申すようにとの上意なので」と元信より伝達するようにされている。[*85]このため、対大内戦略については、義澄は政元・元信らを中心とする合議のうえで作戦を立案、実行したとみてよいだろう。安芸・石見両国よりは「特に忠節をいたします」と請文が提出されたという。[*86]だが、朝敵となった大内家中は動揺することなく、効果は限定的であったという〔藤井二〇一四〕。治罰の綸旨発給は、従来のような効果を発揮できなかったこともあり、天皇にとっても「諸刃の剣」であったとされる〔今谷一九九二〕。

ところで、朝敵となったのは義興であって義稙でないことは注目されるだろう。かつて大乱の際に、義稙の父義視が西軍に属したことで治罰の院宣《いんぜん》が発給されて朝敵とされたことがあった。[*87]それをみれば、義稙本人を朝敵とすることは不可能ではないだろう。ただ、義稙は義視と異なり将軍経験者である。この点が朝敵としなかった理由と関係するだろうか。または将軍在職経験の

＊82　足利義高御内書（『小早川』二四八）。

＊83　細川政元副状（『小早川』二四九）。

＊84　吉川法秀申状案（『吉川』二四九）。

＊85　武田元信書状（『毛利』一六九）。

＊86　室町幕府奉行人連署奉書写（『大友』・『奉書』二二五六）。

＊87　『大乗院』応仁二年十二月十九日条ほか。

有無にかかわらず、足利家の人間が朝敵になることはやはり躊躇されるものであったのだろうか。ただ、朝敵ではないものの、義稙はそれに準じてか、参議《さんぎ》を解官《げかん》（解任）されている。[*88]

義澄と政元の確執

義稙と連携していた畠山尚順勢も敗退したことで、義澄政権は軍事的危機を脱した。だが、紀伊には尚順が残り、翌明応九年（一五〇〇）も河内への侵攻を続けていた。[*89] また、義稙の山口下向を聞いた義澄は、大内義興と対立する大内一族の大内高弘や少弐資元《しょうにすけもと》・菊池武運《きくちたけかず》・阿蘇惟長《あそこれなが》らに御内書を下し、大友親治と申し合わせて、忠節を果たすように命じている。[*90] 大友氏が義澄政権における西国の軍事活動の要であった。

尚順らは河内に進軍し、九月には和泉上守護細川元有を討った。[*91] これをうけて政元は内衆赤沢朝経らを誉田《こんだ》城（大阪府羽曳野市）の畠山義英への援軍として派遣し、尚順方を大敗させ、紀伊に退去させた。[*92] ところが、永正元年（一五〇三）十二月、畠山尚順と同義英の和睦が成立する。[*93] これをうけて同三年に義稙は義英に対して上洛の支援要請をしている。[*94] 政元の攻勢をうけた義英は河内から没落し、大和宇陀《うだ》郡へ逃れた。政元は動員にも従わず、義英を隠匿したとして同郡へ朝経を派遣した。[*95] また、義澄の期待する武田元信は、この時期丹後に侵攻しており京都に不在だった。畿内の情勢が不安定化するなかで、閏十一月二十三日に、六角高頼の嗣子氏綱《うじつな》が三千の兵を率いて上洛しているが、[*96] これは京都に近い六角氏に期待したためであろう。

これに前後して、外憂が去った義澄と政元との確執も表面化して、義澄は政元とたびたび衝突しながらも、それを排除することはせず、連携関係を継続した。[*97] これは何より政元に代わって幕府を支える在京大名がいないという現実的な問題であった。政元の政権離脱は義澄政権の崩壊に

*88 『公卿』。
*89 『拾芥記』明応九年八月二十日条ほか。
*90 （明応九年）日付不詳足利義澄御内書写（『大友』）。
*91 『後法興院』明応九年九月五日条。
*92 『後法興院』明応九年九月十七日条ほか。
*93 『実隆』永正元年十二月十五日条。
*94 『多聞院』永正三年二月二十八日条・『稙』一―二四。
*95 『多聞院』永正三年七月二十四日条。
*96 『後法成寺』永正三年閏十一月二十三日条。
*97 『後法興院』明応十年正月二十六日条。

直結するものであった。独自の軍事力に限界のある将軍家にとって、幕府を軍事的にも支える京兆家の存在は不可欠なものであったのだ。

しかも当時、義澄の御所はこれまでの小川《こかわ》御所（現宝鏡寺《ほうきょうじ》〈京都市上京区〉近辺）や室町殿の立地ではない。将軍御所は当時の記録に「細川政元の宿所」「将軍の在所には垣が隔てられている」とみえるように、[98]政元邸の敷地を区切って垣や門を立て、隣接して造営されていた。当時の京兆家の邸宅は歴博甲本洛中洛外図屏風《れきはくこうほんらくちゅうらくがいずびょうぶ》にも描かれたとおり、西大路《にしおおじ》北・小川東（京都市上京区）に立地していた〔小谷量子二〇一四〕。将軍御所はその京兆邸の敷地内の北側に造営されていたのである。両者は否が応でも密接な位置にいたのである。

京兆家の家中では九条《くじょう》家からの養子澄之《すみゆき》（九郎）ではなく、義稙に近い阿波細川氏出身の澄元《すみもと》（六郎）に家督を継承させるような動きもあった。永正元年（一五〇四）には、摂津守護代薬《やく》師寺《しじ》元一《もとかず》が阿波細川氏と連携して澄元に家督を継承させることを目的に挙兵に及んでいる。[99]これは元一のみに留まるものではなく、内衆赤沢宗益もこれに加わり政元から離反したほか、[100]阿波からは阿波細川氏の被官三好之長《みよしゆきなが》が、河内では畠山尚順も進軍したのである。[101]「義稙―尚順―成之」の連携があったことが想定される。元一の挙兵は短期間で鎮圧されたものの、義澄を支える京兆家、細川一門の分裂と動揺は、義澄により大きな影響を与えることとなる。

細川政元の暗殺と義澄

永正四年（一五〇七）四月、細川政元が突如東北・北陸方面に下向しようとした。[102]目的は「奥州を一見する」ためという。[103]政元の京都不在は、義澄にとっては不安材料であることはいうまでもない。そこで、義澄は勅書まで求めて、政元を京都に引き戻した。[104]

＊98　『宣胤』文亀二年正月十日条。
＊99　『後法興院』永正元年九月四日条ほか。
＊100　『宣胤』永正元年九月七日条ほか。
＊101　『宣胤』永正元年九月二十一日条ほか。
＊102　『後法成寺』永正四年四月九日条。
＊103　『不問物語』。
＊104　『実隆』永正四年四月二十八日・五月十九日条ほか。

このころ六角高頼・氏綱父子に関して、次のような御内書が発給されている。

江州事属二無為一、佐々木四郎（六角氏綱）至二真（槙カ）島一参洛之由候、然者在京事可レ被二申付一候、仍番衆知行分、不日可二渡付一事肝要候、将又高頼（六角）与二貞隆（伊庭）一令二和睦一、退二讒訴之輩一致二奉公一者、可レ為二神妙一候、此条々被二相届一、其已後四郎可二対面一候也、

六月十三日　　義澄花押

細川右京大夫殿（政元）*105

意訳：近江が無事に治まり、六角氏綱が槙島《まきしま》にいたって参洛するとのこと。それならば在京のことを申し付けられるように。そして番衆の知行分についても、急ぎ引き渡すことが肝要である。また、高頼と伊庭貞隆《いばさだたか》とを和睦させ、讒訴するものを退け奉公するならば、神妙である。このことを（政元より）氏綱に伝え、それ以後に氏綱と対面するものである。

義澄は政元を介して槙島城（京都府宇治市）に滞在している氏綱に在京や近江国内の奉公衆領の回復も命じ、その後氏綱と対面することを伝えている。このころ、六角氏は被官伊庭氏の反乱を終結させたばかりであり、その和睦と領内の安定にともなう在京を期待したのである。また番衆の知行の件は、京都が動揺するなかで、直臣らの支持を維持するためであろう。

だが、事件は六月二十三日に起こった。「天下無双の権威」といわれた政元が養子の一人細川澄之に属する香西元長《こうざいもとなが》と薬師寺長忠《ながただ》により、「家督相続による遺恨」*106を理由に暗殺されたのである。政元の後継をめぐる澄之派と澄元派との事件であった。暗殺事件ののち、将軍御所の北にいた澄元も襲撃されたため、近江に逃れた。義澄政権を支えてきた京兆家が分裂することとなったのである。京都の混乱のなか、細川高国と同尚春《ひさはる》が義澄の警固役をつとめた。

当時、丹後に出陣していた澄之は七月八日になって上洛し、義澄より京兆家の家督を安堵され

＊105　足利義澄御内書案（「近江神崎郡志稿所収福島文書」・『戦六』一五〇）。

＊106　『宣胤』永正四年六月二十三日条。

た。[*107] 実は澄之の生母と義澄の生母は姉妹（武者小路《むしゃのこうじ》隆光《たかみつ》娘）であるため、義澄にとっては澄之は阿波細川氏出身の澄元に比べ血縁的に極めて近い。義澄と政元はこれまでも確執がありながらも協調関係を維持していたが、従兄弟である澄之が家督となれば、義澄と京兆家との関係はより密接になるという意味では、相互に利点がある。しかし、澄之は細川一門の支持を得られなかった。一門は細川一門出身の澄元を支持したのである。

義澄は政権の危機に次のような御内書を発給した。

就二右京大夫（細川政元）生涯之儀一、都鄙可レ及二大篇一候、然者、今出川（足利義稙）可レ有二出張一候、所詮、其以前罷向、取懸、致二合戦一、抽二軍忠一者、尤可レ為二神妙一候、猶貞宗（伊勢）朝臣可レ申候也、

七月五日 （義澄之御判）（花押影）

小早川掃部頭（扶平）とのへ[*108]

意訳：細川政元殺害のことは、都鄙が大変に及ぶものである。それなので、足利義稙が出張してくるだろう。つまるところ、それ以前に義稙のもとに向かい、攻めかけて合戦し、軍忠を尽くせば、特に神妙である。なお貞宗よりも申すものである。

義澄はこの事件をきっかけに、義稙が上洛にむけて軍勢を進軍させるとみていた。京兆家の分裂はそのまま義澄政権の軍事的弱体化を意味する。そこで、安芸の小早川氏にその牽制を要請したのである。また、同時期には京都の安定のために先の六角氏綱の在京も命じている。[*109] 家督を承認された澄之は八月一日、細川高国や同尚春、同政賢らに襲撃されて自害した。[*110] 翌日に澄元が上洛すると、義澄は澄元に対して改めて京兆家の家督を安堵した。[*111]

政元の死による京兆家の分裂を契機として、両畠山氏の和睦も決裂した。義英は河内嶽山《だけやま》城（大阪府富田林市）に、尚順は隅田寺《すだでら》（和歌山県橋本市か）に陣したが、尚順には細川高国や同尚春な

*107 『宣胤』永正四年七月八日条ほか。

*108 足利義澄御内書写（『小早川』二六一）。

*109 足利義澄御内書写（『武家事紀三四』・『六角』一五三）。

*110 『後法成寺』永正四年八月一日条。

*111 『後法成寺』永正四年八月二日条。

どが後援したという。[*112]高国の姉は尚順の室であったというから、[*113]このような連携が可能となったのだろう。政元の死は、義稙陣営の中心である政長系畠山氏の去就にも影響したのだ。そして尚順は使者を澄元に派遣し、それと和睦したのである。[*114]尚順は澄元らの支援のもと義英と交戦を続けた。義澄陣営において、義稙陣営の尚順が自勢力に加わったのは心強かったであろう。もちろん、義稙からみれば、畿内における重要な与党を失ったことを意味した。

義澄の対応と政権の崩壊

明応八年（一四九九）の上洛戦が失敗した義稙はその後、周防山口の大内義興に庇護されていたが、当地でも上洛への意思は捨てなかった。義稙は特に中国、九州の大名らに御内書を発給して上洛支援を求めた。豊後の大友・肥後の相良・薩摩の島津・九州探題家の渋川《しぶかわ》・安芸の毛利、小早川各氏である。さらに側近伊勢貞仍《さだより》（もと貞頼）を派遣して、丹後の一色氏や山名一族、江北の京極氏らにも支援を要請したのである。[*115]これらはすぐには実を結ばなかったが、細川政元の死とそれに続く畿内の混乱が上洛の好機となった。

一方、義澄は義稙の上洛軍との対峙を迫られるが、細川澄元は義澄に義稙との和議を進言した。[*116]義澄と血縁的に近い澄之と異なり、もともと阿波細川氏は澄元の実父義春、祖父成之など義稙に近い立場であった。澄元は義稙の将軍復帰を目指していたのかもしれない。当然、義澄は澄元による和議の提案を受け入れることはなかったため、義稙勢との衝突は不可避となった。義澄は義稙の上洛の風聞を聞き、危機を感じたようだ。[*117]そこで、義稙方との和与について、義澄は条件は不明だが、受け入れる覚悟に変わっていた。義澄は和睦交渉について、澄元にその祖父成之と大内義興に申し聞かせるように命じている。[*118]

＊112　『多聞』永正四年十二月四日条。
＊113　『不問物語』。
＊114　『多聞』永正四年十二月十日条。
＊115　『下つふさ（総）集』。
＊116　『多聞院』永正四年八月二十三日条。
＊117　『多聞院』永正四年十二月八日条。
＊118　（永正四年）十二月十五日付足利義澄御内書案（『室町家御内書案』）。

義澄方の軍事力をみると、その主力は京兆家とその一門であった。だが、この京兆家も政元死後に分裂してしまい、政元存生のときと同列にみることはできなくなった。特に澄元の実家阿波細川氏は義稙に近い。また、直属軍の中心である奉公衆も明応の政変以降、分裂したことで政変以前の軍事規模は期待できない。だが、畿内における義稙最大与党の畠山尚順が義澄陣営に加わっていた。

永正五年（一五〇八）正月、義澄をめぐる環境は悪化した。尚順は細川高国らの支援を得ながら畠山義英の籠もる河内嶽山城を落としたものの、[*119]澄元の重臣赤沢長経《ながつね》（宗益の弟で養子）が義英の脱出を助けたうえ、高国が尚順と澄元に謀叛すると讒言したという。[*120]これは高国、高国と繋がる尚順が澄元から離反する契機となった。

細川澄元画像　「集古十種」　当社蔵

畿内の情勢が変動するなか、義稙は大内義興らを従えて上洛に向けて進軍を開始した。義澄は義稙、義興らの上洛の妨害のために複数の御内書を発給したが、[*121]畿内周辺では斯波義敏《よしとし》、六角氏綱、一色義《よし》有《あり》、土岐政房、山名致豊《むねとよ》、京極高清《たかきよ》、武田元信、朝倉貞景、赤松被官らに発給し、彼らには軍勢の上洛や現地での上洛軍との交戦を命じた。九州では島津・大友・菊池・阿蘇・宗《そう》・少弐各氏、さらに大内一族の大内高弘などに対して発給したが、特に大友・少弐氏との相談のうえ、豊前・筑前・周防・長門の大内領に侵攻するように命じたのである。西国では特に大友・少弐氏が義澄方の中心とされ、高弘も大友・少弐氏の指揮下

＊119　『後法成寺』永正五年正月十八日条。

＊120　『不問物語』。

＊121　以下、足利義澄御内書案（『室町家御内書案』）。

となった。同じく朽木《くつき》氏など在国の直臣には奉行人奉書によって参洛と細川澄元への忠節が命じられている。[*122]

　これらのすべてが実際に現地に届けられたかはわからないが、これが当時義澄政権を（一応でも）支持し、音信できる守護・大名家であろう。このうち、六角氏は参洛について請文も提出した。[*123]それぞれ軍勢催促を行った一連の御内書には「猶右京大夫（細川澄元）并貞宗（伊勢）朝臣」とあり、これらの軍事作戦は義澄が澄元と貞宗と相談のうえで行っていたことがわかる。

　義澄は京都の防衛のほか、東西より大内勢を挟み込む作戦であったが、京都で義澄を軍事的に支えるのは澄元のみとなっていた。澄元は義稙勢の上洛を防ぐことに全力を尽くす旨を義澄に誓ったが、[*124]進軍を防ぐことはできなかった。この時点で実際に義澄を支えたのは澄元のほか、実家の阿波細川氏、和泉上守護の細川元常《もとつね》（生母が細川成之の娘）、典厩家の細川政賢がいたが、義稙の上洛軍には抵抗できなかった。高国が摂津・丹後の軍勢を率いて上洛するとの風聞が京都に伝わるなか、澄元らは四月九日に京都を離れ、近江の坂本に没落したのである。翌十日には、高国の軍勢が上洛したが、[*125]軍事的な後ろ盾を失った義澄はなおしばらく京都にいた。この間、義澄は細川高国との和睦交渉を進めたのかもしれない。しかし、十六日には本郷信通《ほんごうのぶみち》・飯川国資《いがわくにすけ》・朝《あさ》山《やま》某・三上《みかみ》某・井上《いのうえ》某・摂津《つ》政親《まさちか》・小笠原元宗《おがさわらもとむね》・進士《しんじ》兄弟ら側近衆と昵近公家衆日野澄光《すみみつ》（もと高光）を連れて京都を逃れ、澄元のいる近江の坂本へ没落した。[*126]交渉成立の余地がなかったのだろう。

　これ以降、幕府を支えた京兆家も澄元系（澄元―晴元《はるもと》―昭元《あきもと》）と高国系（高国―〈稙国《たねくに》〉―氏綱）に分裂し、将軍家の分裂と連動しながら、その相克が畿内の政局の主軸となっていく。

　義澄は同二十一日は九里《くのり》氏の館である長命寺《ちょうめいじ》（滋賀県近江八幡市）に移座した。義澄は近江没

＊122　室町幕府奉行人連署奉書（『朽木文書』八七・『奉書』二四九一）。

＊123　足利義澄御内書案（「室町家御内書案」・『戦六』一五六）。

＊124　『後法成寺』永正五年二月二十九日条。

＊125　『拾芥記』永正五年四月十日条。

＊126　『守光』永正五年四月十六日条。

落の際に将軍家家督の象徴である御小袖を帯同していたと思しい（後述）。正統性の保持が目的であろう。その後、同氏の水茎岡山城《すいけいおかやま》（近江八幡市）を御座所とした。九里氏は六角氏の重臣伊庭氏に属していたが、伊庭氏はこのときには中立（「二股」とも〔村井二〇一九〕）であった六角高頼に対して、独自の判断で義澄を庇護したという〔新谷二〇一五〕。なお、同地では永正八年に足利義晴《よしはる》が誕生したという。[*127] 義晴はその後すぐ赤松氏に預けられ、もう一人の男子である義維《よしつな》も阿波細川氏に預けられることとなる。

二、義稙政権（第二次）の合戦と軍事

足利義稙の将軍復帰時代（第二次義稙政権、永正五年〈一五〇八〉～永正十八年）における主な軍事活動は、義澄派との抗争（特に船岡山《ふなおかやま》合戦）、そして大和侵攻、対細川澄元戦である。特に澄元との関係は、最終的には第二次義稙政権の破綻につながる。そこで本章ではこれらの軍事活動を中心にみていく。

義稙の上洛軍

上洛をめざす義稙は永正五年（一五〇八）四月二十四日に摂津の兵庫津、同二十七日には和泉の堺に着岸した。総勢二万騎ほどであり、義稙と大内義興、大内氏の重臣陶興房《すえおきふさ》がそれぞれ乗船する三艘は大船で、海上が大山のようであったという。[*128] また、合計では四、五百艘であったとされるから、[*129] 上洛軍がいかに大軍であったかがわかるだろう。大内氏はかつての大乱の際も大軍を率いて上洛しており、その軍事動員力の高さがうかがえる。

---

*127　『季世記』。

*128　『和長』永正五年四月二十七日条。

*129　『後法成寺』永正五年四月三十日条。

細川高国画像　京都市右京区・東林院像

　義稙のもとには、細川澄元から離反した細川高国と畠山尚順（当時は出家して卜山《ぼくざん》）も加わっていた。高国は五月六日に京兆家の家督として承認された。[*130] さらに義稙は明応の政変の主要人物であり、義澄を支えてきた伊勢貞宗らも召し出した。[*131]
　前関白近衛尚通《このえひさみち》の日記『後法成寺《のちのほうじょうじ》関白《かんぱく》記《き》』の記述によれば、義稙は六月八日に上洛したが、その前日には高国が前駆として数百騎、一万の兵で上洛した。義稙の御供は五、六千、騎馬が百騎ほどであったという。さらに同日の夜には義興が六、七千ほどの兵を率いて上洛した。十四日には尚順が上洛したが、一万ほどの兵を率いていたという。この数字を信じるならば、義稙の軍勢は三万五千ほど、そのうち直属軍は五、六千ほどになる。また、義稙は入洛後、義澄時代の将軍御所ではなく、在京する御三家の吉良義信《きらよしのぶ》亭（一条《いちじょう》室町）を仮御所とした。[*132]
　義稙に供奉した面々をみると、側近の種村刑部少輔《ぎょうぶのしょう》と畠山順光《のぶみつ》がそれぞれ三百、昵近公家衆では阿野季綱《あのすえつな》が三百、烏丸冬光《からすまるふゆみつ》は騎馬三騎、さらに「京田舎」の奉公衆による走衆が数百、大《おお》館尚氏《だちひさうじ》・同政信《まさのぶ》・伊勢貞陸ら御供衆が九騎ほど、御後の騎馬衆はその数がわからないほどであったという。最後尾の赤松徳法師《とくほうし》は十七騎を率いていたという。[*133] このなかで季綱が三百とあるが、一公家である季綱個人で動員できる数ではない。これはほかの側近も同様である。あくまでも上洛の行粧のために臨時で動員されたものだろう（細川・大内両氏の兵より配分されたか）。伊勢貞

＊130　『後法成寺』永正五年五月九日条。

＊131　『和長』永正五年五月十一日条。

＊132　『実隆』永正五年六月八日条ほか。

＊133　『和長』永正五年六月八日条。

陸の供奉などから、義澄に従わなかった在京奉公衆も多く動員されたことだろうが、五、六千をそのまま直属の兵力として扱うことには慎重であるべきだろう。この上洛時の軍勢の行粧は、あくまでも義稙の上洛を演出するためのものであるとみるほうがよいと考える。

七月一日、義稙は官位が権大納言《ごんのだいなごん》、従三位に昇進したほか、将軍職に復帰した。同二十一日には参内したが、この時期に早速大内義興が帰国を申し出ている。これに対して、義稙は天皇の勅書《ちょくしょ》による引き留めをはかるなど、危機感を感じている。[*134] 義興の帰国は中止されるが、これは義興が新政権の安全保障を担う存在であったことを示している。義澄や細川澄元がなお健在のなか、義興の帰国は新政権の崩壊につながりかねないものであった。また、将軍家家督の象徴である御小袖は義澄が携帯しており、義稙はその後もこれを継承できなかった。

義澄・澄元の軍事作戦

第二次義稙政権を支えたのは、京兆家の細川高国（右京大夫）と大内義興（左京大夫）の「両京兆」、河内の畠山尚順や能登守護畠山義元《よしもと》といった在京の大名らであった。彼らが第二次義稙政権期の在京大名であった〔浜口二〇一四・山田二〇一六〕。

しかし、義澄をはじめ細川澄元はなお健在であり、義稙政権の不安要素はなお存在した。細川一門も分裂し、阿波守護家、和泉上守護家、淡路守護家は澄元派としてあった。阿波細川氏は義稙に近かったものの、澄元が義澄を擁して義稙と対立することとなったことで、義稙との関係を絶って明確に義澄派となった。そのため、幕府を支える当時の細川一門や京兆家は分裂し、政元期とは異なるものとなった。特に活発に動いたのが澄元重臣の赤沢長経である。長経は大和の古《ふる》市澄胤《いちちょういん》、澄元派の和泉上守護細川元常らと大和に進軍した。[*135] これをうけて畠山尚順が河内へ出

*134 『実隆』永正五年七月二十三日条ほか。

*135 『後法成寺』永正五年七月二十日条ほか。

高屋城跡　大阪府羽曳野市

陣して対抗した。長経勢が尚順方の高屋城《たかや》（大阪府羽曳野市）を攻めるなか、同二十六日に両軍が衝突し長経勢は敗退した。長経は敗走したものの、大和にて捕らえられ斬首された。[*136]

だが近江には澄元、河内ではなお畠山義英も健在であった。翌六年には近江にいる澄元の重臣三好之長による上洛戦も開始される。三好勢の上洛戦に対して、京都は混乱状態となった。之長は如意ヶ嶽《にょいがたけ》（京都市左京区）に陣を取ったが、幕府軍が包囲したところ、三好勢は早々に逃散してしまったという。[*137]このときの幕府軍は細川・大内・畠山各氏による連合軍で二、三万ほど、三好勢は三千ほどであったという。三好方の落人が六十ほど生け捕りにされたものの、[*138]之長の逃亡は成功した（之長の息長秀《ながひで》は伊勢で討たれる）。

義稙は義澄方の上洛戦に先立って、伊勢国司北畠材親《きちか》、江北の京極高清《たかきよ》のほか近江の諸将、伊賀の仁木《にっき》政長《まさなが》・美濃の土岐政房・越前の朝倉貞景といった畿内近国の大名勢に御内書を発給した。[*139]義稙は諸将に高国と「相談（または申談）」するように求めているように、高国が軍事作戦の中心であったといえる。さらに丹後の一色氏に対しては上洛を求めたほか、比叡山も義稙に従っていた。[*140]ここに現れる大名・比叡山は、第二次義稙政権の一員とみなされた存在であった。

この合戦について澄元は、祖父である阿波の細川成之と連携したうえで、京都を挟撃する計画であったという。しかし、これは讃岐の高国派が阿波をうかがっていたため、成之が動けず、失敗に終わったとされる〔馬部二〇一六〕。

そのなかで、同十月十六日には義稙が義澄による刺客に襲撃される事件もあった。[*141]このとき義稙は自ら太刀で防戦し、八ヶ所に傷を負いながらも撃退した。「末代美談」、「天運神妙」[*142]ともいわれたが、義稙は当時馬術など武芸にもこだわっていたことも〔拙稿二〇一五〕、撃退に影響したのであろう。義稙は義澄方の反撃に危機を感じたこともあろうが、翌七年正月に近江の義澄

＊136　「永正元年記」八月二日条ほか。

＊137　『実隆』永正六年六月十七日条。

＊138　『拾芥記』永正六年六月十七日条。

＊139　「御内書案乾」・『稙』一五三～一五五。

＊140　「御内書案乾」・『稙』一五八、一六六。

＊141　『実隆』永正六年十月二十六日条。

＊142　『公卿』。

方への攻撃を開始する。細川高国と大内義興を主力として、江北の京極高清ら近江の佐々木一族、土岐政房や朝倉貞景、伊勢の北畠材親や同国人らに援軍の動員をかけた。*143

高国は二月十六日に、義稙より馬と太刀を賜り大軍にて出陣した。*144 この太刀下賜は一種の節刀《せっとう》（征伐軍の指揮者へ下す太刀）で軍事指揮権の付与といってよいかもしれない。近江ということもあり京極高清も加わっているが、幕府軍の作戦の中心はもちろん高国と義興であり、幕府の軍事司令官として高国と義興とを対等に扱っていたと指摘される〔今谷一九八四〕。

ところが、同月末には幕府軍が大敗してしまった。*145 これを恥じた高国は「遁世《とんせい》」しようとしたが、義稙はこれを引き留めたのである。*146 高国勢が現地で劣勢であったためか、二月二十五日には義稙の親征が噂されている。*147 幕府軍が劣勢のなか、義稙の親征によって士気を上げ、劣勢を挽回しようとしたのだろうか。そのなかで近江の諸将に次のような御内書を発給している。

今度於㆓江州㆒戦功神妙候、先勢依㆓失利㆒、既右京大夫（細川高国）雖㆑有㆓渡海㆒、先被㆓仰留㆒訖、重可㆑有㆓進発㆒上者、各相談、忠節肝要候、巨細猶左京大夫（大内義興）幷貞陸（伊勢）可㆑申候也、

三月五日

佐々木九郎とのへ　（以下略）*148

意訳：今度の近江での戦功は神妙である。先勢が勝利を失ったことで、すでに細川高国が渡海したものの、まずはそれを留置させた。重ねて進軍するので、おのおの相談して、忠節することが肝要である。詳細は大内義興と伊勢貞陸より申すものである。

ここで、義稙は敗北した高国を近江に留め、さらに進発する旨を伝えている。これは親征を意識したものかもしれない。当時の太政大臣徳大寺実淳《とくだいじさねあつ》は二月二十六日付けの書状で「御動座の噂は本当であろうか。天下の重事でこれに過ぎるものはない」*149 と述べている。これから将軍の親征

*143　「御内書案乾」・『稙』一七七〜一七九。

*144　『後法成寺』永正七年二月十六日条。

*145　『後法成寺』永正七年二月二十九日条。

*146　『拾芥記』永正七年三月五日条。

*147　『実隆』永正七年二月二十五日条。

*148　「昔御内書符案」・『稙』一八四）。

*149　（永正七年）二月二十六日付徳大寺実淳書状（『実隆』紙背文書）。

（動座）は「天下重事」と意識されていたことがわかるだろう。将軍の親征はより慎重に判断しなければならなかったのである。結局義稙の親征はなかったが、親征のうえで敗北していたならば、政権にとってより大きなダメージとなっていただろう。

義澄の死と船岡山合戦

永正八年（一五一一）も、足利義澄・細川澄元方の反抗は続いた。澄元は近江より播磨へ向かい、赤松氏を味方につけた。七月に澄元は細川元常や同尚春、同政賢などの細川一門、四国勢や畠山義英勢、赤松勢を味方として和泉へ攻め入り、細川高国勢に勝利した。*150 この事態をうけて義稙は一色義有らに参洛と忠節を要請したほか、*151 諸寺社に「御敵退治」の祈禱を命じている。*152 しかし、摂津では澄元勢が優勢となったことで、八月、京都に向けて軍勢を発した。

義稙は八月十六日に京都から丹波に退避した。丹波は京兆家の分国であり、高国の統治下にあった。京都で義澄・澄元方との対戦は不利とみたのであろう。『後法成寺』や前内大臣三条西実隆《ないだいじんさんじょうにしさねたか》の日記『実隆公記』同日条などによれば、義稙ら京都勢は、高国、畠山義元・義総《よしふさ》父子、大内義興といった在京の大名をはじめ、在京衆の吉良義信と四条上杉某、阿野季綱や烏丸冬光などの側近公家衆など二万五千の兵が合戦に及ぶことなく丹波に逃れている。義稙は御所としていた一条室町の吉良御所を放火して退避した。義稙はこのとき、「御甲腹巻」を着していたという。*153

義稙の退避にともない、澄元派である細川政賢・同元常・山中為俊《やまなかためとし》らが入京した。それぞれ、二千、千、三千の兵を率いてた。そのなかには義澄に供奉した奉公衆（小笠原元宗・同又三郎）・奉行衆（松田頼亮《まつだよりすけ》）もあった。禁中の警固については、義澄派の奉行衆松田頼亮に命じられている。彼が禁中警固を命じられたのは、義澄期には洛中の治安担当者であった侍所開闔《かいこう》であったことも

---

*150　『両家記』。

*151　「御内書案乾・『稙』二一〇ほか。

*152　室町幕府奉行人連署奉書（「東寺百合文書」・『奉書』二六九〇ほか）。

*153　『守光』永正八年八月十六日条。

影響しよう。[*154] 澄元勢には播磨の赤松義村や河内の畠山義英などが助勢したが、[*155] このとき澄元と義澄は上洛しなかった。実はこの作戦の最中、八月十四日に義澄は死去してしまったのである。先の頼亮はこれを知ったうえで、入京したらしい〔藤井二〇一四〕。京都では義澄死去の情報は入っていなかった。[*156]

このなかで近衛尚通は、京都を押さえた義澄・澄元勢を「京勢」、丹波に逃れた義稙勢を「敵」[*157]と呼んでいる。義稙の京都避難が長引けば、京都を押さえる義澄派に対して京都を没落した義稙が賊軍のような位置づけになりかねない。京都を離れることは将軍にとって「京都を守れない」というレッテルを貼られ、武威を失う大きなリスクであったのだ。

南方より攻め入る敵方に対して、丹波への退避は戦略的には間違いではなかったが〔藤井二〇一四〕、丹波に長居できない義稙は丹波の内藤《ないとう》氏の館にあって体勢を整えたうえで、上洛軍を発した。義稙は丹波から北山へ動座し、高雄の尾崎坊《おざきぼう》を陣所とした。[*158] 義澄・澄元勢の大将である細川政賢らはそれに対応するため、船岡山（京都市北区）を陣所した。船岡山はかつて大乱の際、大内政弘が上洛後に拠点とした場所で、軍事的にも要地であった。[*159]

二十四日に両軍が船岡山にて衝突した。細川政賢・元常らの澄元勢、遊佐印叟《ゆざいんそう》らの畠山義英勢は数千の被害を出して大敗した。ここで政賢や印叟、松田頼亮らが討ち死にした。この合戦では義澄方の「諸奉公衆」も参戦したが、十名が討ち死にしたという。[*160] この中に頼亮のほか、三上三郎、本郷信通らがいた。大内方では重臣の問田弘胤《といだひろたね》などが深手を負ったのち死去した。[*162]

この合戦で義稙が実際にどのような采配をしたのかはわからないが、合戦に勝利した義稙は九月一日に帰洛した。吉良御所は丹波避難の際に自焼していたため、[*163] 二条西洞院《にしのとういん》の妙本寺《みょうほんじ》を仮御所とした。[*164] この勝利により、義澄・澄元派の脅威が去り、義稙政権は軍事的にも安定期に入った

＊154　『諸奉行次第』。
＊155　『両家記』。
＊156　『拾芥記』永正八年八月十六日条。
＊157　『後法成寺』永正八年八月二十三日条。
＊158　『公卿』、『実隆』永正八年八月二十五日条。
＊159　『経覚私要鈔』応仁元年九月五日条。
＊160　『後法成寺』永正八年八月二十三日、二十四日条。
＊161　『瓦林政頼記』。
＊162　『実隆』永正八年八月二十四日条。
＊163　前掲＊153。
＊164　『実隆』永正八年九月一日条。

のである。合戦後、義稙は益田宗兼《ますだむねかね》ら参陣した諸将に対して感状を発給した。[*165]

この間の兵力について、醍醐寺理性院厳助《だいごじりしょういんげんじょ》による『厳助往年記《げんじょおうねんき》』では義稙の直属兵は二千、高国は三千、義興が八千、義元らは三百ほどで、合計一万五、六千ほどであったという。二万五千とした『後法成寺』の記載と一万ほどの誤差があるが、このほかに但馬の山名致豊や、近江の六角高頼名代の定頼《さだより》、武田元信、朝倉氏なども従軍したというから、総兵力は二万近くあったことは確実であろう。ただ幕府軍の中心は大内勢であり、合戦でも大内勢が主体であったようで[*166]、義稙と高国は高雄の陣所で戦況を見守っていたという。[*167] また、当時の奉公衆などの直属兵力は二千ほどであったことがわかるが、その動員方法や構成についてはわからない。さらに奉公衆のみならず、公家衆では側近の阿野季綱・烏丸冬光・雅業王《まさなりおう》が供奉した。義稙は昵近公家衆に対しても軍事奉公を期待したのである。

船岡山の合戦での勝利により、義稙政権は軍事的安定を得たが、一方でこの合戦は義稙政権の維持に大内氏の軍事力が必要不可欠であることを世間に示すこととなったのである。

義稙と大名との関係

第二次義稙政権時代の幕府を政治的・軍事的に支えた在京大名は、前述のように、細川高国と大内義興、畠山尚順と能登守護畠山義元であったが、義稙と大名らとの関係は必ずしも良好であったわけではなく、永正十年（一五一三）二月には、義稙は義興に下国を命じている。[*168] もともと義興は上洛当初より帰国を要請していたが、政権維持のためにも帰国は止められていた。しかし、義稙が義興に不満を持って今回の下国命令がなされたとみられている。

その直後の二月十四日には義澄派であった赤松氏を赦免し、遺児亀王丸《かめおうまる》（のち義晴）と和解した。

＊165　『益田』二五八・『稙』二一八。

＊166　『東寺過去帳』。

＊167　『季世記』。

＊168　『後法成寺』永正十年二月十四日条。

この御礼披露の場には高国や義興も同席しており、将軍と大名の総意としての講和であることが示された。[*169] これにより政変以来対立し続けた義澄派との争いに一応の決着をつけ、政治的に安定することができた〔山田二〇一六〕。

だが、三月十七日夜、義稙は高国と義興への「御述懐（＝不満）」のため突如京都を出奔し近江の甲賀に移ったのである。[*170] 大名らは四月十二日、義稙に起請文を提出したが、これにより一応の和解となったようだ。[*171] なお、義稙は大名らが自らに帰順することを見越して出奔したとされる〔山田二〇一六〕。

義稙は五月に甲賀より帰洛するが、それに先立ち、高国・義興・尚順・義元らが坂本まで迎えに出向いた。[*172] 義稙は三日に帰京するが、その際の行列について、最前には一色視久が、次いで四、五騎を従えた義元（塗輿《ぬりごし》）、その後に義稙（板輿《いたごし》）、その周囲には典厩家の細川尹賢《ただかた》や畠山順光ら御供衆十二、三騎が従い、その前方には奉公衆七、八十が供奉したという。その次には細川野州《やしゅう》家の細川政春《まさはる》（塗輿、高国の実父）が四、五騎、さらに和泉下守護細川高基《たかもと》、馬上の尚順が十一、二騎、義興（塗輿）が後に十一、二騎を従えた。最後に高国が義興と同じく塗輿で、後に十一、二騎を従え、総勢三万であったという。[*173] ここで供奉したのが当時の義稙政権を支えた守護・大名らである。この帰洛の行粧により、再び将軍としての「器量」を世間に示すこともできた〔山田二〇一六〕。

その後、七月には新御所となる三条御所の造営が開始される。[*174] その立地は『不問物語《とわずものがたり》』によれば、「北は三条坊門、南は姉小路、東は富小路、西は万里小路」の一町四方という。明応の政変以前に御所としていた三条の通玄寺《つうげんじ》に隣接する地であり、義詮や義持時代の将軍御所であるかつての三条坊門殿にも近い。惣奉行は畠山義元であり、普請始は高国がつとめた。[*175] そして、同十二年十二月二日に義稙は妙本寺より新御所に移徙《いし》した。移徙の次第については「足利義稙三条《さんじょう》御所《ごしょ》

＊169　『雑々聞撿書』。
＊170　『和長』・『後法成寺』永正十年三月十八日条ほか。
＊171　『和長』永正十年四月十二日条。
＊172　『後法成寺』永正十年五月一日条。
＊173　『後法成寺』永正十年五月三日条。
＊174　『厳助』永正十年七月五日条。
＊175　『後鑑』所収「正月以下御事始記」。

移徙次第《いししだい》」＊176に詳しい。それによれば、大名では高国や畠山稙長《たねなが》（尚順の嫡男）が辻固《つじがため》などの役をつとめた。なお義興は御礼をしたものの、先例もあってか諸役をつとめていない。

また、永正十二年には、行方知れずとされた将軍家の重宝である「達智門」が発見されたとして、参賀があった。これが実物であるかどうかは疑問視されるところもあるが、「発見」は将軍権威の再確立を行うためであると見られている〔石原二〇一八〕。前述のように義稙のもとには御小袖はなく、家督の正統性に弱点があった。達智門はこの御小袖に「累代」「副置」くものであり、＊177達智門の発見は義稙にとっては家督の正統性を補完するものとしても重要であった。

その後、畠山義元は永正十二年に死去、尚順は永正十三年には紀伊に在国していたというから〔弓倉一九九〇〕、政権を支える在京大名は、京兆家と大内家のみになった。

畠山順光の大和侵攻

船岡山の合戦以降、幕府は大規模な軍事活動を行っていなかった。しかし、永正十四年（一五一七）になり、側近畠山順光を上使として、大内氏の軍勢を添えて大和に派遣した。＊178順光の父は猿楽師木阿弥《もくあみ》であり、義稙から「畠山」の名字を与えられ（入名字《いりみょうじ》）、側近として登用されていた〔設楽一九八九②〕。

当時、大和は興福寺の衆徒《しゅと》（官符衆徒《かんぷのしゅと》）である筒井《つつい》氏や古市氏、越智《おち》氏などが抗争を繰り返していた。義稙はこれを調停していたが、調停の上使を待たず筒井順賢《じゅんけん》が独断で出陣したことに「腹立」し、順賢を放逐させた。さらに大和を平定するために、順光を派遣したのである。＊179これは義稙政権の戦いが、これまでの「守るための戦い」から、「攻めるための戦い」へと変化したことを示すものでもある。

＊176　『益田』二六四。

＊177　『拾芥記』永正十二年六月八日条ほか。

＊178　『学侶引付方』永正十四年四月十二日条ほか（『大日本史料』第九編之六所収）。

＊179　『続南行雑録　祐園記抄』永正十四年四月十七・三十日条ほか（右同所収）。

興福寺側には順光以下の滞在のため、まず奈良中に陣宿が求められた。[*180] また、矢銭《やせん》や兵糧米の供出も命じられたが、負担を嫌がる奈良の寺社は免除を求めたという。[*181]

順光には大和での軍事活動について全権が委任されていた。[*182] 順光は現地で人夫徴発だけではなく、興福寺衆徒である官符衆徒の一員になるとの風聞まであった。順光は「当国が無事となった」ことで五月八日に上洛し、十三日には「大和国静謐」として、近衛尚通以下、摂関家・清華家《せいがけ》らの公家たちの参賀が行われている。[*183] 順光が大和で強い権限を持って臨めた背景には、義稙の上使ということだけではなく、大内被官神代貞綱《かみしろさだつな》率いる大内勢の存在もあろう。大内勢は大和、興福寺への軍事的圧迫を担うのに十分であった。

この順光の大和出陣は、将軍独自の軍事活動により大名の支えから脱却を図ろうとしたこと、大和を将軍独自の基盤（直轄領）としようとしたこと、そのためにまずは将軍の武威を見せつけようとしたことなどが指摘される。さらにここで順光が起用されたのは、彼に戦功を与えることで、将軍側近として育成していくことも目的であったとされる〔山田二〇一六〕。だが、もともと軍事的基盤のない順光の活動は、あくまでも大内勢の支援（軍事的裏付け）が必要であった。大内勢の帰国後の同十六年には、細川高国に対して順光と合力するように命じられている。[*184] もっとも大和侵攻は、この年で解決されたわけではなく、その後、断続的に行われたが、あくまでも大内・細川両氏の軍事的支援が前提であり、将軍独自の軍事活動は限界があったのだ。

また、同時期、丹後の一色氏の内紛に義稙が介入している。一色義清《よしきよ》と同九郎が対立し、義清には石川直経《いしかわなおつね》が、九郎には守護代延永春信《のぶながはるのぶ》が付いて抗争していたが、そこに若狭武田氏の内紛も連動していた。義清支援については細川高国も関与したようだが、義稙は朽木稙綱《くつきたねつな》以下、近江の諸士に義清への合力のために丹後への出陣を命じたほか、越前の朝倉孝景《たかかげ》には武田元信への合

＊180『学侶引付写』永正十四年四月十四日条（右同所収）。
＊181『学侶引付写』永正十四年四月十七日条（右同所収）。
＊182『学侶引付写』永正十四年四月二十五日条（右同所収）。
＊183『後法成寺』永正十四年五月十三日条。
＊184『御内書案』・『稙』二九七。

三好長輝（之長）画像　徳島県藍住町・見性寺蔵
画像提供：藍住町教育委員会

力を命じた。[*185] 義稙は近江の諸士の動員にあたって、諸士への兵粮の用意をさせており、[*186] 兵粮の給与が行われていたことがわかる。また、義稙はこの丹後問題では、義澄支持派であった元信支援を進めており、元信の関係改善も認められる。

再起する細川澄元

義稙政権は大内・細川両家が軍事的に支えるなか、永正十五年（一五一八）に大内義興が京都を離れ、堺を経て帰国すると、政権の軍事依存が細川高国に偏重することとなる。これまで義稙政権を支えた河内と能登の両畠山氏はすでに在京大名からはずれていた。畠山尚順は永正十三年には紀伊に在国しながら、河内で畠山義英との交戦を続けていた。十四年には義稙に進退伺いを願い出て、承認されている。[*187] 能登の畠山義元も永正十二年に没している。幕府構成の構図が変化するなか、細川澄元の上洛作戦が進んでいた。

義稙は永正十五年から翌十六年にかけて、赤松氏に対して「天下静謐」のため被官人と澄元との断交を命じる御内書を発給した。[*188] これは当時、赤松氏被官と澄元とが連携をとっていたことの傍証でもある。当時赤松氏は義澄の遺児である亀王丸（義晴）を保護していた。永正十年に義稙と赤松氏は和睦しているが、その後も赤松氏は澄元方と音信していたようだ。また、義澄の死後、澄元のもとにも義澄の遺児義維がいたが、義澄の遺児二人は後継者のいない義稙にとって、有力

＊185　「御内書案」・『稙』二七九。
＊186　一色稙充書状（国立公文書館蔵内閣文庫『朽木文書』）。
＊187　「御内書案」・『稙』二七八。
＊188　「御内書案」・『稙』二八八。

な次期将軍候補であった。義稙にとって彼らが新将軍として擁立される事態は避けたかったであろう。義稙は再度赤松氏と澄元との断交と細川高国との和睦を勧めたが、赤松義村はこれに対して「厳重の御請」けを提出したという。[*189]

また、この間の五月、三好之長が澄元派であった淡路守護細川尚春を殺害している。[*190] 尚春はこれ以前に之長らにより淡路を追われていたが、殺害のときには「敵」になっていたというから、[*191] 義稙・高国陣営に鞍替えしていたかもしれない。

十一月、澄元は之長とともに阿波より摂津兵庫にまで進軍した。[*192] 澄元勢が摂津に至ると、高国はこれに対応するため出陣した。ところが、翌十七年二月、摂津の高国勢が大敗したほか、義稙方であった畠山稙長のいる高屋城が畠山義英勢によって包囲されるなど、[*193] 畿内で劣勢となっていた。劣勢のなかで高国と細川尹賢、同高基らは京都に戻り、義稙に対して、ともに動座するかどうかを申し入れたが、義稙はそれを拒否したという。そのため、高国らは五千ほどの兵を率いて、その翌日に坂本に逃れた。[*194] 高国は「一度も武威を示したことがなかった」〔山田二〇一六〕と評されるように、軍事的采配が苦手であったようだ。

義稙の出奔

義稙が細川高国と同道せず京都を離れなかったのは、水面下で細川澄元との連携を探っていたからであった。それが次の澄元の書状からわかる。

奉レ対二　上意一、連々無二疎略一候之通、以二赤松兵部（義村）一令レ申候之処、被レ達二上聞一由候之条、至二摂州一令二入国一、爰元大略雖下属二本意一候上、　公儀憚存不二罷上一候、此砌一途被二仰出一候者、毎事任二　上意一可二相働一候、此等次第、急度御入魂頼入候、猶委細荻野左衛門

---

*189 「御内書案」・『稙』二九五。
*190 『両家記』。
*191 『重編応仁記』。
*192 『後法成寺』永正十六年十一月六日条。
*193 『続南行雑録　祐園記抄』永正十七年二月十六日条ほか（『大日本史料』第九編之十所収）。
*194 『後法成寺』永正十七年二月十七・十八日条。

大夫可レ申候、恐々謹言、

二月十七日　　　澄元判

畠山式部少輔（順光）殿[*195]

意訳：上意（義稙）に対して、連々と疎略しませんと、赤松義村を通して申しましたところ、義稙様のお耳に達したとのことで、摂津に入国しました。こちらはおおよそ本意の通りになりましたが、公儀を憚って、まだ上洛していません。この時にひたすらに命じていただければ、毎事上意に任せて合戦をするつもりです。これらの次第を急ぎ御入魂していただくように頼み入ります。なお詳細は荻野左衛門大夫より申します。恐々謹言。

ここで澄元が赤松義村を通して義稙との連携を探っていたこと、義稙もそれを受諾したことがわかる。戦況が高国不利となるなかで、義稙は高国を見限り、新たな連携先として澄元を選んだのである。三月二十七日には三好之長以下四国勢二万が上洛した。[*196]義稙は澄元を京兆家の家督として承認したが、澄元の実家阿波細川氏がもともと義稙に近かったこともあろう。澄元は之長を通して家督の御礼を義稙に進上した。[*197]

独自の軍事力がない将軍にとって、連携相手の大名の軍事力は、政権安定の保証に直結するものであり、政権維持のための連携理由でもあった。澄元にとっては、これにより幕府軍としての正統性を得ることにもなった。義稙にとって政権の維持には京兆家の軍事力は必要だが、当主が澄元でも高国でも、有利であればどちらでもよかったのだ。一方の澄元と赤松方は義澄の遺児をそれぞれ庇護しており、義稙と講和することで、彼らが庇護する義澄遺児の将軍家継承をスムーズに行うことも可能となる（義稙に男子はいない）。義澄遺児のどちらかが次期将軍となれば、その政権での地位もより確固となろう。

＊195　『守光』永正十七年二月二十日条。

＊196　『二水記』永正十七年三月二十七日条。

＊197　『二水記』永正十七年五月一日条。

ところが、高国は四月ころより軍勢を立て直し、五月に京都へ進軍した。そこで、義稙は三好之長と同心して高国に対処している。之長は当時の三条御所や等持寺《とうじじ》らの四方に陣を取り、義稙の警固とともに連携をアピールした。[*198] 一方の高国は禁裏の東南に陣を取った。高国勢は四、五万、三好勢は三、四千であったというから、三好勢は不利な状況であった。等持寺の東南で合戦があり、三好勢が奮闘したものの、大規模な衝突はなかった。この間、奉公衆二千余が義稙を警固し、伊勢貞陸以下が殿中に祗候していたという。[*199]

結局、義稙との和睦を見通していた高国は深追いせず、三好勢は没落したのである。[*200] 之長は義稙の姉の入る曇華院《どんげいん》に匿われたものの捕らえられ、切腹させられた。[*201] 細川尚春の遺児彦四郎《ひこしろう》が強く自害を求めたためという。[*202] さらに六月十日、澄元も摂津にて没してしまった。[*203] これにより、義稙は高国と和睦する以外の選択肢を失ってしまったのである。高国も義稙以外の将軍候補を擁さないため、高国も義稙との和睦以外に選択肢はなかった。

義稙と高国は表面上は和睦して協調関係を復活させたが、義稙の高国への不満は尽きず、後柏原天皇の即位式が目前に迫る永正十八年三月七日に「密々」に京都を突如出奔してしまったのである。[*204] 義稙はその後、和泉の堺南庄（堺市堺区）に移座したが、畠山尚順や四国衆が義稙のもとに馳せ参じたという。[*205] 四国衆は故澄元派であろう。その後さらに義稙は淡路に移り再起を図ることとなる。

三、足利義晴期の合戦と軍事

第十二代足利義晴の時代（将軍在職：大永元年〈一五二一〉～天文十五年〈一五四六〉）は、兄弟

---

*198　『二水記』永正十七年五月三日条。
*199　『後鑑』所収「永正十七年記」。
*200　『二水記』永正十七年五月五日条。
*201　『二水記』永正十七年五月十一日条。
*202　『両家記』。
*203　「光勝院文書」（『大日本史料』第九編之十一所収）ほか。
*204　『公卿』、『二水記』永正十八年三月八日条ほか。
*205　『二水記』永正十八年三月九日条。

足利義晴画像　東京大学史料編纂所蔵模写

足利義維《よしつな》（堺公方）との対立、細川晴元《はるもと》との対立と和解、木沢長政《きざわながまさ》の乱や京兆家の内紛からの三好長慶の台頭があった。そのため、在職こそ四半世紀に及ぶものの、騒乱のたびに京都から逃れ、近江に避難するなど将軍権力が不安定となった。だが、そのなかでも六角定頼との連携関係など、幕府の安定化も図られた。本章ではその義晴時代の合戦と軍事についてみていきたい。

義晴の上洛と義稙

　永正十八年（一五二一）三月、義稙は二度目の京都出奔をしたが、細川高国は義稙との和解を諦め、新たな将軍家家督として義晴を擁立する。義晴はなかば赤松義村より奪われるかたちで、七月六日に上洛した。これにより再び「二人の将軍」が存在することとなった。そして、「大永」に改元した後の十二月二十四日に義晴は元服し、翌日、将軍に就任した。政権初期に対応しなければならなかった問題は前将軍義稙への対応である。もちろん、実際に対応するのは幼少の義晴ではなく、高国や義晴の周辺である。

　淡路に逃れた「嶋公方」義稙は上洛の意思を強く持ち続けた。畠山尚順と四国衆なども義稙支持を明らかにしたこともあり、五月には佐治《さじ》氏に対して上洛の支援を求めている。[*206] このため、六月には上洛の風聞が京都に伝わっている。[*207] 義稙はさらに八月には丹波の小畠《こばたけ》氏に対して御内書を発給して、上洛支援への忠節を求めている。[*208]

＊206　足利義稙奉行人連署奉書（「小佐治文書」・『奉書』三九六〇）。

＊207　『実隆』六月二十八日条。

＊208　足利義稙奉行人連署奉書（「小畠文書」・『奉書』三九六一）。

八月に「永正」から「大永」に改元されたが、これは義晴への代始めと将軍義稙が「他国にいるため」、高国が申し入れて行われたものであった。*209

十月、すでに「前将軍」と呼ばれていた義稙は実際に淡路より堺まで着岸し上洛に備えた。*210 このなかで、畠山尚順と同義英との和睦も成立したというから、畠山氏の支援のもと上洛を目指したのであろう。このほかにも細川澄元派であった赤沢氏に対して軍勢催促を行っている。*211 この動きに対して、尚順の子稙長は高国と連携して義英を攻撃した。父子間で義稙派と高国（義晴）派とに分かれていたようだ。しかし、義稙は高国に対抗するだけの支援を得られなかったほか、*212 尚順も出陣しなかった。これ以上義稙の進軍は進展せず、堺より退去して再び淡路へ戻ったのである。そして大永三年（一五二三）四月九日、義稙は将軍復帰を果たせないまま阿波の撫養《むや》（徳島県鳴門市）にて没した。義稙を支援した尚順もこの前年に死去し、澄元の後継者六郎（のちの晴元）も幼少であったため、「義晴―高国」政権は一時的な安定期に入った。

この間、義晴政権を中心的に支えたのは、京兆家の高国のほか、若狭守護の武田元光《もとみつ》であった。元光は義澄政権を支えた武田元信（大永元年没）の後継者である。父元信は義澄を支持していたこともあって、第二次義稙政権には出仕せず、義稙とは距離を保っていたが、義澄の遺児義晴が将軍となると、義晴政権への出仕を開始したのである。元光は常に在京していたわけではないものの、たびたび上洛して、義晴政権を支える姿勢を示した。義晴政権にとっては若狭武田氏は信頼できる大名の一つであった。また、河内の畠山稙長も在京大名の一員であった〔浜口二〇一二①〕。だが、常態的に在京して幕府を支えるのは京兆家の高国のみとなっていた。義晴が幼少なこともあり、軍事的にも政治的にも義晴政権が高国に特に依存せざるをえない状況となっていた。

---

*209　『宣胤卿記抜書』大永元年八月二十三日条。

*210　『実隆』大永元年十月二十三日条。

*211　足利義稙奉行人連署奉書案（「片岡元徳氏所蔵文書」・『奉書』三九六二）。

*212　『実隆』大永元年十一月一日条。

御小袖返還と柳の御所

大永四年（一五二四）、義澄が保持し、その後近江の九里氏が保管していた将軍家の御小袖が義晴のもとに返却された。そこで、義晴は九里宗忍《そうにん》へ感状を遣わしている。

御小袖進上、尤神妙、仍刀一腰〈吉光、〉太刀一振〈国俊、〉遣レ之候、猶貞忠（伊勢）可レ申候也、

六月八日

九里伊賀入道（宗忍）とのへ*213

意訳：御小袖を進上したこと、特に神妙である。そのため、刀一腰〈吉光、〉太刀一振〈国俊〉を遣わす。なお、伊勢貞忠《さだただ》よりも申すものである。

これに附属する伊勢貞忠副状によれば「御自筆の御内書」であるという。この後七月二十日には御小袖参賀が行われた。当時の昵近公家衆で学者であった東坊城和長《ひがしぼうじょうかずなが》の日記『和長卿記』同日条によれば、御小袖進上は高国の「御計略」によるものであったという。これにより、義晴の家督の正統性が強化され、将軍としての権威が付与されたといえる。

またこのころ、将軍御所の造営が開始された。歴博甲本洛中洛外図屏風《れきはくこうほんらくちゅうらくがいずびょうぶ》にも描かれた、「柳《やなぎ》の御所」と呼ばれる御所である。造営に至る経緯については、『大館記《おおだちき》』所収の「御作事方日記《ごさくじかたにっき》」が残る。同記によれば、立地は、旧来の花の御所跡（北小路《きたのこうじ》室町）、義政時代の高倉御所《たかくらごしょ》跡（烏丸第、北小路万里小路《までのこうじ》）、伊勢邸（北小路今出川北東）近辺などが候補となったが、京兆家被官「秋庭、香川、長塩などの敷地」*214と決定した。かれらの敷地は「京兆家の北」にあたる。*215かつての義政や富子などが御所とした小川御所の東側に隣接する場所であり、かつての義澄の御所のすぐ北側に立地する。被官の旧地などは当時はほぼ空き地化していたことや、義澄の後継者としても、この造営地が適当であったのだろう。

*213　「御内書引付」・『晴』一四。

*214　「御作事方日記」大永四年二月五日、七月十七日、二十日条。

*215　神余昌綱書状（『上杉』三一六）。

御所の用材は義稙時代の三条御所より移されることとなった。[*216] このころまで三条御所はある程度維持されていたのであろう。造営の惣奉行は先例により河内の畠山稙長が任命されることになった。稙長は当時在国しており、上洛が期待されたようだ〔浜口二〇一二〕。要脚については国役《くにやく》（一国平均の臨時《りんじ》課役《かえき》）が賦課されることとなったが、『雑々書札《ざつざつしょさつ》』には造営のための国役について記載が残る。

国役事〈大永四五廿六／大与（大館常興）ヨリ注二・給之一、〉

丹後国〈三百貫〉	若狭〈二〉
近江〈同北二／三〉	河内　三
美濃　五	越前　千
和泉　二	能登　三
播磨　五	備前　三
美作　三	摂津　三
丹波　三	紀伊　三
越中　三	加賀　三
越後　三	備中　三

已上　十八ケ国

これを見ると、国役の対象は十八ヶ国（計六千五百貫文）で、おおよそ賦課された範囲は畿内近国と北陸が中心であることがわかる。これが当時、義晴政権を支持していた国々となろう。

造営始は大永五年四月二十六日となった。[*217] 常御所《つねのごしょ》の上棟始は八月二十七日となり、[*218] 閏十一月二十八日の方違えのために万松軒《ばんしょうけん》に御成してから新御所に移徙した。[*219]

＊216　「御作事方日記」大永四年正月二十八日条。

＊217　『実隆』大永五年四月二十六日条。

＊218　『二水記』大永五年八月二十七日条。

＊219　『二水記』大永五年閏十一月二十八日条。

武田元光画像（犬追物検見之像）　福井県小浜市・発心寺蔵

京兆家の動揺

義晴政権が安定していくなか、大永六年（一五二六）、京兆家にて事件が発生した。細川高国（当時は出家して道永《どうえい》、のち常桓《じょうかん》）の重臣である香西元盛《こうざいもともり》が細川尹賢の讒言により、「阿波と内通した」として殺害されたのである。*220これに反発した元盛の兄弟波多野元清《はたのもときよ》と柳本賢治《やなぎもとかたはる》らが高国に対して挙兵したのだ。

波多野・柳本兄弟は挙兵にあたって、阿波の細川澄元の遺児六郎（のちの晴元、以下晴元）や三好元長《もとなが》らと連携した。そのため、四国勢の蜂起が洛中で噂されている。*221元長は挙兵にあたって澄元の遺児晴元を京兆家の当主、義澄の遺児で義晴の兄弟足利義維を将軍家の家督として擁立した。これは義晴・高国に対抗するためであった。京兆家の内紛に際して義晴は特に調停することなく、高国支援の立場を明確にしている。しかし、京都が不安定となったことで、比叡山へ避難することも検討されたようだ。*222

丹波での戦闘は高国方の不利に進んだ。十一月晦日には高国勢は丹波で大敗した。さらに、十二月には四国勢や故義稙旧臣の畠山順光や畠山義英らが軍勢数千騎を率いて上洛するとの風聞が広がり、京都を動揺させた。*223義晴はこの危機に対して赤松、若狭武田、山陰の山名、越前の朝倉各氏に上洛要請や軍事支援を求めた。

まずこれに応えたのが先の武田元光で、*224元光自身が軍勢を率いて上洛した。*225このほか、近江の

---

*220　『実隆』・『後法成寺』大永六年七月十二日条、『両家記』ほか。

*221　『二水記』大永六年十月二十七日条。

*222　『二水記』大永六年十月二十八日条。

*223　『二水記』大永六年十一月二十六日条ほか。

*224　「室町家御内書案」・『晴』二〇。

*225　『二水記』大永六年十二月二十九日条。

六角氏が被官を派遣した以外、特に軍勢派遣はなかった。*226 また、赤松氏やその一族被官らを中心に、上洛や忠節を求めているが、赤松氏は義晴を養育していたこともあり、現政権とも関係が良好であったが、もともとは亡き澄元との関係もあり、場合によっては四国勢と連携する可能性もあった。赤松氏への御内書発給は高国の申し入れにより、伊勢貞忠との談合のうえで決せられた。大名の軍事動員においても高国が中心となっていたことがうかがえるだろう。赤松氏には、より慎重に対応せざるをえなかったのであろう。義晴は将軍の御使として直臣伊勢貞充《さだみつ》に御内書十二通を持たせ、播磨まで下向させている。*227

将軍直臣への不信

義晴期の直臣については、義澄期同様に番帳は残されていないため、具体的な構成員はわからない。ただ、『雑々書札』に載る永正十八年（一五二一）の義晴上洛後の太刀進上の記録に、二番衆（番頭桃井次郎含めて計三十九名）のみが残るだけである〔設楽二〇〇二〕。義稙期の明応番帳によると二番衆は六十三名であるから、三分の二近くには減っているものの、番衆体制は番頭のもと維持されていた。もちろん、その他の記録にも散見されるため、それらからおおよその人物は判明する（〔拙編著二〇一七〕の直臣一覧表を参照）。外様衆・御供衆などの各家格や各役職は継続して存在していた。基本的には義稙に供奉した一部の直臣以外は、義稙期の直臣をおおむねそのまま継承したほか、播磨にいた時期より供奉した義澄以来の側近衆（飯川国資《いがわくにすけ》・海老名《えびな》高助《たかすけ》・佐《さ》子局《このつぼね》・宮内卿局《くないきょうのつぼね》など）なども加わった。

直属軍となる番衆も番頭のもと番衆体制はなお維持されていたが、畿内情勢が不穏となり、敵対する四国勢が義晴の兄弟足利義維を擁立し、再び将軍家が分裂するなかで、大永六年十二月に

---

*226　『二水記』大永七年二月十二日条。

*227　『後鑑』所収「貞助記」大永二年正月十日条。

義晴は複数の直臣に御内書を発給している。

無二疎略一之旨以二罰文一言上之段神妙、弥可レ致二忠節一候也、

十二月廿七日

一色下総守（稙充）とのへ

〈別紙〉伊勢備中守（貞辰）とのへ

〈同〉種村刑部少輔とのへ*228

意訳：疎略にしないとのこと、起請文をもって言上したことは神妙である。いよいよ忠節いたすように。

この御内書は御供衆の一色稙充《たねみつ》ら三名にそれぞれ発給されたものであるが、ここで、彼らは起請文を義晴に提出したことに対して、義晴は「神妙」として忠節を果たすようにと命じている。つまり、稙充らは義晴に対して忠節を誓う起請文を提出しなければならなかったのだ。起請文の提出がすべての直臣に求められたわけではない。特に稙充や種村某はもともと義稙側近の系統（一色視元《みもと》や種村視久の後裔）であり、義稙の出奔後は義晴に出仕していた。彼らは義晴からみて、いつ離反してもおかしくない存在であったのだ。当時の将軍直臣には義稙の出奔に供奉せず、そのまま義晴に継続して奉公するものが多く、事前に義維方からの内応工作があったためとみられている〔設楽二〇〇二〕。旧主義稙への忠節が期待されたのだろう。

義晴は政権が動揺しはじめるこの時期に、将軍直属の軍事力を構成する彼らが離反する事態を避けなければならなかった。そこで義晴が不信を持ったものに対して、現政権への忠節を示すための起請文提出を求めたのであった。義晴と一部の直臣との主従関係は流動的でもあったのだ。

---

*228 「室町家御内書案」『晴』三二。

桂川合戦と義晴の出陣

幕府軍と丹波・四国勢が衝突したのが、大永七年（一五二七）二月十三日である。幕府軍は細川高国勢と武田元光勢、将軍直属軍である奉公衆より構成された。この合戦については『二水記』・『言継卿記《ときつぐきょうき》』・『実隆公記』など当時の公家衆の日記に詳しく残る。

軍勢の内訳をみると、高国が八千、一族の細川尹賢と高国被官である上野《うえの》（細川）元治《もとはる》が二千四、五百、武田勢は千二、三百ほどで、総勢一万二、三千ほどであったという。これが正確な数字であるかはわからないが、主力が高国勢であることは間違いない。一方、奉公衆をみれば、四、五百ほどであり、大館高信《たかのぶ》・細川駿河守《するがのかみ》・伊勢貞忠・一色稙充といった御供衆、昵近公家衆高倉永家《ながいえ》ら一部をのぞけば、その大半は伊勢氏とその被官であった。[*229] また、侍所開闔も参陣しているが、[*230] この職は本来、文官の幕府奉行人がつとめるものである。独自の兵力は期待できないから、侍所に属する雑色《ぞうしき》や小舎人《こどねり》、公人《くにん》などの下部《しもべ》が動員されたのであろう。侍所も有事の際に、直属軍を構成したのである〔拙稿二〇〇八〕。

義晴は戦場となった京都南西部の桂川より離れた六条堀川《ろくじょうほりかわ》の本国寺《ほんこくじ》（京都市下京区、現在の西本願寺の地）を本陣とした。近江の六角定頼へも参陣が命じられていたが、定頼は被官を二千人ほど派遣したものの、彼らは北白川《きたしらかわ》（同左京区）に留まり、合戦に参加しなかった。

ここでの義晴直属の兵力が四、五百であったが、これは伊勢氏の被官が中心であり、当時の奉公衆自体の軍事力とイコールではない。義晴がわずかな軍勢で出陣したのは、これを将軍の親征とみなしていなかったからである。これは、「密々儀に准」じ、その姿も「鷹狩りの体裁で、風折烏帽子・御直垂、御乗馬である、御供奉の衆は各々片衣・小袴の躰である」[*231] という。つまり、これは華々しい行粧による将軍の親征ではなく、あくまでも密々の鷹狩りの体としたのである。

＊229　『二水記』大永七年二月十二日条。

＊230　『言継』大永七年二月十三日条。

＊231　『二水記』大永七年二月十三日条。

さらに、「今日の御動座のことは、柳本等に対して御座を動かされることは余りにも聊爾《りょうじ》（＝不適格）で、未曾有のことであるという。しかしながら、色々と奉公衆が談合して、このように決まったという」。それだけでなく、上意と高国との間には雑説があり、義晴が高国を側に寄せないという状況であった。[*232]

これまでの将軍親征、特に義稙による第二次近江親征や河内親征での行粧をみれば（さらにこれ以前の義尚による親征も）、御小袖を伴い、大規模な隊列を組んで武威をアピールするように出陣していた。それと比較すれば、今回の義晴の動座は将軍親征という体裁ではない。柳本・三好勢は朝敵でもなく、守護・大名の一被官（陪臣《ばいしん》）であった。彼らは将軍の対峙する相手として格が低くかった。つまり、将軍が武威を示すために戦う相手としてふさわしくなかったのだ。

実はこれ以前の明応九年八月に、細川政元が「遊猟」と称して出陣したり、[*233]永正七年（一五〇四）には、高国が鷹狩りの体にて出陣した事例がある。[*234]今回とも共通するものと思われるが、内々の出陣では、狩猟・鷹狩りという体裁を取ることになっていたのであろう。

桂川での合戦で幕府軍は大敗した。敗死したもののなかには高国の従兄弟でもある晒近公家衆日野内光《ただみつ》（もと高光）もいた。[*235]晒近公家衆もこれまで将軍の親征に供奉していたが、これは晒近公家衆が戦死した唯一の例である。

この合戦は義晴にとって初陣となったが、あくまでも不和との噂も流れた高国との連携をアピールするための出陣であり〔拙著二〇二〇〕、この合戦を主導していたわけではなかった。しかも敵勢の三好長家《ながいえ》が義晴本陣まで攻め入り本陣が瓦解するなど、義晴にとって恥辱的な敗北となった。将軍とはいえ、合戦の当事者としてあれば、敵方の襲撃の対象となることは避けられないのである。その後、義晴は京都を没落し、翌日近江へ逃れた。

＊232　前掲＊229。

＊233　『後慈眼院殿御記』明応九年八月二十一日条。

＊234　『拾芥記』永正七年二月十六日条。

＊235　「室町家御内書案」・『晴』七〇。

京都の治安と御内書

義晴は京都を離れた後、「御牢人」[*236]として帰洛をうかがっていたが、将軍の京都不在という事態もあって、このころ京都は治安が悪化していた。それに禁裏を警備する門役も不在となった。それについて『二水記』五月六日条には、「南方の義維はいまだ上洛しない。このことは何か子細があるのだろうか。近江の義晴もまた上洛しないという。そのため、京中に盗人が考えられないほど発生している」とみえる。つまり、記主の鷲尾隆康《わしのおたかやす》は、義晴と対する将軍候補・堺公方足利義維は堺に留まり上洛することもなく、義晴も不在という理由で、京都で盗人が跋扈していたと理解しているのである。これは将軍家が京都にあることが京都の治安維持に直結していると当時の人々が認識していたことを意味する。幕府で京都の治安を担ったのは侍所だが、その長である開闔も義晴に供奉していたのであろう。ただこの記述から、義晴でなくとも義維が上洛すれば解決すると思われていたようだ。つまり、一部の人々にしろ、治安の安定のため義晴・義維、どちらでもよいという意識が垣間見られる。京都の治安維持が足利将軍家の役割の一つであったが、それが果たせれば義晴である必要はないのである。

七月には義維が左馬頭《さまのかみ》に任官したが、将軍やその後継者が任官する左馬頭に義維が任官したことは、義晴にとっては自らの正統性を揺るがしかねない危機的なものであった。そのため、義晴は早く帰洛する必要があった。だが実際に近江の義晴にできるのは、高国以外の周辺の大名勢力に対して御内書を発給し、上洛要請や軍勢催促を行うことであった。義晴は、遠方では甲斐の武田信虎《のぶとら》、豊後の大友義鑑《よしあき》までにも御内書を発給している。[*237]これはなお義晴が遠方への音信ルートを維持していたことを意味している。ところが、信虎の上洛に期待したものの、[*238]実際に上洛する

＊236　『為和卿集』。

＊237　「室町家御内書案」・『晴』五八。

＊238　「室町家御内書案」・『晴』六八。

ことはなかった。さらに土佐の一条房家《ふさいえ》に対しても阿波侵攻を要請しているが、実際に房家は阿波へ侵攻しており、義晴の要請に応えていることが確認できる。*239 義晴にできるのは強制力のない要請までであり、相手が義晴の要請に応えるかどうかは実際はわからず、出陣が拒否されても、それを討伐する軍事力はないのである。

有事において各地に上洛要請・軍勢催促をすることは当然のことであろうが、実際に軍勢を派遣できないであろう遠方にまで御内書を発給したのはなぜだろうか。不必要に御内書が発給されることはない。実際に軍勢を率いて上洛するにこしたことはないだろうが、かつて義稙や義澄が大友氏などの九州の諸将に対して積極的に御内書を発給したのは、瀬戸内海勢力を持つ細川一門や、大内氏など敵対勢力への牽制を期待するといった意味がある。だが、ほとんど影響の少ない地域の場合には、まずは自身が正統な幕府の長であることをアピールすることが目的であったとみられる。特に、敵対する足利家の人間が存在するなかで、将軍として御内書を発給することで、自身の正統性を示すのと同時に、敵対者に対してどれだけ大名より支持されているか、支援者（味方）が多いかということを喧伝する意味もあろう。

ところで、上洛要請や軍勢催促についての御内書などをみると、「急ぎ参洛するように」「不《ふ》日《じつ》」「時日を移さずに」という表現であり、ほとんどが日時についての具体的な記述はない。軍事動員の兵力も同様である。使者が口上で具体的な話をした可能性はあるが、基本的には兵力、出陣の日程は御内書に明記されなかった。また、直属軍たる奉公衆も動員したはずだが、これについて具体的な動員手段はわからない。かつての義稙の動員に近いものであったであろうか。

さて、義晴は七月二十五日に近江の長光寺《ちょうこうじ》（滋賀県近江八幡市）、同二十七日に守山《もりやま》（同守山市）、九月十九日には六角定頼と合流して東坂本（大津市）に移座した。*240 先の桂川の合戦では武田

*239 「室町家御内書案」・『晴』六二。

*240 「為和卿集」（『群書類従』第十四輯所収）。

方の被害が甚大であったため、上洛戦よりは除外された。その代わりに義晴が期待したのが越前の朝倉孝景であった。朝倉氏は当主に代わり一門の朝倉教景《のりかげ》（宗滴《そうてき》）が大将として出陣し、十月六日に義晴勢に合流した。京都からは丹波・四国衆が退去しており、[*241]京都に進軍する好機であった。そこで、十月十三日に義晴は諸勢を率いて帰洛し近江に近い東山の若王子《にゃくおうじ》（京都市左京区）に陣した。当時は大永五年に造営された将軍御所である「柳の御所」が存在したが、立地が離れすぎるのか、ここは本陣とはされなかったようだ。

義晴方の軍事力

義晴が数ヶ月ぶりに帰洛した際、その軍事力はどの程度あったのだろうか。これは記録により異なり、『二水記』では総勢五、六万、『言継』では七、八万という。『二水記』ではさらに内訳として、細川高国自身は不詳だが、その被官の薬師寺国長《くになが》・国盛《くにもり》兄弟が数百、細川尹賢が二千、朝倉が数千、六角勢が一万五千であったという。[*242]一方の『言継』では高国勢、朝倉勢がそれぞれ一万、六角勢が三万であったとある。[*243]それぞれ総数には誇張があるにせよ、上洛連合軍は六角勢が主力であったことがわかるだろう。これに『足利季世記《あしかがきせいき》』ではさらに能登畠山氏と越中の神保氏、椎名《しいな》氏なども載せている。

ここで義晴直属の軍事力をみると、帰洛の際は「公方衆」が七千、[*244]次いで十月二十四日の東寺への陣替の際には総勢四、五千であったという。その内訳は御供衆、昵近公家衆の高倉永家が四百、同じく烏丸光康《みつやす》が五十、陰陽師勘解由小路《かでのこうじ》在富《ありとみ》も五十、側近飯川国弘《くにひろ》らが多数、伊勢貞忠・貞能《さだよし》兄弟が千四、五百、侍所開闔松田（頼興《よりおき》か）が二百であったという。[*245]また、残りの兵が奉公衆だろうか。ただ、総計三千とする記録もある。[*246]つまり、記録により七千～三千と多くの差

＊241　『二水記』大永七年八月二十九日条。

＊242　『二水記』大永七年十月十二日条。

＊243　『二水記』大永七年十月十三日条。

＊244　『厳助』大永七年十月十三日条。

＊245　『言継』大永七年十月二十四日条。

＊246　『二水記』大永七年十月二十四日条。

があるが、当然誇張もあるだろうから、その間を取って四、五千前後というところだろうか。また、かつての足利義尚による第一次近江親征では、奉公衆が数千、さらに昵近公家衆や陰陽師勘解由小路家も供奉した。さらに永正五年（一五〇八）の義稙帰洛後には四、五千、船岡山の合戦では二千と次第に減少していたから、義晴の率いた直属軍の数は、将軍直属の兵数としては最大規模であろう。もちろん、帰洛に際して将軍の武威を示す行粧のために臨時で動員されたものもあるだろうから、そのままの数を兵力とみなすことはできないものの、数千規模の奉公衆の動員はまだ可能であったといえるだろう。なお勘解由小路家の供奉は、戦時における吉凶を占うためと考える。

このなかで注目されるのが、伊勢氏の兵力である。桂川の合戦では四、五百の兵の多くが伊勢氏の被官であった。今回も貞忠・貞能兄弟で千四、五百（実数は少ないか）ほどというから、総力の半分から三分の一近くとなる。伊勢氏、特に惣領家の伊勢守家は政所頭人をつとめ、洛中の商業者との関係や丹波の桐野河内村《きりのごうち》（京都府南丹市）をはじめとする多くの御料所を管理維持した。さらに蜷川氏をはじめ、三上・野依《のより》・古市・河村《かわむら》・横山《よこやま》各氏など被官も多い。伊勢氏（特に惣領家）は経済力も被官の数も直臣中随一であったといえる。おそらく、伊勢氏は被官はもちろん、管理する御料所などから多くの人員を招集できたのだろう。

堺勢との対峙

足利義晴・細川高国らが大軍を擁して上洛したことで、周囲は義晴方の勝利で終結するものとみていた。[*247] しかし、幕府軍は敵方である堺勢（足利義維と細川晴元を擁する丹波・四国衆）への攻勢に尽力しなかった。大規模な攻撃をせずに、中途半端な作戦に終始したため、周囲はその態度

「洛中洛外図屏風」に描かれた西院城　米沢市上杉博物館蔵

＊247　前掲＊246。

を不審に思っていたようだ。[*248]

このなかで、特に大きな戦いが十一月十九日、西院《さいいん》（京都市右京区・中京区）での合戦であった。両軍ともに四、五百が討ち死にしたという。[*249] この合戦での戦功が大きかったのが朝倉勢であった。これ以前には柳本賢治や三好元長、畠山義堯《よしたか》（義英の子）らも軍勢を率いて京都に進軍し、堺勢らは義晴の陣所東寺を攻めるが、大きな被害はなかった。[*250]

その後、朝倉勢の増援五、六千が京都に到着し、[*251] さらに大和より越智・筒井両氏、河内よりは畠山稙長の軍勢が京都に到着した。幕府軍は十万ほどになったという。[*252] 一方の堺勢は二万ほどであったというから、誇張もあるにせよ義晴方が兵力でさらに圧倒することとなったことは間違いないだろう。仮に十万という数が正しければ、これは義稙の親征以来の軍事動員としてもっとも成功したものといえる。ただ、半済《はんぜい》・兵粮料所の設定はみられない。戦況は膠着状態となっていったものの、これだけの大軍を京都に長く滞在させるには、大量の兵粮、矢銭《やせん》（軍事費）なども必要だが、これについても実態はわからない。将軍直属軍に対しては、洛中の酒屋《さかや》・土倉《どそう》などへ臨時役が賦課されたのかもしれない。

ところで、義晴は堺勢との交戦に際して、治罰の綸旨は求めなかった（その治世には一度も）。敵方には

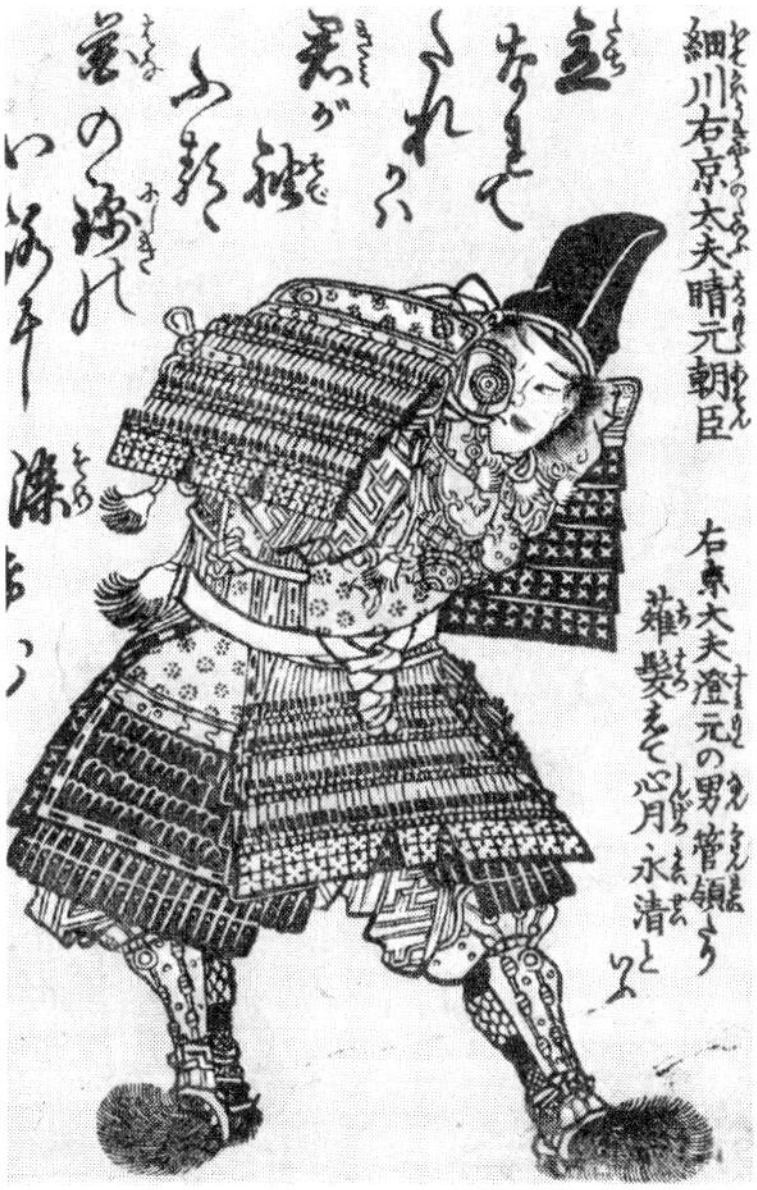

細川晴元画像　「英雄三十六歌仙」　当社蔵

*248　『二水記』大永七年十一月三日条。

*249　『公頼公記』大永七年十一月十九日条。

*250　『二水記』大永七年十一月十八日条。

*251　『二水記』大永七年十一月二十九日条。

*252　『厳助』大永七年十一月二十七日条ほか。

東寺　京都市南区

細川澄元の遺児晴元がおり、決して対象としては問題ないだろう。しかも御小袖も帯同しており、正統性もあった。義晴が今回治罰の綸旨を求めなかったのは、義晴方の軍事的優勢のなかで堺方との和睦交渉が持たれていたためであろう。軍事的に優勢ななかで、大規模な軍事衝突がなかったのも同様であろう。

さて、軍勢的に義晴らが優勢のなかで、より有利な条件で和睦しようとしたのだろうが、成功しなかった。これは義維、細川晴元の処遇などが問題となったためであろう。しかも翌年三月、交渉のなかで面目を潰されたとして朝倉教景らが義晴に暇乞いもせず、勝手に戦線を離脱し、帰国してしまった。[*253]義晴勢は次第に瓦解し始めたのである。さらに最終的に堺方との交渉も決裂し、五月に幕府軍は瓦解した。義晴はなお在京していたものの、高国勢では堺方に転身するものや、下国するものが続出したという。[*254]高国は五月十四日に京都を没落し坂本に逃れるが、その際はわずか千人であったという。

これを見た鷲尾隆康は、「去年出張した数万の軍勢は夢のようで歎かわしい」「東寺にて勝負を決着すべきところ、和睦の話がでたので合戦しなかった。今はむさむさと没落した。言葉もない（ほど惨めだ）」[*255]と述べている。彼は高国に対して、連合軍が優勢のなか、和睦ではなく早々に合戦で勝敗を決していれば、没落せずに済んだと述べているのである。実はここから、幕府軍の実際の軍事采配は義晴ではなく、高国が握っていたことがわかる。ただ、大規模な軍勢が実際に京都で衝突すれば、京都の町にかつての大乱のような甚大な被害が生じることは間違いない。京都の被害を最小限に留めようとする配慮もあっただろう。だが、結果的に高国は好機を活かすことができなかった。

連合軍が瓦解したのち、京都に残った義晴を警固したのが、六角被官の下笠《しもがさ》と後藤《ごとう》の両名のほ

＊253　『二水記』大永八年三月六日条。
＊254　『二水記』大永八年五月二日条。
＊255　『二水記』大永八年五月十四日条。

か備前衆や松田勢で、総勢で二、三百であったという。ここで三千ほどあった奉公衆はみられない。

義晴は和睦交渉の決裂をうけ、五月二十八日、京都を脱して細川高国のいる坂本に移座した。これを見た鷲尾隆康は、「天下が滅亡する所為だ」と述べている。坂本への移座には六角勢一万が供奉したが、ここでも奉公衆はみられない。だが、その様子をみた隆康は、「雨の中、美麗で驚く」[＊256]ものであったという。実際は将軍の没落であるが、豪華な軍勢は将軍の威勢を世間にみせる演出であろう。

義晴の近江移座

義晴は坂本より朝廷に改元を執奏するなど、[＊257]正統な将軍としての権限を行使し正統性をアピールした。朝廷も義晴に正統性を認め「享禄」に改元した。さらに享禄三年（一五三四）には官位の昇進を推任している。だが、義晴はそれでも治罰の綸旨を求めず、義晴は敵対する足利義維や細川晴元を朝敵とするように申し入れることはなかった。これは前述したように、義澄が治罰の綸旨を求めた際、即位式以前の治罰の綸旨は「ふさわしくない」とされていたことも影響していたのであろう。当時の後奈良《ごなら》天皇は大永六年（一五二六）四月二十九日に践祚したものの、いまだ即位式を挙行できていなかった。義澄の先例から不可能ではないだろうが、即位式以前、効力の不明もあって治罰の綸旨発給は公武ともに躊躇されるものであったのだろう。もちろん、天皇とすれば義晴が京都を没落するなかで、軍事的に不利になった義晴に肩入れすることは、義維が上洛した場合、問題となる危険もあった。

義晴は九月に近江国高嶋《たかしま》郡朽木谷《くつきだに》（滋賀県高島市）に移座し、享禄四年二月までその地の岩神《いわがみ》館《やかた》（現興聖寺《こうしょうじ》）に滞在することとなる。朽木谷には女房衆・奉公衆・奉行衆ら多くの直臣、昵

＊256　『二水記』大永八年五月二十八日条。

＊257　『実隆』大永八年六月三十日条。

近公家衆などが供奉しており、性質はことなるが、かつての義尚の鈎陣《まがりのじん》（同栗東市）同様、一種の幕府の移動ともいえる。義晴はこのころ供奉した直臣らに多くの感状を発給し忠節を求めているが、[258]これは離反を防ぐ目的もあろう。

これに対して、義稙の後継者である堺の足利義維のもとには、義稙の側近畠山維広《つなひろ》（順光の子）をはじめ、京都を出奔した義稙に供奉した直臣らがいた。さらに、畠山稙元《たねもと》や伊勢盛度《もりのり》、大和晴統《むね》に細川尚経《ひさつね》ら直臣の一部も合流した〔川口二〇一三〕。だが、義澄の子とされながら、義澄の側近は義晴のもとにおり、義維の周辺には存在していない。義晴に供奉した昵近公家衆冷泉為和《れいぜいためかず》が「誰の息子か、諸人は知らない」[259]と記したように、実際の出自は不明な点が多い。直臣の一部は義晴と義維の間を離合集散したが、そのような出自もあってか、その多くは義晴支持であった〔拙著二〇二〇ほか〕。それでも義維政権末期には上杉次郎（四条上杉氏）をはじめとする「武家奉公の輩二十四人」[260]が近侍していたようだ。

和睦交渉と六角氏

足利義維を支持した守護・大名はどうであろうか。義維の御内書は数点残るが〔岡田二〇一二〕、義晴と異なり遠方はおろか、畿内周辺の大名勢力に対する軍事要請、上洛支援はみられない。義維を支持したのは、阿波守護細川氏之《うじゆき》（晴元の弟とされる）や和泉上守護細川元常、河内の畠山義堯と、畿内近国のなかでも限定的であった。また、実際に軍事支援をした形跡はないが、義晴に通じる大友氏と当時対立関係にあること、義維室が大内義興娘であることから、周防の大内氏（当時の当主は義隆《よしたか》）は当初義維を支持していたとみられる。

ただ、享禄年間も義晴と堺政権、特に晴元との和睦交渉は継続していた。交渉が決裂する享禄

＊258　「室町家御内書案」・『晴九〇。

＊259　「為和卿集」。

＊260　『言継』享禄五年六月二十二日条。

三年五月までは、京都支配において、一時的に協調関係にもあった〔馬部二〇一四①②、拙著二〇二〇〕。交渉は義晴方が伊勢貞忠、晴元方では柳本賢治と松井宗信《まついむねのぶ》であった。この交渉は高国を無視するものであり、交渉が成功すれば、「義晴―晴元」体制が成立し、高国は除外されることになっただろう。だが、交渉が決裂したことで、義晴は軍事的な上洛以外選択肢がなくなった。

　細川高国は各地へ援軍要請に出向いたため、高国に代わり、義晴の身体保証を担ったのが六角定頼であった。彼は在京中の幕府軍の主力であり、京都より坂本への移座の際も供奉した。享禄四年六月、摂津の大物《だいもつ》（兵庫県尼崎市）にて高国が堺勢に大敗し（大物崩れ）、切腹したことで、[*261]義晴を支える京兆家が消滅した結果、義晴の定頼への依存がより強まることとなった。定頼は朽木谷の義晴の身体保証を強く意識していただけではなく、「公方様が御入洛しても御平静でなければ、（それを支える定頼の）面目を失うものだ」[*262]と帰洛のタイミングや、その庇護者としての面目も意識している。高国の死後、義晴は朽木谷より六角氏の本拠地観音寺城《かんのんじ》（滋賀県近江八幡市・東近江市）の山腹に位置する桑実寺《くわのみでら》に御座を移したが、これは定頼への依存が強まったことを象徴するものであろう。

　ところで、朽木谷滞在中、義晴は各地の大名より正統な将軍として認識されつづけ、栄典授与を続けたり、堺方との再度の和睦交渉も進められたが、その間、義晴の直接の軍事活動はない。将軍単独での軍事行動は無理であったからだろう。これまでも述べたように直属軍は二、三千ほどであり、この騒乱による奉公からの離脱などで、さらに減少したことは疑いない。対する義維も、少ないながらも奉公衆はいたが、ほとんど義晴・高国方との合戦では四国・丹波衆などの軍事力に依存するものであり、独自の軍事力があったわけではない。極端にいえば義晴・義維ともにその進退は、どのような軍事的な支援者を得るかにかかっていたのだ。

＊261　『実隆』享禄四年六月八日条ほか。

＊262　六角定頼書状（『朽木文書』二二六）。

大物くずれの戦跡碑　兵庫県尼崎市

義晴の帰洛と築城計画

天文元年（一五三二）八月、堺政権は内部紛争により瓦解し、義晴と対立する義維は四国に逃れた。[*263]義維が上洛できなかったのは、政権内部でも義晴支持派が存在したことや、上洛しても義晴や細川高国らが存在するなか、政権を維持できるだけの圧倒的な軍事力がなかったことが考えられる。そして、翌二年の間に義晴と細川晴元は和睦し、晴元が新たな京兆家当主となった。だが当時、高国の弟細川晴国《はるくに》は健在であった。「房州八郎〈高国の舎弟である、〉近日若狭より丹波へ赴き、波多野と同意して、諸勢を率いて上洛する」[*264]とあるように、晴国は波多野氏を味方として上洛をうかがっていたのである。義晴は高国の後継というべき晴国ではなく、晴元との連携に路線変更した。これは義晴を庇護する六角定頼が、晴元との繋がりを持っていたことが背景にあろう〔村井二〇一九〕。

晴元と晴国が畿内で交戦を継続していたが、摂津では晴国方が優勢であったこともあり、義晴の帰洛はすぐに実現できなかった。だが翌三年、京都周辺が一定度安定したことにより、帰洛の計画が進んだ。八月二十八日に晴元が上洛し、九月三日に義晴が帰洛した。これらの様子は『兼右』にみられる。そのうち、同記の三日条によれば、先頭は伊勢氏被官の蜷川某が御小袖奉行としてつとめ、次いで走衆が二百、義晴は肩衣袴で乗馬し、大館晴光《はるみつ》ら御供衆六名も騎馬で供奉、高倉永家・烏丸光康らの昵近公家衆、伊勢貞忠に奉行衆ら総計二千ほどであったという。やはり主体は伊勢氏の被官らであろう。帰洛には伝家の重宝御小袖もみられることから、義晴は近江にこれを帯同していたようだ。さらに六角定頼の嫡男義賢《よしかた》率いる具足をつけた総勢三千の兵が供奉したというから、義晴政権の軍事的保障を担うのが六角氏であることが世間に周知されたのである。

＊263　『言継』天文元年六月二十二日条ほか。

＊264　『二水記』天文元年十月十日条。

上洛後、義晴は大永五年（一五二五）に造営したものの、当時荒廃していた柳の御所ではなく、南禅寺聴松院《なんぜんじちょうしょういん》（京都市左京区）を御座所とした。厳密には南禅寺は洛中ではないので、帰洛とはいえないかもしれないが、同時に義晴は南禅寺の裏手に山城を築城しようとした。これについては『兼右』十月四日条にみられる。それによれば幕府奉行の松田盛秀《もりひで》と武家雑色が吉田家を訪問し、「南禅寺の山上に山城を造られた」と伝え、一郷につき人夫三十人の提出を求めたのであった。吉田家側は「（家領が）王城擁護の神地であるので、先規で諸公事は御免除されている」としてこれを拒否したが、盛秀は「余儀ないものである。だが、将軍が築城されるのは珍事である」ので諸郷に人夫を懸けること、さらに「当時は御人がないので、命じられた」とし、特別な忠節を果たすようにと述べている。つまり、将軍が築城するのは「珍事」であること、当時幕府には「御人（人員）」がいないことを述べて、忠節を求めているのである。なお、そもそも洛中では防衛施設＝「城」の造営を忌避していたとされる〔福島二〇〇六〕。南禅寺はもちろん洛外であるため、その範囲には含まれない。

仮御座所での生活のなか、「珍事」というほど異例である将軍による築城は、なお畿内に不安要素が残るなかで、義晴はできるだけ京都より離れないという意思の表れであろう。この南禅寺山城については、これ以上の実態は史料からはうかがえないが、『兼右』では「造る」ではなく「造られた」とあるため、実際ある程度は計画が進行していたものとみられる。

天文法華の乱と本願寺の赦免

義晴が帰洛した二年後の天文五年（一五三六）、法華衆と比叡山が軍事衝突した。いわゆる「天文《てん》法華《ぶんほっけ》の乱」である。直接のきっかけは宗教問答であるが、比叡山が法華衆の殲滅をはかったの

延暦寺東塔　大津市

である〔今谷一九八九ほか〕。さらに比叡山には近江の六角定頼が加勢したことで、より大規模な騒乱となった。この乱で義晴は調停役ではなく、定頼を支援するのと同時に、両者の衝突による被害を避けるため、諸勢に上洛と自らの警固を要請した。*265

合戦自体は六角勢が中心で奉公衆らの出陣はなかった。禁裏警固も六角勢がつとめた。*266 乱終結後、洛中には六角勢が残っていたが、彼らは洛中で狼藉をしていたようで、伊勢氏が禁裏警固をつとめている。*267 ここでも伊勢氏の幕府における軍事的な比重の大きさがうかがえよう。ただ、この京都での騒乱において、義晴が主体的に動いていたことは確認できず、基本的には定頼に一任していたとみてよいだろう。なお、乱の沈静後、法華衆は洛中洛外での居住を禁止された。*268 その後、赦免申請もされたが却下されている。*269

また同じ年には、晴元との対立により「御敵」とされていた大坂の本願寺を赦免した。この前後には本願寺は晴元と定頼とも和睦する。これにより、本願寺は幕府と対立する存在ではなくなり、軍事力を有する宗教勢力との関係を改善したことで、政権の安定化が進められることとなった。さらに細川高国の弟晴国も、この年の八月に摂津の三宅国村《みやけくにむら》により討たれたため、*270 旧高国勢力の活動はほとんど停止した。天文五年に政権の安定化が進んだのだ。

この年の八月、まじないによる義晴の隠居宣言があり、三月に誕生したばかりの嫡男義輝《よしてる》に「御代」*271 が譲られた。そして、政務を担う将軍側近集団である「内談衆《ないだんしゅう》」が成立したのである。しかし、これは実際の隠居でも将軍職の移譲でもなく、自身の政務軽減と、一種の後継者指名であった。それだけではなく、十二月には仮御所であった南禅寺より本来の室町殿（北小路室町）に近い伊勢邸（北小路今出川）に移徙している。*272 これは後述する新御所の造営のための布石であった。

*265　「御内書引付」・『晴』二六〇。
*266　『宸記』天文五年七月二十七日条。
*267　『お湯殿』天文五年七月三十日条。
*268　細川晴元奉行人下知状案（『本能寺文書』）。
*269　『常興』天文八年九月十五日条。
*270　『両家記』。
*271　『鹿苑』天文五年八月二十九日条。
*272　『鹿苑』天文五年十二月十一日条。

三好長慶の挙兵と将軍の立場

帰洛後、天文法華の乱を除けば、義晴政権は比較的安定していた。当時は京兆家の細川晴元と和泉上守護（当時は単独の守護）細川元常が在京大名、近江の本国に在国していた六角定頼が政権の中心であった。もちろん、晴元や元常が常時在京していたわけでもないが、義晴を直接支える大名は彼らであった。政権を支える主要大名である定頼が常態的に在京しなかった点は、これまでにないことである。

義晴は天文五・六年ころに、西国の大内義隆や大友義鑑、尼子経久《あまこつねひさ》らに対して上洛を要請している。特に義晴は大内氏と大友氏の和平調停を行っていたが、これにより両者の上洛を期待したのである。実際に義隆と義鑑は請文を提出したらしいが、*273 上洛することはなかった。この上洛要請は軍勢催促ではなく、晴元と元常のみとなった在京大名を補強し、政権をより安定させたいという思惑があったのだろう（義稙期の大内義興を意識か）。しかし、彼らが上洛しなかったことで、在京大名である晴元の存在は京都静謐においてより重要となった。

だが、御料所河内国十七ヶ所《じゅうしちかしょ》の代官職をめぐって、天文八年（一五三九）に細川晴元側近の三好政長《まさなが》と三好長慶が対立したことで京兆家の内紛が発生した。長慶には摂津衆も同意しており、かつての大永年間のように、京兆家の内紛から始まる畿内騒乱の可能性が生じたのである。

京兆家の動揺はそのまま幕府の動揺となる。そこで、義晴は事態の沈静化にむけて、長慶に対して出兵延期を要請する御内書を発給した。

就㆓今度同名（三好政長）中諍論之儀㆒、対㆓右京大夫（細川晴元）㆒以㆓定頼（六角）㆒被㆓仰扱㆒子細在㆑之上者、出張先令㆓延引㆒者、尤可㆑為㆓神妙㆒、周悦首座・常興（大館）可㆑申候也、

閏六月十三日　御判

*273 「大友」・『晴』二八〇。

「洛中洛外図屏風」に描かれた伊勢氏邸　米沢市上杉博物館蔵

三好孫次郎《長慶》殿[*274]

意訳：三好政長との相論について、細川晴元に対して六角定頼をもって調停する子細があるので、出張をまず延引すれば、特に神妙である。周悦首座《しゅうえつしゅそ》と大館常興《じょうこう》よりも申すものである。

ここで義晴は紛争を調停し、まずは定頼が晴元を説得し、当事者の一方である長慶には出張の延期を求めたのである。さらに長慶に与同する池田信正《のぶまさ》と三宅国村、木沢長政《きざわながまさ》にも御内書を発給した。[*275] しかし、事態は沈静化しなかったこともあり、義晴は自身の後見役でもあった幕府女房清光院《せいこういん》（もと佐子局）が隠棲する八瀬《やせ》（京都市左京区）に御台所と義輝を避難させている。[*276]

義晴はあくまでも調停をすすめ、上使の使僧洋西堂《ようせいどう》と六角氏の使僧文首座《ぶんしゅそ》を長慶のもとに派遣して説得した。長慶の敵対相手は政長であり、義晴に対して敵対しようとしたわけではなかったため、八幡の栄林庵《えいりんあん》を通じて、「今度のことはさらに上意様に対して疎略はありません」[*277]と義晴を疎略にしない旨を言上した。だが、晴元は京都より高雄に退避して、長慶との交戦も辞さない態度をとったため、事態は改善されなかった。このような京都の情勢不安のなか、在京の奉公衆が武装して御所に駆けつけることもあった。[*278] ほとんど唯一となっていた在京大名である京兆家の内紛のなか、奉公衆は将軍親衛隊としての機能が有事の際でもなお維持されていたのである。だが、見方を換えれば京都や将軍周辺の警固は奉公衆しか残されていなかったといえる。

長慶と晴元・政長の対立において、仲介役としてあったのが定頼である。義晴は近江に在国しながら政権を支える定頼に上洛を要請して事態の調停にあたらせようとした。[*279] 定頼は、両者の調停を整え、晴元・長慶がそれぞれ上洛したことで事態は年内で沈静化することとなる。

この間、義晴は決して京都を離れなかった。これは義晴の安全保障を担う定頼が、「公方様はしっかりとこのまま御座されることが肝要です」と意見したこともあろうが、[*280] 在京する将軍が京都安

＊274　「室町家御内書案下」（『晴』三一二）。

＊275　『常興』天文八年閏六月一・六日条ほか。

＊276　『親俊』天文八年閏六月十六日条。

＊277　『常興』天文八年閏六月十五日条。

＊278　『常興』天文八年七月十一日条。

＊279　『常興』天文八年九月十一日条。

＊280　『常興』天文八年閏六月十六日条。

全のシンボルとしてあったことにもよる〔拙著二〇二〇〕。また、今回は定頼を中心とした調停が成功したため、大きな戦乱とならなかったが、これまで幕府を支えてきた京兆家が政権の不安定要素であること、有事に将軍を支えるのは六角氏であることを世間に示したものともなった。

木沢長政の乱

天文八年（一五三九）の騒動も一段落した天文十年、さらに畿内で騒乱が発生した。今度の当事者は木沢長政であった。長政はもとは義就系畠山氏の被官であったが、その後、京兆家に接近して、その被官ともなっていた。彼は三好政長との反目をきっかけとして、細川晴元と対立したのである。長政は三宅国村や伊丹《いたみ》親興《ちかおき》ら摂津衆とともに政長を弾劾しようとしたのだ。長政はあくまでの「内輪の事」として、「異なる儀はありませんが、御案内申し上げます」と、幕府には迷惑をかけないという意思表示をした。[*281] だが、晴元は許さず、「細川家逆乱」[*282]と呼ばれる事態となった。これは一昨年の再現というべきものであった。義晴は再び京兆家の内紛に巻き込まれたのだ。

晴元は京都より嵯峨《さが》、次いで北岩倉《きたいわくら》に移り、長政勢に備えた。在京大名の晴元が京都を離れたことで、京都の治安は不安定となった。そこで長政は、「京都の御警固について、申し付けてください」[*283]と、自らが警固役を買って出たのである。やはり、長政は三好長慶と同じく、あ

三好長慶画像　東京大学史料編纂所蔵模写

*281 『常興』天文十年十月一日条。
*282 『惟房』天文十年十月十二日条。
*283 『常興』天文十年十月十三日条。

くまでも義晴への忠節を表明したのである。

義晴の対応をみると、帰洛後の義晴の方針はあくまでも中立な立場で紛争の当事者とはならず、紛争の調停役を意識していたため、当初、義晴は両者の調停を進めた。長政は義晴の帰洛に尽力していたこともあり、義晴から信用もあったようだ。義晴周辺では、他所への避難も検討されたようだ。[*284]晴元は義晴との連携を示すために、同道するよう申し入れていたようだが、義晴は同心しなかったという。[*285]その後義晴は、六角定頼の意見があったという体で坂本に移座したが、[*286]晴元・長政両者に対して、中立であることを示そうとしたのである。

晴元は坂本の義晴のもとに出仕して、長政を「御敵（将軍の敵）」とするように申し入れた。さらに山名氏や伊賀の仁木氏に晴元への合力を命じる御内書の発給を要請した。これは義晴の外戚である近衛稙家《たねいえ》が仲介したという。義晴は長政への説得工作も継続しており、事態の沈静化を図っていたものの、調停は成功せず、最終的に長政討伐を承諾した。[*287]晴元は長政に連なる畠山晴《はる》満《みつ》（弥九郎《やくろう》）も「御敵」とするように要請した。義晴はこれをうけて晴満と対立する畠山稙長に御内書を発給して、正統性を与えたのである。[*288]だが、一連の軍事活動では将軍直臣が動員された形跡はない。基本的には京兆家の問題ということで、晴元に一任したようだ。

三月十七日、長政は河内の太平寺《たいへいじ》（大阪府柏原市）の合戦で晴元勢に敗れて討たれた。長政勢は五千余、対する晴元・畠山稙長連合勢は八千ほどであったという。[*289]『季世記』では総勢一万で、三千が城に詰め、七千が合戦に出陣したという。どちらが正確かはわからないが、畿内における長政の動員力の高さがうかがえる。この合戦の終結により、「都鄙静謐」となった。[*290]

一連の騒乱において、義晴はできるだけ当事者とならないようにしたが、最終的には晴元の意見を聞き入れ、長政討伐を承認した。長政が討たれたことで、この騒乱には終止符が打たれた。

＊284　『常興』天文十年十月二十九日条。
＊285　『惟房』天文十年十月二十九日条。
＊286　『常興』天文十年十一月朔・二日条。
＊287　『常興』天文十年十一月十八・十九日条。
＊288　『常興』天文十一年三月十日条。
＊289　『惟房』天文十一年三月十八日条。
＊290　『言継』天文十一年三月二十一日条。

また、この間の意思決定において、義晴は定頼の意見を求めているが、*291 これは定頼が幕府の軍事面での意思決定に影響を及ぼしていたことを示すものである。

「御敵」認定と避難経路

今回、細川晴元が木沢長政一党との交戦にあたって義晴から「御敵」認定を求めたことが注目される。「御敵」とは「朝敵」と異なり、将軍の敵という意味であるが、これまでもたびたび当時の将軍と敵対した大名（畠山義就など）が討伐対象として「御敵」認定をうけている。具体的な認定手続きはわからないが、将軍による「御敵」認定は、認定された勢力と対する勢力にとっては軍事的正統性を得る有効な手段であったといえるだろう。今回の事例はまさに敵対勢力に対して軍事的正統性を得るために晴元が求めたものであった。だが、合戦にあたって義晴より武家の御旗などが晴元に下賜されていたかはわからない。

また、前述のように太平寺の合戦にて長政方の軍勢五千（『季世記』では総勢一万）に対して、晴元・畠山稙長連合軍は八千であったことから、晴元方が軍事的に圧倒していたわけでなかった。そのなかで、長政らを「御敵」とさせることで、長政の支持者に支援を躊躇させるとともに、自軍動員の正統性を得ようとしたといえるだろう。最終的に「御敵」である長政と畠山晴満が敗北したことは、過大評価してはいけないが、「御敵」認定が一定程度は有効に機能したといえるだろう。

これ以前、義晴は日吉社《ひよししゃ》（大津市）の新礼拝講《しんらいはいこう》のため、三百貫文の国役を賦課したが、このなかで、加賀国分の国役を賦課された本願寺が「迷惑」としてこれを拒否しようとした。これに対して義晴は激怒して、本願寺を「御敵」認定しようとした（実際は大館晴光の策）。「御敵」とされる可能性が生じた本願寺側はあわてて国役賦課を受諾したのである。*292 将軍がより身近な畿内周辺にお

*291 『常興』天文十一年三月十日条ほか。

*292 『天文』天文六年九月二十八・二十九日条、同七年正月八日条。

日吉大社東本宮　大津市

いて、「御敵」認定には一定の効力があり、大名勢力の軍事作戦にも利用されたといえるだろう。

さて、今回義晴は避難にあたって、坂本を避難先としたが、有事の際の避難先とそのルートはおおむね「京都（将軍御所）→慈照寺→近江坂本」となっていた。坂本はこの後の義輝期も同じく将軍の第一の避難地とされるが、坂本は比叡山のお膝元として、大名勢力の影響を受けにくいことと、六角氏の本拠地である観音寺城にも近いということもあろう。在京が第一としても、有事の際は、将軍家にとって近江が安全な場所であったのである。

今出川御所の造営

三好長慶や木沢長政の反乱など、畿内が動揺するこの時期、義晴は新しい将軍御所の造営を開始していた。「今出川御所」[*293]と呼ばれる御所で、これは国宝上杉本洛中洛外図屛風にも描かれている。立地はかつての室町殿（北小路室町）の旧地であった。正門である四足門《よつあしもん》は同屛風では室町通に面して描かれており、まさに室町殿であった。義晴がその正統性を周囲にアピールする目的もあろう。また、室町通は大乱後、上下に分断された京都の町を繋ぐ街路でもあり、交通の要所でもある。ただ、同屛風の情景は一種の理想化された将来像としての姿ともみられているため〔下川二〇一五〕、決して写実性の高いものではない点、注意を要する。

作事始は天文八年（一五三九）二月三日であるが、[*294]実際は前年より準備が進んでいたとみられている〔加栗二〇一二〕。また、たび重なる騒乱もあってか、この御所は防衛も意識され、堀も廻らされていた。[*295]

今回の造営にあたってその要脚は、以前の柳の御所と異なり、当初は国役は賦課されなかった。[*296]だが、その後国役が賦課されたようで、朝倉氏は三万疋（三百貫文）を進納している。[*297]かつて朝

＊293　『言継』天文十七年六月七日条。

＊294　『親俊』天文八年二月三日条。

＊295　『親俊』天文十一年閏三月二十三日条、『常興』同四月三日条ほか。

＊296　『常興』天文九年二月二十九日条。

＊297　『常興』十一年五月十九日条。

倉氏には千貫文が賦課されていたが、その三分の一以下である。おそらく、京兆家の内紛にはじまる畿内の混乱が続いたこと、要脚不足もあり完成は遅れたようで、天文十一年の時点でも造営は継続している。

普請ではたびたび直臣（御供衆）も動員されている。[*298] その一例をみてみよう。

一、結城左衛門尉〈国縁、〉杉原〈晴盛、〉両人より御供衆中へ折紙在レ之、如レ此、

次第不同

大館伊予入道《（常興）》殿　奉

上野与三郎《（信孝カ）》殿　奉

大館左衛門佐《（晴光）》殿　奉　三人可二申付一候、

吉見右馬頭《（仲益カ）》殿

大館兵庫頭《（高信）》殿　奉

伊勢因幡守《（貞倍）》殿　奉

大館治部大輔《（晴忠）》殿

細川三郎四郎《（晴経）》殿　〈親候者参候間、同前ニ／可レ預二御心得一候、〉

朽木民部少輔《（稙綱）》殿　奉

明日〈廿六、〉御普請御座候、可レ被レ参二拾人一之由被二仰出一候、仍人数所持候御方へハ不レ依レ侍不レ限二中間小者一三人充而可レ被レ参之由候、涯分御馳走肝要候、至下無二人数一衆上者一人ニテモ可レ被レ参候、具付二着到一可レ備二上覧一候、若雨降候者、可レ為二御延引一候、各可レ被レ持レ鋤之由候、不レ可レ有二御油断一候、亦三人可レ被レ参、内々ハ鋤一挺ニテ残二人手振ニテモ不レ苦候、恐々謹言、

＊298　『常興』天文九年正月十一日条ほか。

閏三月廿五日　　国縁判
　　　　　　　　晴盛判

各御中*299

意訳：結城《ゆうき》国縁《くにより》と杉原《すぎはら》晴盛《はるもり》両人より御供衆へ折紙があった。このとおりである。（宛所略）

明日二十六日、御普請があります。十人で参るようにと仰せがありました。そのため、人数を所持されている方は侍より中間小者に関係なく、三人ずつで参られるように。尽力することが肝要です。人数がない御方は一人でも参られるように。詳しく着到をつけて上覧に備えます。もし雨が降れば延期します。それぞれ鋤を持参するようにとのことです。御油断ないように。また三人で参られるのであれば、鋤は一挺で残り二人はてぶらでも苦しくありません。恐々謹言。

この史料は、作事奉行である結城国縁と杉原晴盛（御庭奉行）が、御供衆に対して普請の際の人足供出を命じたものであり、直臣は中間などの人足を負担することとなっている。また、御供衆でも人数を動員できるものもいれば、「無二人数一衆」もおり、これは有事の際の直属軍の軍事動員の規模にも繋がるものである。なお普請は直臣のみならず、相国寺も請け負っている。*300

細川晴元との対立と北白川城

天文十二年（一五四三）以降、細川高国の後継と主張する細川氏綱《うじつな》が細川晴元に対して挙兵した。当初の挙兵は失敗に終わっていたが、天文十四年ころより再起したことで、京兆家の家督をめぐる騒乱が再開されたのである。

当然、義晴はこの動きに対して晴元と連携する必要があったが、このころ、義晴と晴元とは所

*299 『常興』天文十一年閏三月二十五日条。

*300 『親俊』天文十一年五月十日条。

領問題などもあり、関係が悪化していた。幕府政治は比較的安定していたものの、御料所よりの公用未進、直臣領の押領などのため、経済難であった。特に直臣とその所領の保護は義晴にとって、重要な政策であった。なぜなら将軍家を支える直臣の経済難により、将軍家への奉公が行えない事態がたびたびあったからである。一時的にせよ、「御暇乞《おいとまごい》」という形で奉公より離脱するものもあった。[＊301] これは京都で奉公する直臣の減少につながる問題である。また、直臣領の押領は将軍直属軍の兵力低下にも繋がる。その直臣領への京兆家被官による押領を看過する晴元に対して強い不満が生じたのは当然であろう。実際に新たな所領給付や御料所代官職の補任は難しい。そのため、現状の直臣所領の保護が求められたのである。

晴元と氏綱という京兆家内紛のなか、義晴は氏綱方の遊佐長教《ながのり》らを通して氏綱との連携を探った。義晴政権では、六角氏の政治的重要性が増加した反面、京兆家の立場が減少した。それは晴元が六角定頼と異なり、各種の意見を求められなかったことからもうかがえる〔拙稿二〇二〇〕。京兆家は在京大名として軍事支援や幕府儀礼の面においては重要性に変化はないが、極端にいえば当主が晴元でも氏綱でも対応可能であった。かつて足利義稙が細川高国を切り捨て、それまで対立していた細川澄元と連携したが、これも同様だろう。しかも、天文八年・十年の騒乱も晴元家中の問題であった。晴元家中の問題が政権維持のための支障となっていたのである。

義晴は氏綱との連携を進めることにしたが、帰洛以来、義晴の方針は大名同士の紛争においては中立であった。これは紛争の当事者とならない（巻き込まれない）こと、一方に偏った立場で調停を行うことには無理があるためである。だが、今回晴元との関係を意識的に断ち切り、氏綱との連携を選択したことで、義晴は自ら騒乱の当事者となった。

晴元を敵としたことで、軍事的に対応する必要が生じた。そこで、天文十五年十一月より、義

＊301 『常興』天文九年七月十七日条ほか。

晴は東山の北白川（勝軍山《しょうぐんやま》）に築城を開始した。北白川城（瓜生山《うりゅうやま》城・勝軍城、勝軍地蔵山城とも）である。*302 足利氏は将軍地蔵信仰が強かったと指摘されていることから〔黒田二〇〇二〕、この点も同地への築城の背景にあろうか。このとき「御城米」の徴発も行っているため、籠城も意識していたと思しい（詳細は第二部参照）。

同城はこれまでも用いられており、義晴がはじめて築城したものではないが、帰洛直後の南禅寺城の築城が未完成に終わったのに対して、人足の徴集など十分な準備が進められたことが、史料に残る。

東山御要害為二普請一当寺境内門前已下人足事、従二来七日未明一、為二人別一家次、被レ持レ鋤、可二罷出一旨、堅可レ被二申付一由、被二仰出一候也、仍如レ件、

（天文十五年以降）十月四日　（松田）盛秀（花押）

東寺雑掌*303

意訳：東山の御要害の普請のため、当寺境内門前以下の人足を、来る七日未明より人別として家ごとに鋤を持参されて来るようにとのことを、（東寺より）堅く申し付けられるようにと、仰せがありました。よってこの通りです。

人足の徴集は侍所の管掌であるから、侍所開闔松田盛秀による奉書が用いられている。

義晴は「東山御要害」築城に並行して、義晴は十二月に将軍職を嫡子義輝（当時は義藤《よしふじ》、以下義輝）に移譲した。義輝の将軍宣下やそれに先だつ元服は近江坂本で行われ、儀式は六角定頼が中心となって準備した。本来管領となるべき晴元と敵対していたこともあり、定頼を「管領代」として義輝の加冠役をつとめさせた。これは義輝の後見役を期待したのと同時に、晴元の舅である定頼が義晴より離反しないようにするための特別措置であった。この後、義晴は大御所となるが、な

---

*302　『厳助』天文十五年十一月条。

*303　室町幕府奉行人（侍所開闔）奉書（「東寺百合文書」『奉書』三六二八）。

おも「室町殿」と称され将軍家の家長として実権を持ち続けた。

義晴と晴元の和睦

天文十五年（一五四六）、細川氏綱を支えた細川（上野）国慶《くによし》が上洛して、一時的に京都を支配した〔馬部二〇一四③〕。国慶はこの時点で義晴と連携していたようだが、翌年初めに国慶による地子銭《じせん》徴収をめぐるトラブルにより、義晴は国慶を「御敵」としたため、国慶は京都を出奔した。*304 これは義晴が新将軍義輝の「武威」を演出するためのものともされる〔山田二〇一九〕。

一方、細川晴元との和解を期待する六角定頼は、義晴に対して強硬手段にでた。晴元方に加勢したのである。義晴はこれに衝撃を受けた。氏綱方であった芥川城《あくたがわ》（大阪府高槻市）が六月に晴元勢によって落城したこともあり、御内書を各地の大名勢に発給した。

就二芥川城落居一、晴元（細川）并定頼（六角）相談、至二京都一諸勢参著由候、然者実否可二相果一外無レ之候、猶晴光（大館）可レ申候也、

七月十一日　御判

畠山左衛門佐（義綱）とのへ
大友修理大夫（義鑑）とのへ
大内大宰大弐（義隆）とのへ
武田伊豆守（信豊）とのへ

同〻、猶大覚寺門跡（義俊）并晴光可レ申候也、

朝倉弾正左衛門（孝景）入道とのへ
武田大膳大夫（元光）入道とのへ*305

---

*304 『言継』天文十六年正月十三・十四日条。

*305 「御内書要文」・『晴』三九八、なお大友義鑑宛のものは原文書が残る〈『大友家文書』〉。

六角定頼銅像　滋賀県東近江市

意訳：（味方の）芥川城が落城したことで、細川晴元と六角定頼が相談して、京都へ諸勢が参着しているとのこと。それならば、実否により（義晴が）相果ててしまうほかない。なお大館晴光（および大覚寺《だいかくじ》義俊《ぎしゅん》）よりも申すものである。

それぞれ、能登畠山・大友・大内・若狭武田（武田元光と信豊《のぶとよ》は父子）・朝倉氏といった大名に宛てたものであるが、文書中の「相果外無」という言葉から、義晴の衝撃のほどがうかがえる。

六角氏が離反したことで、義晴には直属軍の軍事力しかなかった。義晴のもとには近衛稙家ら近衛一門、大館晴光ら御供衆・奉公衆、日野晴光《はれみつ》ら昵近公家衆の約九百騎があったが、対する晴元は三万、六角氏の援軍が一万であったという。*306 直属軍が千未満であるなかで晴元と対峙したのは、六角氏の援軍を期待していたこともあろう。将軍が単独で大名勢力と抗争することはほとんど不可能であったことをこの一件は端的に表している。

さらに晴元方が摂津を席巻するなか、同月二十一日には摂津の舎利寺《しゃりじ》（大阪市生野区）にて長慶を主力とする晴元方が氏綱方に大勝した（舎利寺の合戦）。結局、細川・六角勢に北白川城が包囲されるなかで、六角方の仲裁を受け入れ、義晴と晴元は和睦するのである。これは事実上の降伏であるが、あくまでも定頼の顔を立て、和睦するという体裁であった〔村井二〇一九〕。そして、

*306 『季世記』。

義晴は七月十九日に北白川城を自焼し坂本へ退避した。[*307] 定頼の包囲は義晴に晴元との和睦を受け入れさせるための一種の御所巻《ごしょまき》ともいえるだろう。

同二十九日、晴元が坂本の将軍義輝のもとに御礼し、御免をうけたことで晴元との協調関係が復活した。義晴は本心ではこれに不満であったのか、御礼対面の場にはでていない。

ところで、この翌月の閏七月二十三日付で、当時小田原にいる大和晴統より義晴に近侍する御部屋衆の一色晴具《はるとも》に一通の書状が発給されている。[*308] 晴統はかつて、堺政権を支持して義晴より離反し、その後小田原の北条氏のもとに下向して、そのまま北条家に仕官したとされる人物である。彼はこの書状で、「京都のことは是非に及びません」と述べ、義晴らの坂本移座を驚きながら、「もっとも参洛したいところですが、所労により近日いよいようまくいきません。これは（私の）勝手なことではありません」と在京奉公できないことを詫びているのである。そのうえ、息晴俊を義晴らに伺候するように申し付け、「万々御指南を仰ぐものです」と、義晴らに近侍する晴具の指南を求めている。晴統は過去に一時的に堺政権に属したうえ、すでに在京奉公から離れ在国しながらも、将軍家（義晴父子）との主従関係を意識していたことがわかる。このような奉公衆は少なからずあったのかもしれない。

さて、一連の対立と和睦までの流れは、これまで定頼に軍事的な保証を期待していた義晴政権の限界でもあった。同時に、幕府を支える一部の大名に軍事を依存せざるをえない戦国期の足利将軍の限界でもあった。また、将軍が大名を相手に合戦をする場合、将軍単独の軍事作戦は不可能であることもわかるだろう。すでに義晴のみの意志で連携相手の大名を自由に変更することはできなくなっていたのである。

＊307　『季世記』。

＊308　（天文十六年）閏七月二十三日付大和晴統書状写（『狩野文書』）。

三好長慶の再挙兵への対応

六角定頼の仲介によって、義晴と細川晴元の和睦が成立し、連携関係が復活した。ところが、天文十七年（一五四八）より京兆家で再び内紛が発生した。三好長慶と同政長（当時は出家して宗《そう》三《さん》）の対立である。晴元が両者の対立において政長を支持したことで、長慶が晴元から離反したのである。長慶は当時岳父となっていた遊佐長教と連携し、新たな京兆家の家督として細川氏綱を擁立した。

そのなかで、義晴は長慶離反のきっかけとなった池田信正を切腹させた晴元の処置を不安に思っていたようだ。*309 その危惧は現実のものとなり、長慶が反晴元として挙兵したのである。長慶は河内・摂津・山城・和泉・紀伊・丹波・阿波・讃岐・淡路と細川、畠山氏の領国内の国衆らの多くを味方とした。畿内国人の長慶支持が広がるなかで、長教の主君である河内守護畠山政国《まさくに》（稙長の弟）は長慶らに同意しなかった。そこで、義晴は次のような御内書を発給した。

長教《（遊佐）》、長慶《（三好）》令二一味一参洛事、雖レ加二意見一、依レ不二同心一遁世由其聞候、為二事実一者、尤神妙、猶晴元《（細川）》・定頼《（六角）》・晴光《（大館）》可レ申候也、

十二月十九日

畠山播磨守《（政国）》とのへ*310

意訳：遊佐長教と三好長慶が一味して参洛していることについて、意見を加えたが、同心しなかったことで、遁世したと聞いた。事実であれば、特に神妙である。なお大館晴光よりも申すものである。

この御内書から、政国は長教の挙兵に意見をしたが、失敗し隠遁しようとしたらしいことがわかる。さらに「猶～」には畠山氏担当申次の大館晴光のほか、六角定頼や晴元の名前もあり、義

*309 （天文十七年）五月六日付御内書（『御内書要文』）。

*310 「御内書要文」・『晴』四〇三。

晴単独ではなく、彼らの談合のうえで工作が行われたであろうこともわかる。義晴は定頼・晴元との変わらぬ連携を御内書でも示したのである。

遊佐長教と長慶も敵対するのは晴元であり、義晴・義輝父子ではなかった。しかし、晴元と義晴・義輝父子が連携関係にあるため、自動的に長慶は将軍家とも敵対関係となったのである。そのため、義晴を自陣営に迎えたかったのだろう。義晴には、晴元との連携を継続するか、氏綱・長慶と新たに連携するのか選択を迫られたが、最終的に晴元との連携維持を決した。これは定頼の意向もあるだろう。義晴は定頼への依存が強かったことや、北白川城での包囲なども影響して、定頼の婿でもある晴元と再び関係を断つという選択ができなかったといえる。

中尾城の築城と義晴の死

義晴は細川晴元との連携継続を決めたことで、細川氏綱・三好長慶方との軍事衝突は不可避となった。天文十八年（一五四九）三月には近江より義晴警固の衆が上洛した。*311 そして、六月二十四日に摂津の江口《えぐち》（大阪市東淀川区）での合戦で晴元勢が大敗したのである。この合戦で元凶というべき三好政長が戦死した（江口の合戦）。

この合戦の敗北により援軍の六角勢は帰国、池田城にいた晴元は丹波に逃れた。以下『万松《ばんしょう》院殿穴太記《いんでんあのうき》』の記述をみると、義晴はなお京都にいたが、近江より六角定頼の代理として義賢が三万六千の軍勢を率いて上洛した。戦況の悪化をうけて、東山の神楽岡《かぐらおか》（吉田山《よしだやま》、京都市左京区）にて軍議が開かれたが、そこで、義晴は「爰にて敵を待ち受け。死士卒に同して。功を一戦の中にうばひ。名を万代に残さんとおもふなり。運は天に有。敢えて退く事あるべからず」と述べた。義晴は京都を離れることに抵抗を感じ、戦死覚悟で三好方との合戦を熱望したのである。しかし、

*311 『兼右』天文十八年三月条。

六角方の説得で翌日慈照寺より近江坂本へ避難する。京都が戦場となる事態を避けたともいえる。この軍議に参加したのは、晴元・細川元常、典厩家の細川晴賢《はるかた》や六角義賢らであった。御供衆である晴賢を除いて、この時点で義晴を支えていた大名は晴元・元常・六角氏であった。

だが、九月には氏綱・長慶方の遊佐長教方から、義晴の側近で河内畠山氏担当の申次でもある大舘晴光への接触もみられる。*312 長教は和泉の戦況報告や長慶の動きを晴光に知らせたが、これは暗に再度晴元と断交して、氏綱との連携を義晴に促してもらいたかったものと考える。

十月になって義晴は上洛の拠点、さらに三好勢に対抗する拠点として現在の慈照寺の裏手に中尾《なかお》城の築城を開始した。中尾城築城の目的は、「小勢で大敵を凌ぐことは平場の合戦ばかりでは叶いがたい。要害を搆えて馬の足の休所として兵の機敏を助けて、敵が近づけば懸け出し、味方が疲れれば引き籠もって勝負を決する」というものであった。つまり、小勢でも有利に長期的に戦闘を進めるためのものであった。

大名の軍事支援が必ずしも期待できないなかで、義晴は自力で対応する必要があった。つまりこの築城は、大名の支援がなくとも（もしくは遅れても）、単独で敵方の攻勢に耐えることを想定して行われたものであった。大名の軍事支援を必ずしも前提としない、このような行為は戦国期の将軍家が、いかに軍事的に孤立し始めていたのかを示しているといえよう。

さらに城の構造については第二部も参照してもらいたいが、『穴太記』には難攻不落であり、通りは「つづら折なる通を廻って登る事七・八丁」、南は「如意が嶽に続」き、尾先は「三重に掘り切て、二重に壁を付けて、その間に石を入れたり」、これは「鉄炮の用心」のためであるという。四方は「池を掘って水を湛え」ていたとある。特に鉄炮用心とあるように、当時の合戦ではすでに鉄炮が実用化されていたこともわかる。実際に、晴元勢が「鉄炮」を配備していたことが確認

＊312　遊佐長教書状写（『古簡雑纂』・『戦三』参考二〇）。

される。*313

このときの義晴直属の兵力はどうだったのだろうか。義晴自ら「小勢」というように、直属軍の数はわずかだったろう。北白川に籠城した際には千人未満であったが、今回もそれと同数か多く見積もっても二千弱であろう。また当時、将軍直臣は在城衆と在城しないものに分かれていた。在城衆には上野信孝《のぶたか》・伊勢貞孝《さだたか》・三淵晴員《みつぶちはるかず》・飯川信堅《のぶかた》がおり、不在城衆として大館晴光、摂津元《もと》造《なり》らがいた。彼らは特に側近の面々であった。義晴自身は生涯入城しなかったが、「城中の制法二十ヶ条」を定め（その中身の詳細は不明）、城詰めの奉公衆らを統制しようとした。だが、築城途中で義晴は病に倒れ、五月四日、義晴は穴太にて死去した。自害したともいう。*314

義晴の時代は、京兆家とともに六角氏が将軍を支える大名家としてあった。だが、将軍家と特定の大名家が密接になるほど軍事的にも依存度が高まり、連携相手も自由に選択できなくなり、結果、その大名家と運命共同体となったのである。義晴の末期は京兆家のみに依存した義澄末期と異なり、京兆家と六角家の二つの大名家を支柱としたが、それらと運命共同体となった結果、京都を没落することとなった。また、義晴の時代は、京兆家から三好氏という新しい勢力の台頭があった。これより将軍家内の対立、京兆家内の対立から、将軍家そのものの存亡を賭けたものへと変質することとなる。三好氏との対立はそのまま義輝期に引き継がれることとなった。

四、足利義輝期の合戦と軍事

第十三代足利義輝の時代（将軍在職：天文十五年〈一五四六〉～永禄八年〈一五六五〉）は、その多くが三好氏との対立に費やされた。また、将軍と大名との関係に大きな変化があった時代でも

*313　『言継』天文十九年七月十四日条。

*314　進士晴舎書状写（『集古文書』）。

伝足利義晴の墓　大阪府交野市・義晴地蔵寺

ある。そこで本章では、義輝と三好氏の対立を中心に、その軍事活動をみていきたい。

続く中尾城造営

前述のように、義輝は天文十五年（一五四六）十二月に父義晴から将軍職を移譲されるが、義晴はなお将軍家の家長・室町殿としてあり、義輝には実権はなかった。義晴が天文十九年五月に死去したことで実質上の代始めが行われた。だがこのときも、三好長慶との対立は継続していた。将軍候補を擁さず、細川氏綱・三好長慶方が将軍方と交戦したことは、「足利対足利」というこれまでの対立構造が、「足利対非足利」に変化したことを意味する。ここに足利将軍の軍事と合戦の意味が大きく転換点することとなった。ただし、長慶は京兆家の家督として細川氏綱を擁立したものの、義輝に代わる将軍候補を擁立することはなかった。これはあくまでも細川晴元が敵であり、将軍家と敵対する意思がないこと、さらに義輝と連携する余地を残したものであろう。

六角定頼は軍事的に劣勢となるなかで、義輝に対して坂本への移座を勧めたが、父義晴が、「奉公衆を城中に籠もらせ、直に仰せになるには、後巻《うしろまき》のことは定頼が請けていれば心安い」と述べたことから、「我は士卒と志を一つにして、一度に大敵を凌ぎ、一戦に功を奪い、もし勝利を得れば、命を父祖のために失い、尸《しかばね》を軍門に曝すこととなっても一足も退くことはない」と述べたという[*315]。つまり、定頼の軍事支援があるから安心であること、武威を示すために戦死することも厭わないという意思を示したのである。これは将軍であっても騒乱の当事者となったことで、特別な存在ではなくなっていたことも示している。

義輝は三好勢の攻勢に備えて、中尾城の完成を進めた。早速、造営のため次のように東寺に竹千五百本を賦課している。

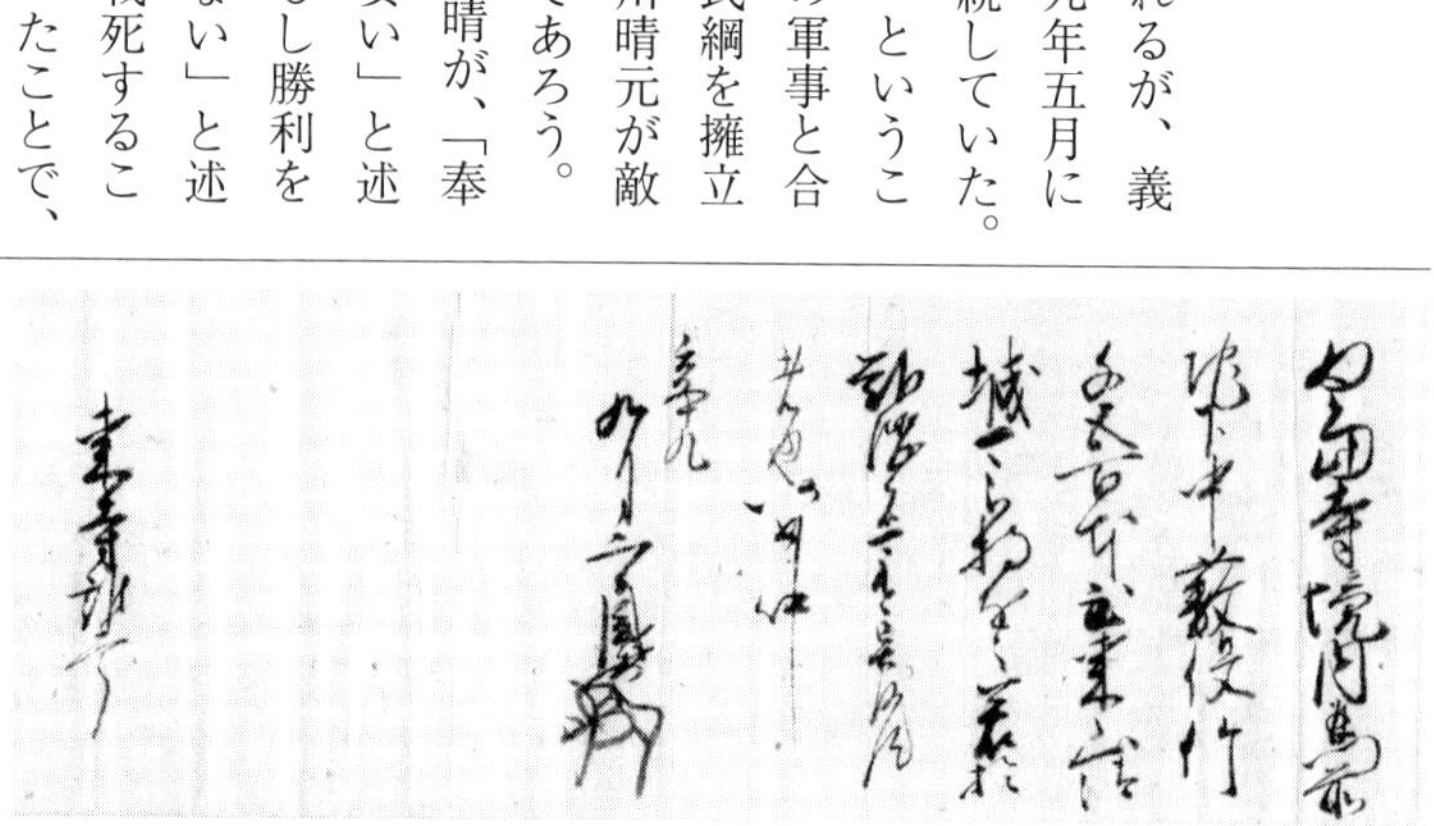

天文十九年九月二日付室町幕府奉行人奉書「東寺百合文書」京都府立京都学・歴彩館蔵

為二当寺境内并門前地下中藪役一、竹千五百本至二東山御城一可レ被レ持二-進之一、若於二難渋一者、可レ有二異沙汰一者也、仍如レ件、

天文十九

九月二日　　盛秀《(松田)》（花押）

東寺雑掌*316

意訳：東寺境内と門前地下中の藪役について、竹千五百本を東山の御城まで持参するように。もし難渋すれば、成敗するものである。よってこの通りである。

また、造営にあたって、「御城奉行衆」が存在していたことがみえる。*317 御所の造営同様に結城氏などが造営を担当していたのであろう。だが、中尾城の増築を進めたものの、期待する六角勢は劣勢となったことで三好勢の攻勢を防ぎ続けることはできなくなり、十一月に城を自焼して近江の堅田（大津市）に逃れたのである。*318

足利義輝画像　京都市立芸術大学芸術資料館蔵

伊勢氏の離脱と義輝の帰洛

義晴は六角定頼を義輝の後見と位置づけていた。京兆家の細川晴元ではない。義輝がなおも六角氏の軍事力に期待していたことは『穴太記』の記述からもうかがえる。義輝は父義晴の言葉を引用しながら、定頼の「後巻」がある限り大丈夫と述べたように、その軍事支援に信頼を置いていた。だが、その定頼が敗れた以上、義輝には三好勢と対する手段がなくなってしまった。このことは戦国期の将軍が

*315　『穴太記』。

*316　室町幕府奉行人（侍所開闔）奉書「東寺百合文書」（『奉書』三六九四）。

*317　室町幕府奉行人連署奉書「東寺百合文書」（『奉書』三六九五）。

*318　『言継』天文十九年十一月二十一日条。

特定の大名に依存することのリスクを示している。

義輝は坂本に逃れたが、翌天文二十年（一五五一）正月には伊勢貞孝らによる義輝拉致未遂事件が発生した。これは事前に防がれたが、結果的に貞孝が義輝より離反し京都に戻ってしまった。[*319] これは義輝にとって大きな問題であった。なぜなら、これまでも述べてきたように、直属軍の主力は伊勢氏であり、その伊勢氏が離脱したことで、ただでさえ減少していた直属軍が激減してしまうからである。しかも貞孝は三好長慶と連携し、三好勢とともに伊勢氏の軍勢が出陣することもあったのである。[*320] なおこのころ、長慶暗殺未遂事件が発生した。この事件は義輝が背後で糸を引いていたともいわれているが、[*321] 実際のところはわからない。もしこれが事実であれば、それだけ義輝周辺が焦っていたということだろう。

義輝は拉致未遂事件後、かつて父義晴が避難していた朽木谷に移座したが、現地では本願寺との交渉や伊達《だて》氏の和睦調停など将軍としての権力を維持していた。だが、これだけで帰洛できるわけではなく、上洛するには軍事的な裏付けが必要であった。そこで、義輝の帰洛を進めたのが定頼であった。定頼は三好方との和睦調停を進めたのである（実交渉は六角義賢）。六角氏ではすでに定頼の後継者である義賢が軍事面での中心となっていたというから〔村井二〇一九〕、長慶と軍事衝突しては不利として、和睦による解決を試みたのだろう。義輝は若年であることや、中立ではなく晴元と連携する当事者となっていたことで、調停役はつとめられなかった。また、具体的な和睦の条件は不明だが、京兆家の家督が第一の交渉内容であったことは疑いないだろう。さらに後述する長慶の御供衆加入などから、長慶の地位や権利に関することもあったと考える。

六角氏の尽力もあって義輝と三好氏との和睦が成立し、義輝は天文二十一年正月二十八日に帰洛した。だが、和睦交渉を行っていた最中の天文二十一年正月、定頼は死去していたため、こ

＊319　『言継』天文二十年二月一日条。
＊320　『言継』天文二十年二月二十四日条。
＊321　『両家記』。

の上洛をみることはできなかった。義輝の入京に際して御供衆も供奉したが、この内訳をみると、伊勢貞孝が五百、さらにその被官二名がそれぞれ兵五、六十、朽木稙綱《たねつな》が二百、大館晴光と上野信孝がそれぞれ百、大館晴忠《はるただ》と細川晴経《はるつね》はそれぞれ五十、このほかに外戚の近衛稙家と大覚寺義俊がそれぞれ二百の兵を率いていた。[*322] 御供衆だけで総勢一千だが、伊勢氏の動員数が被官も含めて一際多いことがわかるだろう。奉公衆全体の総数は二千から三千というところだろうか。外戚である近衛一門も四百を動員したが、全体として常時の兵力というよりは、入京にあたって将軍の武威を示す行粧を整えるために、臨時動員されたとみるほうがよいだろう。

三好氏との対立と東山霊山城

帰洛後、義輝は京兆家の家督を細川氏綱としたほか、三好長慶を御供衆として将軍直臣身分とした。義輝と氏綱・長慶による政権運営が行われるものの、「牢人」となった細川晴元はなお勢力を持ち、たびたび「牢人衆」が京都周辺にて軍事活動を繰り返した。伊勢貞孝率いる奉公衆二千が西岡周辺を巡回することもあったが、[*323] その中心は伊勢氏の軍勢であろう。奉公衆は京都周辺にて晴元勢に備えていたが、二千人規模では限界もあった。

そのなかで、義輝は現在の清水寺《きよみずでら》付近の東山霊山《りょうぜん》（京都市東山区）に築城を開始した（東山霊山城）。これは義輝が築城させた最初の城郭となる（中尾城は義晴）。晴元勢はおおよそ丹波など西方から侵入していたが、北山などではなく、反対の東山に築城したのは六角氏の支援を期待したためであろう。城は十一月には築城が開始されていた。[*324] 義輝は築城途中の霊山城に滞在しており、生母慶寿院《けいじゅいん》など幕府関係者も平時には清水寺を中心とした地域に滞在した。当時はなお今出川御所があったが、こちらでは防衛に不安もあったのだろう。ただし、奉公衆は京都に散在して

＊322　『言継』天文二十二年正月二十八日。

＊323　『言継』天文二十一年十月二十日条。

＊324　『言継』天文二十一年十一月十七日条。

おり、必ずしも霊山周辺に集中したわけではなく、平時は洛中の自邸にあり、有事の際に城に詰めることとなっていたようだ。[*325]

しかし、築城途中の東山霊山城を晴元勢が包囲する事態が発生した。[*326] 当時、氏綱や長慶は京都になく、六角氏からの援軍もなかった。そのため、義輝は奉公衆のみで対応した。戦闘自体は小規模なものであったが、義輝はこれに衝撃をうけたであろう。長慶は包囲戦の三日後に上洛して義輝に御礼をするが、義輝が不満であっただろうことは容易に想定できる。長慶が将軍の守護という役目を果たせないことが示されたのである。

その後も普請に関する幕府奉行人連署奉書が発給されている。

御城山御普請事、前々御下知之筋目、殊更先年任二御堀之事例一、為二当社務一西京七保人足之儀、為二家次一可レ被レ申二-付之一、若及二異儀一族在レ之者、可レ被レ加二御成敗一之由、被二仰出一候也、仍執達如レ件、

天文廿一

十二月廿日　（松田）盛秀（花押）

（中澤）光俊（花押）

竹内宮御門跡雑掌[*327]

意訳：御城山御普請について、前々の御下知の筋目により、殊更先年の御堀の事例に任せて、当（北野社）社務として西京七保よりの人足を、家ごとに申し付けられるように。もし異議があるものがいれば、御成敗を加えられるとの仰せがありました。よって伝達はこの通りです。

義輝は京都周辺の権門寺社に対して、普請にあたって人足を徴発し、異議があれば成敗を加えるという強硬な態度で城の完成を進めたのだ。

＊325　『言継』天文二十一年十一月三十日条。

＊326　『言継』天文二十一年十一月二十八日条。

＊327　室町幕府奉行人連署奉書「古文書纂　廿二　柳生彦三氏所蔵」（『奉書』三七五一）。

義輝の出陣

将軍を守れないという失態を犯した三好長慶に対して、天文二十一年（一五五二）末ころより義輝の側近上野信孝らが細川晴元との連携再開に動いた。一方、長慶は晴元と繋がる信孝ら義輝の側近衆六人に人質を求めるなど、この動きを牽制した。[*328]三好協調派であった伊勢貞孝や大館晴光、朽木稙綱ら御供衆は、義輝に諫言の連署状を作成したものの、事態は好転しなかった。[*329]直臣が反三好派、三好協調派とに分裂するなか、義輝は細川氏綱・長慶との断交、晴元を赦免のうえ、連携の再開を決断したのである。[*330]義輝が晴元との連携再開を決定したのは、前年の晴元勢による東山霊山城包囲の際に三好勢が期待できなかったことや、晴元はなお長慶に対抗できる勢力を維持していたというから〔馬部二〇二一②〕、これも連携を再開することを決意させる背景にもあっただろう。

義輝は長慶との対決にあたって長慶を「御敵」とした。長慶を「御敵」とすることで、義輝には長慶を孤立化させる意図があったと思しい。義輝は自ら晴元勢とともに三好方であった小泉山《やま》城守《しろのかみ》の居城・西院の小泉城（京都市右京区）を包囲した。まず右近馬場松原に御座し、次に「西京巽角松の本」に移った。そこでは晴元勢を含めて三、四千ほどの軍勢があったが、攻城はしなかった。特に奉公衆では上野信孝や杉原晴盛らの反三好派が中心であった。義輝は積極的な攻撃を命じたが、兵力温存のために、包囲のみに止まった。[*331]対して三好勢は河内・和泉・大和・摂津・紀伊等の人数二万五千で上洛したのである。先の三、四千を踏まえるならば、義輝・晴元勢は一万を越えることはないだろう。義輝は辰の下刻に出陣して、船岡山を本陣として三好勢に対峙した。船岡山は前述のように義稙の時代、細川政賢が陣所としたほか、かつての大乱の際には上洛した

＊328　『厳助』天文二十二年閏正月条。

＊329　大阪歴史博物館所蔵伊勢貞孝等連署状（『戦三』三五九）。

＊330　『言継』天文二十二年七月二十八日条。

＊331　『言継』天文二十二年七月三十日条。

大内政弘が陣所とした場所であり、大乱以来の軍事的要地であった。現在でも堀や土塁跡が残るが、当時どの程度軍事的な施設が構築されていたかは史料からは不明である。

一方、東山霊山城は奉公衆の松田監物《けんもつ》のほか、醍醐寺三宝院の勢、山中（大津市）の磯谷氏などが詰めていたという。有事には寺院からも兵を動員していたのである。しかし、大勢の三好勢により落城した。義輝勢の主力となるはずであった晴元勢は「一戦に及ばないで引」いたため、義輝は三好勢の圧倒的な軍事力の前に大敗し、近江方面の山中まで退座したのである。三好勢をみた山科言継は「言葉にならないほどに見事で目を驚かすものである」[*332]と述べている。

義輝は期待する軍勢の支援をうけることなく、ほとんど独力で三好勢の大軍に対応しなければならなかったが、もともと二、三千規模の直属軍では勝負にならなかったのである。さらに東山霊山城も落城したが、義輝自身が活用することはなかった。義輝は籠城ではなく、前線で積極的に交戦しようとしたのである。血気盛んな義輝の姿をみることができるだろう。ただ、長慶は「御敵」に補されたものの、孤立化することなく軍勢を計五ヶ国より動員することができた。将軍による「御敵」指定は、今回ほとんど効力がなかったのである。

その後、義輝は船岡山から山中、翌二日には杉坂《すぎさか》（京都市北区）、丹波の山国《やまぐに》（同右京区）を経て、近江の龍花（大津市）に移った。義輝が再び京都に戻るのは五年を待たなければならなかった。

奉公衆崩壊の危機

三好長慶は、義輝の敗北後、奉公衆・奉行衆などの将軍直臣と義輝との離反工作を開始した。長慶は「龍花に祗候しているものの知行分は、三好よりは渡すことはない」[*333]と述べ、義輝に供奉するものの知行を渡さない（＝没収する）として、脅迫した結果、多くの直臣が義輝より離反し

＊332　『言継』天文二十二年八月一日条。

＊333　『言継』天文二十二年八月七・十四日条ほか。

て京都に戻ったのである。その結果、「奉公衆も前に御供していたときは百二十人である。只今祗候しているものは四十余人いるという。大概は上洛したという。大樹（足利義輝）のもとには一向に無人という」[*334]状態になっていた。義輝に供奉する奉公衆が激減したのである。

これは長慶に追われた義輝が、直臣らの知行地の保証ができなくなったことが、大量離脱につながったとみられる。将軍と直臣の「御恩と奉公」関係が今回、危機に瀕したのである。かつて、義尚・義稙と奉公衆領を押領してきた六角氏の討伐（近江親征）、義澄期には六角氏は赦免されたが、直臣領の返還が強く求められたこと、義晴期にも奉公衆領をめぐって細川晴元と緊張関係となったことなど、歴代の将軍は直臣の保護を強く意識してきた。だが、直臣領が集中する畿内の大半を長慶が押さえるなか、今回の義輝の場合、このような直臣の所領保護は行えなくなった。義輝のもとより直臣らを離反させた長慶は、本願寺に対して直臣の経済保護を伝えている。[*335] 長慶は自らが直臣の保護者となり、その支持を得ようとしたのだ。これにより、直臣にとって奉公の相手は近江にいる義輝ではなく、現在経済的な支援・保護をする長慶へ向かうこととなる。将軍と直臣の主従関係崩壊の危機であった。

ただ、当初長慶は阿波の足利義維・義栄《よしひで》父子の擁立を考えていたから、「足利」の名前を利用しようとしたのかもしれない。義維はこれ以前より義晴政

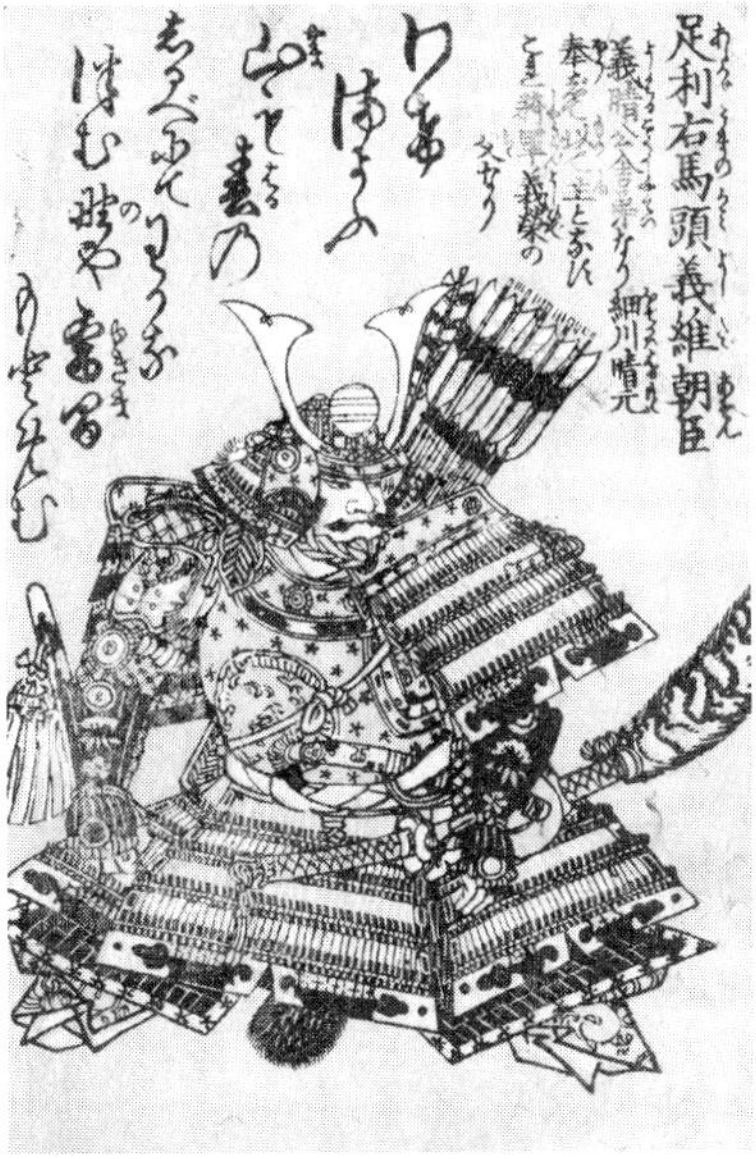

足利義維画像　「英雄三十六歌仙」　当社蔵

*334　『言継』天文二十二年八月十四日条。

*335　『天文』天文二十二年十月二十九日条。

権の動揺をみて上洛の機会をうかがっていた。*336 さらに最近新たに確認された京都大学文学研究科図書館蔵『土佐家文書写』に含まれる足利義栄御内書写には、長慶の実弟三好之虎《ゆきとら》（実休《じっきゅう》）が義栄の上洛支援を言上したことで、長慶に対しても上洛を支援するように命じることが記されている。これは天文二十四年（一五五五）に比定されているが、三好氏は義輝との対立の後も天文二十四年までは足利氏の擁立の可能性を捨てていなかったのである〔天野二〇二二〕。義輝にとっては三好氏による義維父子の擁立は自らの正統性を揺るがす危機的問題であった。義維か義栄かが三好氏の支援のもと上洛し、将軍となれば、すでに義輝より離反している在京将軍直臣はもとより、現在義輝に供奉する直臣の多くも義輝より離反する可能性がある。義輝の帰洛の可能性がさらに低くなることは間違いない。

結局、義維は擁立されず、長慶は単独で義輝と対峙することとなった。そのため、改めて「足利対非足利（三好）」という対立構図が再現されることとなる。前段階では将軍との対立が意図的ではなかったが、今回は明確に将軍義輝を敵としたうえ、将軍候補を擁立しなかったことで、足利将軍をめぐる新しい段階に突入したのである。

さて、没落した義輝はさらに坂本を経て、近江朽木谷へ二度目の移座をした。このとき義輝に供奉していたのは、慶寿院と乳人春日局《ちのひとかすがのつぼね》のほか、当時の発給文書などから、大館晴光と同晴忠、朽木稙綱・上野信孝・進士晴舎・杉原晴盛に、摂津元造・晴門《はるかど》父子と彦部《ひこべ》晴直《はるなお》・三淵晴員（三淵藤之《ふじゆき》、細川藤孝《ふじたか》兄弟もか）、諏方《すわ》晴長《はるなが》をはじめとする複数の奉行衆や女房衆がいたと思しい。さらに外戚近衛一門も京都と朽木を往復していた。ただ、代表的な三好協調派であり、直属軍の主体でもあった伊勢貞孝は義輝より離反して京都に残り、義輝と敵対関係となった。これは将軍直属軍のさらなる弱体化につながる。

*336　『天文』天文十六年二月十五日条ほか。

少数となった義輝供奉の奉公衆も、「暇《いとま》」という形で義輝から離脱する動きが進んだ。それに対して、義輝は再奉公を誓う起請文の提出を求めるなど、主従の信頼関係も危機的な状況となった〔高梨二〇一六〕。戦国期においても一定程度維持されていた奉公衆との関係は、義輝の近江没落以降、崩壊間際の状況となったのである。これは、義輝の帰洛には軍事的に大名勢力の支援がなければ不可能であることを意味する。

和睦調停と上洛戦

義輝陣営における上洛戦の主体は、まずは細川晴元、そしてこれまでも将軍家を庇護してきた六角氏（当時は義賢）であろう。対三好の軍事作戦のほとんどは晴元勢によるもので、義輝や直臣が直接、軍事活動は行っていない。

直接の軍事力のない義輝が、近江で精力的に行ったのが大名家間の和平調停であった。義輝のもとには近衛一門や各地の大名とのコネクションを持つ大館晴光らの重臣もいた。そのため、朽木谷にあっても各地方との音信は可能であった。特に義輝が進めたのは越前朝倉氏と本願寺との和睦調停であった。さらに朝倉氏と本願寺の調停に連動する甲斐の武田晴信《はるのぶ》と長尾《ながお》景虎《かげとら》との和睦調停も行った。朝倉氏と本願寺の和睦は弘治三年（一五五七）に成立するが、この調停には大きな成果があった。朝倉氏と本願寺がともに軍事支援することはなかったものの、当時の本願寺法主顕如《けんにょ》に晴元の娘が義賢の猶子として嫁入りしたのである。これは近江の六角氏と丹波の晴元が摂津大坂の本願寺と縁戚関係になったことを意味する。摂津を拠点とする三好氏に対して、本願寺と晴元とが関係をもったことは、実際に軍事行動をしなくとも、大きな脅威として精神的な圧力になろう。また、このころ義輝は三宝院義堯《ぎぎょう》を通じて紀伊の根来寺《ねごろでら》とも連携しようとしている。

大坂本願寺推定地　大阪市中央区・大阪城公園

河内・摂津方面に対する牽制役として期待できる存在であった。*337

畿内での対三好包囲網形成が進められるなかで〔山田二〇一九〕、義輝は永禄元年（一五五八）に上洛戦を開始する。義輝は三月十三日に朽木谷を発して、五月三日には坂本まで移座した。このときは、義輝は乗馬し「朽葉御袷広袖」であったという。また、晴元勢を含めて三千の軍勢であったという。*338 このうち、「使節衆・奉公衆」は六百五十人ほどであったという。*339 「使節衆」の規模はわからないが、ここでの「奉公衆」はその半分の三、四百程度であろうか。直臣たちの離反により、直属軍はこの時点で急激に弱体化していたのである。

義輝が上洛にむけて軍勢を進めたことで、京都は混乱に陥った。*340 京都が戦場となることへの危惧である。京都を離れていた義輝・晴元勢を「敵」*341 とみなす風潮もあった〔水野智之二〇一〇〕。義輝は京都を不在とするなかで、京都の平安を乱す存在となりかけていたのである。

六月四日には、晴元勢とともに京都を見渡せる如意ヶ嶽に入った。このときは、大館晴光・輝《てる》氏《うじ》父子、上野信孝父子のほか、御部屋衆・番衆・奉行衆、甲賀衆、それに加えて晴元勢として香西元成《もとなり》・三好政生《まさなり》らも陣取りしている。*342 同九日には北白川で両軍が衝突して三好方が勝利したが、その後も和睦交渉が行われたようだ。

勝軍山御破却之儀申上候之処、内々就二御取合一急度可レ被二仰付一之由、大慶存候、尚竹（竹内季治）二可レ被レ申候、恐々謹言、

七月九日　長慶（三好）

大館上総介（晴光）殿参御宿所*343

意訳：勝軍山を破却するようにとのことを申し上げたところ、内々に取り合っていただき、急ぎお命じになられるとのこと、大慶と存じます。なお竹内季治《たけのうちすえはる》よりも申されます。恐々謹言。

*337 『醍醐寺文書』一七四七・『輝』八五ほか。
*338 『惟房』永禄元年五月三日条。
*339 『言継』永禄元年五月三日条。
*340 『惟房』永禄元年五月四日条。
*341 『言継』永禄元年閏六月二十六日条。
*342 大館晴光書状写（『大友』）。
*343 『古簡雑纂』・『戦三』五三二。

長慶は義輝の側近大館晴光に対して、勝軍城破却について「内々」の取合を感謝している。義輝方と長慶方は軍事的に対峙しながら和睦交渉を進めたようだ。城の破却（城割）は、「降伏」を意味するともされる〔福田千鶴二〇二〇〕。つまり、義輝は軍事的に優勢とは言い切れないなかで、三好方と降伏に近い「和睦」という名分により帰洛するという、現実的・妥協的な選択を余儀なくされたのである。

だが、交渉下のなかでも両軍の衝突は続いた。九月には合戦により「山名中務少輔・松任修理亮・本江〔郷〕新九郎・久世兵部少輔・松田右衛門大夫・松本主計丞《本郷源三郎被官》、富森左京亮《晴光被官》・甲賀衆・岩室太郎左衛門・同名被官・亀井下野守・同名被官」らの直臣、その被官らが討ち死にしたという。＊344 ただ、このときの衝突は「不慮御合戦」とされているから、義輝方も積極的な軍事活動は控えていたなかでの偶発的な衝突であったのだろう。

十一月に義輝と三好方との和睦が成立し、義輝は五年ぶりに京都に帰還した。今回も義輝と長慶との和睦調停を担ったのは六角義賢（当時は出家して承禎《じょうてい》）であった。詳細な和睦条件はわからないが、先の勝軍城の破棄のほか、天文二十一年と同様に、京兆家の家督変更があったことは間違いない。そこで今回改めて晴元より細川氏綱に京兆家の家督が承認された。義輝は帰洛にあたって、晴元を切り捨てたのである。だが、晴元は家督を再び失ったものの、その活動が終わったわけではない。

義輝は十一月二十七日にいったん上洛したが、このときは御供衆三騎（大館晴光・上野信孝・大館晴忠）、籾井《もみい》以下の走衆六人が供奉した。さらに「諸侯衆（＝奉公衆）」がことごとく義輝の御馬に続いたという。伊勢貞孝をはじめ、義輝より離反して京都に残った直臣のほとんどは再び義輝に出仕することとなった。また、義輝の入洛にあたっては、それまで敵対していた細川氏綱、

＊344　前掲＊342。

同藤賢《ふじかた》、長慶らは京都より「退散」[*345]したという。これは、義輝の帰洛は「降伏」ではなく、三好方への勝利という体裁を世間に示すためであろう。これにより「天下めてたし〳〵《めでたし》」となったのである[*346]。

義輝は二十九日には一度勝軍城に帰還し、十二月三日に再度入洛して二条の妙覚寺《みょうかくじ》に御座した[*347]。その際、御供衆として藤賢・晴光・信孝・長慶・貞孝、緑阿弥《りょくあみ》がそれぞれ騎馬で、さらに進士晴舎以下の走衆が供奉した。この入洛にあたって、敵対していた藤賢や長慶も御供衆として供奉したことで、義輝と三好方との和睦を世間に象徴的に示したのである。

在京大名と奉公衆

帰洛後の義輝政権の特徴は、在京大名が完全に消滅したことである。永禄二年（一五五九）は尾張の織田信長《おだのぶなが》と美濃の斎藤（一色）義龍《よしたつ》、越後の長尾景虎らが上洛したものの、彼らはかつてのような在京大名とはならなかった。特に義輝は景虎には期待しており、裏書き御免や乗輿などの特権のほか、大友家より進上された鉄炮・火薬の秘伝書一巻を下賜していた[*348]。その後も遠方の大名の上洛があったものの、それは一時的な在京に留まった。そのなかで、甲斐守護家の武田信虎が「大名」として、また信濃守護家の小笠原長時《おがさわらながとき》が在京していたものの、それは従来の在京大名とは異なる。

かつての足利義澄の時代には京兆家の細川政元や武田元信が、第二次義稙政権の時代には京兆家の細川高国、大内義興・畠山尚順・同義元が在京大名としてあった（最終的には細川高国のみになるが）。義晴時代前期には細川高国、後期には京兆家の細川晴元と同元常がおり、在国の六角定頼がそれを支えていた。しかし、義輝時代にはそのような在京大名が不在となったのである。

「洛中洛外図屏風」に描かれた妙覚寺　米沢市上杉博物館蔵

*345　『兼右』永禄元年十一月二十七日条。

*346　『お湯殿』永禄元年十一月二十七日条。

*347　『雑々聞撿書』、『お湯殿』永禄元年十二月三日条ほか。

*348　大館晴光書状『上杉』四七一。

それは、大規模な有事に対応することができないこと、また、幕府儀礼の遂行にも支障があることを意味する。

京兆家の細川氏綱は存在したが、その役割は儀礼的なものに留まった。京兆家の邸宅は京都に維持されたものの、氏綱は淀《よど》城（京都市伏見区）を拠点とした。政治的・軍事的な影響力はほぼなくなった京兆家だが、これは氏綱が長慶に権力を移譲しようとしたためであるという〔馬部二〇一八〕。これまでの幕府を支える在京大名としての役割は終焉したのである。その京兆家に替わったのが三好氏であった。義輝は永禄三年以降、長慶以下、三好一族に各種栄典（御相伴衆、官途、偏諱、桐紋など）を授与して、京兆家や阿波細川氏に準じる格式を与え、幕府を構成する大名と位置づけた。義輝はこれまでの京兆家の役割を三好長慶に期待して、三好氏との協調関係を維持する方針に転換したのである。これは三好氏がかつての京兆家のように、義輝政権の軍事を担わなければならないことを意味した。

一方、直属軍である奉公衆をみると、帰洛後、義輝は直臣団の改編を行ったとみられる。西尾《にしお》市岩瀬文庫《しいわせぶんこ》に所蔵される『室町殿日記別録《むろまちどのにっきべつろく》』に番帳が収録されるが、これは永禄元年末から永禄二年四月以前に作成されたと思しいものである〔拙稿二〇一八〕。ここには御相伴衆（三名）・御供衆（四名）・御部屋衆（七名）・申次（八名）・五箇番衆（一番十名、二番十二名、三番十名、四番五名、五番十八名）・右筆方（十三名）が掲載される。ただし、番衆が五十五名のみであり、政変以前の「東山殿時代大名外様附」では番衆だけで三百六十名記載されるのと比較すれば、義輝期の番衆が激減していることがわかるだろう。上洛戦の際も奉公衆勢が三、四百程度に減少しており、五年にわたる近江滞在は直属軍に大きな影響を与えたのである。また、各番の人数も不均等となっている。そのため、義輝はすでに限界を迎えつつあった番衆を新たに再編したと思われる。その結果が永禄二年から四年成立とされる「貞助記〈詰衆五番衆〉」に反映されている〔今谷一九八〇〕。

さらに、義輝期の直臣を知る史料「永禄六年諸役人附《えいろくろくねんしょやくにんづけ》」（前半部分の「光源院殿《こうげんいんでん》御代《みだい》当参衆《とうさんしゅう》幷《ならびに》足《あし》軽衆《がるしゅう》以《い》下《げ》覚《おぼえ》」）」が残る。これは永禄六年五月時点の直臣の名簿であり、そこには御供衆（大館晴光ほか十二名）・御部屋衆（細川隆是《たかよし》ほか九名）・申次（大和晴完《やまとはるみつ》ほか十七名）・外様衆・詰衆《つめしゅう》（摂津晴門ほか五十七名）・御小袖御番衆（大和孝宗《たかむね》ほか十名）・奉行衆（飯尾貞広《いいのおさだひろ》ほか十六名）・同朋衆《どうぼうしゅう》（春阿《しゅんあ》ほか十一名）・足軽衆《あしがるしゅう》（秋本兵衛尉《あきもとひょうえのじょう》ほか二十七名）の計百五十九名が掲載される（後半は義昭期のもの）。また、女房衆や下級職員の公人や雑色などは記載されない（もちろん陪臣も）。ここには「詰衆」や「御小袖御番衆」が記載されるが、それまでの五ヶ番衆はないこともわかる。さらにこれまでの番帳には「足軽衆」の記載はなく、この番帳が初出である点が注目される。このときには「足軽」も幕府構成員として認知されていたのである。

このように、義輝期の直臣は近江移座中の主従関係の危機を経て、前代より大きく変容したのである。くわえて、義輝は在京大名が消滅したこともあり、小規模となった直臣団を再編することで、幕府体制の立て直しを進めたのである。直臣を再編したことは確かだが、実際の直属軍の軍制などは不明である。さらに前述したように、火縄銃も義輝の周囲にあったが、これがどの程度、奉公衆に配備されていたのかも不明である。また、在京大名の不在は、京都周辺での有事において、義輝は直臣と対応しなければならなくなったことを意味する。

「武衛御所」の造営

義輝は帰洛後、二条の妙覚寺を仮の御座所としていたが、永禄三年（一五六〇）、勘解由小《かでのこう》路《じ》烏丸室町の斯波邸跡に新御所の造営を開始した。義晴期以来の今出川御所は天文二十一年

（一五五二）の帰洛後、東山霊山城に入るまでは利用されていた。しかし、その後この御所は利用されておらず、すでに荒廃していたのであろう。

義輝の新御所は室町時代の斯波家の別称「武衛《ぶえい》」から「武衛御所」と一般的に呼ばれるが、これは当時の名称ではない。また、フロイスの『日本史』では「二条」の地に造営されたとするほか、「二条」については、二次史料では「二条武衛陣[*349]」とも呼称されていることが確認されることから、この御所に「二条」が付けられていた可能性も指摘されている〔河内二〇一八〕。ところが、当時の将軍直臣伊勢貞助は「近衛御所」と呼称している。[*350]そのため、「武衛御所」ではなく、「近衛御所」が本来の御所の呼称であったのかもしれない。

義輝による新御所は、かつての室町殿（花の御所）の立地からは乖離しているが、新御所は室町通りに接しており、かつての室町殿の先例の一部が意識されていたようだ〔河内二〇一七〕。足利義政は将軍御所の造営地について、「将軍家は代々室町を称号としている。そのため、花御所の旧地がふさわしい[*351]」と述べており、「室町」が将軍家にとって特別な地（通り）であったことがうかがえる。帰洛後の仮御所であった妙覚寺も室町通りに接しており、妙覚寺を仮御所としたことも「室町」が意識されていたためとも指摘される〔河内二〇一九〕。武衛御所の四足門は室町通りに面していた可能性は高い。将軍家にとって、称号の地である「室町」は精神的な拠り所であったのだろう。

今出川御所と異なり絵画資料は残らないものの、武衛御所の内部については史料から断片的にうかがえる。建物は常御所、御対面所、厩《うまや》、御茶湯所、御風呂、御蔵、伝家の御小袖御殿があり、さらに慶寿院と春日局の殿舎もあった。[*352]もちろん、会所や寝殿といった御所にあるべき建物もあったはずである。馬を愛好した義輝の趣味か、厩は特に豪華であったようだ。さらに庭園も整備さ

＊349　『両家記』。

＊350　『雑々書札』。

＊351　『蔭凉軒』長享二年二月十一日条。

＊352　『言継』永禄八年五月十九日条、七月九日条ほか。

れたようで、なかには、松、杉、蜜柑の樹木、百合やバラ、雛菊が植えてあり、多くの樹木・草花が植えられていた。[*353] 特に菊は見事であったらしい。[*354]

かつての「花の御所」を思わせながらも、この御所はより軍事面が意識されていた。そのため、この御所を指して「武家御城」とも呼ばれる。[*355] 規模も拡大したほか、周囲には今出川御所同様に堀が巡らされ、石垣や大堀普請も行われて、より軍事的な防衛を意識し、「城」と呼べるようなものになっていたとされる〔黒嶋二〇一九〕。これまで、将軍による「城」は南禅寺山城、北白川城、中尾城、東山霊山城のように洛外にあったが、この立地は洛中になる。洛中に「城」が造営されたことは、京都や将軍をめぐる環境の変化はもちろん、これまでの公家邸宅の延長にあった将軍御所が、義輝の時代に一つの転機を迎えたことにもなる。

永禄五年の騒乱と義輝の立場

永禄三年（一五六〇）から五年にかけて、三好長慶と河内守護家の畠山高政《たかまさ》とが対立し、畿内周辺を巻き込む騒乱となった。京都に直接影響はなかったものの、三好氏と連携する義輝もこれに無関係ではいられなかった。

永禄三年八月、長慶は義輝に対して紀伊の在国奉公衆で、高政に属して畠山一門の家督を継承していた湯河直光《ゆかわなおみつ》の上洛を依頼した。義輝はこれをうけて、直光に長慶を支援するよう御内書を発給している。[*356] 直光は「畠山」名字を得たものとして畠山勢として出陣しようとしたが、御内書を得たことで上意に応じる旨を返答している。[*357] 御内書による在国奉公衆の動員は、なお効果があったのである。その後、十一月に長慶は畠山氏の重臣安見宗房《やすみむねふさ》の居城飯盛《いいもり》城（大阪府大東市・四條畷市）を落として入城するが、それに対して、義輝は「いよいよ静謐となって珍重である」とこれを賞

飯盛城跡の石積み　大阪府大東市・四條畷市

＊353　『日本史』。

＊354　『言継』永禄六年五月二十二日条。

＊355　『言継』永禄十二年二月二日条。

＊356　「雑々書札」・『輝』一七九。

＊357　湯河直光書状写（『雑々書札』）。

している。[*358]

義輝は基本的に河内における畠山勢と三好勢の一連の交戦について、長慶を支持する姿勢を示した。その後も義輝は湯河直光に対して、たびたび長慶方への参陣を命じているが、このような三好方への肩入れは、それだけ当時の幕府が三好氏に依存、または期待するものであったかを示している。

この情勢に対して、細川晴元が軍事活動を開始しようとしていた。晴元は近江の坂本法禅寺《ほうぜんじ》で挙兵しようとしたのである。これをうけて、長慶は義輝に六角や比叡山、細川晴元勢を打ち払うよう命じる御内書を出すように要請している。[*359] 実際に御内書は残っていないため、義輝の反応はわからないが、結果的に義輝は晴元と再連携しなかった。あくまでも長慶との連携を継続することを選んだのである。この後、長慶と晴元は翌四年五月に和睦したが、『季世記』では長慶と晴元との和睦を進めたのは義輝であったという。

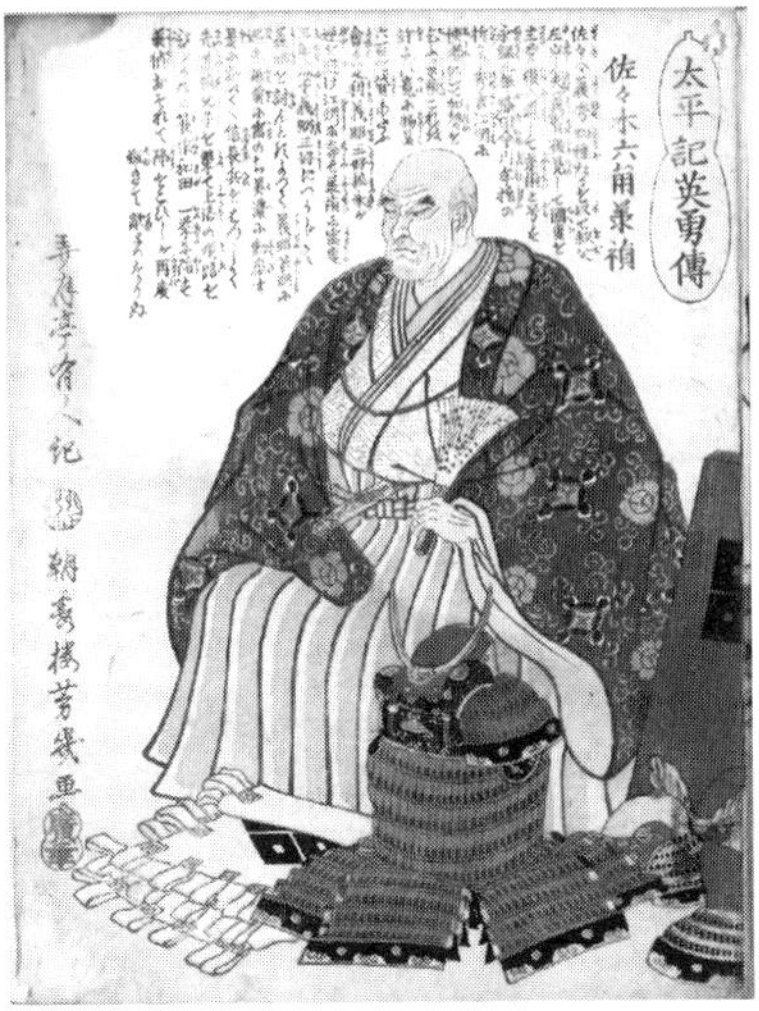

六角承禎画像　「太平記英雄伝」　東京都立中央図書館蔵

だが、この和睦は騒乱を拡大させることとなる。七月に江北での対浅井《あざい》戦が一段落した六角義賢が、自身が保護していた晴元の「次男」を擁立して、[*360] 反三好として挙兵したのである。挙兵の動機は、長慶と晴元との和睦により、京兆家の家督をめぐる問題が影響したこと〔村井二〇一九〕、または、義輝と晴元との媒介役として自己の立場の

＊358　「雑々書札」・『戦三』六七九。
＊359　「雑々書札」・『戦三』六七二。
＊360　『両家記』。

強化を図ってきた義賢が、義輝・義維、晴元・氏綱を否定しない長慶の外交方針に危機感を抱いて挙兵したともされる〔馬部二〇二一④〕。義賢は二万の軍勢をもって京都の勝軍山まで進軍し、陣を敷いた。ただ、義賢は挙兵にあたって、「公儀に対して、一切別儀はありません」*361と、義輝に対して敵対するわけではなく、あくまでも長慶との対立である旨を申し入れていた。彼らは義輝を支持しつつ、その政権より三好氏を排除しようとしたのである。

三好勢と六角勢は主に洛中ではなく東山方面で交戦していたが、翌五年三月五日、長慶の実弟三好実休が和泉の久米田《くめだ》（大阪府岸和田市）にて畠山勢との交戦のすえに戦死したことで事態が悪化した（久米田の合戦）。その翌日、義輝は三好義興《よしおき》らの申し入れにより八幡（京都府八幡市）へ移座したのである。これまで有事の際の将軍の避難先は近江の坂本であったが、今回は坂本ではなく八幡に移座したのは、六角氏が敵となったためであろう。義輝は三好氏と畠山氏との抗争では三好方の要請もあり、それを支援し、和睦調停を行うこともなかったが、三好氏と六角氏との交戦においては、義輝は中立的であった。だが、この移座により義輝が自らの身体保障を三好氏に委ねることになった。これは義輝の離反を未然に防ぐための三好方の思惑もあろう。これにより、三好勢は畠山・六角勢に対して将軍を擁する幕府軍であることを明確に示すことができたのである。

この騒乱における直臣の動向はさまざまであった。多くの直臣は義輝に供奉したが、六角氏の参戦をみた一部の直臣は京都に残った。そのなかには、義晴時代以来畠山氏の担当申次であり、三好氏と友好関係にもあった幕府重臣大館晴光もいた。立場的に微妙なものとなっていた晴光は、自身は「老足」として、六角勢のいる京都に残りながらも嫡孫輝光《てるみつ》を義輝に付けており*362、義輝より離反したわけではない。

教興寺の戦いで討ち死にした湯河直光の墓（右）　和歌山県御坊市・法林寺

*361　上野信孝書状写（「稲葉文書所収河野家譜八」・『河』二七九）。

*362　大館晴光書状写（「書案」『大館記』）。

伊勢貞孝の没落と六角氏

この騒乱において、その去就が変わったのが伊勢貞孝である。貞孝は当初は三好方としてあったが、六角氏が挙兵すると、六角氏と連携したのである。これまで三好氏との連携を第一としていた貞孝が、これまでの関係を断絶したのであった。これは幕府内での孤立化が要因であった〔拙著二〇二一〕。だが、永禄五年（一五六二）五月二十日に、河内の教興寺《きょうこうじ》（大阪府八尾市）での合戦で畠山勢が大敗し（先の湯河直光はこのとき畠山勢に属して討ち死にしている）、三好勢の優勢が確定すると、六角勢は六月には帰国してしまった。義輝は戦況が三好氏に有利となるなかで、六角氏と三好氏との和睦調停を行っているが、*363 これまで将軍家を支えてきた六角氏を信用していたこともあるだろう。義輝は六角勢を攻めるのではなく、両者の仲を取り持つことで幕府の安定を期待した。六角勢はそれを受けて最終的に京都を引き上げた。

この結果、貞孝は孤立化して丹波に逃れ、単独で義輝・三好勢に対して挙兵に及んだのである。*364 それに京都に残った一部の直臣も合流した。貞孝のほかに本郷判官《ほうがん》（信富《のぶとみ》か）・有馬《ありま》重頼《しげより》・結城将監《しょうげん》がいたが、さらに義輝の側近であった三淵藤英《ふじひで》もこれに加担していたとみられている〔金子二〇〇二〕。彼らがすべて貞孝と同じ目的で離反したのかはわからないが、永禄以降も幕府内に潜在的に反三好派が存在していたことは間違いないだろう。

貞孝らは義輝への謀叛により「御敵」となり、三好・松永《まつなが》勢に攻められ、自害して滅亡した。*365 ここに伊勢氏の嫡流は絶家とされたが（一門は貞孝に追随せず）、それにともなって被官の多くも牢人となった。これまで戦国期の将軍直属軍の主力であった伊勢氏の絶家は、直属軍の規模構成にも影響したことは疑いない。一部ではあるが直臣の分裂は結果として、直臣の再編が必要となっ

*363　上野信孝副状写（「稲葉文書所収河野家譜八」・『河』二八六）。

*364　『お湯殿』永禄五年八月二十五日条ほか。

*365　『お湯殿』永禄五年九月十一日条ほか。

たと思しい。先の「永禄六年諸役人附」は、帰洛以降、再び直臣改編の必要が生じた結果、作成されたものであろう（離反したであろう先の三淵藤英も載らない）。

ところで、貞孝と連携した六角氏に対しての義輝の対応は、貞孝や畠山氏とは異なるものであった。和平調停を行ったことや、義賢が当初より義輝に対しては忠義の姿勢を示していたこともあってか、義輝は六角氏をその後も近江国守護と認識して、幕府を構成する大名とした。*366 翌六年には畠山氏は六角氏と異なり、それまでの河内国守護としての地位が否定され、義輝政権の構成員から三好氏と六角氏の音信関係も再開しており、義輝の調停は成功したと思しい。それに対して、畠山氏は六角氏と異なり、それまでの河内国守護としての地位が否定され、義輝政権の構成員から排除されたのである。三好氏が義輝政権の中心となったことはいうまでもない。

永禄の変と御小袖

永禄六年（一五六三）に三好長慶の嫡男義興が没した。三好氏の家督は長慶の甥にあたる三好義継《よしつぐ》（当時は重存《しげまさ》）が継承したが、翌七年には長慶も没してしまう。三好氏の世代交代が突如として進むなか、その重臣松永久秀《ひさひで》も家督を久通《ひさみち》に譲り、急速に若返りが進んだ。

そのなかで迎えた永禄八年五月十九日、義継や三好長逸《ながやす》、久通らが武衛御所を襲撃したのである。なお、この襲撃事件についてはさまざまな要因が考えられているが、ここでは追求しない。この事件について記した一次史料は複数残るが、第一は『言継』の同日条であろう。

十九日、辰刻三好（義継）人数松永右衛門佐（久通）等、以二一万計一、俄武家御所へ乱入取二‐巻之一、戦暫云々、奉公衆数多討死云々、大樹（足利義輝）午初点御生害云々、不レ可レ説レ之、先代未聞儀也、阿州之武家（足利義維・義栄）可レ有二上洛一故云々、御殿悉放火、春日殿（義輝乳母）焼失、慶寿院殿（義輝生母近衛氏）御殿残云々、御小袖之唐櫃・御幡・御護等櫃三、伊勢加賀守貞助為二警固一、禁中へ被二預申一云々、（略）

三好義興の墓　大阪府高槻市・霊松寺墓地

*366『新礼拝講之記』（『続群書類従』第二輯下所収）。

意訳：辰の刻に三好の軍勢と松永久通ら一万ばかりが、にわかに武家御所へ乱入して取り巻いた。戦はしばらくあったという。奉公衆は多く討ち死にしたという。義輝は十一時頃に殺害されたという。言葉にならない。先代未聞のことである。阿波の武家が上洛するためという。御殿はすべて放火されて、春日局の御殿が焼失、慶寿院殿の御殿は焼け残ったという。御小袖唐櫃・御幡（旗）・御護の櫃三つは伊勢貞助が警固して禁中へ預けたという。

さらに事件後、朝倉氏の被官山崎吉家《やまさきよしいえ》と朝倉景連《かげつら》が事件について上杉家の重臣直江景綱《なおえかげつな》に返信した書状にも事件を詳細に記してある。

就二京都之儀一、自レ是可レ申之処、去十四日之御状、令二披覧一候、去月十九日、号二三好左京大夫（義継）・松永右衛門佐（久通）訴訟一、公方様御門外迄致二祗候一、人数御殿江依二打入一、直ニ度々御手を下され、数多被レ為二打捨一、無二比類一雖二御働候一、御無人之条、不レ及二御了簡一、被レ召二御腹一由候、誠恣之仕立、前代未聞、無二是非一次第、限二沙汰一ニ候、鹿苑院殿様（周暠）も、於二路次一御生涯（害）候、慶寿院殿様於二殿中一御自害候、其外諸侯之面々卅人計、女房衆も少々被二相果一旨候、一乗院殿様（覚慶）無二御別儀一南都ニ御座之由候、先以可レ然御事と申事ニ候、（略）

朝玄（朝倉玄蕃允）

六月十六日　景連（花押）

山新（山崎新左衛門尉）　吉家（花押）

直和（直江大和守景綱）

参　御返報*367

（傍線部は筆者による）

意訳：京都のことについて、こちらから申すべきところ、去る十四日のお手紙、披覧しました。

*367 山崎吉家・朝倉景連連署書状（『上杉』五〇四）。

去る五月十九日、三好義継と松永久通らが訴訟と主張して、公方様の御所門外まで祗候し、軍勢を御殿へ打ち入れたことで、（義輝が）直接御手を下されて、多く打ち捨てられて、比類ない働きをされましたが、無人であったことで、思慮に及ばず御腹を召されたとのことです。誠に（三好方の）身勝手な行為は前代未聞で、是非もない次第です。言語道断なことです。（義輝の実弟）周暠《しゅうこう》様も路次において殺害されました。慶寿院様も殿中にて御自害されました。その他奉公衆の面々も三十人ばかり、女房衆も少々果てられたとのことです。一乗院《いちじょういん》殿様は別儀なく、南都に御座されているとのことです。まずは立派なことと申しています。

この事件を右の二つの史料からみると、一万ほどの三好勢に対して朝七、八時から十一時ころまでの数刻防戦したというから、少数ながらも三好勢に対してかなり奮戦していたといえる。武衛御所の防衛能力が高かったことが理解できるが、この書状の傍線部からはこの襲撃にあたって、義輝は自ら太刀を振るい奮戦したことがわかる。だが、「御無人」により切腹して果てた。なお、『日本史』には襲撃の様子として、義輝が奮戦したことを伝える。そこでは、はじめは長刀で応戦し、次いで接近戦に際して太刀で戦ったとある。もちろん、太刀で奮戦＝剣豪ではない。

『言継』には当日討たれた人々の名前を記載しているが、これをみると、御部屋衆、申次、詰衆、奉行衆、同朋衆らのほか、慶寿院や春日局の内衆なども含まれる。彼らは当日当番として御所に詰めていた人々であろうが、「無人」というほどではない。彼らも奮戦したのであろう。

だが、この当日に御所に祗候していた進士晴舎や彦部晴直といった義輝側近のほか、側近奉公衆・奉行衆などの直臣も被害を受けたほか、生母慶寿院と弟の鹿苑院《ろくおんいん》周暠も落命した。このほか、側室小侍従局《こじじゅうのつぼね》も殺害されたが、御台所近衛氏は助命されている。近衛家のみならず、公家社会への反発を考慮してであろう。

永禄の変を描いた「三好松永義輝公を弑し奉る」図　「太閤記画譜」当社蔵

なお、フロイスの『日本史』第一部六五章では、義輝は大軍で上洛した三好方の動向を疑い、事前にその襲撃を避けるため、御所より逃亡しようとしたが、名誉を傷つけることになるとして周囲に制止され、御所に戻ったとされる。このことを実際に裏付けるものはないが、大名を恐れて京都を脱する行為は、周囲から将軍の器用を疑わせるものとなろう。

ところで、『言継』の記事にみえるように、事件の際、伝家の「御小袖」に「御幡（旗）」、「御護」などが伊勢貞助によって禁中に預け置かれている。将軍家の家督を象徴する「御小袖」はその後、松永久秀が武家伝奏広橋国光《ひろはしくにみつ》を介して引き取った。＊368 これは三好・松永氏が将軍家の進退権を掌握しようとしたともいえる。いずれ擁立するであろう将軍候補の権威を裏付けるレガリアとして「御小袖」は不可欠であろう。だがこれ以降、「御小袖」は史料では確認できなくなり、その後の所在は不明となる。この直後に三好家中が分裂したことも影響するのであろうか。

また、襲撃された武衛御所は、春日局の御殿などは焼失したが、残った慶寿院の殿舎などは『言継』永禄八年七月九日条によれば、「武家の御旧跡と、上野、杉原所等らを見物した。慶寿院殿御殿は今日方々へ引かれた。御対面所は相国寺広徳軒《こうとくけん》へ引かれた。光源院《こうげんいん》というものを建てるという。御小座敷、御茶湯所、御風呂らは嵯峨の鹿王院《ろくおういん》へ引かれた。慶寿院と呼ぶらしい。御蔵、雑舎らは本国寺へ引かれた」と方々に曳き移されたことがわかる。また、三好氏が六月の時点で「上意の御堀を引き崩」＊369 していることも確認できる。三好氏は御所の解体を進め、その痕跡を残さないようにしたのだ。その後、御所跡には真如堂《しんにょどう》が建てられた。

義輝の時代は、将軍と大名の関係が大きく変化した時代であった。第一に永禄元年以降、在京大名が消滅したことである。三好氏との軍事抗争が続いたなか、永禄元年の和睦後は政権の中心大名として位置づけたが、これは在京大名が消滅したことが大きい。だが、三好氏への反発も多

＊368　『お湯殿』永禄八年十月二十六日条。

＊369　狩野宣政等連署状（「松尾大社文書」・『戦三』一一五九）。

足利義輝・慶寿院らの供養塔　右から2番目が義輝、左端が慶寿院の供養塔である　山口市・俊龍寺

く、畿内は安定しなかった。しかも、義輝は期待した三好氏により襲撃され殺害される。これは単独で三好氏（大名勢力）に対峙できない将軍家の限界でもあったのだ。

五、足利義昭期の合戦と軍事

第十五代足利義昭《よしあき》（はじめ覚慶《かくけい》、義秋《よしあき》）の時代は（在職：永禄十一年〈一五六八〉〜天正十六年〈一五八八〉）、永禄の変後の将軍就任運動と上洛、織田信長との協調関係とその破綻、京都没落と幕府再興運動があった。義昭の代に室町幕府は終焉するが、義昭の生涯の多くは、幕府の再興のために費やされた。それは義昭と大名との関係そのものであった。

義昭の還俗と上洛戦

永禄の変後、義輝実弟の義昭が将軍家の継承者候補として活動することとなる。義昭は当初、近衛家の猶子として奈良興福寺一乗院門跡「覚慶」であった。義輝死後、義昭は松永久秀によって保護されていたが、和田惟政《わだこれまさ》らの支援により近江の矢島《やじま》（滋賀県守山市）に御座を移した。義昭には義輝時代の将軍側近であった三淵藤英（このときまでに復帰）・細川藤孝兄弟と一色藤長《ふじなが》、飯川信堅ら将軍側近層や一部の奉行人などが供奉しているが、独自の軍事力があったわけではないため、上洛には大名らの軍事的な支援が必要であった。

義昭が支援を求めた勢力をみると、肥後相良《さがら》氏・越後上杉氏・越前朝倉氏・能登畠山氏・大和十市《とおち》氏・若狭武田氏などがあった。主にこれまで義晴・義輝期より幕府と音信をしてきた勢力である。義昭は「近国に出勢のことを申し付けた。異儀はないということなので、急ぎ入洛する覚悟である」[370]と述べており、上洛について畿内近国の勢力に期待したようだ。

特に期待したのが越後の上杉輝虎《てるとら》（謙信《けんしん》）である。義昭は奈良を退去して早々の永禄八年（一五六五）八月五日付で御内書を発給し、輝虎に「進退のことを、（輝虎に）万端任せ置いたので、早速無念を晴らすように、入魂を頼む」と、自らの進退や、三好討伐などの要請をした。[371] 翌年三月十日には義昭は輝虎に「当家再興」を求めている。[372] さらに同日付で輝虎に宛てた覚書には、義昭の意識や上洛への構想がうかがえる。輝虎の出馬要請はもちろん、三箇条目には、越前・若狭への下向を意識しつつも、「京へ遠くなる。そうすれば諸方の覚えはどうなるだろう」と、京都から離れることへの危惧や、近辺のものが「若輩」であること、さらに三好・松永方に対しては「天道なので自滅する」と述べている。[373] 上杉方との交渉には外戚である大覚寺義俊も関わっており、義晴以来の「足利―近衛体制」も限定的に維持されていた。ただ、この時点で実際に上洛要請に呼応したのは尾張の織田信長であった。信長が供奉して上洛する旨は、他国には伝わっている。[374]

義昭と三好方との最初の軍事衝突は永禄九年八月である。矢島に「引手」があり、三好勢が三千で夜討ちしようと坂本まで進軍したが、義昭方は三十余人を討ち取ったという。[375] 義昭の上洛戦が本格化するなかで、三人衆方が先手を打とうとしたのだろう。この当時、義昭を庇護していた六角氏は浅井氏との交戦の最中であり、その隙を狙った

足利義昭画像 「古画類聚」 東京国立博物館像
Image：TNM Image Archives

*370 『相良』五二〇・『昭』七。
*371 『上杉』五〇六・『昭』三。
*372 『上杉』五一一・『昭』一五。
*373 『上杉』五一二・『昭』一六。
*374 『多聞院』永禄九年八月二十四日条。
*375 『言継』永禄九年八月三日条。

一乗谷湯殿跡庭園 福井市

ものであろう。だが、信長は義昭のいる矢島への参陣を目指したものの、これまで義晴・義輝父子を支えてきた六角義賢がこのタイミングで三人衆と結び、義昭と敵対したことで、*376 計画は未遂に終わった〔村井二〇一九〕。本来であれば、義賢が義昭を支える第一の大名となるべきだろう。

その後、義昭は近江より若狭を経て越前に動座する。当時の若狭守護武田義統《よしむね》は義昭の妹婿であったが、内紛により支援はできず、その後、隣国越前の朝倉義景《よしかげ》を頼った。

このころに作成されたとされる「永禄六年諸役人附」の後半部分からは、当時の義昭の直臣構成がわかる〔長一九六二〕。これは義昭の政権構造を示すものと指摘されている〔黒嶋二〇〇四〕。それをみると、御供衆（大館晴忠ほか十三名）・御部屋衆（大館宗貞《むねさだ》ほか十五名）・申次（飯川信堅ほか六名）・詰衆番衆（曽我助乗《そがすけのり》ほか、一番〜五番〈一番が九名、二番が十二名、三番が十一名、四番が四名、五番が十一名〉）・奉行衆（諏方晴長ほか十一名＋七名）・足軽衆（山口勘助《やまぐちかんすけ》ほか十四名）・奈良御供衆（龍雲院《りゅううんいん》ほか十四名）・御小者（千若《せんわか》ほか五名）・同朋衆（春阿ほか八名）・御末男（高橋新九郎《たかはししんくろう》ほか三名）・外様衆（摂津晴門）が掲載され、さらに諸大名御相伴衆・大名在国衆・関東衆の名前が連なる。直臣だけみれば百四十四名が掲載され、義輝期以来の直臣や奈良滞在期以降に新規に登用されたものもあるが、義輝期のものと大きな差はない。将軍直臣は三好氏（のちに義栄）支持派、義昭支持派、中立派と分裂していたが、多くは義昭支持の立場であった。

義栄の上洛戦

ここで、義昭と対立するもう一方の足利義栄（はじめ義親《よしちか》、将軍在職：永禄十一年〈一五六八〉）の軍事活動についてみていこう。

義栄の父は、足利義晴の兄弟の足利義維（堺公方）である。そのため、義栄のもとには義維時

一乗谷諏訪館跡庭園　福井市

＊376『多聞院』永禄九年閏八月三日条。

代からの近習畠山安枕《あんちん(しん)》斎守肱《さいしゅこう》（俗名維広）がいた。しかし、近侍するものの数は多くなく、軍事的に期待できる存在ではない。義栄の軍事力を担ったのは、義栄を擁立した三好三人衆や阿波衆であった。阿波衆の中心は阿波三好氏に属する篠原長房《しのはらながふさ》であり、彼が義栄擁立の中心人物であった〔岩松二〇一三、天野二〇一六ほか〕。

永禄の変直後、変は義栄を擁立するためとの風聞とは異なり、三好氏が義栄を将軍候補として擁立するのは翌九年からで、義栄の上洛戦はこの年の六月から本格化する。まず篠原長房が四国より摂津国の兵庫（神戸市兵庫区）に着岸した。このとき長房は一万五千の兵を率いていたという。[*377] 長房の軍勢については、『細川両家記《ほそかわりょうけき》』・『季世記』では二万五千とされる。もちろん、阿波勢を中心とした軍勢であろう。続いて義栄は淡路まで移座した。

畿内における軍事活動の中心はこの長房であり、七月十三日には松永方の瓦林《かわらばやし》三河守のいる越水城《こしみず》（兵庫県西宮市）を、同二十三日には同じく松永方であった伊丹城（同伊丹市）を落とした。その後も中島城《なかじま》（大阪市淀川区）の細川藤賢など摂津の平定に動いている。もともと畿内に地縁のない長房がこのように進軍を順調に進められたのは、三好三人衆の支援があったためであろう。摂津には大坂の本願寺があるが、先の中島城攻めを調停するなど本願寺は当時中立であったと思しい。[*378] 長房の進撃により、九月には伊丹忠親《ただちか》が松永久秀方より義栄・三好三人衆方に転身している。摂津が自勢力により安定したことをみた義栄は、九月二十三日に摂津に入国し、[*379] 義栄は越水城に入城した。[*380]

義栄は越水城から朝廷に太刀・馬を献上し、次いで朝廷からは「あわ《阿波》のふけ《武家》」義栄のもとに勅使として勧修寺尹豊《かじゅうじただとよ》が下向している。[*381] さらに義栄は東上して摂津の総持寺《そうじじ》（大阪府茨木市）から富田庄の普門寺《ふもんじ》（同高槻市）に移座した。富田庄はもともとは幕府御料所であり、普門寺はかつ

＊377 『永禄九年記』永禄九年六月十三日条。
＊378 『両家記』。
＊379 『言継』永禄九年九月二十五日条。
＊380 『両家記』。
＊381 『お湯殿』永禄九年十月三・十一日条。

て細川晴元が隠棲して死去した地でもあった。普門寺には土塁や堀が周囲に巡らされ、現在も土塁の一部が残るため、軍事的にも義栄の御座所としてふさわしいとされたのであろう。だが、義栄陣営の進軍はここでいったん停止した。軍事活動が長期にわたったことから、諸兵の休息のため、播磨勢や淡路勢は帰国したという。*382

義栄は義輝時代の直臣を登用した。義晴・義輝期を支えた大館氏（晴光の孫輝光）をはじめ、奉行衆松田藤弘《ふじひろ》と中澤光俊《なかざわみつとし》らが陣営に入った。*383 特に大きな点として、伊勢氏惣家の再興がある。義輝時代に伊勢貞孝が謀叛のすえ敗死したことで絶家とされたが、貞孝の嫡孫虎福丸《とらふくまる》（貞為《さだため》）を政所頭人として登用したのである。かつての被官層もそのまま登用されたと思しい。伊勢氏は京都支配はもとより、直属軍の主力であったことをふまえれば、義栄が再興させた意味は大きいだろう。ただ、虎福丸は幼少のため、その登用は象徴的なものと考えられる。それでも義栄を支持した直臣は義昭を支持した直臣の数の総数と比較すれば、優位というわけではなかった。義輝の側近、奉行衆などの多くは義昭を支持したためである〔拙稿二〇一二〕。

義栄の上洛要請

前述のように、義栄の軍事活動の中心を担ったのは篠原長房であったが、義栄自身はどのようであったのだろうか。このころと思われる義栄の御内書に、伊予河野《こうの》氏宛のものがある〔山田二〇〇八〕。

京都之儀、属二本意一上者、不日可二上洛一之条、此刻別而忠節可レ為二感悦一、猶守肱（畠山）可レ述候也、

（永禄九年）十月四日　（花押）

河野左京大夫（通宣）とのへ*384

細川晴元の墓　大阪府高槻市・普門寺

*382 『季世記』。

*383 『大館記』所収「永禄十一年記」永禄十一年正月一日条ほか。

*384 「三神文書」・『戦瀬』二四四。

意訳：京都のことが本意に属したならば、すぐに上洛するので、このときに特に忠節するならば、感悦である。なお畠山守肱よりも申すものである。

これは伊予河野氏に上洛支援を求めたものだが、同内容の同日付村上通康《むらかみみちやす》宛のものも残る。＊385 義栄は伊予の諸氏に上洛要請＝軍事支援をしたのである。現在この時期のものとしては、この二通以外には義栄御内書は残っていない。義栄の御内書自体、前述の天文二十四年（一五五五）のものを含めて三通のみが残るだけである。これから新たに確認されるものも増えていく可能性はあるが、それでも義晴や義輝の御内書と比較すれば発給が少ないことに変わりはない。

義維の御内書もその残存数は極めて少なかったが、これをどのように理解すべきだろうか。軍勢催促について、これまでの将軍は実際の効果は別として御内書を大量に発給していた。効果以上に発給する行為自体に意味があったためである。なお、御内書は本来将軍の発給文書であるが、実際には将軍職にない足利家の人間も同形式の文書を発給していた。少なくとも御内書を発給できるのは将軍家の人物で将軍、ないしは将軍候補者のみであり、御内書を発給すること自体が将軍候補者であることをアピールするものであった。もちろん、御判御教書の発給はできないが、この時期には義栄と対する義昭も同様に多数の御内書を発給している。

しかし、義栄は御内書、または側近の奉書によって各地の諸勢力に軍勢を参集させる意思をみせていない。さらに参陣した勢力への感状もない。これはこのときの軍事活動において義栄に自律性がなく、御内書による意思伝達が必要とされていなかったためといえるだろう。それだけではなく、三好・篠原らが四国、瀬戸内海以外での音信ルートが脆弱で、義栄の御内書を届けることが難しい状況も想定できるだろう。その点、東国や九州などの各地に御内書を発給しえた義昭側が有利であった。ただ、義昭は後年義栄陣営を支持したものを排除する態度をとったこともあ

＊385 「彦根藩諸士書上」・『戦瀬』二四五。

足利義栄の墓　徳島県阿南市・西光寺

り、義栄との関係を否定するために義栄の文書が大量に破棄された可能性はまったく否定できない。いずれにせよ、当時の義栄の存在感は極めて薄い。これは実父義維も同様である。そのうえ富田の普門寺に御座を移して以降、再度上洛にむけての軍勢が招集されることはなかった。

義栄は普門寺より北上することなく同地に留まり続けたものの、永禄十一年（一五六八）二月九日に現地で将軍宣下を受けて、第十四代将軍となった。[*386] だが義栄は結局入洛することなく、義昭と信長の上洛戦のさなかの九月に阿波に退避し、[*387] 同年中に没した。同年十月の義昭と信長の上洛により、義栄政権は将軍就任から一年にも満たずに瓦解したのである。

義栄が普門寺から入洛できなかったのは、幕府を構成するだけの人員が不足していたことや、畿内にはなお三好義継や松永久秀など三好三人衆に対抗する存在もあり、入洛しても京都を維持できるだけの軍事的安定力がなかったためであろう〔拙稿二〇一二〕。さらに京都内にも義昭の支持勢力がおり、在京しても必ずしも安全とはいえないこと、三人衆も在京する義栄を支えるだけの軍事力がなかったことが考えられる。つまり義栄政権が短期間で消滅した理由の第一は、在京を維持するための軍事力を持つ大名の支援がなかったことにある。そのため、義昭・信長が上洛軍を発すると、それに対抗できずに瓦解した。将軍職にあろうとも、在京を支える軍事力を持つ大名の存在は不可欠であったのだ。これは義栄の父義維が上洛しなかったことと同じ要因である。

義昭の上洛戦

義昭は、永禄十一年（一五六八）四月十五日に越前で元服した。加冠役は朝倉義景であったが、[*388] これは義景によるより強固な支援を期待した表れでもある。しかし、義景が上洛への動きを見せ

＊386　『言継』・『晴右公記』永禄十一年二月九日条ほか。

＊387　『公卿』。

＊388　『朝倉始末記』（『改定史籍集覧』第六冊所収）ほか。

ないなか、織田信長が次のように上洛支援を申し入れたのである。

就二入洛之儀一、信長（織田）厳重言上、先至二于濃州一可レ被レ移二御座一之由申間、近日発足候、義景弥無二別儀一無二之覚悟候、各申談、馳走偏頼思召候、具智光院（頼慶）可レ申候也、

七月十二日　（花押）

上杉弾正少弼（輝虎）とのへ*389

意訳：入洛について、織田信長が厳重に言上し、まずは美濃に御座を移されるようにと申しているので、近日出発する。義景も別儀はなく、無二の覚悟である。おのおのと相談し、馳走することをいちずに頼むものである。詳しくは智光院《ちこういん》（上杉方の使者）より申すものである。

ここに至って、義昭の軍事的支援者は義景から信長に変わった。義昭は信長の要望に従って、十六日に越前を発し、近江の浅井長政《ながまさ》の館を経て二十二日に美濃に移座したのである。*390

織田信長画像　愛知県豊田市・長興寺蔵　画像提供：豊田市郷土資料館

出兵における兵粮についてはは、兵粮料の設定がない以上、基本的には信長の自己負担であろうか。義昭の上洛にあたって、畿内には礼銭・矢銭が賦課されたことが『両家記』・『重編応仁記』などにみえる。ただし、三好三人衆に近い堺はこれを拒否したという。

義昭の上洛が本格化するなか、これ以前より三好三人衆と通じていたこともあり、近江の六角義賢父子は今回も上洛の支援を拒否した。義賢の父

*389『上杉』一一三六・『昭』四五。

*390『多聞院』永禄十一年七月二十七日条。

定頼は義昭の父義晴を、義賢は兄の義輝をというように義澄系将軍家を支えてきたが、今回、義昭の支援を拒否したことで、これまでの六角氏の立場を否定したこととなる。これは義賢と義昭がもともと疎遠であったこともあろう。

そのため、義昭らは江北の浅井長政とも連携のうえ、六角方の城郭を攻撃しながら進軍することとなるが、九月十二日には箕作城《みつくり》（滋賀県東近江市）を攻め、翌日には六角氏の本拠地観音寺城での戦いもあった。*391 義賢以下、六角勢は抵抗しがたいとしてすでに伊賀に退去したという。*392 江南はおおむね上洛軍により制圧されたのである。

上洛が間近となるなか、朝廷は義昭ではなく、信長に対して綸旨を下している。

入洛之由、既達二叡聞一、就レ其京都之義、諸勢無二乱逆一之様、可レ被レ加二下知一、於二禁中陣下一者、可レ令レ召二-進警固一之旨、依二天気一執達如レ件、

九月十四日　左中弁経元（甘露寺）

織田弾正忠（信長）殿*393

意訳：（信長が）入洛することは、すでに叡聞に達している。それについて京都のことは諸勢が乱逆することがないよう下知を加えられるように。禁中陣下については警固を進上するようにとのこと、天皇のご意向により伝達はこの通りである。

この綸旨は上洛にあたって信長の軍勢に禁裏の警固を期待したものだが、このころ義栄は阿波に退避しており、三好三人衆などによる京都警固も不安定となっていたからである。また、信長宛なのは、上洛の主体は義昭であるが、上洛軍の中心が信長勢であると朝廷がみなしていたことによる。ただ、義昭宛の勅書ないしは女房奉書でないのは、あくまでも当時義栄がなお将軍であった事実もあるだろう。朝廷が認めた将軍義栄が存在するのに、それと直接対抗する義昭に京都の

勝竜寺城跡　京都府長岡京市

*391　『言継』永禄十一年九月十三日条。

*392　『両家記』。

*393　正親町天皇綸旨案（『勧修寺文書三　経元卿御教書案』）。

治安維持を依頼することは矛盾するためできなかったのだろう。

義昭は、観音寺城のある観音寺山の麓、桑実寺の正覚院《しょうがくいん》を御座所とした。*394 正覚院はかつて桑実寺にあった父義晴が一時御座所としていた院家《いんげ》であった。義晴は天文三年（一五三四）にこの場所から帰洛したため、この吉例に沿ったものであろう。

上洛主体と芥川城

その後の義昭の上洛戦および畿内平定過程については、『足利義昭入洛記』〔木下聡二〇一五〕や『言継』に詳しい。上洛ルートをこれらの史料からみると、九月二十六日に一度清水寺に入るが、翌日には清水寺から東寺を経て西岡の寂照院《じゃくしょういん》を陣所とし、勝竜寺《しょうりゅうじ》（京都府長岡京市）への攻城を行った。これをみれば、二十六日は本格的な上洛というより、進軍の途中に立ち寄ったものにすぎない。『足利義昭入洛記』でも「御陣を定」めたとあり、山城国平定の一環として清水寺に陣を置いたくらいである。そもそも清水寺は洛中には含まれない。

一連の上洛戦の主体について、これまでは信長中心で語られてきたが、久野雅司氏も指摘するように、当時はあくまでも義昭が主体であった。そのため、織田勢のみならず諸国より軍勢が集結して、大きな勢力となったとされる〔久野二〇一七①〕。『言継』や『多聞院』などの当時の記録では義昭を示す「武家御所」や「上意」が主体として記されている。ただ、信長は上洛戦にあたり大量の禁制を発給している。改めていうまでもないが、禁制の発給は受給する側の申請が前提であり、京都に進軍するなかで周辺の寺社などが求めたものである。幕府奉行人による禁制も複数発給されているが、信長に求められたのは織田軍が上洛軍の中心であったことを示している。

ただし、京都を押さえても三好三人衆は健在であり、京都の安定にはその制圧が必須であった。

*394　「東南寺文書」・『昭』四六。

上洛主体と芥川城

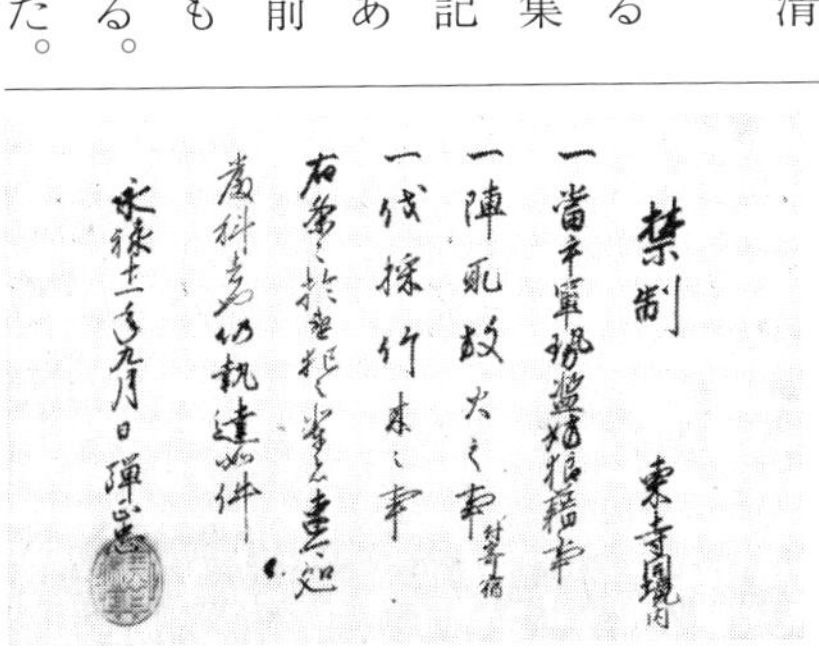

永禄十一年九月日付織田信長禁制「東寺百合文書」京都府立京都学・歴彩館蔵

義昭らは二十八日に山崎へ移り、二十九日に摂津の芥川城《あくたがわ》（大阪府高槻市）を攻略し、翌日入城した。同城には細川晴元の嫡男六郎（のち昭元《あきもと》、信良《のぶよし》）と、三好三人衆の三好長逸・同宗渭《そうい》がいたが、彼らは織田勢の攻撃のまえに敗北して城から落ちた。[*395] 義昭は敵方が不在となった芥川城をしばらく拠点とし、各勢力からの御礼や勅使の迎え入れを行った。芥川城は三好長慶以来、三好氏が「政庁」とした居城であり、この城の制圧と義昭の入城は、三好政権からの転換を世間にアピールする象徴的な意味があったことが指摘される〔久野二〇一七、中西二〇一九〕。

芥川城在城中の十月二日には、大和の松永久秀や河内の畠山高政・秋高《あきたか》兄弟、摂津の池田城主（大阪府池田市）池田勝正《かつまさ》らが御礼をして、その傘下となった。[*396] 義昭は久秀には大和の領有を安堵した。この結果を聞いた奈良多聞院《たもんいん》の英俊《えいしゅん》は、義昭により「山城、摂津、河内、丹波、江州が悉く落居」したこと、これは「昔もこのように一度に将軍の御存分になることは無かったのではないか。希代の勝事である」[*397]と述べている。今回の上洛戦により、将軍家による畿内平定が急速に果たされた。しかも、これまでにないほどその威光が示されたのである。そしてまた、前述のように、このころ義栄は四国に没落しており、畿内では義昭のみが将軍家を代表する存在となっていた。一連の平定にあたって諸勢の参陣はあったものの、基本的には義昭の軍事支援者として信長がいたことに変わりはない。義昭の正式な上洛は十月十四日である。これは九月二十六日の一時的な上洛とは異なり、畿内を一定度平定したのちの上洛であった。このときの義昭の行粧はわからないが、畿内平定後という象徴的な上洛にあたって、大軍を擁して京中に武威を示すようなものであったと思われる。

義昭は上洛後、これまでも将軍の陣所として利用されていた六条の本国寺《ほんこくじ》を御座所とした。その後一時的に細川邸や本能寺にも御座を移したようだが、[*398] 再び本国寺に戻ったようだ。本国寺を

＊395　『年代記抄節』永禄十一年九月二十九日条（『大日本史料』第十編之一所収）。

＊396　『言継』永禄十一年十月四日条。

＊397　『多聞院』永禄十一年十月五・六日条。

＊398　『言継』永禄十一年十月十六日条、十一月一日条。

御座所としたのは、前述したように、かつての武衛御所の一部の建物が本国寺に移されていたこともあるだろう。そして十月十八日、義昭は将軍宣下を受け、第十五代将軍となったのである。

ところで、家督の象徴である伝家の「御小袖」の所在が注日される。義輝死後に御小袖を引き取った久秀がこのとき義昭に臣従したことで、久秀が所持していたのであれば、義昭に引き渡されていたはずである。だが、前述のように御小袖の存在は義昭の時代に一切確認できない。そこから、久秀はこの当時、御小袖をすでに所持していなかった可能性が高い。敵対する義栄陣営が所持していた可能性もあるが、義昭は家督の象徴である御小袖を所持しないまま将軍に就任したのである。だが、これが特に問題となったことは史料よりうかがえない。

信長への栄典と本国寺の変

帰洛後、義昭は信長に対してさまざまな栄典を与えた。特に桐紋、裏書き御免、そして管領家である斯波家の家督である。信長は管領にも副将軍にもなったわけではないが、管領家に準じる地位・特権（「准官領」）を得たのである〔水野嶺二〇一八〕。管領家の畠山高政・秋高兄弟も義昭政権に属しており、こののち、京兆家の細川六郎も義昭政権に加わった。義昭はこれにより、かつての三管領家（斯波・畠山・細川）を再興して、旧来の幕府体制を復活させたとされる〔久野二〇一七①〕。

義昭が信長に斯波家の家督を与えた理由の一つは、本来斯波家の被官身分である織田家をその実際の役割と乖離しないために正式に直臣身分として、幕府秩序に取り込む意図もあるだろう。これはかつて、義輝が本来陪臣身分である三好一門を御相伴衆とし（三好長慶、同実休）、それぞれ京兆家、阿波細川氏に代わる存在として位置づけようとしたことに通じる。信長の場合、足利

「洛中洛外図屏風」に描かれた本国（圀）寺　米沢市上杉博物館蔵

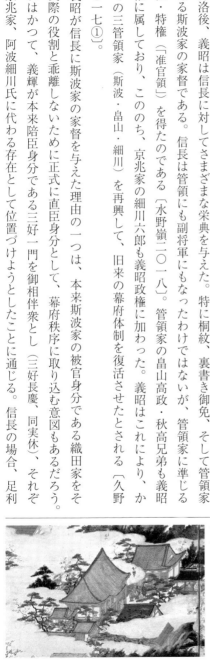

一門のなかでも特に家格の高い斯波家の家督が承認されたが、これは義昭が信長を足利一門としたことを意味する。信長が歴代の斯波家当主のように義昭の偏諱を得たり、斯波家の官途を得たわけではないが、信長の登用は義昭による足利的秩序の再編ともいえるだろう。もちろんこれは、上洛後も信長が義昭政権を支える中心的な大名としてあり続けることを期待したためである。義昭が在京を続けるためには、信長の存在は不可欠であった。

　義昭による信長への栄典授与が行われるなか、義昭方と敵対する三好三人衆は永禄十二年（一五六九）の年明け早々軍を発し、五日に義昭の御座所であった本国寺を襲撃した。いわゆる「本国寺の変」である。これ以前、義昭は信長の帰国に合わせて、勝軍城を整備しようとしていた。[*399]だが、これは三人衆の襲撃に間に合わなかった。また、本国寺では土手などの普請も始められていた。[*400]

　当日の戦闘の状況については、『言継』の正月四日～七日条に詳しい。関係記事をみると、三人衆勢は南方より塩小路まで出て、さらに東岩倉の山本氏も三人衆方につき、敵となったという。本国寺では「足軽衆」が二十余人討ち死にしたものの、三人衆を追い返した。在京の織田勢、明《あけ》智《ち》光秀《みつひで》や細川藤孝、同藤賢をはじめとする奉公衆ら直属軍が奮戦したことで三人衆は敗退した。さらにこの合戦では「上意も御手前にて、数度も御一戦に及ばれた」[*401]と義昭自身も防戦したようだ。義昭自身が直接防戦しなければならなかったほど、危険な状態であったことがうかがえる。今回の襲撃はほとんど孤立無援であったかつての永禄の変とは異なる。当時信長は美濃に在国していたものの、義昭や京都の警固を池田氏・伊丹氏の摂津衆、三好義継や、在京の奉公衆が担っていた。彼らが防戦にあたったのである。さらにこの襲撃は訴訟ではなく、はっきりと初めから将軍の殺害が意図されていた。三人衆にはすでに擁立する義栄はいなかったが、父義維、義栄の弟義《よし》助《すけ》はまだ存在していた。義昭には当時兄弟や子女がいなかったため、義昭を殺害することで、将

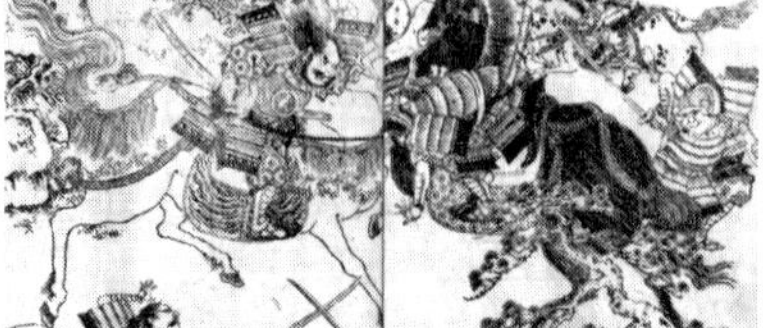

『絵本豊臣勲功記』に描かれた本圀寺合戦　当社蔵

*399　狩野光茂他連署状（「清水寺文書」・『馬部』二〇二二③）。

*400　堀秀政書状（「本圀寺文書」『大日本史料』第十編之一所収）。

*401　三木良頼書状（『上杉』五四一）。

軍後継者を有無を言わさず義稙系の義維・義助に一元化しようとしたのかもしれない。

一方で、義昭陣営において、義昭の死は即時の政権の崩壊を意味した。義昭が死去した場合、三人衆に近い義維・義助父子に臣従するか、今後将軍家そのものとの関係を切るしか選択肢がない。そのため、義昭の生命は死守しなければならなかった。

襲撃に失敗した三人衆は七条まで退去したが、翌日には西より池田勢や伊丹衆、北からは奉公衆、南からは三好義継が攻めかかったことで、三人衆は敗退した。この合戦での死者は千余人に及んだという。これには「上意が御馬を寄せて、御自身が切り懸けられた」[*402]と義昭自身も出馬したという。敗北した三人衆は八幡に落ちていった。

信長の直接の支援がないなかで三人衆の襲撃を撃退したことは、義昭にとって大きな自信となったことが想定されている〔久野二〇一七①〕。義昭は永禄の変で横死した兄義輝に対して、今回、将軍としての武威を世間に示すことができたのだ。この成果により「五畿内のことは申すまでもなく、四国中国まで、残る所なく御存分に属」[*403]すことになった。さらに諸大名に「在洛」が命じられているが、これは従来の在京の大名が幕府を支えるという体制を復活させる意図があったといえる。武威を得た義昭による幕府再興が目指されたのである。

「二条」御所の造営

義昭は上洛後、本国寺を御座所としていたが、本国寺の変の後、新しい将軍御所の造営が始められた。その立地は義輝時代の武衛御所（勘解由小路烏丸室町）の旧地である。この地が選ばれたのは、何より義輝の正統な後継者であることをアピールする目的があったと考えられる。武衛御所と同様に、「室町」に面した御所であることで、かつての室町殿（花の御所）も意識していた

＊402　前掲＊401。

＊403　前掲＊401。

とみられる。もちろん、将軍家の称号である「室町殿」も意識していたと思われ、「室町」が将軍家にとって特別な地（道）であったといえよう。

御所の造営についての流れは、一次史料では『言継』に詳しい。同記によれば、まず二月二日条に勘解由小路室町の真如堂に、元のように「武家御城」を近日造営すること、それにあたって「尾州・濃州・勢州・江州・伊賀・若州・城州・丹州・摂州・河州・和州・泉州・播州」の十三ヶ国より「少々悉く上洛」することがみえる。これまでの戦国期の将軍御所の造営ではみられなかった動員規模であり、これは信長の領国に加えて当時の義昭政権の平定した地域、または直接影響が及ぶ地域とみてよいだろう。その後七日に西側に高四間一尺の「石蔵」がほぼ完成したこと、日々数千人が普請に関わっていたことがわかる。その後も石垣（磊《らい》）や櫓などが作られたが、特に石垣は三重であった。「御城」とあるように、防衛を強く意識した造営であったことがわかる。御所の造営は信長が陣頭指揮をしながら急速に進められ、四月十四日には義昭が移徙している。さらに防御施設のみならず、各所の名石も集められ、庭園も整備されたようだ。*404 また、石不足のため、多数の石像を集めたともいう。*405

造営にあたっては、公家衆など権門に懸けられる公事ではなく、「諸侍共が自身で普請*406」と、諸侍たちへの軍役として賦課された。動員も各大名家や武将に委任されたとみられている。また動員もとに遠方の三河が含まれるのは、奉公衆が本国より動員したためとみられている〔馬部二〇二一③〕。

造営費用（殿料）は各国に国役として賦課された。

令㆓入洛㆒、柳営之儀申付候、然者、殿料事、至㆓諸国㆒申遣候、馳走可㆓喜入㆒候、猶藤孝（細川）可㆑申候也、

---

*404 『信長公記』。

*405 フロイス『日本史』。

*406 『言継』永禄十二年二月十四日条。

六月十六日　（花押）

嶋津修理大夫（義久）とのへ*407

意訳：入洛し、柳営《りゅうえい》（将軍御所）について申し付けた。そこで、造営のことを諸国に申し遣わした。馳走すれば喜ばしいことである。なお細川藤孝よりも申すものである。

この国役は東北の伊達氏や九州の相良氏にも懸けられたことが確認されるが、*408当然織田領国や徳川など信長と連携関係にある大名家や、三好・畠山・松永など、義昭政権に属した守護・大名家にも同様に賦課されたようだ。*409大永四年（一五二四）の柳の御所造営国役では畿内近国、北陸が中心であったことと比較すれば、より広範囲に賦課されたといえる。各地の大名家よりの「殿料（造営料）」によって造営されることで、義昭政権が諸大名から支持される政権であることを世間に示すことができたのである。

ところで、この新造された将軍御所は普通「二条御所」「二条城」とも呼ばれるが、その立地は本来の二条とは関係ないため、「二条御所」という名称は実はふさわしくない。『両家記』では「二条武衛陣」、『信長公記』には「二条の古き御搆」、『重編応仁記』では「二条御所」とみえるが、実際に当時の一次史料からは「二条」の冠が付けられたものがないことが指摘される〔河内二〇一九〕。義昭の新御所はむしろ「二条御所」ではなく、その立地から「勘解由小路御所」、または「勘解由小路室町御所」などと称すべきかもしれない。

またこの新御所は、造営当初より「武家御城」、その後も「京都御城」*410などと「御城」と呼ばれていた（「二条城」ではない）。かつての武衛御所も「城」と認識されることもあったが、防衛面がこれまでの将軍御所とは異なる規模であったことがわかる。本国寺の変を経て、防衛面も意識されたのであろう。洛中にこのような軍事施設を造営したことで、目に見える武威を京都に示

*407　『島津』八八・『昭』七三。

*408　大館昭長奉書（『伊達』二七三）ほか。

*409　前掲*401。

*410　『兼見』元亀四年七月十日条。

和田惟政画像　「太平記英雄伝」　東京都立中央図書館蔵

そうとしたともいえるだろう。

義昭の人事と軍事指揮権

上洛後の義昭時代の直臣は、義栄を支持した大館輝光らを徹底的に排除したため、その数は義輝時代より減少した（一部はのちに復帰）。義輝時代から継続して奉公するものもいたが、新規登用されたものも少なくない。そのなかで注目される人事は、義栄が再興した伊勢氏惣家の貞為を排除して、その弟貞興《さだおき》に継承させたことである。貞興はまだ幼少のため、政所頭人にすぐには復帰しなかったが、その被官層は存在していた。直属軍の充実のためには伊勢惣家の継続的な出仕は意味のあるものであろう。

義昭は直臣の再編を行うなか、さらに新たな人事を行った。それが各守護の補任である。特に京都に隣接する摂津で、池田勝正（池田城主）と伊丹忠興《ただおき》（伊丹城主）、さらに和田惟政の三名を守護としたという。[*411]もともと摂津に地縁のない惟政は芥川城、次いで高槻城城主になったとされている。ただし、実際に彼らが「守護職」に補任されたかは不明で（守護補任状も残らない）、この守護補任について、三人が共同で摂津を統治するのではなく、池田・伊丹それぞれの領域を安堵しつつ、義昭に近い惟政に摂津国内を統括させるものであったという。さらに池田・伊丹両氏と惟政は同格ではなく、「三守護」は誤りであるとみられている〔中西二〇一九ほか〕。

高槻城跡　大阪府高槻市

*411　『季世記』。

また河内国は、これまでの守護家の畠山秋高（高屋城主）と三好義継（若江《わかえ》城主）の両名の領有が承認され、松永久秀には「大和一国は久秀の進退とする」[*412]と、大和の支配権が承認された。この後には山城の半国守護（上守護）として三井寺《みいでら》の光浄院暹慶《こうじょういんせんけい》（山岡景友《やまおかかげとも》）が補任されている。[*413]

彼らは義昭政権の一員とされたが、畿内の特に摂津・河内・大和を押さえたことは、軍事的に大きな意味があった。これは敵対する三好三人衆や阿波三好勢の侵攻に対して、京都への防衛ラインとして機能したからである〔久野二〇一七①〕。だが、これまでの幕府の根幹であった守護・大名の在京はなかった。義昭は諸大名に「在洛」を命じ、畠山高政や姉小路自綱などの一時的な上洛・在京があったものの、かつての京兆家などのように常態化したものではなかった。そもそも政権を支える信長も斯波家の家督を得たとはいえ、実際には在京を常態化せず、村井貞勝《むらいさだかつ》などの被官を京都に置いて対応させるに留まった。これは六角氏や三好氏が在京せずに幕府を支えたことに近いかもしれない。信長は、その後も永禄十二年（一五六九）八月には伊勢に出兵するなど、軍事活動を継続しており、在京できない状況もあったが、義輝時代に消滅した守護・大名の在京制は義昭の時代においても復活することはなかったのである（管領や侍所所司も同じ）。

元亀元年（一五七〇）以降の一連の軍事活動について、これまで重要視されていたのが、「天下成敗権」である。永禄十三年正月二十三日付の信長による「五ケ条条書」[*414]に「一、天下のことは、何様にも信長に任せ置かれたので、誰々にも寄らないで、上意を得るにも及ばないで、（信長の）分別次第に成敗をなすこと」とあることが注目されてきた。これまで、この条文の解釈が問題となってきた。

まず、この「天下」については、列島全体ではなく、京都と畿内近郊の将軍の主権の及ぶ領域を指すことが明らかにされている〔神田二〇〇二〕。なお、これまでもたびたび軍事動員や上洛

＊412　『多聞院』永禄十一年十月五日条。

＊413　『兼見』元亀三年五月八日条。

＊414　「成簣堂文庫所蔵文書」（『信長』二〇九）。

要請などが行われたが、それぞれを命じる御内書には「天下」という言葉はあまり登場しないため、特に義昭の時代に強く意識されはじめた概念である。この天下成敗について、現在では信長への全権委任ではなく、あくまでも「天下」の領域内での成敗権であり、義昭は信長に「天下静謐」を維持させるために、「天下」の領域内での成敗権（軍事と外交）を委任したとされる〔金子二〇一四〕。この時期に義昭と明確に敵対し、「天下」を脅かす存在は三好三人衆や阿波勢である。久野雅司氏は「天下静謐」のための成敗権を「天下静謐維持権」とし、信長がそれを得たとする〔久野二〇一七②〕。義昭はこの条書により、信長に幕府の軍事権を担わせた。義昭は信長の軍事力を積極的に天下静謐のために利用しようとしたのである。だが、実際に義昭と信長の軍事権については、明確な権限の分掌がなく、曖昧であったと指摘される〔堀二〇〇一〕。

親征計画と軍事動員

永禄十三年（一五七〇）四月二十日（同月二十三日に「元亀」に改元）、織田信長は若狭の武藤《むとう》氏討伐のために三万の軍勢をもって出兵するが、このとき、信長の軍勢には昵近公家衆である飛鳥井雅教《まさのり》（武家伝奏でもある）や日野輝資《てるすけ》が加わっている。*415 将軍の親征でなくとも彼らが供奉しているのは、信長の軍勢が将軍の威信のために動員された幕府軍であるためで〔久野二〇一七②〕、昵近公家衆も前代から継続して軍事奉公が求められたのである。

同年六月、義昭は近江の浅井氏討伐のために親征を計画したが、これはこの直前に織田信長らが朝倉義景を攻めるために出陣したものの、途中、浅井長政の裏切りで敗走したことが背景にある（金ヶ崎《かねがさき》の戦い）。信長の敗走は義昭にも影響する。信長はその後京都を経て近江へ移るが、義昭はこれに従わず京都に残っている。これまで、戦国期の将軍は政権を支える連携大名が没落し

---

*415 『言継』永禄十三年四月二十日条。

た際にはともに京都を離れることが多かった。将軍が京都に残るときは、中立を示すためか、対立相手との連携が図られる場合であった。義昭の場合、信長との連携は維持しつつも、状況によっては反信長勢力との連携も視野に入れたものと見られている〔山田二〇一九〕。

しかし、信長が再び反撃に進んだことで、義昭は信長を支援するための親征を計画した。当初義昭の親征は六月十八日に予定され、次いで二十日、さらに二十七日に延期されたものの、翌二十八日の姉川《あねがわ》の戦いによる織田・徳川方の勝利により中止された。このとき、摂津の池田氏が義昭から離反して三好三人衆方に属したためである。*416

その後、信長が劣勢となったためか、三好三人衆が摂津に侵攻した。それに対して八月三十日、義昭は三人衆討伐のために摂津に動座した。このとき義昭は二千人ほどの兵を率いていたというから、これまでの奉公衆の兵力と変わらない。さらには昵近公家衆の飛鳥井雅教・日野輝資に、烏丸光康・光宣《みつのぶ》父子と高倉永相《ながすけ》も従軍している。光康は従軍にあたって五、六十人の兵を率いたという。*417 将軍の親征に昵近衆が従軍する姿は変わらない。なお留守は大館晴忠・三淵藤英ら奉公衆が十名ほど、同朋衆と山徒《さんと》五、六名がつとめたという。

ところで、当初の浅井討伐戦にあたって、義昭による直属軍の動員では、義昭の側近衆〔細川藤孝・三淵藤英・一色藤長〕による「畿内御家人中」宛連署奉書が出されていた。

今十八日可レ為二御動座一之旨、先度雖下被二仰出一候上、依レ有二調略之子細一、来ル廿日に御進発候、其以前参陣肝要之由被二仰出一候、不レ可レ有二御油断一候、恐々謹言、

六月十八日　三人連名

畿内御家人中*418

意訳：今日十八日に御動座されるということを、先度仰せになられたけれども、調略の子細が

---

*416 『言継』元亀元年六月十九日条ほか。

*417 『言継』元亀元年八月二十七日条。

*418 「武徳編年集成」（『大日本史料』第十編之四所収）。

まだあるので、来る二十日に進軍されることとなった。（そこで、）それ以前に参陣すること
が肝要であると仰せになった。御油断ないように。恐々謹言。

かつて足利義稙の第一次近江親征の際、奉公衆には番頭が直接動員を伝達していたが、今回は側近の連名での動員であり異なる。これまでの五ヶ番の奉公衆体制が義輝期に改編したことも影響した可能性はある。義昭が直臣団を動員する文書としては類例がないため、この文書を無批判に利用することは躊躇されるが、このような奉書での動員であったことは間違いないだろう。

義昭の動座に先立つ八月二十三日、信長は軍勢を率いて上洛した。*419 信長勢に加え、奉公衆、三好義継・松永久秀・畠山秋高・遊佐信教《のぶのり》らの連合軍は総勢二万（三万とも）、対する三好勢は五、六千であったという。*420 義昭は八月二日付の御内書で秋高に対して、「この間のことはしばしば軍事活動に及ばなかったことは、言語道断である」*421 と、この間の行動を非難しつつ、秋高を通じて紀伊・和泉の雑賀《さいか》衆・根来寺衆などを動員して参陣するように命じていた。信長の軍勢は本国の美濃・尾張に三河・遠江の軍勢を合わせて三万とされているから、*422 合計で五、六万ほどとなる。義昭は信長とは別に信長の軍勢と同等の軍事動員を行うことが可能になっていたのだ。これは義昭政権が信長のみに軍事的に依存するのではなく、諸大名らに支えられる姿に復しつつあることも示している。だが、それでも信長勢が彼ら畿内守護らの連合軍に匹敵するものであったことは間違いない。また、奉公衆や畿内守護・大名の軍勢を幕府軍として、信長の率いた軍勢と区別する場合もあるが〔久野二〇一七②〕、義昭の軍事動員にかかる軍勢全体を「幕府軍」として位置づけてもよいだろう。

義昭の親征と本願寺の蜂起

---

*419 『言継』元亀元年八月二十三日条。
*420 『言継』元亀元年八月二十八日条。
*421 『細川文書』・『昭』九二。
*422 『季世記』。

義昭は八月三十日に京都を発したが、奉公衆は二千人ほどであったという。このときの行粧については伝わらないが、留守となった御所には聖護院道澄《どうちょう》や大覚寺尊信《そんしん》といった近衛一門の門跡らのほか、大館晴忠や三淵藤英らの直臣が詰めていた。*423

この動座の際、義昭は信長より「故実」として、いったん一宮（片埜神社カ、大阪府枚方市）に還御したのちに西岡の勝竜寺に入り、九月二日に細川藤賢の居城中島城に入った。敵方は中島の内の福嶋に籠城していたようだ。*424 このとき合力のためにさらに根来衆が加わり、幕府軍は総勢三万になった。*425 義昭は在陣にあたり、若狭より陰陽師である土御門有脩《つちみかどありなが》を若狭から摂津まで召し出している。*426 将軍親征の際の陰陽師同伴はこれまでの先例でもあり、これも陣中や出陣の吉凶を占わせるためだろう。

この親征のさなか、九月十三日に大坂の本願寺が反信長として蜂起した。*427 反信長＝反義昭であり、本願寺は反義昭・信長勢力となったのである。本願寺の挙兵については、信長とそのほかの勢力が「一強他弱」となる状況に危機感を抱いたためとも指摘される〔山田二〇一九〕。先の軍事力の比率からもよくわかろう。本願寺の顕如は阿波の篠原長房とも連携し、*428 さらにこれに朝倉・浅井氏も連動して南近江まで侵攻した。*429 このような状況になったこともあり、義昭は松平《まつだいら》（徳《とく》川《がわ》）家康《いえやす》に対して参陣を命じている。

至二中島表一令二進発一、既信長（織田）励二戦功一、近日可二討果一分候、雖二幾（畿）内其外諸卒数万騎馳集一、外聞候間、此節家康遂二参陣一、抽二軍忠一者可二悦喜一候、織田弾正忠、無用通申由候へ共、先々任二約諾旨一、不レ移二時日一著陣頼思召候、委細藤長（一色）可レ申候也、

九月十四日　（花押）

松平蔵人（家康）とのへ*430

*423　『言継』元亀元年八月三十日条。

*424　『両家記』。

*425　『言継』元亀元年九月二日条。

*426　『言継』元亀元年九月十日条。

*427　『言継』元亀元年九月十三日条。

*428　顕如書状案『顕如上人御書札案留』。

*429　『言継』元亀元年九月二十日条。

*430　「武田神社文書」・『昭』九五。

意訳：（摂津）中島に向かって進軍し、すでに信長は戦功に励んで近日（敵を）打ち果たす分である。畿内やそのほかより諸勢数万騎が馳せ集まったが、世間体も悪いので、このときに家康も参陣を遂げ、軍忠に励めば悦喜するところである。信長は無用と申しているが、先々の約諾に任せて、時を置かずに着陣すれば、頼もしく思う。委細は一色藤長より申すものである。

実際に家康の出陣はなかったが、ここから畿内外の諸勢が集結していたことがわかる。さらに信長が「無用」といったにもかかわらず、「先々約諾」ということで家康の参陣を命じていることから、義昭は軍事動員権において信長に優先することを意識していたことがわかるだろう。義昭はこの親征を、自らの武威を世間にアピールするため、積極的に利用したとみられている〔山田二〇一九〕。あくまでも信長ではなく、将軍の権威により諸勢が参陣したということを強調させたかった。つまり、義昭政権が単に信長のみに依存するものではないことを喧伝する意味があろう。また、一連の親征などで、細川藤孝などの将軍側近や奉公衆が織田勢とともに積極的に出陣していたが、これは奉公衆の軍事能力の向上にも影響したとみられている〔久野二〇一七①〕。

ところで、信長が「無用」とした先の家康への参陣命令からわかるように、信長の意思とは別に、自律的な軍事動員権を誇示しようとした。この親征で畿内近国に軍事動員をかけ、数万規模の兵を動員することが可能になったことを示したことは重要である。義昭は単に信長のみに依存するわけではないことを示したのである。だが、前述のように実際の義昭の親征軍はその進軍において信長の提案（指示）を受けて行動しており、実際の軍事権は曖昧であった。

変動する畿内情勢

本願寺の挙兵などによって、義昭上洛後の幕府秩序、畿内の静謐は動揺しはじめていた。義昭は本願寺との関係を断ってでも信長と連携して「一体化」を推進しようとしたという〔久野二〇一七②〕。だが、義昭は戦況が不利となったことで、朝廷に和平調停を働きかけて、本願寺とは正親町《おおぎまち》天皇による勅命講和を進めようとした。[*431] あくまでも今回の義昭と信長の出陣は「天下静謐のため」であった。[*432]

将軍が勅命による和平調停を依頼することは戦国期でもみられない。本来、紛争の調停役である将軍が朝廷に和平調停を依頼したのは、将軍が中立でないこと（信長方）によりその調停に効力がないこと、信長を介して将軍が紛争の当事者となったことにほかならない。本願寺の離反と対立は、将軍が特定の大名（信長）への依存が強まったことが影響したが、これは大名に依存し存立する戦国期の将軍の限界でもある。また、天皇は将軍と大名との調停役の地位を得ることとなった。これは義昭期の将軍の地位が大名権力（本願寺だが）と相対化したことを顕著に示すものである。

だが、講和を命じる勅書は大坂まで届けられなかったため、[*433] 実際には講和は進められなかった。そのため、義昭は十月には本願寺に近い青蓮院門跡尊朝法親王《しょうれんいんもんぜきそんちょうほっしんのう》に仲介を期待したようだが、[*434] これは失敗した〔堀二〇〇一〕。

九月二十日には三好三人衆の一人三好宗渭の弟一任斎為三《いっとうさいいさん》が降伏、二十三日には再び浅井勢への対応のために義昭は信長らと帰洛した。さらに義昭は信長と朝倉・浅井方との和平調停を進めようとした。十一月二十八日に義昭は関白二条晴良《にじょうはれよし》とともに、近江の三井寺まで御座を移して交渉にあたった。[*435] この調停は晴良が提案したものとされる〔久野二〇一七①〕。将軍と関白による調停により和睦が成立した後、[*436] 義昭は十二月十五日に帰洛した。義景から信長への誓紙には義昭の調停によること、義昭には疎意を持たないことなどが記されて、義昭からは三淵藤英の子を

＊431　『お湯殿』元亀元年九月十八日条。

＊432　『言継』元亀元年九月二十日条。

＊433　『言継』元亀元年九月二十一日条。

＊434　尊朝法親王書状（「青蓮院文書」・『大日本史料』第十編之五所収）。

＊435　『公卿』。

＊436　『尋憲記』元亀元年十二月十三日条。

人質として提出しており、信長と朝倉・浅井方との和睦というよりは、義昭・信長との和睦というのが実態であった。

これに先立つ十一月二十一日、これまで義昭・信長と敵対していた近江の六角承禎・義治《よしはる》父子と信長の和睦も成立している。[*437]だが、六角方が志賀で信長方に「礼を申される」[*438]ようなものであり、和睦というよりは降伏に近い不利な条件での和睦であったのであろう。承禎はこの和睦に不満をもっている。[*439]その後も、義昭は三好三人衆をはじめとする四国衆について、「四国牢人らが色々懇望している。だが、一切聞き入れない」[*440]と赦免は許さなかった。四国勢に対しては、毛利勢に渡海して牽制するよう命じた。特に阿波三好氏と対立関係にある讃岐出身の香川信景《かがわのぶかげ》への支援と共闘を期待したようだ。[*441]

ところが、翌二年六月になって、大和の松永久秀が義昭・信長から離反し、これに河内の三好義継が連携した。義継の室は義昭の実妹であり、離反された衝撃は大きいだろう。なお、義昭は翌七月には上洛した上泉信綱《かみいずみのぶつな》より兵法・軍配を受けている。[*442]

さらに同七月に六角氏が再び挙兵したものの、同十二月には細川晴元の遺児で三好三人衆が擁する六郎（もと聡明丸《そうめいまる》）が義昭に臣従した。六郎は義昭の偏諱を受けて「昭元」と名乗り、右京大夫に任官し、名実ともに京兆家の当主となった。[*443]

これ以前、義継と久秀は京兆家の細川昭元を盟主として守護連合の形成を図ったとされる（久野二〇一七①）。だが、義昭を敵視するといっても、義昭に替わる将軍候補を擁立することはなかった。もっとも義昭以外には阿波の足利義維・義助父子くらいしかおらず、京兆家の昭元を擁立することが限界であった。松永久秀は三好三人衆とも連携したため、将来的には義維・義助父子を将軍候補として擁立する予定であったのかもしれないが、義昭は畿内で次第に守護・大名と相対

＊437　『言継』元亀元年十一月二十一日条。
＊438　『言継』元亀元年十一月二十四日条。
＊439　六角承禎書状（「護国寺文書」・『戦六』一一九三）。
＊440　『小早川』二二七・『昭九七』。
＊441　『小早川』二五七・『昭一〇八』。
＊442　『言継』元亀二年七月二十一日条。
＊443　『兼見』元亀二年十二月十七日条ほか。

化されていったのである。

義昭の挙兵

元亀二年（一五七一）から三年にかけて、義昭の周辺で急速に反義昭・信長勢力による包囲網が形成された。実際に築城はされなかったようだが、元亀三年初頭に義昭は淀に新城の築城を計画した。[*444] このころには光浄院暹慶を山城半国の守護としており、畿内情勢が不安定となるなかで、京都周辺の防衛を再編しようとしていたといえる。

義昭と信長との連携は維持されていたが、元亀三年十二月から翌年初めまでの間に、義昭と信長の協調関係は破綻した。その理由は直臣の分裂と、「天下静謐維持権」をめぐる義昭と信長の意識の違い、さらに「天下静謐維持権」を義昭自身が掌握するため、義昭に対抗する三好義継・松永久秀や、朝倉・浅井・甲斐武田各氏と本願寺ら包囲網を築いた反信長勢力への鞍替えをしたことなどが指摘されている〔久野二〇一七①・山田二〇一九ほか〕。

浅井長政画像　東京大学史料編纂所蔵模写

義昭は情勢の変化と将軍家存立のため、これまで一体化を進めてきた信長を「御敵」として、その討伐に方向転換したのである。かつて、義昭の父義晴がそれまでの連携相手である戦況が不利であった細川晴元から細川氏綱へと連携相手を変更しようとしたように、将軍の存立のために、それまでの連携相手を変えることは当然の選択であった。

＊444　『兼見』元亀三年二月十日条。

二月十三日に義昭は「御色を立てられ」*445て挙兵を決した。これに先立って義昭は御所の普請を始めている。『兼見』二月十七日条や同二十一日条などから、堀の普請のために人足を徴発したこと、さらに鉄炮への対処のために灰木を徴発している。このことから、御所が戦闘の場となることが想定されていたことがわかる。普請にあたっては安威藤増《あいふじます》を中心とする普請担当の奉行衆が担った〔馬部二〇二一③〕。

さらに義昭は暹慶をはじめ、山城の渡辺昌《わたなべあきら》、磯谷久次《いそがいひさつぐ》らを信長から離反させたほか、朝倉義景に対しても志賀郡への出陣を命じている。*446 義昭は浅井・朝倉氏の出陣に期待し、暹慶らを石山《いしやま》城や今堅田《いまかたた》城（いずれも大津市）に置いた。『年代記抄節《ねんだいきしょうせつ》』によれば、御所には「摂津国池田（知正）・丹波内藤（如安）・シホ（塩）川・宇津・下田」が御番に候じ、さらに池田知正《ともまさ》は御供衆に加えられたという。この当時の義昭方の直属の軍事力は、これ以前の親征時より大きく変化したわけではない。そのため、義昭単独で信長に対抗できるわけではないため、畿内近国の諸勢力の支援が不可欠であった。

義昭を支持した大名勢力は浅井・朝倉・武田各氏と本願寺のほか、三好氏や松永氏、さらに畠山氏などであった。これは「畿内の守護を中心に反信長勢力を結集すること」で、「信長を「天下静謐」を脅かす存在として「成敗」を目論んだ」ためという〔久野二〇一七①〕。

大名勢力を集結させたのは、将軍単独で信長に対抗することができないという、幕府直属軍の限界もあろうが、義昭は信長討伐について、諸大名の支持を得ているということをアピールする意味もあっただろう。だが、摂津の池田氏と荒木《あらき》氏は信長に属したほか、山城国内の革嶋《かわしま》氏などの西岡衆も信長方に属した。義昭の挙兵は畿内全体で支持されたわけではなかった。

信長は細川藤孝に対して、義昭に疎略がないことや、「お聞きいただければ天下再興」と述べているほか、反信長であった奉公衆の人質を求めている。*447 基本的には信長は義昭との講和に積極

---

*445　浅井長政書状（「勝興寺文書」・『大日本史料』第十編之十四所収）。

*446　「牧田茂兵衛氏所蔵文書」（『昭』一四〇）。

*447　織田信長書状（「細川家文書」・『信長』三六三）。

的であったが、諸大名の支持を得ていた義昭はこれを拒否した。勝利を確信していたのであろう。

挙兵の失敗と再挙兵

義昭はこのころ、従兄弟（近衛稙家の子）であった聖護院道澄に対して御内書を発給している。

（前略）信長半既相立色、当城堅固相踏、朝倉初而馳上候、本願寺事三好已下引具相働、無二疎略一候、是又無二‐定世上一候、此節当家一大事儀候間、高就別而遂二馳走一申付、小早川・浦上已下相催、令二参陣一可レ抽二忠節一旨、御異見肝要候、将又浦上・別所少申分在之由候、相方之儀無二別条一様可二助言一通、対二毛利一可レ被二仰聞一事専一候、恐々謹言、

三月廿二日　　義昭（花押）

聖護院《（道澄）》殿[*448]

意訳：信長はおおよそすでに挙兵していますが、当城は堅固に踏みとどまっています。初めて朝倉勢が上洛することとなっています。本願寺は三好勢とともに働き、疎略はありません。これまた世上は無定であります。いまは当家の一大事なので、高就に対して特に馳走を遂げるように申し付けて、小早川《こばやかわ》・浦上《うらがみ》以下が軍勢を催して参陣して忠節を尽くすように、（あなたより）御意見することが肝要です。また、浦上・別所《べっしょ》はそれぞれ少し申すことがあるということです。双方に別状がないように助言するよう、毛利に対して（あなたより）仰ることが第一です。恐々謹言。

義昭はここで、「当城（武家御城）堅固」であり、踏みとどまっていること、朝倉勢が初めて上洛すること、本願寺が三好勢とともに軍事活動をしていることを述べ、小早川氏や浦上氏が参陣するように道澄に意見するように求めていることがわかる。防衛施設として将軍御所が機能し

＊448　「成簣堂文庫所蔵文書」（『福井県史資料編二』六・『昭』一四四）。

ていたこともわかるだろう。また、この挙兵について「当家一大事」と、信長勢の勝敗が将軍家の今後を左右するものとして認識していたのである。ところが、義昭が挙兵したにもかかわらず、援軍はなかった。反信長方の勢力同士が相互不信にあり、団結することができなかったことが背景にあるとみられている。さらに義昭は出陣を要請できても強制できるだけの武力を持っていなかった〔山田二〇一九〕。将軍単独の軍事活動はほとんど不可能であったのだ。

三月三十日には義昭の兵が村井貞勝邸を包囲したが、*449 その直後に信長勢が上洛し、四月四日には二条より北を放火して全焼させた。*450 そのなかで、禁裏の警固は信長勢がつとめている。このことで義昭では朝廷の保護が不可能であること、代わって信長が天皇の守護者であることを世間に示したのである。信長が朝廷を押さえたことで、関白二条晴良らの勅使が義昭のもとに派遣され、両者の和議が成立した。*451

信長が将軍御所の包囲に際して、反信長の側近らの排除を申し入れたことから、「御所巻」とも評価される〔久野二〇一七①〕。永禄の変における三好氏の要求と同じであった。

だが、義昭と信長の和議は早々に破綻する。そこで、義昭は信長との交戦を意識して、「兵粮料」を吉川元春《きっかわもとはる》らに求めている。*452 義昭は信長勢と対峙するにあたって、長期戦を意図していたのであろう。

義昭の再挙兵後の情勢については、『兼見』に詳しい。それをみていくと、義昭は信長に備えるため、将軍御所の普請を進めたほか、七月三日には京都より宇治の槇島城《まきしま》（京都府宇治市）に移っている。*453 当然これは同城に籠城するためである。また、御所の普請においては、免除を認めない方針であったとされる〔馬部二〇二一③〕。

義昭はなぜ籠城先に槇島城を選んだのであろうか。『信長記』には同城は「天下一の節所（難所）

＊449　『お湯殿』元亀四年三月三十日条。
＊450　『兼見』元亀四年四月四日条。
＊451　『兼見』元亀四年四月五・七日条。
＊452　『吉川』四八三・『昭』一四五ほか。
＊453　『兼見』元亀四年七月三日条。

構」であったためとされる。同城の城主はもともとは同地の有力国人で室町幕府の奉公衆となっていた真木嶋《まきのしま》氏である。だが、十五世紀末には一時京兆家が「館」から城郭に整備したことが指摘される〔藤岡二〇二二〕。さらに槇島の立地をみれば、現在の宇治川の東部、現在はない巨椋《おぐら》池《いけ》内の島部に位置していた。いわば天然の要害であった。その後、再び真木嶋氏の城館となったとみられるが、詳細は不明である。義昭が籠城したのは何よりも、当時の義昭の側近に真木嶋昭《あき》光《みつ》がいたことにあろう。義昭は御内書を使者に持たせ、本願寺顕如や三好義継らに支援を求めた。[*454]しかし、当時義継は三好康長《やすなが》や遊佐信教らと対立しており、義昭の支援のため、その仲介を顕如に求めている。また、これまで義昭を支えてきた河内の畠山氏では当主秋高と遊佐信教が対立したなかで、秋高は信長と通じたため、義昭の挙兵直前に信教により討たれている。

将軍御所には三淵藤英らが置かれた。『信長記』ではさらに昵近公家衆の高倉永相や日野輝資、伊勢貞興もいたという。やはり、有事には昵近公家衆には軍事奉公が求められたのである。ただ、藤英以外は公家衆と戦の経験のない若年の直臣であり、戦力として期待できるとは思えない。これまでも述べてきたように、戦国期の将軍直属軍の主体が伊勢氏であったことを踏まえれば、再興された伊勢氏の被官層も籠城の主力であったと思われる。

義昭の挙兵に対して織田勢が進軍し、九日には信長は妙覚寺に入った。さらに上京《かみぎょう》も放火され、多くの建物が灰燼に帰した。これもあって、藤英以外の城番は城を出て信長に御礼した。『信長公記』では、大軍に驚いた昵近公家衆はすぐに「御侘言」をして降参したという。籠城の主力であったと思しい伊勢氏も早々に投降したのだろう。唯一残った藤英も十二日に城を出て、伏見城に退避したことで、京都には義昭方は不在となり、織田方が掌握することとなった。

京都を制圧した織田勢は義昭の籠もる槇島城へ向け進軍した。十六日に先陣が、十七日には

*454　顕如書状案（『顕如上人御書札案留』）ほか。

妙覚寺　京都市上京区

信長が出陣し、翌日槇島城を攻撃した。結局、本願寺らの援軍は間に合わなかったようだ。大軍の織田勢により「外構」が破られ、「焼上攻られ」たため、義昭は降伏したのだ。[*455] 義昭は嫡男（のちの義尋《ぎじん》）を人質として城から退城し、枇杷《びわ》庄に逃れたという。なおこのとき、外構が焼き上げられたという点に注目して、その内側には建物群があったことが推測されている〔藤岡二〇二二〕。槇島城はその後、織田氏の支配下となった。

信長は七月十三日付の毛利《もうり》元就《もとなり》宛の書状のなかで、「甲州の武田（信玄）は病死しました。越前の朝倉（義景）は特に働きはありません。三好以下は人数が足りていないので、特に出兵には及びません」と余裕を見せている。さらに義昭については、「天下を棄てられたうえは、信長（織田）が上洛して収拾し、（今後の）将軍家のことを諸家と議定して、それに従う」[*456]と、義昭が天下を放棄したこと、信長自身が静謐を取り戻し、将軍家の今後は諸家と話し会うことなどを述べている。信長にとって義昭との対立は、将軍家・幕府の継続を否定するものではなかったのである。

将軍直属軍の限界

義昭が期待した援軍が結局なかったことで、奉公衆を中心とした直属軍のみで信長に対応しようとした。将軍御所と槇島城とで戦力が分散したが、少なくとも援軍が到着するだけの時間をかせげる直属軍（奉公衆）が存在していれば、情勢に変化があった可能性はある。

戦国期の将軍直属軍はこれまでみてきたように、おおよそ二、三千規模であり、それが分散すれば、より兵力は減少することとなる。元亀元年（一五七〇）の親征の際は義昭の直属軍は二千人ほどであった。これは義稙の時代と大きな変化はない。戦国期を通して、将軍の直属軍は二、三千人ほどの軍事力であったが、少なくとも五千を超える規模の直属軍を動員することはほとん

＊455　『信長公記』。

＊456　織田信長書状（「大田荘之進氏所蔵文書」・『信長』三七七）。

どなかった。

しかし、挙兵時の義昭の軍勢について、近世の編纂物である『細川家記』には二条城は二千余人、槇島城には三千七百五十人、または二千五百余人とある。合わせて五、六千というところであろう。当然この数をそのまま受け取ることはできないが、挙兵にあたって周辺の勢力から動員したのであろう。山城南部の在地領主である狛《こま》氏の被官の一部が義昭側近の上野秀政《ひでまさ》に合力した事例もある。*457在地勢力が権門と対峙するために義昭や直臣と連携することもあり、これも義昭方支持の背景とみられている〔川元二〇一七〕。

そもそも義昭と信長との対立の一因は、奉公衆が原因であった。元亀年間には義昭の側近は細川藤孝に代表される親信長派と、上野秀政らの反信長派に分裂していたのである。連携する大名をめぐる直臣の分裂は今回が初めてではなく、これまでみてきたように三好氏をめぐる義輝期の分裂もあった。側近を基盤とする戦国期の将軍にとって、側近の分断は政権崩壊に繋がるものであった。

また、信長による「五ヶ条」の条書第二条には、「公儀に対して忠節を尽くすものに、御恩賞・御褒美を与えたいが、領中などに〔与えるものが〕無いのであれば、信長の分領のなかからでも、上意次第に申し付けます」とあることや、「十七ヶ条異見状」の三ヶ条目や六ヶ条目などにみられるように、直臣への恩賞不足はたびたび指摘されたものであった。将軍が直臣らに恩賞として給付しえるのは、御料所・闕所《けっしょ》宛行などである。だが、直臣に「預置」ないしは給付する御料所には限界があった。偏諱や官途、諸免許などの栄典・特権と違い、実際に御料所が存在しなければ、所領は給付できない。

直臣の所領の不知行や経済難はこれ以前からもたびたびみられるものであり、義昭の上洛後、

＊457　山城狛氏知行分書立案〔「小林文書」・『信長』参考〕。

急速に御料所が拡大したわけではない。増加しようにも、御料所も不知行化、場合によっては将軍の供御にも影響することがあったなかで、恩賞として所領を給付したり預置しようにも、それを実現できる御料所が幕府にはなかったのである。さらにいえば、個々の直臣が増加しても、兵を動員できる直臣が増加しなければ、直属軍の拡大は図れない。

本来、軍事活動において兵粮料所が設定されてきた。応仁・文明の乱の際も半済が行われたほか、[*458]足利義尚や義稙の親征の際も兵粮料所は設定されている。[*459]義稙の親征の際をみると、「奉公無足之輩」に宛行うために設定されていた。[*460]伊勢氏ら所領を持つ直臣もいたが、この時点で無足＝無収入で奉公していたものもいたのである。彼らが軍事奉公するにあたって、このような半済が必要であった。だが、義稙の親征を最後に兵粮料所が設定されることはなかった。また、この動座にあたって寺院領の一部が御料所に編入され、それを奉公衆や奉行人に「預置」く場合もあった。[*461]なかには一ヶ所一名ではなく、複数名が共同で料所の「預置」の対象となっているものもあった。無足の奉公衆にはこのような「預置」がなければ軍事奉公は難しい。なお、義澄期の御部屋衆細川政誠《まさのぶ》は、所領不知行により「窮困」し、出仕も難しくなったが、洛中の屋地を売却してまでも、「奉公に退転がないように、参懃いたします」[*462]との意志を示している。戦国期の将軍は、このような自己犠牲を払ってまでも奉公しようとする直臣らによって支えられていたといえよう。

このこともあり、義晴は直臣領保護に積極的であったものの、義輝の時代には所領問題から離反が続いた。義昭の時代では、直臣の所領安堵には、義昭による「御下知」だけではなく、それに基づく信長の朱印状も求められることもあり、[*463]信長がその保証を担っていた。また、義昭による恣意的な裁許によって直臣の押領が続き、その政策が破綻、これを諫言した信長への不満も増加したことが指摘される〔久野二〇一七③ほか〕。直臣の利益と裁許者としての世間からの信頼

＊458　「東寺百合文書」『奉書』七三六ほか。

＊459　『蔭凉軒』長享二年六月二十四日条ほか。

＊460　『北野社家日記』明応元年十月二十六日条。

＊461　室町幕府奉行人連署（「輯古帳」・『奉書』一八六三）ほか。

＊462　細川政誠書状案（『蜷川』三六七）。

＊463　織田信長朱印状案（「伊勢文書三」・『信長』二〇〇）。

は両立できなかったことが、信長から「異見状」が出される背景ともなったのである。

もっとも義昭が信長に期待したのは、何よりも天下静謐を実現できる軍事力を持っていたためであるが、二、三千規模の直属軍単独でそれは不可能であった。将軍・幕府が軍事面においてはその最終段階まで大名の支援を前提としたのは、直属軍の拡大を図れなかったことも大きい。これが足利将軍家の軍事における本質的な欠陥、または限界であった。

義昭の敗北後、直臣は義昭に供奉するものと、信長を支持するものとに分裂した。信長は上野豪為などの義昭から離反した直臣に対して、早速所領安堵の朱印状を発給している。[*464] 将軍から離反した直臣を保護するのは三好長慶も同じだった。また、義昭から離反した直臣で注目されるのが、伊勢氏の惣領貞興である。貞興は義昭より離反して在京しつつ、明智光秀に属した。蜷川氏や古市氏らその被官層も光秀に属したことで、戦国期においても将軍直属軍の主力を担ってきた伊勢氏と将軍家との関係も終焉したのである。

和睦交渉と鞆への移座

槇島城を退城した義昭はその後、枇杷庄から三好義継のいる河内の若江城（大阪府東大阪市）へ移座した。[*465]『公卿』では、二十日に普賢寺《ふげんじ》（京都府京田辺市）、翌二十一日は河内の津田《つだ》城（大阪府枚方市）、さらにその翌日には河内尊延寺《そんえんじ》（枚方市）を経て若江城に至ったとみえる。若江まで日数がかかったのは道中が危険で、それに気をつけながら慎重に移動したためであろう。そのためか、顕如より警固が付けられている。[*466]

義昭はこの敗北について、毛利元就に「諸侯らが信長からの調略により逆意を企てた」[*467]と述べており、諸侯＝奉公衆の離反が敗因の一つとみていたようだ。また、義昭が吉川元春らに「当家

＊464　織田信長朱印状「五十川清氏所蔵文書」（『信長』四二四）ほか。

＊465　『兼見』元亀四年七月二十日条。

＊466　『顕如上人御書札案留』。

＊467　「柳沢文書」『昭』一五〇。

再興」を求めて宛てた御内書からこのとき義昭を支援したのは本願寺、三好氏、遊佐氏、根来寺であった。[*468]京都では義昭に出仕していた奉公衆が離反したが、元春分国の在国奉公衆らは義昭への馳走を申し入れたようだ。[*469]さらに輝元《てるもと》をはじめとする毛利勢に対して、「そなたの出勢があれば、今五畿内を一統し、すぐに本意を達することは歴然である。ひとえに当家再興はこのときである」[*470]と毛利勢の出兵で戦況が改善できる希望を持っていた。だが毛利勢は動かず、戦況は不利のまま三好義継の敗死、松永久秀や畠山氏の離反と続いた。

その後、義昭は若江から堺に移座し和睦交渉を行ったが、これは決裂した。安国寺恵瓊《あんこくじえけい》は義昭に中国下向の気がないことを確認しており、義昭も上洛にむけ畿内を離れる意思はなかった。信長は義昭と決裂する意思、幕府を終焉させる意思はなかったとされるが〔久野二〇一七①〕、義昭は信長との対立を選択し、交渉も拒絶した。一方の信長は、義昭の嫡男を保護しながらも将軍として擁立することをしなかった。もちろん、阿波公方義維父子と接近することもなかった。そのため、「足利対足利」の対立構図となることはなく、「足利対非足利」の構図となった。

交渉決裂をうけて義昭は、紀州の由良興国寺《ゆらこうこくじ》（和歌山県由良町）に御座を移した。堺から紀伊へは二十名ほどが供をしたという。[*471]この時期には義昭に供奉してきた一色藤長や曽我助乗らに感状を与えている。[*472]これはかつて京都から没落した義晴や義輝による感状と同じである。独自の兵力のない義昭にとって、国衆や大名勢力の支援は不可欠であった。しかし、三好義継の籠もる若江城は落城して義継らは自害し、畿内での拠点を失いつつあった。そのため、この時期の義昭の構想はまだ畿内に残る本願寺が堅固なうちに、翌年春に西国の兵を中心とした上洛軍を率いて信長と対峙しようとするものであった。[*473]

天正二年（一五七四）六月二十八日に、義昭は紀伊から再び堺に戻ったが、[*474]畿内で不利になる

若江城跡　大阪府東大阪市

＊468　『吉川』八二・『昭』一四七。

＊469　『吉川』四八五、『昭』一五六。

＊470　『萩藩閥閲録』柳澤靭負・『昭』一四九。

＊471　安国寺恵瓊自筆書状（吉川』六一〇）。

＊472　「古今消息集」『昭』一六〇など。

なかで、天正三年に義昭は紀伊の由良から備後の鞆《とも》の浦《うら》（広島県福山市）に御座を移した。[*475] 毛利氏はかつて足利義稙を庇護した大内義興に擬すことができる。また、かつて足利尊氏が鞆に滞在し、その後上洛した吉事も意識されたであろう。ただ、当初義昭の下向を危惧していた毛利氏が、確実に上洛戦を担うかどうかは不確定であり、義昭の鞆下向は一種の「賭け」であったともされる〔山田二〇一九〕。

鞆は瀬戸内海に面する立地であり、交通の便も良い。ただ、当初は一色藤長を紀伊の由良に残し、対信長戦に当てており、決して畿内周辺の拠点を失ったわけではない。しかし、藤長は拠点を捨てて鞆にまで下向したことで、[*476] 畿内の拠点はほぼなくなったのである。藤長は義昭から許されず、そのまま奉公を離脱することとなる〔拙稿二〇一七〕。

義昭に供奉した直臣は総勢で百名前後であったとみられている〔藤田二〇一〇〕。真木嶋昭光や上野秀政、細川輝経《てるつね》といった側近と松田藤弘《ふじひろ》などの奉行衆、それぞれの従者のほか、六角義堯《よしたか》（もと義治）や丹後一色氏などの旧大名家も加わっていた。だが、軍事力という点でみれば、彼らのみで帰洛できるわけではない。独自の軍事力のない義昭にとって、毛利氏や中国地方の諸侯が上洛軍の主力として期待された。それもあって、毛利輝元は「副将軍」とされた。[*477] もちろんこの副将軍は正式な官職ではないが、一門の小早川隆景《たかかげ》や吉川元春らはその「権威」により、信長との戦い（「都鄙《とひ》鉾楯《ほこたて》」）を継続したのであった。そのなかで、義昭は中国地方の国衆らを御供衆とするなど直臣身分を与えたが、これは義昭の意向というよりは、毛利氏側が仲介して行われたもので、国衆らに対して毛利氏の優位的地位を示すためのものとされる〔水野嶺二〇一三〕。これは多分に名目的とはいえ、それでも限界のある直臣の拡大を図ろうとしたともいえる。すなわち、義昭の軍事＝毛利氏の軍事活動であった。

*473　『吉川』四八七・『昭』一五八。
*474　『年代記抄節』天正二年六月二十八日条（『大日本史料』第十編之二十五所収）。
*475　『吉川』四五九・『昭』一七八。
*476　一色藤長書状（『吉川』五五九）。
*477　吉川経安置文写（『石見吉川家文書』一〇三）。

興国寺　和歌山県由良町

鞆での活動

義昭は京都没落後、反信長勢力を結集させるために、大名間の和睦調停を進めようとした。義昭は東国では越後上杉と甲斐武田、小田原北条との和睦と同盟を進めたほか、*478 畿内では本願寺との連携、西国では毛利氏と敵対する豊後の大友氏への攻勢のために薩摩の島津氏や肥前の龍造《りゅうぞう》寺《じ》氏などと連携した。また、島津氏に対しては東国諸将との連携を命じている。

帰洛之儀、対二毛利（輝元）一申聞処、則及レ請候、然者、武田（勝頼）、北条（氏政）、上杉（謙信）已下相談、東西令二一統一、既出張火急条、此節嶋津励二忠功一候様、加二意見一者、可レ為二神妙一、猶（真木嶋）昭光・（一色）昭秀可レ申候也、

卯月十七日　（花押）

伊集院右衛門大夫（忠棟）とのへ　（三名略）*479

意訳：帰洛について、毛利に対して申し聞かせたところ、すぐに承諾した。そのため、武田・北条・上杉以下と相談して、東西を一統させた。すでに出張は火急なので、このときに島津も忠功を励むように意見を加えれば神妙である。なお真木嶋昭光と一色昭秀《あきひで》よりも申すものである。

義昭はこの御内書にみられるように「東西」を「一統」させ、信長包囲網を作り上げようとした。義昭の上洛戦は東西諸国の政治情勢にも影響を与えたのである。

その間も信長は、畿内で勢力を固めたほか、天正三年には権大納言兼右近衛大将に任官し、当時権大納言であった義昭と並んだ。信長による京都における実効支配が続くなか、朝廷でも義昭の存在はより希薄となっていったのである（朝廷との音信は断絶）。これは本来、「天下」である京都を基盤とし、北朝系天皇家を支えてきた将軍家にとっては、その存在意義が否定されることと同じであった。それもあり、京都より遠方にいる義昭はしきりに帰洛を求め続けたのである。

---

*478　「別本士林証文」『昭』一七二ほか。

*479　『島津』九四・『昭』二三〇。

言い換えれば将軍は京都にあってこその将軍であった。

ただ、帰洛のための軍事活動は基本的には毛利氏に期待するものであり、毛利勢は「公儀の軍隊」〔久野二〇一七〕として義昭のために軍事行動の中心をなしたのである。その毛利勢は天正五年（一五七七）、四国讃岐を押さえ、瀬戸内海の制海権を確保し、本願寺救援のために大坂まで出陣し、織田勢を大敗させて勝利を得た。だがその後、義昭が期待した毛利輝元の上洛出馬がなかったため、中国の諸将が離反し、戦況は不利になったとされる〔光成二〇一六〕。

義昭は毛利勢の軍事活動に対して、その陣所に上野秀政と小《お》林《はやし》家孝《いえたか》や曽我晴助《はるすけ》らの側近を現地に派遣している。[*480] 彼らの出陣もあったかもしれないが、これは戦況の確認はもちろん、義昭の意向を軍事作戦に反映させる目的もあったのだろう。

毛利輝元画像　東京大学史料編纂所蔵模写

そのなかで注目されるのが、天正六年に行われた上月城《こうづき》（兵庫県佐用町）の戦いである。これは直接的には毛利氏と尼子氏再興を目指す織田方の尼子勝久《かつひさ》らの合戦であるが、義昭は「陣を備中笠岡に構えた」[*481]と、鞆より備中の笠岡《かさおか》（岡山県笠岡市）まで動座したという。戦場となった上月城より移座先の笠岡までは遠距離であるが、陣を構えたということから、これも一種の親征とみてよいかもしれない。この時期としては異例ともいうべき移座は、この戦いに対する義昭の関心の高さによるものであろう。

天正八年には本願寺が信長と講和して対信長戦線から離脱、天正十年三月には甲斐武田氏が滅亡した。ま

＊480　『吉川』五二〇・『昭』二五二ほか。

＊481　「常國寺蔵胴唐衣由緒書」（福山市鞆の浦歴史民俗資料館二〇二〇）。

たこのころ、義昭に供奉してきた直臣も離散しはじめていた。経済難もあり、真木嶋昭光や伊勢左京亮らが「預置」というかたちで山内《やまのうち》氏、吉見《よしみ》氏や益田《ますだ》氏などの中国地方の領主層に一時的に預けられたが、それを契機に奉公を離れる直臣も一部いた〔拙稿二〇一四〕。

本能寺の変後の義昭

義昭の帰洛が遠のくなかで、天正十年（一五八二）六月二日、惟任《これとう》（明智）光秀の襲撃によって信長が殺害された（本能寺の変）。義昭をめぐる情勢が大きく変化したのである。義昭と光秀が連携していたともされるが、義昭は信長の死について「天命より逃れがたく、自滅した」[*482]と述べている。変後、織田家中が羽柴秀吉《はしばひでよし》派と柴田勝家《しばたかついえ》派に分裂すると、義昭は勝家と接触して帰洛支援を要請した。義昭は勝家を支援するため、四国の長宗我部《ちょうそかべ》氏と毛利氏の連携を図っている。[*483]また、同年十月には義昭は「あまりに窮屈である」と、鞆の浦より北部にあたる津郷《つのごう》へ移座している。[*484]

翌十一年四月、賤ヶ岳《しずがたけ》の合戦で勝家が敗れ、北庄《きたのしょう》城（福井市）で自害するに及び、毛利氏は秀吉との講和交渉を進めた。だが、義昭はなお長宗我部氏と毛利氏との和平や連携を進め、元親に「帰洛」の「御供」を求めようとしている。[*485]一連の交渉では、長宗我部氏のもとにいる義輝・義栄期の奉公衆石谷光政《いしがいみつまさ》・頼辰《よりとき》父子が義昭—元親間を取り次いでいるが、これはもちろん、光政らが元奉公衆であることによろう。

毛利氏は義昭を庇護し続けたものの、義昭は毛利氏への期待を減じ、島津氏や龍造寺氏などの九州の大名に上洛の「馳走」を求めた。ただ、敵であった信長の死、秀吉の勝利により、義昭の上洛戦は変質した。義昭の御内書の発給は減少し、上洛要請をするものに限定されるようになる。

---

*482　『島津』九〇・『昭』二八二。
*483　真木嶋昭光書状（『石谷家文書』一〇）ほか。
*484　『吉川』五〇一・『昭』三六七。
*485　小林家孝書状（『石谷家文書』二五）ほか。

その後、天正十三年の秀吉の四国平定、翌年末からの島津討伐のための九州出兵が行われるなかで、義昭は秀吉と島津氏との和平仲介を行った。

今度秀吉其国鉾楯之段、無二心元一候、然者、和睦儀、是非共相曖度候、就レ其差二‐下一色駿河守（昭秀）一条、入眼可二目出一、猶（真木嶋）昭光可レ申候也、

十二月四日　（花押）

嶋津（義久）修理大夫殿*486

意訳：今度、秀吉とその国と合戦することは心許ない。そのため、和睦についてぜひ仲介したい。それにつき、一色昭秀を下すので、成就すればめでたい。なお真木嶋昭光よりも申すものである。

この調停は成功しなかったが、これは将軍としての最後の和平調停ともいうべきものである。天正十六年正月、義昭は将軍職を辞して出家し、秀吉に御礼したのち、准三后《じゅさんごう》となった。その後も「公方様」「将軍」「旧将軍」と呼称されていたが、将軍家最後の軍事活動としては、秀吉による文禄・慶長の役がある。義昭は武装したうえで、肥前の名護屋《なごや》（佐賀県唐津市）まで出陣している。このときは騎馬三騎が供奉したという。*487 もちろん、これは軍事動員を行う主体であったこれまでの親征とはまったく異なるものである。なお「名護屋城幷諸侯陣跡」*488によれば、「室町内府公三千五百人」とみえるが、当時の扶持料一万石で動員できる人数ではないため、三百五十人が実態かもしれない。

慶長二年（一五九七）八月二十八日に義昭は薨去したため、この名護屋出陣が足利将軍家による最後の軍事活動といってよいだろう。尊氏以来の将軍家の軍事活動は、秀吉の時代に到り、軍事指揮権も動員権もない、一武家として動員される側、形だけの出陣として終焉したのである。

*486　『島津』一〇四・『昭』二九五。

*487　『鹿苑』文禄元年三月二十六日条。

*488　『松浦記集成附録一』。

名護屋城跡　佐賀県唐津市

おわりに

戦国期の将軍家の軍事・合戦について、明応の政変後の歴代将軍ごとに分けてみてきた。政変以前の足利義尚や義稙の親征のように、将軍の武威を示すための軍事活動が、政変後は将軍家の分裂により、将軍の地位を他の足利家の人間から守る（または、奪う）ための戦いへと変化したのである。だが義輝期以降は、三好氏のように将軍を「敵」とする勢力によりその地位が動揺した。これにより、将軍と非足利の大名の相対化が進んだ。政変以降、将軍個人が動乱の当事者となったことで、政権の維持や復活には軍事的な裏付けが必須となったのである。

明応の政変以降、将軍家を軍事的に補完した勢力は細川京兆家を中心に、大内義興を除く畿内近国の守護・大名が担った。だが、将軍家を支えた京兆家が分裂したことで、将軍の存立と京兆家の家督問題は密に連動することとなった。それも義輝期に至って、京兆家に代わって新興の三好氏が台頭したことで変動した。新たに将軍の連携相手となった三好氏は在京しなかったため、守護・大名の在京制が義輝期に消滅した。その後、義昭期になると織田氏・毛利氏が現れたが、義輝期以降は旧来の守護家ではなく、新興の大名勢力が将軍家を支えたのである。将軍はその存立や軍事的裏付けのために時代の変化を受け入れ、それを活用しながら、その存続を図ったのであった。

また、歴代戦国期の将軍は一貫して大名の軍事力に期待して直属軍（奉公衆）の拡大を図らなかったが、奉公衆を増加させようにも、彼らを養うだけの御料所がなかったためである。特に戦国期は御料所経営の範囲はほとんど畿内周辺に限られ、さらにそれも京兆家（のちに三好、織田）

の被官らが押領していくなかで、直臣の経済難がより進むこととなった。所領のない、また維持できない直臣（無足衆）も奉公を続けるものの、有事に軍事奉公は果たせない。その点、戦国期まである程度の規模の所領を維持していた伊勢氏は特に動員力があったが、将軍より離反すると直属軍の規模は大幅に縮小することとなった。さらに将軍による知行安堵が動揺すると主従関係も動揺した。三好長慶が義輝との対立の際、直臣の離反工作に知行の問題を出したことも、このことを十分に理解していたからであろう。

もちろん、冒頭でも述べたように、将軍の存立基盤は軍事力のみに限ったものではないが、有事の際に実際にどれだけ大名勢力から支持を得るのか、動員を行うことができるかは、将軍個人の器量や連携する大名や大名間の勢力情勢に拠った。戦国期の幕府軍事とは、守護・大名をはじめとする諸勢力と将軍との関係そのものであった。独自の軍事力に限界のあった将軍家にとって、軍事的な裏付けともなる大名勢力の存在が必須であった。将軍の合戦と軍事ということは、すなわち将軍がその存立のために大名と連携、または依存することであったのだ。

第二部　足利将軍ゆかりの城館

総論2　戦国期足利将軍の居所と城館

中西裕樹

はじめに

城館研究では織田《おだ》氏や武田《たけだ》氏、小田原北条《おだわらほうじょう》氏など特定の大名権力による城館の特徴が注目され、織田氏から豊臣《とよとみ》氏に継承された縄張りや築城技術は近世城郭のルーツとなる系統だった城郭群（織豊系城郭《しょくほうけいじょうかく》）として把握された。ただし特徴の獲得、実現の過程に関する実証には不十分な面があり、事例の分布も平均するわけではない。そこで地域における縄張りや築城技術の特徴をふまえ、あらためて大名権力の城館をとらえ直す必要性が論じられて久しい。[*1]

さて、戦国期の足利《あしかが》将軍が関わった城館を全体として理解することは稀だろう。それはこの課題のためともいえるが、権力と城館のイメージが沸きにくいことも一因ではないだろうか。一方で、最後の将軍足利義昭《よしあき》が居所とした旧二条《にじょう》城（京都市上京区）は本格的な石垣《いしがき》や天主《てんしゅ》、櫓《やぐら》など近世城郭の嚆矢たる要素を実現し、注目がなされてきた。当初の築城はルイス・フロイスが活写したように織田信長《のぶなが》が尽力し、石垣や天主などは織豊系城郭の特徴でもある。このためか、今でも旧二条城は信長の城とされる場合が多い。

ただし戦国期将軍権力の解明が進み、もはや義昭による幕府が信長の傀儡でなかったことは明白である。[*2]さらに先の課題に関わるが、京都という首都では武家の館に安寧という秩序が求められた結果、恒常的な軍事施設自体が忌避、出現が遅れたとの重要な見解がある。[*3]信長は京都に城

＊1　齋藤慎一「戦国大名城館論覚書」（小野正敏・萩原三雄編『戦国時代の考古学』高志書院、二〇〇三年）。

＊2　木下昌規「信長は、将軍足利義昭を操っていたのか」（日本史史料研究会編『信長研究の最前線　ここまでわかった「革新者」の実像』朝日文庫、二〇二〇年。初出は二〇一四年）。

＊3　福島克彦「洛中洛外の城館と集落―城郭研究と首都論―」（髙橋康夫編『中世都市研究』一二、新人物往来社、二〇〇六年）。

＊4　横田冬彦「城郭と権威」（『岩波講座日本通史』近世1、岩波書店、一九九三年）。

館を築かず、本能寺《ほんのうじ》で最期を迎えた。これは京都に城館を中心に統合する都市構想を持たなかったため[*4]、また将軍でない立場で洛中に城を構えることは「超えることのできない一線」と理解していたためともされる[*5]。

この後、京都には豊臣（羽柴《はしば》）秀吉《ひでよし》が妙顕寺《みょうけんじ》城（京都市中京区）、続いて聚楽《じゅらく》城（聚楽第。同上京区）を築き、特に後者は全国の大名居城の縄張りのモデルとなった[*6]。これ以前も足利将軍が京都に営んだ居所＝御所は武家邸宅のあり方として、全国の大名居所の模範となっている[*7]。

これらの理解をふまえると、城館を忌避する「地域性」を帯び、かつ全国の武家拠点のあり方に影響を及ぼす首都＝京都における居所から城館へという変化は城郭史の画期として理解すべきで、その主体は足利将軍であった。将軍の居所と城館の把握はその変遷を理解することであり、少なからず城館研究に益するだろう。以下では次の著者の関心に基づき、考えた点を述べていく。

上：室町通と椹木町通の交差点。右奥周辺は義昭期旧二条城天主の推定地
下：現在の本能寺の織田信長廟所

一点目は、将軍が居所・城館とした場の特徴である。戦国期の将軍は京都（洛中）を離れ、各地の武家の庇護を受けることが多い。その際、例えば大名の本拠における居所の立地は個別に把握されてい

＊5　河内将芳『宿所の変遷からみる信長と京都』（淡交社、二〇一八年）。

＊6　千田嘉博『織豊系城郭の形成』（東京大学出版会、二〇〇〇年）、中井均「城郭史からみた聚楽第と伏見城」（日本史研究会編『豊臣秀吉と京都　聚楽第・御土居と伏見城』文理閣、二〇〇一年）。

＊7　小島道裕「室町時代の小京都」（『あうろーら』一二、21世紀の関西を考える会、一九九八年）。

るが、まとめるような作業は乏しい。将軍の拠点のあり方や大名との関係を示すものでもあり、この機会にその特徴を述べてみたい。

二点目は、洛中と周辺（洛外）に将軍が営んだ城館の特徴である。城館が忌避された京都において、ついに築城がなされた背景には人々が首都安全のシンボルとして在京する将軍を希求し、足利義晴《よしはる》、義輝《よしてる》がその志向を強く持ったことを木下昌規氏が論じた。まず築城は洛外で志向、実行された後に洛中で実現し、これは三好《みよし》氏が非在京のスタイルをとる中で、将軍が洛中を確保するためでもあった。[*8]そこで各地の大名拠点（居所・城館）の状況を参照しつつ、城郭史の視点から将軍が洛外と洛中に営んだ城館の特徴を把握したい。[*9]

三点目は、旧二条城の評価である。義輝は永禄二年（一五五九）以降、義昭は永禄十二年以降、この築城に取りかかる。発掘調査では、義昭期の本格的な石垣と堀が確認されているが、義輝期は素掘りの堀の比定にとどまっている。義輝期の実態はいまだ不詳だが、当時の公家が「城」と呼んだ事実は従来の居所とは違う施設であったからに他ならない。近年、畿内では同時期以降の城館研究が進み、義昭の家臣が関わった城館の特徴を抽出した結果、織豊系城郭を念頭にその先進性が注目できる。秀吉の聚楽城、さらには徳川《とくがわ》氏による二条城（京都市中京区）という京都と城館の系譜を整理する上でも、現在の足利将軍への歴史的評価や畿内の城館研究の成果をふまえ、あらためて城郭史上における評価を議論すべきと考える。

四点目は、上洛後の足利義昭の城館である。義昭は自身の城館を洛中に構えつつ、畿内近国では配下に取り立てた和田惟政《わだこれまさ》や明智光秀《あけちみつひで》、細川藤孝《ほそかわふじたか》らの武将が城館を拠点に支配を行った。このような城館と家臣を抱えた将軍は義昭だけである。戦国期の将軍のうち、足利義晴は動乱の当事者となることを避けたが、子の義輝は三好長慶《ながよし》との直接対決などその主体となった。[*10]そして義昭

＊8　木下昌規『足利義晴と畿内動乱』（戎光祥出版、二〇二〇年）及び本書所収の論考を参照。

＊9　京都周辺の将軍関係の城館は、上山春平氏や山下正男氏による悉皆的な調査で把握が進んだ。上山春平『城と国家』（小学館、一九八一年）、山下正男「京都市内およびその近辺の中世城郭—復元図と関連資料—」（『京都大学人文科学研究所調査報告』三五、一九八六年）。文献史では今谷明『戦国時代の貴族』（講談社学術文庫、二〇〇二年。初版は一九八〇年）を参照されたい。京都における将軍の居所・城館に関しては、髙橋康夫『海の「京都」』（京都大学学術出版会、二〇一五年）を参照していただきたい。

＊10　＊8木下文献。

に至り、敵対勢力との戦争を積極的に進め、その志向は「戦国大名的」とも評される。[*11] そこで城館を通じ、義昭が意図した戦略をとらえてみたい。なお、以降の小文で取り上げる足利将軍の城館・居所には後掲の各論番号を付した。立地や縄張りなどを含め、確認をお願いしたい。

一、将軍が居所・城館とした場

本来の将軍は在京するが、期間はともかくその場は京都（ここでは洛外を含む）と非京都、また取り巻く状況も平時と戦時というパターンが生まれ、平時の非京都の場合、将軍は各地の大名や有力な武家の庇護を受けた。この点を念頭に、大名らの本拠と将軍の居所・城館の場との関係を年代順に確認し、特徴を探りたい。

永正五年（一五〇八）に足利義晴の父義澄《よしずみ》が入った⑫水茎岡山《すいけいおかやま》城（滋賀県近江八幡市）は、近江守護代伊庭《いば》氏の被官九里《くのり》氏が城主とされ、独立丘陵の二つのピークを利用する山城であった。南東の主峰には南斜面に先行する山の寺の平坦面が広がり、基本的な縄張りは当該期の成立が指摘される。居所はここではなく北側のピーク間の谷部分に比定され、主峰が城主のエリアだとすればいわば反対側の端部にあたる。閉塞部のようにみえるが、当時は直接琵琶湖に面し外部との往来は可能であっただろう。

⑲置塩《おじお》（兵庫県姫路市）は、永正八年に誕生したばかりの足利義晴を迎えた播磨守護赤松《あかまつ》氏の守護所である。十六世紀半ば以降には当主が恒常的に居住できる山城が整備されるが、義晴滞在時は丘陵の裾に守護館などが展開する空間だった。この周辺に義晴の居所があったと思われるが現在は不詳である。

*11　黒嶋敏『天下人と二人の将軍』（平凡社、二〇二〇年）。

水茎岡山城の麓に面した琵琶湖

義晴は大永七年（一五二七）には⑭長光寺《ちょうこうじ》（近江八幡市）、享禄四年（一五三一）には⑯桑実寺《くわのみでら》（近江八幡市）という山の寺を居所とし、ともに庇護を受けた近江守護六角《ろっかく》氏の「本貫地《ほんがんち》」佐々木《ささき》荘及び周縁に所在した。長光寺は中山道《なかせんどう》と北伊勢方面への街道が交差する武佐宿《むさしゅく》に接し、中山道で約三・五km離れた六角氏の居城・観音寺《かんのんじ》（滋賀県東近江市・近江八幡市）の城下石寺《いしでら》と結ばれた。桑実寺は観音寺城と同じ山塊（繖山《きぬがさやま》）にあり、その間は直線で約二五〇mと至近だが、観音寺城の曲輪は南斜面に展開し、南麓に石寺が存在する。桑実寺は西側谷筋に坊院が広がり、互いに山麓同士は視認できない関係にある。

⑮岩神《いわがみ》館（滋賀県高島市）は大永八年から義晴、天文二十年（一五五一）と同二十二年からは義輝が長期滞在した居所で、近江西部の武家朽木《くつき》氏の本拠朽木谷に所在する。岩神館は朽木惣領家、または一族の屋敷があった場と推測されるが、戦国期の惣領家が本拠とし、背後に山城をともなう居館（朽木城）とは直線で約一・五kmの距離があり、ともに眼下には若狭街道が通る位置にあった。

㉑平島《ひらじま》（徳島県阿南市）は足利義維《よしつな》以来の阿波《あわ》公方《くぼう》家が居所を置き、天文五年に足利義栄《よしひで》が誕生した地である。義維は誕生まもなく阿波細川《ほそかわ》家に迎えられ、続いて阿波三好家の庇護を受けた。両氏の本拠である勝瑞《しょうずい》（同藍住町）とは直線で約二四kmもの距離があり、それぞれ異なる水系で畿内と交易する湊が存在した。

義栄が永禄九年（一五六六）から長期に居所とした㉓普門寺《ふもんじ》（大阪府高槻市）は、阿波三好家（篠原《しのはら》氏）ゆかりの富田《とんだ》という摂津の寺内町に隣接した禅宗寺院である。高槻や茨木《いばらき》（同茨木市）という城館（町場）とは街道で結ばれ、京都と西宮《にしのみや》（兵庫県西宮市）を結ぶ西国街道とは約一・八kmの距離にあった。直前には三好氏ゆかりの㉒越水《こしみず》城（西宮市）に滞在したが、普門寺滞在期間中には約五・五km離れて所在する三好氏の畿内支配の政庁であった㉕芥川《あくたがわ》城（高槻市）に入っ

勝瑞城跡　徳島県藍住町

た形跡がない。

永禄八年に足利義昭は近江の⑰公方屋敷（滋賀県甲賀市）、⑱矢島《やじま》御所（同守山市）を居所とする。⑰は和田《わだ》氏、⑱は矢島氏という義昭を支持する在地勢力が城館を持つエリアであり、居所の比定地は両氏関連施設との重複、または隣接が想定できる。一方、義昭が永禄十年から越前朝倉《あさくら》氏の庇護を受けて居所とした㉔御所・安養寺《あんようじ》（福井市）は同氏の本拠・一乗谷《いちじょうだに》を代表する大寺院であるが、エリアとしては上城戸《かみきど》という土塁・堀の外側に位置していた。目の前には越前府中《ふちゅう》（福井県越前市）への道が通じている。

天正三年（一五七五）以降、義昭は備中の㉖鞆《とも》城（広島県福山市）を居所とした。城館としての実態は不明だが、居所が所在した鞆の浦は瀬戸内海を代表する港町であり、この広義のエリア内を義昭の居所は移動したが、毛利《もうり》氏の本拠・吉田《よしだ》郡山《こおりやま》城（同安芸高田市）とは直線で約七〇kmもの距離があり、同地を義昭が訪れた形跡はない。

小括すると、大半の将軍の居所は、大名・武家の居所（城館）とは重複せず、一定の距離を置く傾向が指摘できるだろう。一乗谷について、小野正敏氏は上・下城戸の内側を当主の居館を軸とした朝倉氏の主従関係による支配空間、外側をニュートラルな無縁の領域と評価した。*12 長谷川博史氏は、中世の港町は特定権力の支配を受けずに中立的な緩衝帯であったとし、毛利氏は義昭と距離を保ったと指摘している。*13 戦国期の将軍は大名・武家の庇護を受けつつも、在地での存在はその支配が直接及ばないエリアに設けられた。これは将軍が異なる権力であるという認識や、大名側からすれば直接自身のテリトリーに入れるべき存在ではなかったことを示唆するように思う。また、将軍の居所は主要街道などの交通路に面することが多く、これは掌握という意味ではないが立地上の意識としてあげておきたい。

*12 小野正敏『戦国城下町の考古学』（講談社選書メチエ、一九九七年）。

*13 長谷川博史「戦乱の時代の港町・鞆の浦〜足利義昭と鞆の浦〜」（檀上浩二編『鞆幕府 将軍 足利義昭』福山市鞆の浦歴史民俗資料館、二〇二〇年）。

二、京都周辺に将軍が営んだ城館

記録上、京都周辺で将軍が「城」を構える意思を持ったのは、足利義晴が近江から京都に復帰する過程で天文三年（一五三四）に入った②南禅寺《なんぜんじ》・東岩倉山《ひがしいわくらやま》城（京都市左京区）においてである。南禅寺は洛外に位置し、以降の将軍は洛外で築城を行っていく。以下、年代順に取り上げる。

同年の築城は義晴の奉行が「珍事」と述べたように、それまでの将軍にとっては思いがけないものであった。築城は義晴が居所とした南禅寺の「南禅寺山之上」でとされるが、周辺の山々に城館遺構は未確認で築城は不成立、また山の寺を利用したものであった可能性が高い。次の築城は間を置いて天文十五年になってからで、このとき義晴は細川晴元《はるもと》と対立、近江六角氏への依存を高め、洛中から洛外の慈照寺《じしょうじ》（京都市左京区）に移って城郭を構えた。以前から築城が繰り返されていた④北白川城塞群（左京区）の一画にあたり、初めて将軍として実態がある（遺構を伴う）城郭の主体となった可能性がある。

三年後の天文十八年、三好長慶に京都を追われた義晴はやはり六角氏を頼りつつ、⑤中尾《なかお》城（左京区）を築いた。同時に慈照寺、または近江の⑬坂本《さかもと》（大津市）を使用し、「慈照寺上之山」と称される山城で奉公衆《ほうこうしゅう》らが詰めた。翌年の義晴没後に義輝が完成させ④北白川城塞群とともに運用したことが推測され、現地には明確な曲輪や堀などを備えた東西約一七〇m×南北約二三〇mの範囲に及ぶ山城遺構が残る。

天文二十一年に義輝は洛中に居所（今出川御所）を置きつつ洛外に⑥霊山《りょうぜん》城（東山区）を築く。敵対する細川晴元勢が京都周辺に現れると自身が霊山城、親族や家臣は清水寺に移った。機能と

南禅寺の門前　京都市左京区

して城と寺院は一体で運用されたが、清水寺は築城に不本意であり、公家の山科言継《やましなときつぐ》は城と寺のエリアを明確に『言継』で書き分けた。城は自然地形を多分に含んで中心部は長辺約五〇mにすぎず、恒常的に維持された山城とは評価できない。京都の人々が城を忌避してきたなかで、洛外

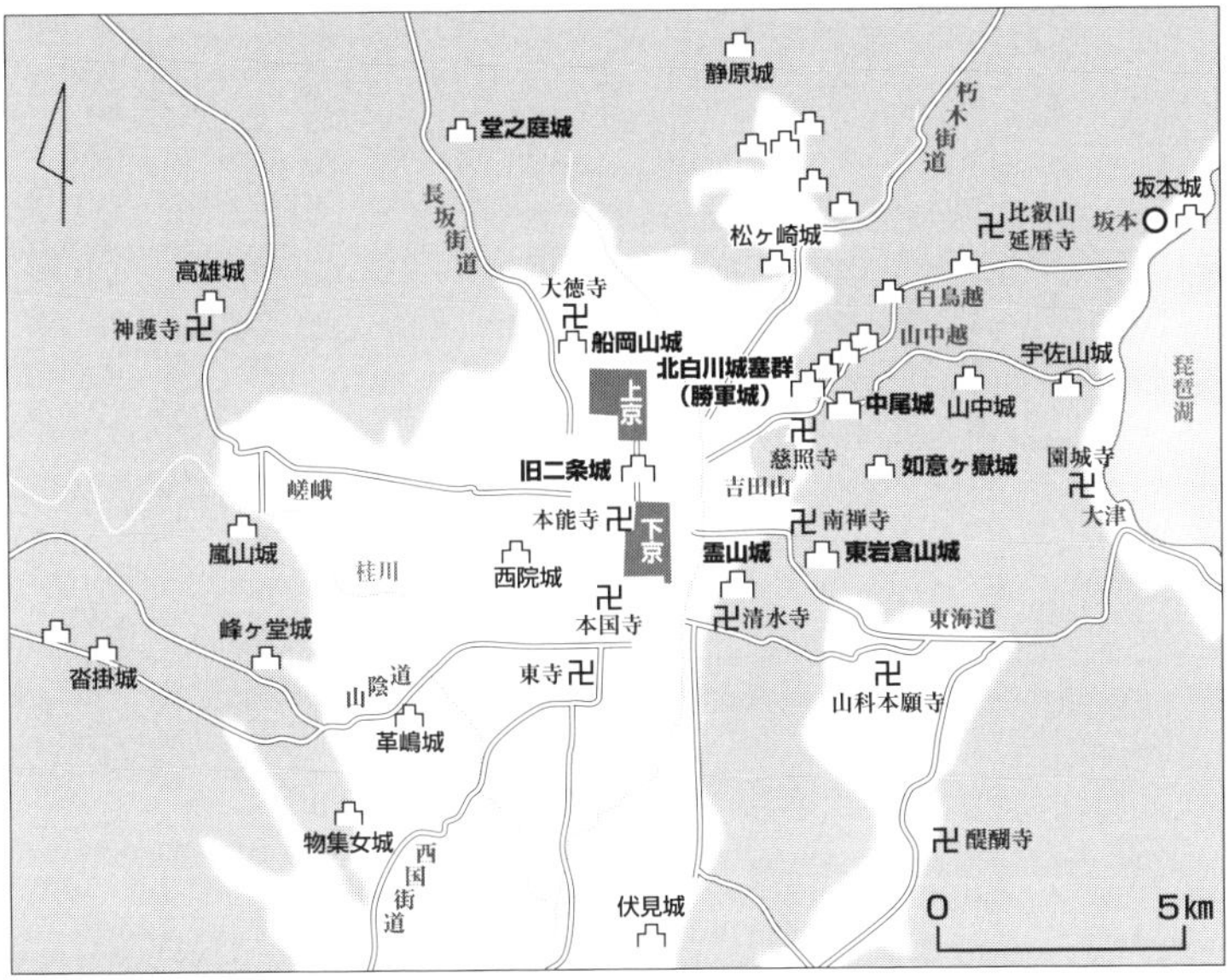

戦国期京都と主な城郭（太字の城名は本書に掲載）

といえども築城に規制が働いた結果を示唆し、翌年に三好勢の攻撃を受けた際に義輝は城を出、一日で落ちた。関連し、永禄元年（一五五八）には近江からの京都復帰を期する義輝が洛外の醍醐《だいご》寺（京都市山科区）に陣を置くという風聞が流れた際、寺側は警戒にあたったという。

この永禄元年、近江六角氏のバックアップを受けた義輝は三好氏からの京都奪還戦に踏み切り、④北白川城塞群の核となる瓜生山の勝軍《しょうぐん》城に約九ヶ月滞在した。その規模は東西約二五〇m×南北約二五〇mの連郭式山城《れんかくしきやまじろ》であり、明確な曲輪や堀切などを伴う。将軍が本格的に在城した初の戦国期山城といえ、和睦条件に同城の破却があがったことも注目される。義輝は帰洛し、永禄二年から洛中

中尾城からみた洛中方面

に⑩旧二条城の工事をスタートし、同八年の義輝死後に山科言継は「城」と記した。ここにおいて他の武家と同様の恒常的な城館が洛中に出現したことになる。

洛外における城館の特徴として、山城と麓に将軍が利用する寺院とのセット関係があり、いわば平時に居住する平地の居館と有事に入る詰城《つめじろ》という「根小屋式城郭《ねごやしきじょうかく》」の態を成す。機能面でも寺院が主、山城が従といえる。[*14] 当該期の大名拠点を見ていくと、例えば播磨赤松氏は置塩城、近江六角氏は観音寺城という権力の所在地たる巨大山城を営み、三好氏に至っては山麓に居館が確認できない。この意味で将軍の山城は臨時性が強いものであった。

洛中での城館については、永禄二年の義輝期旧二条城が端緒となるが、例えば周防山口《やまぐち》の大内《おおうち》氏館跡（山口市）や阿波三好家が拠った勝瑞館跡、豊後の大友《おおとも》氏館跡（大分市）では、いずれも発掘調査の結果、周囲に築地塀《ついじべい》と堀が想定されるも、土塁については積極的な根拠が見出されていない。[*15] これらを勘案すると、そもそも戦国期における平地の武家拠点は必ずしも「城」の態を成さず、旧二条城以前の将軍居所だけが「遅れていた」わけではないともいえる。[*16]

なお、永禄十一年の帰洛後、足利義昭は義輝と同様に醍醐寺での築城を意図し、実際には北白川城塞群の勝軍城を運用した。醍醐寺では寺側の反発があり、将軍といえども寺領での築城が困難であったことを示すが、義昭側の取捨選択があった可能性もあるだろう。[*17]

三、旧二条城の評価

永禄十一年（一五六八）の上洛翌年、足利義昭は京都で⑩旧二条城の築城を開始した。横田冬彦氏は『言継』にみえる「だしの磊」などの表現から総石垣・二重の堀を持つ城郭とし、その三

*14　恒常的な運用とは言い難いものの、義晴は本格的な山城遺構が確認できる中尾城を築き、義輝は勝軍城に在城した。脆弱性が目立つのは、洛中を将軍が掌握、またはできる状況にあった時期の東岩倉山城（南禅寺）、霊山城（清水寺）である。前者の二例は京都奪還戦という戦時の使用であり、後者の二例は将軍が京都にいる平時の城館といえる。洛外といえども、この違いが城館の機能の差となったのかもしれない。

*15　中西裕樹「土塁からみた方形館―土塁の性格と囲まれた空間を考える―」（『城館史料学』四、二〇〇六年）。

*16　永禄元年の義輝による京都奪還戦において、京都では義輝を「敵」とし三好氏が京都を守る勢力とみなす動きがあった。水野智之「足利義晴～義昭期における摂関家・本願寺と将軍・大名」（久野雅司編著『足利義昭』戎光祥出版、二〇一五年。初出は二〇一〇年）。将軍と他の武家との垣根が崩れ、従来は将軍にそぐわなかった城館を義輝が築きはじめる動きと軌

方に外枡形《そとますがた》、もしくは外郭を持つ縄張りは後の秀吉による聚楽城に近似するとした。そして、これを城館研究における山城を中心とした編年案と織豊系城郭の発展段階とは異なる系統とし、三重の塗籠天主や武家屋敷地区も含め、京都の寺院要害（＝構）から聚楽第に至る平城の独自な発展過程を考える必要があるとした。*18

　義昭期の特徴として、髙橋康夫氏は⑴洛中に立地する平城《ひらじろ》、⑵二重の堀、⑶石垣を多用した要害、⑷天主を備える、⑸天主を備えた内郭と「出し」＝外郭という構造、⑹城内の家臣屋敷、⑺大手（西門櫓）が室町通に面する（横町型）、の七点をあげた。やはり後の聚楽第、二条城に継承されたとして近世的城郭の先駆とし、義輝期の特徴には⑴・⑵・⑶が認められると評価している。*19「だし」については、横田冬彦氏は外枡形虎口《こぐち》、髙橋康夫氏は外郭、千田嘉博氏は横矢《よこや》（側射）のための塁線の張り出し、馬瀬智光氏は「出丸」とする。*20『日葡辞書《にっぽじしょ》』では「Xirono daxi（城の出し）」として「城の少し外側に作られた堅固な場所」とし、関連してフロイスは三ヶ所の「大きな門」を防御する「石造りの防塁」の存在を伝える。虎口前面を防御する馬出《うまだし》の可能性もあるが、*21現時点では虎口を守る施設という理解をしておきたい。二重の堀については、戦国期の武家拠点では複数の方形館が並ぶ状況が多い。評価には慎重な姿勢も求められるが、*22文献上からは成立する解釈だろう。石垣の使用も義昭期については発掘調査で確認がなされている。以後の織豊系城郭の展開をみた上でも、その先進性は評価せねばならない。そこで、ここでは同時期の義昭周辺の武将の城館を取り上げ、特に天主に注目したい。*23

　義昭が旧二条城の築城を開始した永禄十二年、義昭から摂津の支配者として㉕芥川城を任せられていた和田惟政が平地の高槻城（高槻市）へと居城を移す。義昭幕府に参加した河内の三好義《よし》継《つぐ》も義父の長慶が威勢を示した飯盛城《いいもり》（大阪府四條畷市・大東市）という山城から平地の若江城《わかえ》（同

を一にするようにも思える。

*17　醍醐寺では山上に堀の跡が確認されており、将軍の築城との関係が注目される。中居和志「醍醐寺境内」（『京都府中世城館跡調査報告書』三、二〇一四年）。

*18　*4横田論文。

*19　髙橋康夫「織田信長と京の城」（*9同文献。初出は二〇〇一年）。

*20　*4横田論文、*19髙橋論文、*6千田文献、馬瀬智光『天下人の城』（京都市、二〇一七年）。

*21　織豊系城郭の馬出について、髙田徹氏はこれ以前から平地城館での発達を想定している。髙田「織豊系城郭における馬出」（村田修三編『新視点 中世城郭研究論集』新人物往来社、二〇〇二年）。

*22　千田嘉博『歴史を読み解く城歩き』（朝日新書、二〇二二年）。

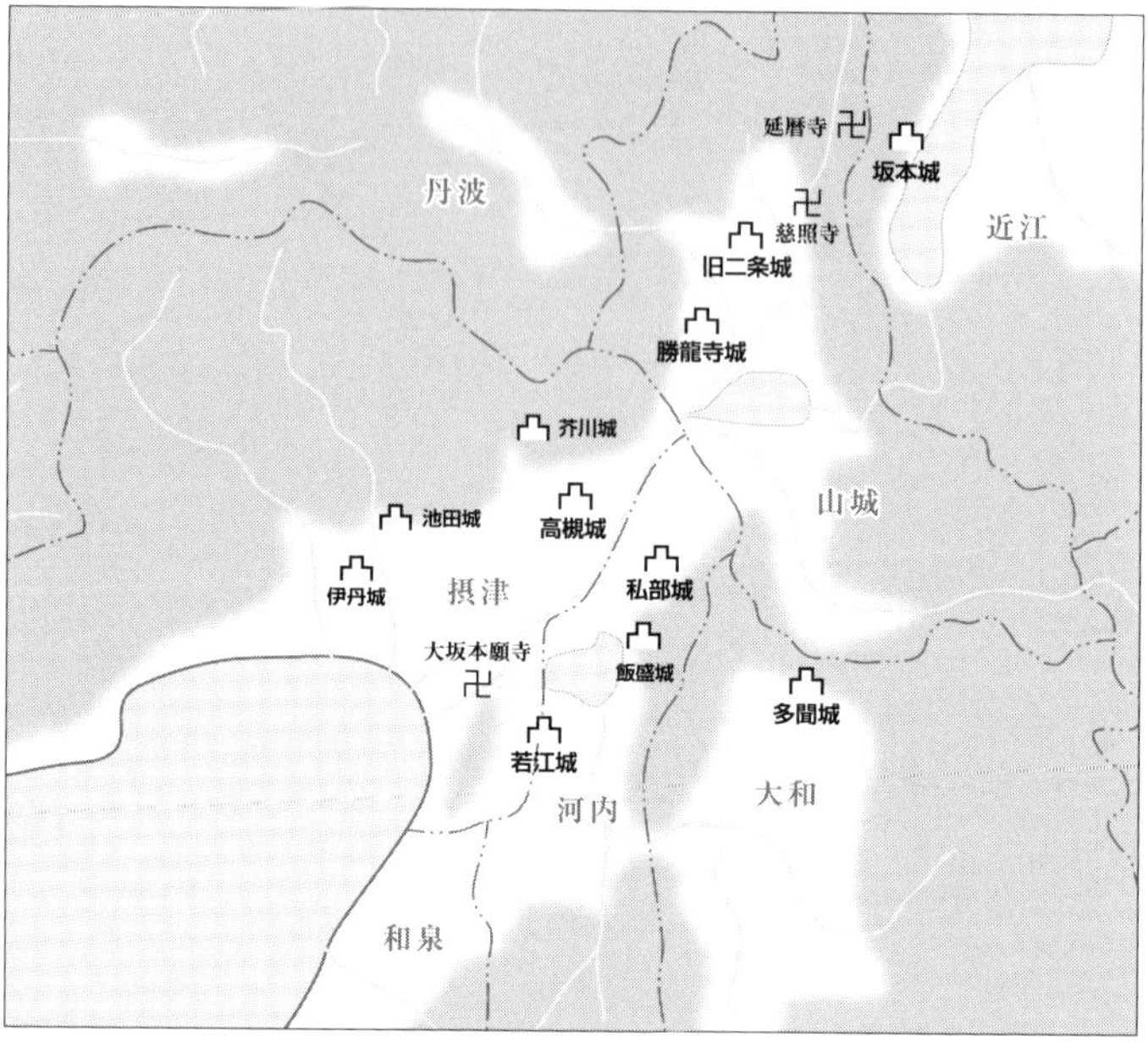

義昭期旧二条城と配下の武将の城館位置図

東大阪市）へと居城を移し、河内北部では安見《やすみ》氏が平地の私部《きさべ》城（同交野市）を拠点とした。また惟政と同様、義昭に取り立てられた明智光秀は元亀二年（一五七一）には近江に坂本城（大津市）を築き、同様の細川藤孝は山城国の勝龍寺《しょうりゅうじ》城（京都府長岡京市）を大改修する。両氏は織田氏との関係を強めていくが、当時は義昭家臣としての性格を保っていた。

これらの城郭は、(1)四角い（方形プランの主郭を持つ平城、(2)瓦・石垣の使用、(3)虎口の工夫（枡形状）、(4)天主、というおおむね共通する特徴があり、織豊期、また織豊系城郭の画期とされる山城からの交通の利便に富む平城へという拠点の移動、石垣・瓦、虎口の発達、高層建築の天守という近世城郭への流れの先鞭で、総じて先進性と評価すべきものである。なお、義昭幕府に参加した松永久秀《まつながひさひで》は、三好氏配下の大名として永禄四年から奈良に近接した丘陵上に多聞《たもん》城（奈良市）を築きはじめ、早くから本格的な瓦の使用や高層建築が成立した城郭としての

＊23　以下、中西裕樹「山城から平城へ―一五七〇年代前後の畿内と城郭」（小谷利明・弓倉弘年編『南近畿の戦国時代』戎光祥出版、二〇一七年）。

＊24　多聞城については、中西裕樹編著『松永久秀の城郭』（戎光祥出版、二〇二一年）所収の論考を参照されたい。

先進性が注目されてきた。*24 すでに義輝段階で畿内では都市や交通の発達という地域性に対応し、かつ自然地形に依拠できない平地での軍事性を確保するため、新しい要素を持つ城郭が出現する動きがあった。

同時代史料、もしくは信憑性が高い記録における最古の天主は元亀二年（一五七一）七月の義昭期二条城にはじまり、同三年十二月の坂本城、元亀四年三月の高槻城、六月の勝龍寺城、十一月の若江城が続く。*25 いずれも信長家臣ではなく、義昭配下の武将の城郭である。「天主」の語については「天下」の「天」に通じるもので、将軍が維持すべき京都と周辺（畿内）の意味を持つ天下を標榜した義昭・信長のもとで出現し、その拡大とともに広がったとの指摘がなされている。*26 また中世における天下とは、京都を核とする寺社が安全を祈禱する範囲のことで、為政者はその隅々までを観念的に支配する装置として京都に高層の仏塔を建設した。*27 室町幕府の将軍では、三代義満《よしみつ》が高さ一〇九ｍに及ぶ相国寺《しょうこくじ》大塔を洛中に出現させていた。城郭の天主が洛中における高層建築物であり、配下の城郭でのみ当初確認できることをふまえると、「天下の主」という義昭の将軍としての意識が現れたネーミングのようにも思える。*28

四、上洛後の足利義昭の城館

「天主」の初見であった元亀二年（一五七一）時点において、京都の⑩旧二条城を居所とする義昭には、城館を拠点に支配を行う自身が取り立てた武将がいた。近江の明智光秀（坂本城）、山城の細川藤孝（勝龍寺城）、摂津の和田惟政（高槻城）である。やがて光秀と藤孝は信長に与し、また『信長公記《しんちょうこうき》』では信長が坂本城を光秀に与えたとするため、義昭を取り巻く城館の配置（分

---

*25　勝龍寺城については、伊藤太『光秀と幽斎』（京都府立山城郷土資料館、二〇一九年）を参照。

*26　中澤克昭「戦国・織豊期の城と聖地」（齋藤慎一編『城館と中世史料』高志書院、二〇一五年）。

*27　早島大祐『明智光秀』（ＮＨＫ出版文庫、二〇一九年）。

*28　これらの城郭に使用された技術は畿内の寺社が持っていた。石垣では室町期の矢穴を持つ石材を使用したものが京都・慈照寺の発掘調査で確認され、瓦については大坂本願寺で使用した型が私部城、若江城の順に使用されていた。百瀬正恒「東山殿・慈照寺（銀閣寺）の建物配置と庭園」（桃崎有一郎・山田邦和編『室町政権の首都構想と京都』文理閣、二〇一六年）、吉田知史「発掘調査からみた私部城」（交野市教育委員会『河内の堅城 私部城』、二〇一四年）。

布）としてこれらは理解しづらいようにみえる。一方で元亀四年に義昭が反信長の姿勢を明確にした際、与同する勢力と義昭自身が城館などに拠って挙兵した。

同年二月に義昭家臣の山岡景友《やまおかかげとも》（光浄院暹慶《こうじょういんせんけい》）が近江国志賀《しが》郡の石山城《いしやま》（大津市）、同じく磯谷久次《いそがいひさつぐ》と渡辺昌《わたなべあきら》が同じく近江国志賀郡の今堅田《いまかたた》（大津市）で兵を挙げ、まもなく信長勢が鎮圧するも義昭は旧二条城に籠もった。上京《かみぎょう》焼き討ち後に和睦となったが、七月三日に再び義昭は⑪槇島城《まきしま》（京都府宇治市）に移って挙兵した。しかし旧二条城に残った軍勢が降伏、十二日にはその中心の三淵藤英《みちぶちふじひで》が伏見城《ふしみ》（京都市伏見区）に移り、十八日に義昭は降参、京都を追われた。ただし渡辺・磯谷の両氏が④北白川城塞群の麓にあたる一乗寺《いちじょうじ》、山本《やまもと》氏が京都北郊の静原《しずはら》城（京都市左京区）、そして石成友通《いわなりともみち》が京都南郊の淀《よど》城（伏見区）に籠もり、この後もしばらくは持ちこたえている。これらの城館、また挙兵地の分布は、義昭の勢力を考える素材になるだろう。[*29]以下では、順に取り上げる。

石山城の遺構は現在確認できないが、『信長公記』には「石山の城」とあり、琵琶湖南端から流れ出る瀬田川《せたがわ》西岸の丘陵端部に営まれた方形館が想定される。周辺は山岡一族が掌握する地域で、信長勢の攻撃時、瀬田川の渡河点である東海道の瀬田橋が使えなかった可能性がある。また景友は瀬田川（宇治川《うじがわ》）下流にあたる上山城（山城国南部）の守護に任命されていた。

今堅田城の遺構も確認できないが、『兼見卿記』には「城」の表現がある。湖上交通の拠点・堅田の北端にあたり、島状地形を利用したものかと思われる。渡辺、磯谷の両氏は近江から京都にいたる山中越《やまなかごえ》、白鳥越《しらとりごえ》に関わる集落の土豪で光秀の与力になっていた。

槇島城の遺構も未確認だが、同時代史料からは本城―外構の二重空間が復元される。宇治川が流れ込む山城国南部の巨椋池《おぐらいけ》の中州に存在し、義昭家臣の真木（槇）島氏の拠点であった。ここ

＊29　以下、中西裕樹「元亀四年の足利義昭の挙兵と淀川水系の城郭」（『しろあとだより』二一、二〇二〇年）。

でも信長勢の攻撃時、宇治川の渡河点である奈良街道の宇治橋が使えなかった可能性がある。

戦国期の伏見城の実態は不詳である。ただし、伏見は京都の東山から南に続く丘陵と巨椋池が接する水陸交通の結節点で、以前の文献に城の存在が確認できる。地元荘園の鎮守である御香《ごこうの》宮《みや》の東側で行われた発掘調査では堀と土塁が検出され、三淵氏の伏見城との関連が指摘される。

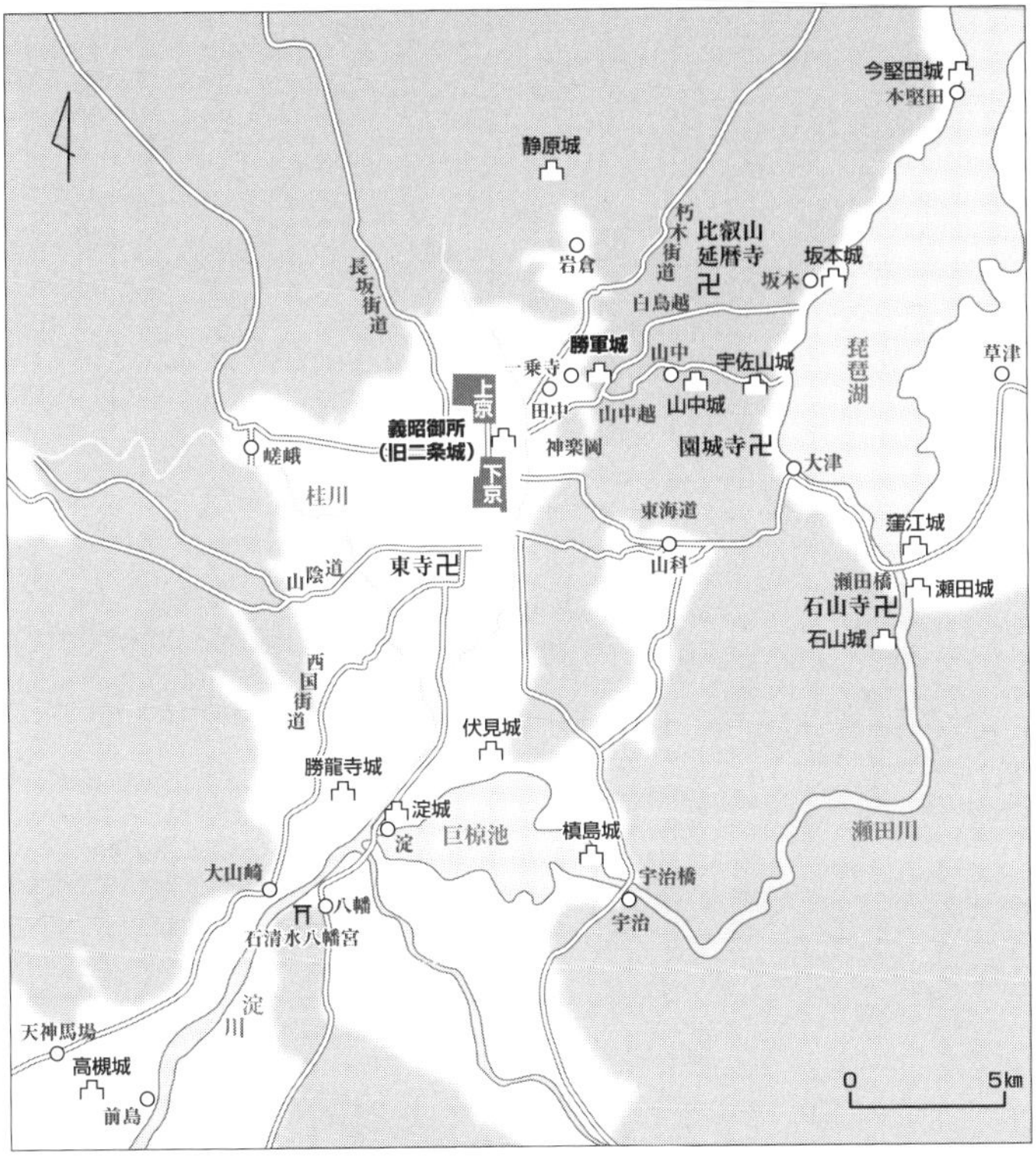

元亀４年の足利義昭方の城郭と淀川水系

渡辺・磯谷両氏の一乗寺は、『信長公記』に「足掛り」とあるため、何らかの軍事施設なのだろう。北白川城塞群の一画を利用したことも想定できる。静原城は山頂とそこから伸びる尾根上の二ヶ所に各々長辺約二〇〇mに近い遺構が残り、石垣も認められる。山本氏は京都北の岩倉周辺（京都市左京区）の土豪であった。

淀城は、槇島城・伏

宇治川に架かる宇治橋　京都市伏見区

見城と同様に巨椋池に臨む場所に存在し、淀津が桂川《かつらがわ》・宇治川・木津川《きづがわ》が合流する巨椋池西端に位置する京都の外港、都市的な場として発達していた。この時点の遺構は確認できないが、以前の文献には「本城」「外城」がみえ、位置は近世淀城の地に比定される。石成氏はかつて義昭と敵対した三好三人衆の一人であるが、義昭の奉公衆と籠城していた。

元亀四年の義昭方の城館は大半が遺構を残さず、構造は不詳である。ただし、琵琶湖—瀬田川・宇治川—巨椋池という淀川流域に分布し、立地は石山＝瀬田、堅田や槇島＝宇治、淀という水陸交通の要衝・結節点、また都市的な場と重複・隣接する。淀川水系は東西日本を結ぶ交通の大動脈で、後の豊臣政権は天正十一年（一五八三）から河口に近い淀川（大川）べりに本城・大坂城（大阪市中央区）の工事をスタートさせ、続いて淀城と近江国志賀郡の港町・大津に大津城（大津市）を整備した。同二十年からは豊臣家の家督を退いた秀吉の居所として伏見（指月）城を築き、文禄三年（一五九四）以降は宇治や淀の港湾・交通機能を伏見に集める「太閤堤《たいこうつつみ》」が構築される。

これら豊臣政権の城郭は淀川水系を介した経済掌握という目的が大きく、元亀四年段階の義昭方のものとは規模にも大差がある。しかし淀川水系を押さえる着眼点は同じで、これを曲がりなりにも実現した将軍義昭の実力は注目に値するのではないだろうか。明智氏の坂本城、細川氏の勝龍寺城、和田氏の高槻城も広くとらえればその周辺に位置する。家臣と城館を通じ、義昭は淀川水系を軍事的に押さえようとしていたことを指摘したい。

おわりに

以上、著者の関心が赴くまま四つの点を述べてきた。以降の各論にあたって参考にしていただ

伏見を流れる宇治川

ければ幸いである。さて、続く各論では足利将軍の居所・城館をめぐる歴史と背景を取り上げたが、その枠組みや争乱の原因までは説明できなかった。ここで少しふれておくと、戦国期の将軍は在京、または近国の大名らを頼り、ときには対立する。対象は播磨守護赤松氏や若狭守護武田氏、越前朝倉氏らであるが、義晴以降は近江守護六角氏が幕政に大きく関与した。しかし、最も影響を受けたのは、幕府管領で在京する摂津・丹波守護の細川氏（京兆家《けいちょうけ》）だろう。

　京兆家は当主の細川政元《まさもと》が明応二年（一四九三）に将軍足利義稙《よしたね》が廃され、義澄が擁立された明応の政変の中心となる。その後に家中が分裂して永正四年（一五〇七）の政元暗殺後は細川高《たか》国《くに》派（高国―晴国《はるくに》―氏綱《うじつな》）と細川澄元《すみもと》派（澄元―晴元）が対立を繰り広げ、この過程で台頭した三好長慶が天文十八年（一五四九）に京兆家の晴元と将軍義輝と父義晴を京都から追い落とすことになった。将軍家も義稙の流れ（義維―義栄）と義澄の流れ（義晴―義輝―義昭）で対立した。その足跡として居所と城館をとらえていただくと幸いである。

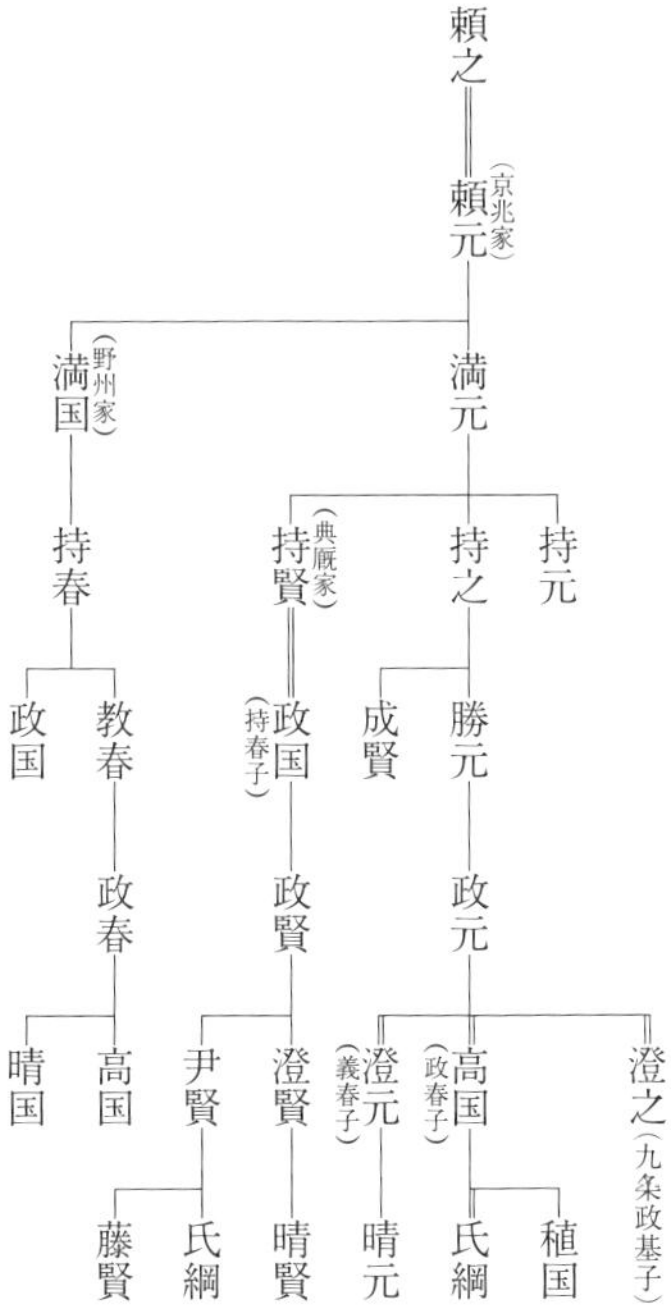

細川氏略系図

近世淀城の天守台　京都市伏見区

凡　例

・以下では、おおむね足利義晴以降の将軍及び相当の人物を対象とし、その在任期を問わず滞在した居所及び関係城館を取り扱う（年齢は数え年で記載）。室町幕府の将軍として自身の城館を構えたのは義晴以降だが、本拠の京都を含め、その居所は必ずしも土塁や堀などを持つ軍事的な場ではなかった。ここでは居所自体や周辺の環境も扱い、足利将軍の城館を考える契機としたい。ただし、以前の将軍が関係した場合は、その歴史も紹介した。

・各論（個別の城館／居所）は山城国・近江国・その他の地域でまとめ、各将軍の滞在・関係年代順に掲載した。ちなみに将軍別の滞在・関係年代は推定を含め、およそ本書掲載の事例では次のとおりとなる（⑬坂本・穴太は除く）。

足利義晴…⑫水茎岡山城→⑲置塩→①柳の御所→⑭長光寺→⑮岩神館（朽木谷）→⑯桑実寺・観音寺城→②南禅寺・東岩倉山城→③今出川御所→④北白川城塞群（勝軍城）→③今出川御所→④北白川城塞群（勝軍城）

足利義維…⑫水茎岡山城→⑳堺→㉑平島館→㉒越水城→㉓普門寺（富田）→㉑平島館

及び⑤中尾城・慈照寺

足利義輝…②南禅寺・東岩倉山城→③今出川御所→④北白川城塞群（勝軍城）→③今出川御所→④北白川城塞群（勝軍城）及び⑤中尾城・慈照寺→⑮岩神館（朽木谷）→③今出川御所→⑥霊山城・清水寺→⑦船岡山城→⑧堂之庭城→⑮岩神館（朽木谷）→⑨如意ヶ嶽城→④北白川城塞群（勝軍城）→⑩旧二条城

足利義栄…㉑平島館→㉒越水城→㉓普門寺（富田）

足利義昭…⑰公方屋敷（和田館城群）→⑱矢島御所→㉔御所・安養寺（一乗谷）→⑯桑実寺・観音寺城→⑥霊

山城・清水寺→㉕芥川城→④北白川城塞群（勝軍城）→⑩旧二条城→⑪槇島城→⑳堺→㉖鞆城（鞆の浦）

・城館／居所名の下の項目は、①中心部の所在地（町名）、②主体の将軍名、③立地（およその地形と標高）、④現存遺構などを示した。城館／居所名は周知の埋蔵文化財の包蔵地名とは一致しない。

・本文では「概要」に続き、地形や交通路、近隣施設などの「立地」、前後の将軍を取り巻く動向を中心とした「歴史と背景」、遺構や立地を念頭に置く「構造と評価」の順で述べていく。

・参考文献や典拠史料（記録）は註として本文の下部で示し、典拠史料の表記は本書の木下論考の凡例に拠った。紙面の都合上、文書の個別名称や発給年月日、記録についても該当記事の年月日は記載できていない。参考文献をあわせ、検索していただきたい。なお、京都府下の城館／居所及び典拠史料については、註の無い場合でも京都府教育委員会『京都府中世城館跡調査報告書』第3冊（二〇一四年）・『同』第4冊（二〇一五年）を参照にしている。

・対象とした城館／居所の大半は私有地であり、住宅地や信仰の場である寺社境内なども含む。現地を訪れる際は所有者や関係者へのお声かけはもちろん、マナーを十分に守ってほしい。また遺跡や歴史への理解は一様ではない。言うまでもなく、関係者に一面的な見解を披露することは慎んでいただきたい。

・第二部掲載写真のうち、クレジットがないものは著者撮影の写真である。

・所収の図版については、所蔵機関の他、次の個人の方々のご許可を得た。末尾ながら記し、御礼と深い感謝を申し上げたい（敬称略）。

高田徹、中井均、福永清治、藤岡英礼、宮田逸民、山上雅弘、山田邦和、山本尊敏、吉田豊

義晴が造営した洛中の居所

1 柳《やなぎ》の御所《ごしょ》

①所在地：京都市上京区本法寺前町他
②将　軍：足利義晴
③立　地：扇状地（標高約六〇ｍ）
④遺　構：—

【概要】大永五年（一五二五）に将軍足利義晴《あしかがよしはる》が初めて洛中に造営した居所であり、「柳原《やなぎはら》御所」「柳御所」とも呼ぶ。地表面に遺構は残らないが、発掘調査で西端と思われる溝が検出されている。＊1

歴博甲本洛中洛外図屏風（部分）に描かれた柳の御所　国立歴史民俗博物館蔵

【立地】政治的首都である上京《かみぎょう》と呼ばれた平地の都市内部で、幕府関係者や寺院が建ち並ぶ一画にある。

【歴史と背景】永正十七年（一五二〇）、将軍足利義稙《よしたね》はこれまで連携していた細川京兆家《ほそかわけいちょうけ》の細川高国《たかくに》と手を切り、阿波から京都に軍勢を進める細川澄元《すみもと》を支持した。高国が京都を奪還すると義稙は和睦するものの翌年に出奔し、堺（堺市堺区）滞在を経て淡路島に向かった。そこで高国は

＊1　足利義晴と柳の御所をめぐる動きについては、木下昌規『足利義晴と畿内動乱』（戎光祥出版、二〇二〇年）を参照。発掘調査成果については、『平成17年度 財団法人京都市埋蔵文化財研究所年報』（二〇〇八年）を参照。

播磨の赤松義村《あかまつよしむら》が庇護し、十一歳になった前将軍足利義澄《よしずみ》の子・義晴を将軍に就けるべく、義村と対立する重臣浦上村宗《うらがみむらむね》に働きかけた。義晴は七月に上洛して上京の高国ゆかりの岩栖院《がんすいん》に入り、*2 十二月の元服や将軍宣下は義稙の居所の三条御所《さんじょうごしょ》（京都市中京区）を使って行われた。

大永四年（一五二四）になると義晴の新たな御所造営が話題になり、各地の守護らに国役《くにやく》が課された。*3 翌年には建設地が議論され、義晴周辺は三代将軍足利義満《よしみつ》が造営し、将軍家（室町殿《むろまちどの》）の象徴となった「花の御所」の地を希望したが、最終的に高国と細川尹賢《ただかた》（細川典厩家《てんきゅうけ》）の屋敷の北に位置した高国内衆《うちしゅう》の香川《かがわ》・秋庭《あきば》氏らの屋敷地に決定した。造営は尹賢や義晴重臣の大館《おおだち》常興《じょうこう》らが対応したが、高国が主導した。普請は四月からはじまって八月には三条御所の用材を利用した立柱があり、十二月に義晴が移った。

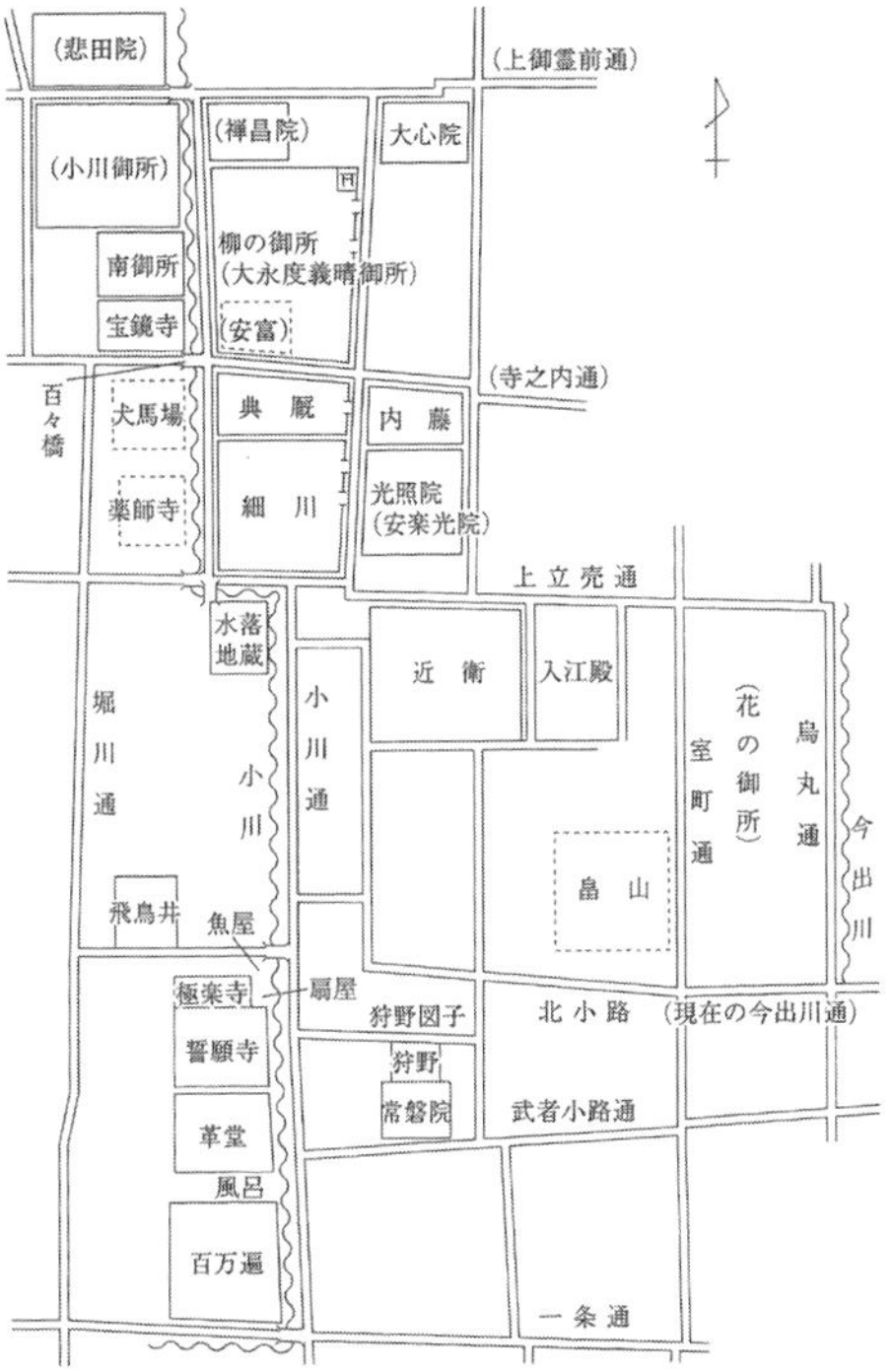

柳の御所周辺の復元（小島道裕『洛中洛外図屏風』吉川弘文館、2016年より転載）

大永六年七月、高国が家臣香西元盛《こうざいもともり》を討つと（尹賢の讒言《ざんげん》によるともいう）、反発したその兄の波多野元清《はたのもときよ》や柳本賢治《やなぎもとかたはる》らが丹波で挙兵した。高国の軍勢が鎮圧に失敗した結果、元清と賢治は阿波の細川晴元《はるもと》（澄元の子）と手を結んだ。阿波には澄元が養育し前将軍義稙

*2　元は足利義満の管領をつとめた細川満元の屋敷地であり、没後に岩栖院とされた細川京兆家ゆかりの寺院である。

*3　義晴の御所造営については、浜口誠至「義晴前期の幕府政治―『御作事方日記』を中心に―」（同『在京大名細川京兆家の政治史的研究』思文閣出版、二〇一四年）を参照。

上：柳の御所付近にあたる裏千家の今日庵
下：柳の御所付近にあたる妙顕寺

の後継者となった義晴の兄弟・義維《よしつな》がおり、晴元らは将軍候補に擁した。晴元は十三歳であり、おそらくこれらの動きは家中の意思だろう。義晴は各地の大名に出兵を要請し、若狭守護の武田元光《たけだもとみつ》が上洛、近江守護六角定頼《かくさだより》の軍勢が洛東の北白川《きたしらかわ》（京都市左京区）まで出陣してきた。[*4]

翌大永七年二月十三日、京都西郊に現れた丹波勢と晴元方の軍勢に対し、義晴は初陣《ういじん》を遂げる。ただし敵が陪臣《ばいしん》にあたるため、義晴は鷹狩《たかがり》の装束で六条《ろくじょう》の本国寺《ほんこくじ》に入ったという。結果、義晴らは大敗し、武田勢が奮戦する一方で、晴元との誼を意図した六角勢は動かなかった。翌日に義晴らは近江の坂本《さかもと》（大津市）に逃れ、琵琶湖を渡って長光寺《ちょうこうじ》（滋賀県近江八幡市）を「かりの御所」とした。[*5] 義晴が柳の御所にいたのは、わずか一年と数ヶ月のことであった。

【構造と評価】 歴博甲本（町田家本）洛中洛外図屏風（国立歴史民俗博物館蔵）には、柳の御所が描かれる。平唐門《ひらからもん》形式の正門（礼門）と四脚門《しきゃくもん》形式の通用門の二つが東に向き（手前が東）、門を入ったところが広場で北半分に建物群が存在する。[*6] 対面儀礼を行う主殿《しゅでん》とその北に将軍が日常生活を行う常御殿、大きな池を中心に庭石を配する緑豊かな庭園に面して文芸が催された会所《かいしょ》がみえ、庭園は仕切り塀で広場からは見えない空間となり、北東には鎮守社があった。多くの人物が描かれ、広場で正装をして皮の敷物の上に座るのは将軍との対面を待つ格の高い武士で、その

＊4　六角勢の陣所は、北白川城塞群の一画にあたる可能性がある。本書「北白川城塞群」を参照。

＊5　『宗長日記』。本書「長光寺」参照。

＊6　千田嘉博『戦国の城を歩く』（ちくま学芸文庫、二〇〇九年。初刊は二〇〇三年）を参照した。

＊7　小島道裕「室町時代の小京都」（『あうろーら』一二、21世紀の関西を考える会、一九九八年）。

＊8　髙橋康夫氏は、洛中洛外図屏風が絵画資料であることに留意し、文献の検討から花の御所（室町殿）の東側に柳の御所を比定した。同「描かれた京都―上杉本洛中洛外図屏風の室町殿をめぐって―」（『中世都市研究』一二、新人物往来社、二〇〇六年）。

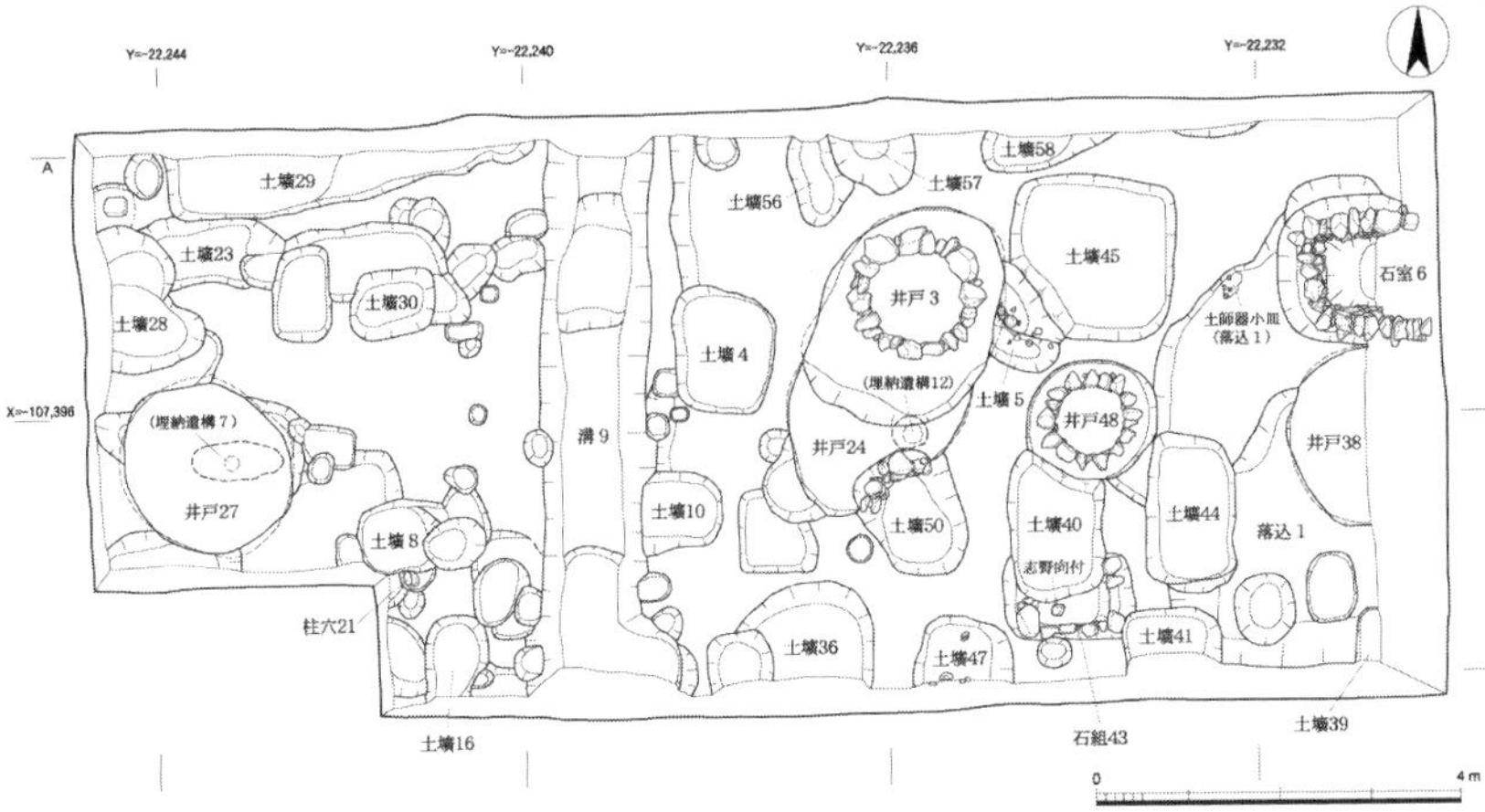

遺構平面図（『平成17年度財団法人京都市埋蔵文化財研究所年報』、2008年より転載）

左の塀際の人々が従者である。この将軍の居所の様相は、各地の守護や有力な武家の館に強い影響を与えたと推測されている。*7

先の洛中洛外図では柳の御所の西を現・小川《こかわ》通《どおり》、北を現・上御霊前通《かみごりょうまえどおり》、南を現・寺之内通《てらのうちどおり》とする。*8 小島道裕氏は洛中洛外図の位置が正しいことを論証し、*9 庭園に面した会所であろう中にいる庇《ひさし》で顔が隠れた人物を義晴に推定した。そして典厩邸には尹賢、高国邸には高国と家督を譲った子の稙国《たねくに》らの姿があり、付近に多くの格式ある武家がやってくる描写から、この屏風は柳の御所の成立などを機に高国が権力の誇示を意図し、絵師の狩野元信《かのうもとのぶ》に発注したとの見解を披露している。また、山田邦和氏は現・小川通の東側の発掘調査で検出された柳の御所の西端を示すと想定される幅一・二mの溝（油小路東側溝）に注目している。*10 柳の御所の所在地は、現在の裏千家《うらせんけ》の今日庵《こんにちあん》や表千家《おもてせんけ》の不審菴《ふしんあん》、妙顕寺《みょうけんじ》の周辺ということになる。

*9　小島道裕『描かれた戦国の京都』（吉川弘文館、二〇〇九年）。

*10　山田邦和『変貌する中世都市京都』（吉川弘文館、二〇一三年）。

小川通で展示される応仁の乱の戦場・百々橋の礎石

将軍が城を構えようとした初例

2 南禅寺《なんぜんじ》・東岩倉山城《ひがしいわくらやまじょう》

①所在地：京都市左京区南禅寺福地町・粟田口大日山町他
②将　軍：足利義晴
③立　地：（東岩倉山城跡）尾根頂部（標高約二二五m）周辺
④遺　構：（東岩倉山城跡）平坦面・石垣・堀切

【概要】 天文三年（一五三四）に近江から帰洛した将軍足利義晴が居所とした寺院であり、南禅寺の境内は国史跡に指定されている。背後の山に義晴が城を構えたという記録があり、周辺の調査では東岩倉山城跡と呼ぶ遺構が確認され、関係が注目される。*1

南禅寺方丈前からみた東岩倉山方面

【立地】 南禅寺は「東山三十六峰」の南禅寺山（標高約一九七m）の裾野に立地する。すぐ南を近江から山《やま》科《しな》（京都市山科区）を経由して京都に向かう東海道が通り、「京の七口」の一つ・粟田口《あわたぐち》とも至近の距離にある。南禅寺山の裏からは近江の園城寺《おんじょうじ》（大津市）に至る如意越《にょいごえ》につながる山道が続く。東岩倉山城跡と呼ぶ遺構は南禅寺山とは南に谷を挟み、直線で約一八〇m離れた標高約二二五mの尾根上と南の谷地形にかけて確認できる。

【歴史と背景】 瑞龍山《ずいりゅうさん》南禅寺は臨済宗南禅寺派の大本山で、十三世紀末に亀山法皇《かめやまほうおう》が開創した禅寺に前史を持つ。それ以前は、天台宗

＊1　南禅寺については、石崎善久「南禅寺境内」（『京都府中世城館跡調査報告書』三、二〇一四年）、東岩倉山城については、中居和志「東岩倉山城跡」（『同前』）を参照。

＊2　『応仁記』。「真如堂縁起」（重要文化財。真正極楽寺蔵）には、この築城の様子が描かれている。

の園城寺に属した最勝光院《さいしょうこういん》が所在したという。室町期には京都の臨済禅宗を代表する五大寺院（五山《ござん》）より上位とされたが、応仁の乱で大きな被害を受けた。応仁元年（一四六七）八月に東軍の細川・赤松勢が「南禅寺ノ上ナル岩倉山」に陣を置くと、西軍の大内《おおうち》勢が南禅寺から攻撃を開始した。東軍方は「此城ハ俄ノ荒所」であるため一度は園城寺へ退こうとしたが攻撃に転じたところ、西軍の山名《やまな》勢が「粟田口日ノ岡」、畠山《はたけやま》勢が「山科口」から攻め上がったという。*2 周辺は東海道と近江への山道が近接する軍事的要衝とみなされたのだろう。翌年九月には将軍足利義政《よしまさ》の弟義視《よしみ》が入洛に際し、その用心のため「東岩蔵」に入り、公家らがあいさつに出向いた。*3

大永七年（一五二七）二月、将軍足利義晴は細川高国が細川晴元勢らと衝突した桂川《かつらがわ》の合戦で初陣を遂げたが大敗し、近江の長光寺（滋賀県近江八幡市）に移る。その後に晴元方との和睦が進みだした十月、義晴は近江六角氏らの軍勢と京都の東側に進出し、南禅寺も陣所とされた。*4 なお享禄三年（一五三〇）十一月には、高国方の軍勢が如意ヶ嶽と「南禅寺山上」に出張している。*5

高国敗死の後、晴元との連携が成立し、近江の桑実寺《くわのみでら》（滋賀県近江八幡市）で六角定頼の庇護を受けていた義晴は天文三年（一五三四）九月に南禅寺に入った。*6 具体的には聴松院《ちょうしょういん》であったといい、*7 翌月に城郭を構えた。一連の動きについては、木下昌規氏の考察が詳しい。*8 すでに義晴は八月時点で南禅寺を「陣所」に定め、寺内での乱暴狼藉を停止すると南禅寺に御内書《ごないしょ》を出していた。そして十月十四日、幕府奉行人の松田盛秀《まつだもりひで》らが京都吉田《よしだ》神社の祠官吉田家を訪れ、義晴が「南禅寺山之上ニ被造山城了」と山城を構えたため、一郷につき人夫《にんぷ》三十人を課すと命じた。吉田家が拒否すると、盛秀は「上意城ヲサセラレルモ珍事也」、つまり将軍の築城が「珍事」とし、また幕府も人数不足であるとして特別の忠節を求めている（『兼右』）。この後の義晴の動向をふまえて、木下氏は今回の築城行為は京都を離れない、という義晴の意思表示だと評価している。

*3　『山科家礼記』。
*4　『実隆』。
*5　『二水記』。
*6　『祇園執行日記』。
*7　『南禅旧記』。

現在の聴松院

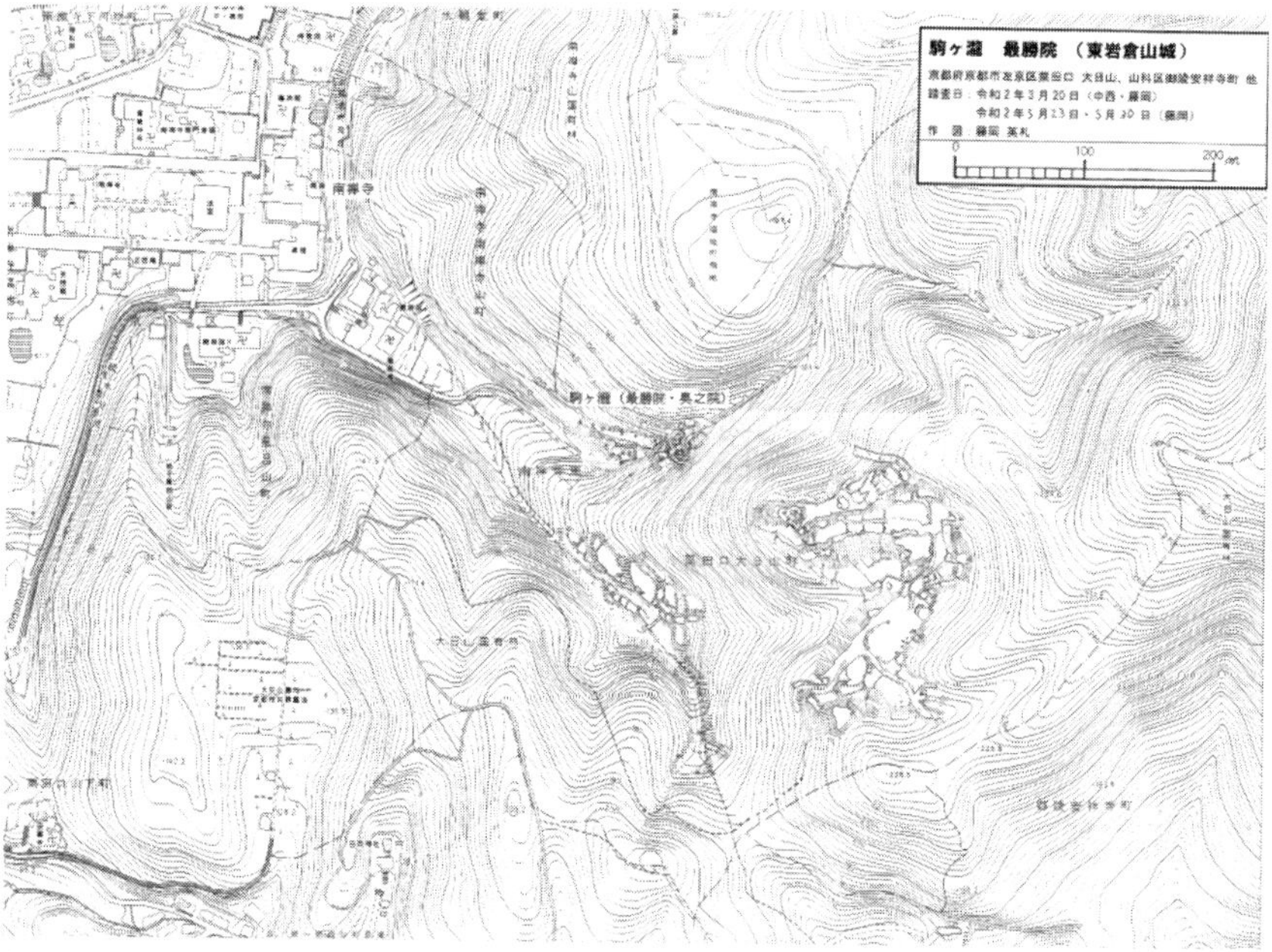

駒ヶ瀧・東岩倉山城の概要図（作図：藤岡英礼氏）

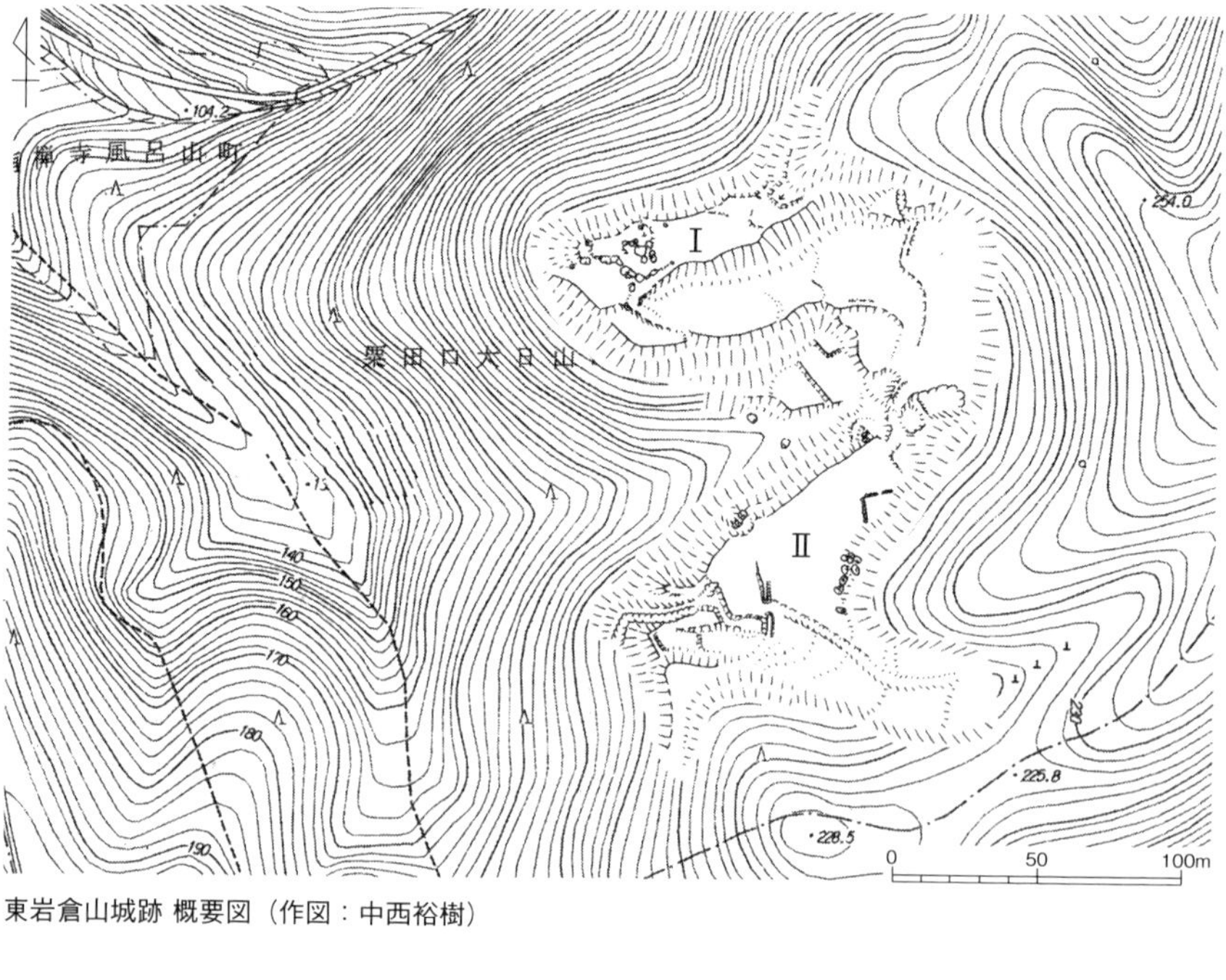

東岩倉山城跡 概要図（作図：中西裕樹）

検断権《けんだんけん》をめぐるトラブルを抱えながら、義晴は南禅寺を居所として使用し続け、この地で天文五年三月に十三代将軍となる義輝《よしてる》が生まれた。そして翌月には門前に新造した仮御所へと移る。[9]しかし、京都では町衆による法華一揆《ほっけいっき》を近江の六角勢らが討つ天文法華の乱（天文法難《ほうなん》）が起こり、義晴も八瀬《やせ》（京都市左京区）に一時避難している。この戦乱が収束した十二月、義晴は上京の伊《い》勢《せ》氏の邸宅に移った。以降、義晴らの将軍が南禅寺や東岩倉山を積極的に利用した形跡はうかがえない。

【構造と評価】ここでは、南禅寺山周辺と東岩倉山城跡の状況と遺構を取り上げる。南禅寺山は南禅寺本坊《ほんぼう》・方丈《ほうじょう》の背後周辺にあたり、境内南東の高徳庵《こうとくあん》（駒ヶ瀧最勝院《こまがたきさいしょういん》）の奥院がある谷を経たルートが通じる。谷周辺は駒ヶ瀧（不動瀧）や巨岩がみられる行場であり、南禅寺が山の寺でもあることを示している。南禅寺山山頂は平らで人工的な段状地形が認められるも、城郭や寺院の遺構とまでの評価は地表面観察からは難しい。

東岩倉山城跡は先の行場を見下ろす位置にあり、東西約一五〇m×南北約二〇〇mの範囲に遺構が広がる。西に伸びる尾根上の平坦面を北端とし、南の比高差約二〇mの谷部にかけて平坦面が認められる。また西側の谷筋にも平坦面が存在し、藤岡英礼氏が詳細に把握している。[10]

尾根上の平坦面Ⅰは段差を伴い、先端には巨岩が露出して「享保元年（一七一六）」「大日如来」などを刻む近世の石造物が点在し、新しい瓦片が散布する。元治元年（一八六四）刊行の『花洛《からく》名勝図会《めいしょうずえ》』の「東岩倉山」によれば、ここは平安京鎮護の大乗経《だいじょうきょう》を埋めた岩倉で、京都への景色に優れて豊臣秀吉が楼を構えたとする。「東岩倉寺真性院」の項目では応仁の乱の兵火で焼失したが山腹に観音堂、頂に大日堂があって大日山と呼ぶとし、その堂の前の「巨巌」に稲荷祠があるしている。挿絵をみると尾根先端の巨岩に稲荷、尾根上に大日堂が描かれ、地形は現状と

*8　前後の足利義晴の動きを含め、木下昌規『足利義晴と畿内動乱』（戎光祥出版、二〇二〇年）および本書所収の論考を参照。

*9　『厳助』。

*10　所収の図面を参照。

駒ヶ瀧周辺の行場

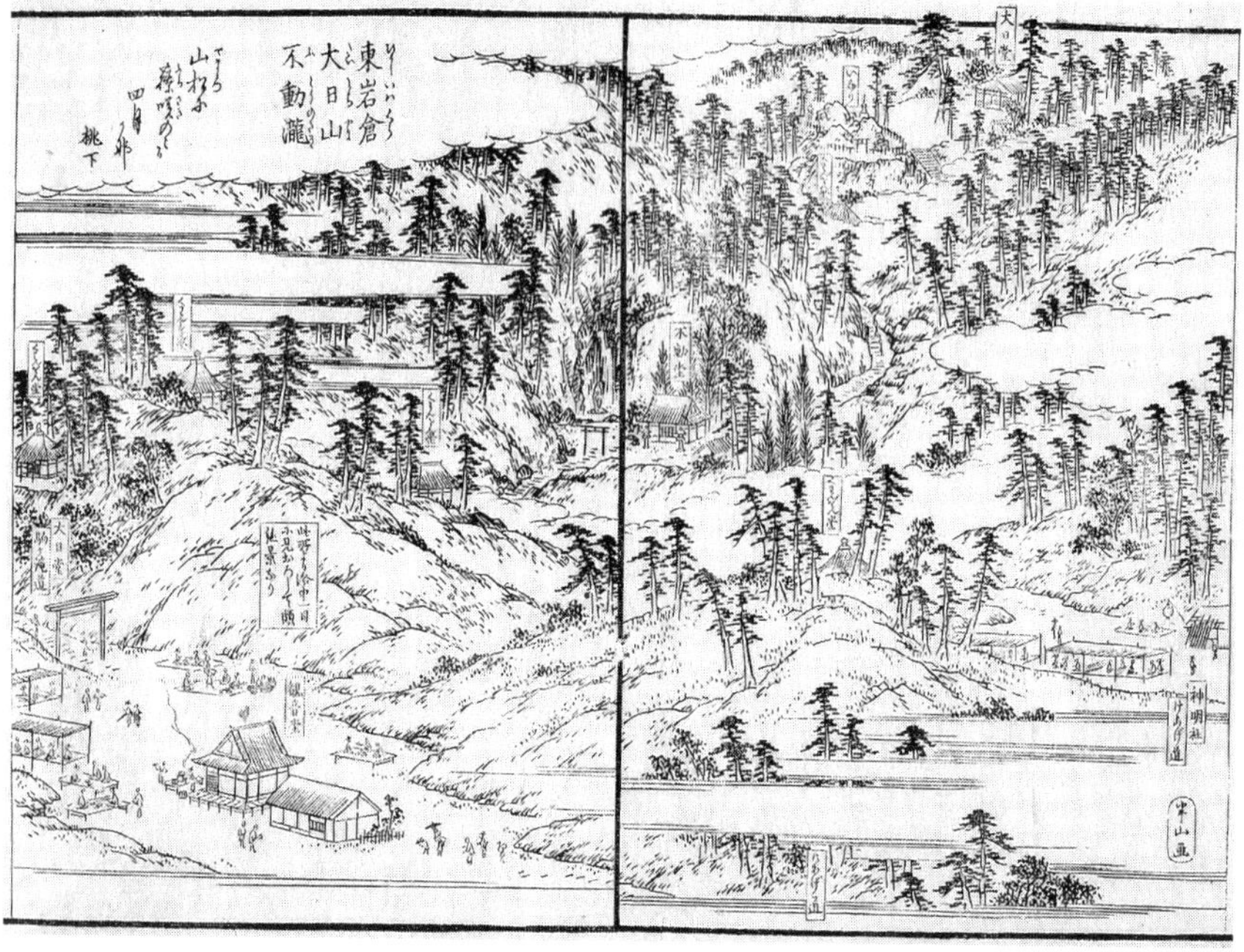

『花洛名勝図会』の「東岩倉山」　国際日本文化研究センター蔵

一致する。一方で谷部は描かれず、この時点で廃絶していたエリアであることを示唆する。東岩倉山城跡とされる遺構は、少なくとも近世には存続した山の寺に伴うことが明白である。

一方、谷部の平坦面Ⅱでは段差以外にも土塁や堀切状の施設による区画や建物基壇の遺構が確認され、これらは中世にさかのぼる可能性がある[11]。戦国期の城郭は尾根上に曲輪を連ねる連郭式城郭だけでなく、山の寺と同様に斜面や谷部に削平地を設け、それを主体とする系譜があった。それゆえに先行する山の寺境内周辺を城郭として使用する事例は多く[12]、近江六角氏の本拠である観音寺城（滋賀県近江八幡市・東近江市）が代表と

＊11　同様の遺構は、如意ヶ嶽周辺の中世の山の寺である如意寺跡で確認することができる。

＊12　中西裕樹「山の寺からみた戦国期城郭と安土城の構造」（『織豊城郭』第一五号、織豊期城郭研究会、二〇一五年）。

＊13　福島克彦「洛中洛外の城館と集落—城郭研究と首都論—」（髙橋康夫編『中世都市研究一二　中世のなかの京都』新人物往来社、二〇〇六年）。

なる。義晴が南禅寺周辺の山の寺（東岩倉寺真性院か）を念頭に、築城を意図したことは十分に想定できる。これは応仁の乱に伴う城郭も同様で、足利義視が入ったことをふまえると相応の施設が存在した可能性もある。

　また義晴が南禅寺を居所としたのは、将軍関係者が滞在できる施設があったことに加え、東海道という近江へのルートが至近であることが理由だろう。近江への退避は山中越《やまなかごえ》、もしくは白鳥《しらとり》越《ごえ》という山道を利用し、坂本（大津市）を経由するパターンが多いが、直前の義晴は近江守護六角氏の本拠エリアにある桑実寺や長光寺（ともに滋賀県近江八幡市）を居所としていた。このエリアに至る場合、坂本を経由すると琵琶湖を渡海しなければならない。一方で東海道は地形的にも高低差が少なく、中山道に接続して陸路のみで至ることができた。

上：巨岩が露出し石造物がみられる尾根上の平坦面Ⅰ
下：平坦面Ⅱの建物基壇

　実態はさておき、南禅寺での築城は将軍が山城を構えようとした現時点での初例となる。安寧と秩序を重んじる京都では恒常的な城館の出現が遅れたとされるが、[＊13]洛外に所在する南禅寺のロケーションがこれを可能としたのかもしれない。この後、将軍の城館は洛外の居所たる寺院＋山城が一つのパターンとなり、これは根《ね》小屋《ごや》＋要害という「根小屋式城郭」の形態に近い。南禅寺における義晴の築城は、この点を含めて興味深い事例である。[＊14]

＊14　義晴は慈照寺＋中尾城（京都市左京区）、子の義輝は清水寺＋霊山城（京都市東山区）を構えた。また実現しなかった可能性が高いが義輝、さらに義昭は醍醐寺（京都市山科区）背後に山城を構えようとした。

平坦面Ⅱの土塁遺構

義晴が営んだ「花の御所」

3　今出川御所《いまでがわごしょ》

①所在地：京都市上京区御所八幡町
②将　軍：足利義晴
③立　地：扇状地（標高約五六ｍ）
④遺　構：—　※検出遺構が見学可能

【概要】　天文八年（一五三九）から将軍足利義晴が室町幕府の象徴である「花の御所」（室町殿）の地に造営しはじめた居所であり、「今出川御所」と呼ばれた。地表面に遺構は残らないが、発掘調査で検出された義晴段階と思われる石敷遺構などが同志社大学寒梅館の敷地で公開されている。*1

大聖寺境内の「花の御所」石碑

【立地】　政治的首都である上京《かみぎょう》と呼ばれた平地の都市内部にあり、歴代将軍の菩提を弔う塔頭《たっちゅう》を有した相国寺《しょうこくじ》に隣接する。ただし武家の屋敷が建ち並ぶ一画ではなく、上京でも東に位置している。

【歴史と背景】「花の御所」とは、三代将軍足利義満《よしみつ》が永和四年（天授四・一三七八）から造営を開始した居所であり、北小路《きたこうじ》（現・今出川通）室町付近に所在した崇光《すこう》上皇の御所と今出川公直《きんなお》邸を敷地とした。西側の室町通を正面としたために「室町殿」と呼ばれ、この「室町殿」がやがて将軍家の家督自体を指す言葉として使われることになる。ここから足利氏による幕府は「室町幕府」と名付けられた。

もともとの敷地は北半分が「花亭《はなてい》」、南半分が「菊亭《きくてい》」と呼ば

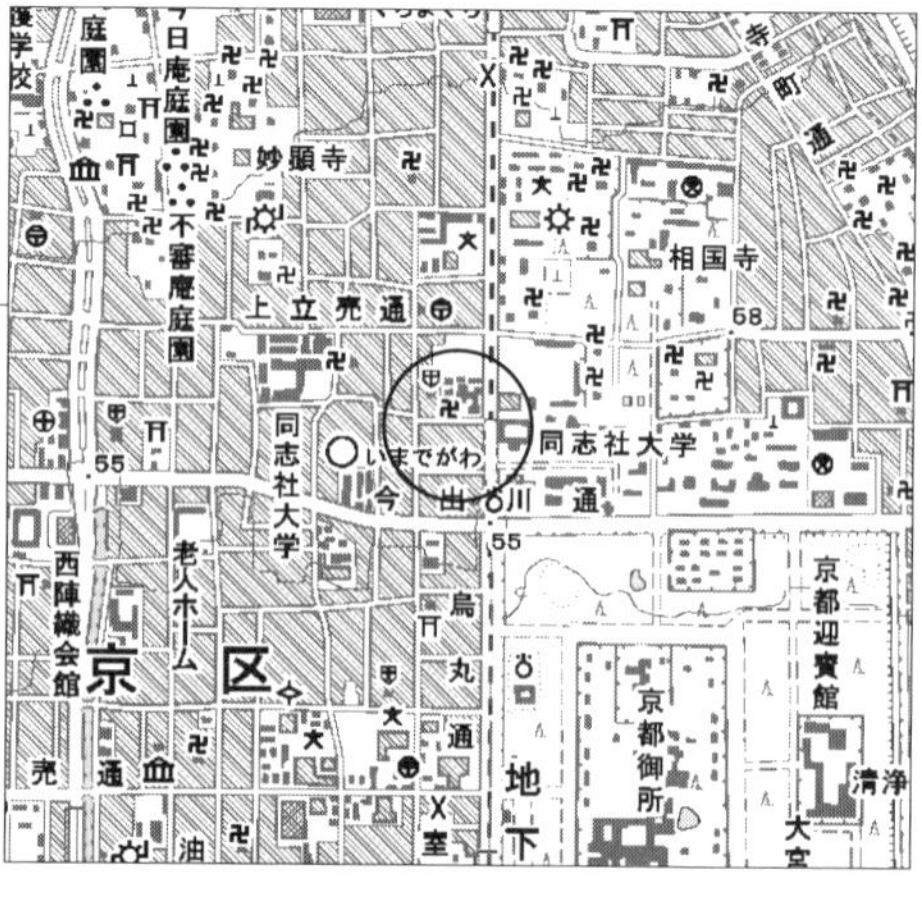

*1　足利義晴と今出川の御所については、木下昌規『足利義晴と畿内動乱』（戎光祥出版、二〇二〇年）、その復元は、馬瀬智光『天下人の城』（二〇一七年、京都市文化財保護課）、山田邦和『変貌する中世都市京都』（吉川弘文館、二〇二三年）、発掘調査成果は、同志社大学歴史資料館編『学生会館・寒梅館地点発掘調査報告書』（二〇〇五年）を参照。

れる公家の屋敷であったために花の御所と呼ばれたという。また永徳二年（一三八二）、義満は東に隣接する広大な土地に相国寺を創建し、京都を代表する臨済禅宗の五大寺院（五山《ござん》）の第二位とされた。禅宗を統括する中心寺院となり、室町殿と一体となった広大な政治・宗教を核とする都市空間が設定されていく。*2

　応永六年（一三九九）には、相国寺において七重の大塔が建立された。*3 この塔は、かつて永保元年（一〇八一）に建立された白河《しらかわ》天皇の法勝寺《ほっしょうじ》（京都市左京区）の八角九重塔を意識したもので、高さは約一〇九mであったという。応永十年の落雷による焼失後、北山《きたやま》（鹿苑寺《ろくおんじ》境内。京都市北区）で再建された。ところがまたしても焼失し、再び相国寺に戻して建立された塔は文明二年（一四七〇）まで存在することになった。

上：相国寺法堂をのぞむ
下：下塔之段町に建つ相国寺七重塔跡の石碑と解説板

　四代将軍義持《よしもち》は父義満に反発し、「花の御所」とは違う場所で御所を造営した。しかし、反対に父義満に憧れた六代将軍義教《よしのり》（義持の弟）が永享四年（一四三二）から整備をはじめ、同九年には後花園《ごはなぞの》天皇の行幸を迎えている。八代将軍義政《よしまさ》はこの地に怪異が発生するとして居住を避けたが、寛正元年（一四六〇）からは居所とし、九代将軍義尚《よしひさ》に譲っている。応仁の乱では西軍方の攻撃を受けてやがては焼失

*2　髙橋康夫『海の「京都」』（京都大学学術出版会、二〇一五年）、*1山田文献。

*3　冨島義幸「相国寺七重塔とその伽藍」（桃崎有一郎・山田邦和編『室町政権の首都構想と京都』文理閣、二〇一六年）。

室町通沿いに建つ「足利将軍室町第跡」の石碑

し、同十一年から再建がはじまったものの長享二年（一四八八）には夜盗の集会する所になっていたという。

さて天文五年（一五三六）、京都の法華一揆《ほっけいっき》を近江の六角《ろっかく》勢らが討つ天文法華の乱（天文法難《ほうなん》）が収束すると、十二月に足利義晴は南禅寺門前の仮御所から上京の相国寺に隣接した伊勢氏の邸宅に移った。政権の安定がみえた同七年頃から新たな御所の造営準備がはじまり、翌年二月から作事が進む[*4]。これが「花の御所」跡地の今出川御所である。越前朝倉《あさくら》氏らが費用を負担して後には守護に国役が課され、普請には御供衆《おともしゅう》や直臣らが人足を負担した。当初、築地《ついじ》の構築は細川晴賢《はるかた》（典厩家）に命じられたが拒否し、細川晴元（京兆家）が担当している。

工事がスタートした天文八年、晴元の家中では三好長慶《みよしながよし》と三好政長《まさなが》の対立が顕在化し、やがて晴元と長慶の対立へと展開して閏六月に長慶が軍勢を率いて京都に迫った。義晴は晴元と長慶の間を調停し、かつて居所とした近江の朽木《くつき》（滋賀県高島市）に続く若狭街道沿いの八瀬（京都市左京区）へと御台所と子の義輝を避難させた。晴元が丹波に街道が抜ける高雄《たかお》（京都市北区）に退いた後も、義晴は京都にとどまって混乱を見届けた。

以降も今出川御所の造営は継続し、天文十年十月には晴元と対立した木沢長政《きざわながまさ》の軍勢が京都に迫る。義晴は洛北の北岩倉《きたいわくら》（京都市左京区）に退いた晴元から同道を求められるが拒否、一方で義輝らと京都を出て慈照寺《じしょうじ》（同左京区）に入り、近江の坂本（大津市）へと移った。これは義晴

＊4　足利義晴と今出川御所については、木下昌規『足利義晴と畿内動乱』（戎光祥出版、二〇二〇年）を参照。

が頼る六角定頼の意見を受けたものとされたが、定頼は認識しておらず人々を驚かせた。この間、今出川御所の管理は相国寺に命じられている。

翌年三月に木沢長政が敗死すると、義晴は帰洛して相国寺に入った。閏三月には御所の作事を御供衆に命じて同寺にも請け負わせ、庭園が整備された。そしてこの地に義晴は「還御《かんぎょ》」している。『大館《おおだち》常《じょう》興《こう》日記《にっき》』には天文九年の御前《ごぜん》沙汰《ざた》始《はじめ》が新造の御所で行われると記事があり、これ以前から義晴は今出川御所を居所としていた可能性が高い。以降の義晴は京都から近江への没落を繰り返すが、帰洛が叶った際には今出川御所を居所としている。

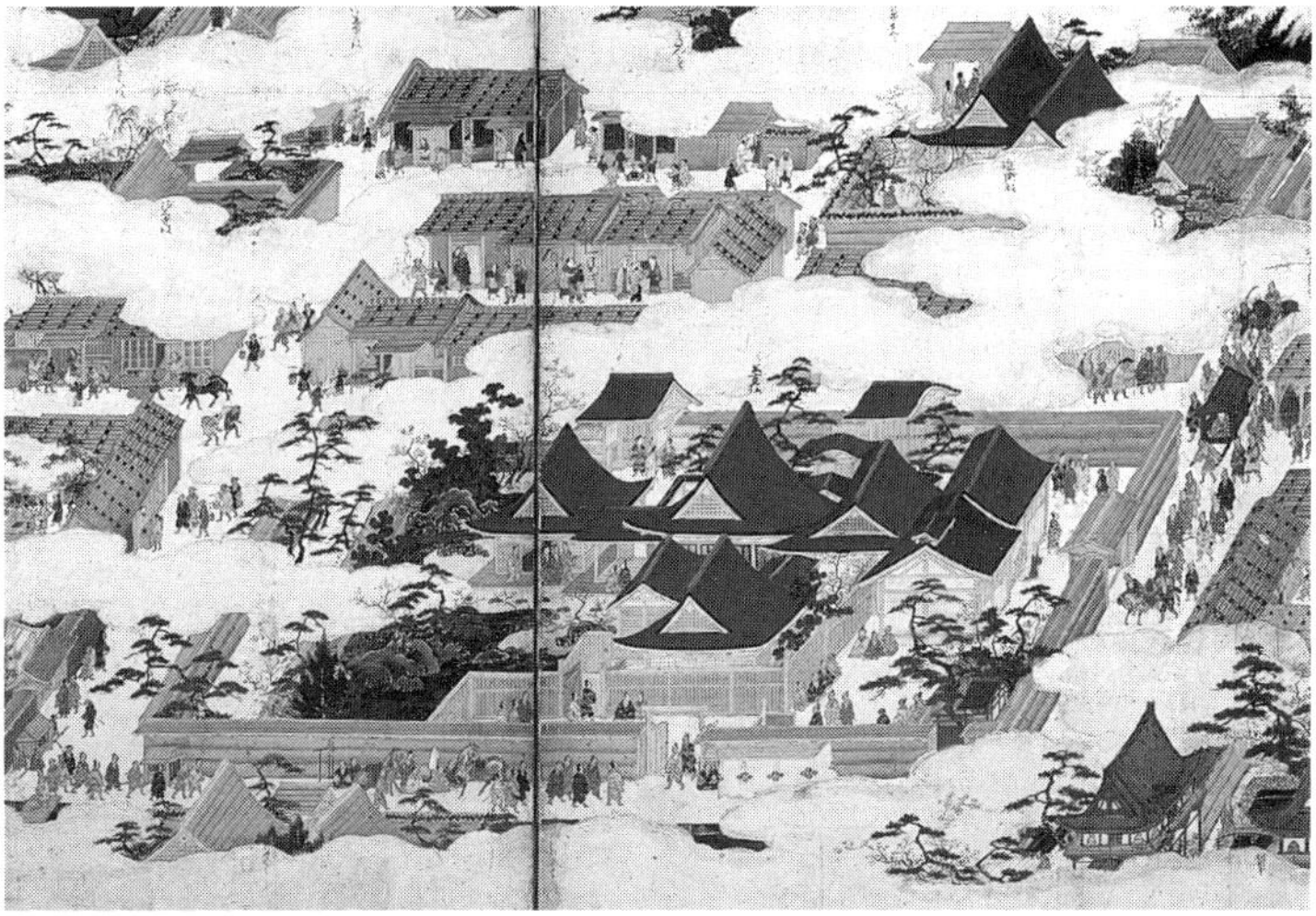

上杉本洛中洛外図屏風（部分）に描かれた今出川御所　米沢市上杉博物館蔵

天文十九年に義晴は死去するが、この後も義輝が今出川御所を使用したと思われる。*5 天文二十一年に敵対した三好長慶との和睦が成立すると、義輝は逃れていた近江の朽木から帰洛して御所の造営を行っている。再び長慶と対立して翌年に再び朽木へと入った後、永禄元年（一五五八）になって義輝は京都奪還戦を開始する。十一月に和睦が成立するとひとまず相国寺に入り、翌十二月になって正式

*5　足利義輝の動きについては、木下昌規『足利義輝と三好一族』（戎光祥出版、二〇二一年）を参照。

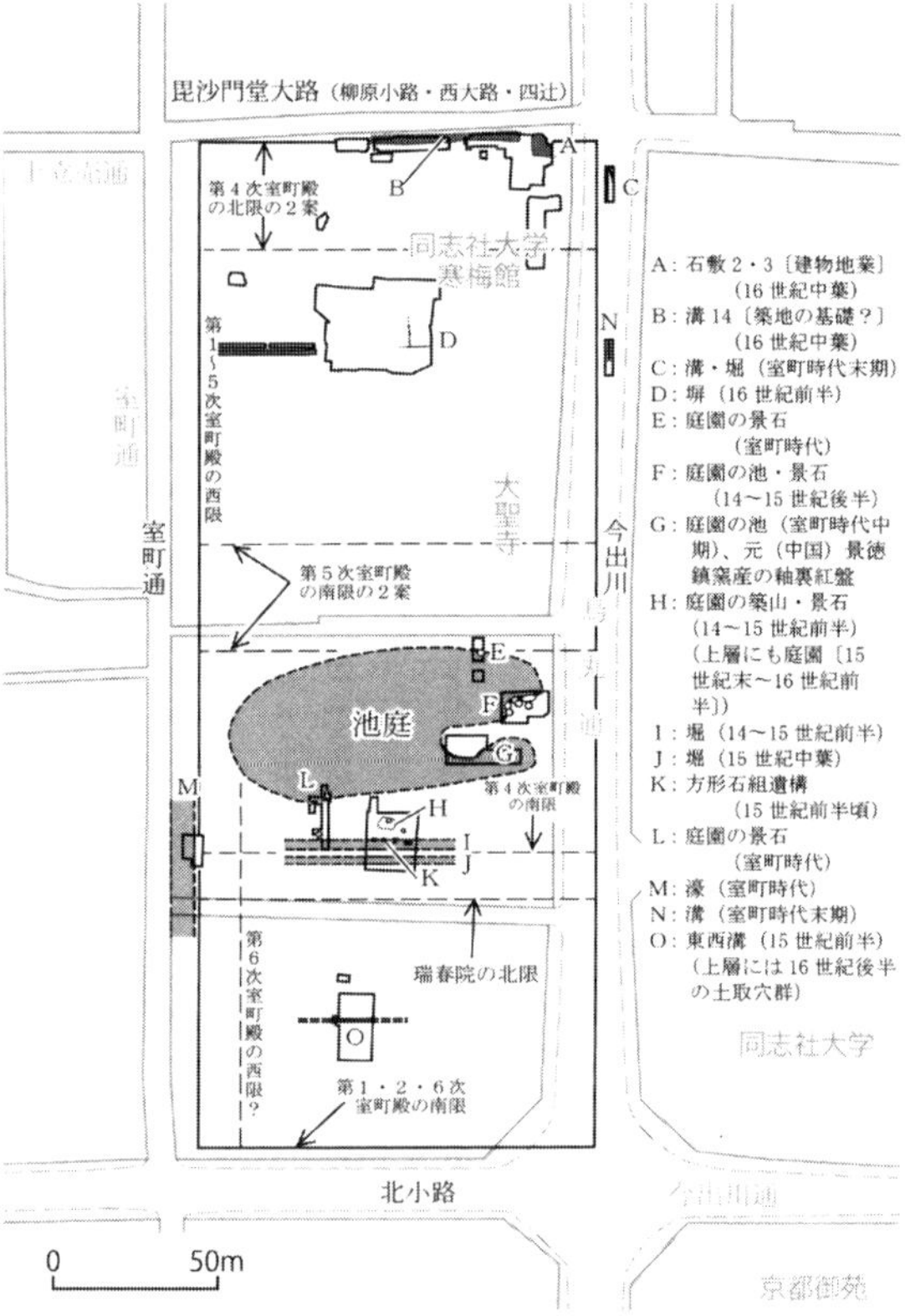

室町殿復元図（作成：山田邦和氏）

に帰洛するが、この際は今出川御所ではなく下京《しもぎょう》に接した妙覚寺《みょうかくじ》（京都市中京区）に入った。義輝が再び今出川御所を居所とすることはなく、翌年になって旧二条城の工事をスタートさせていく。

【構造と評価】東博模本洛中洛外図屏風（東京国立博物館蔵）、上杉本洛中洛外図屏風（米沢市上杉博物館蔵）、歴博乙本（高橋本）洛中洛外図屏風（国立歴史民俗博物館蔵）には今出川御所が描かれる。

このうち上杉本洛中洛外図では平唐門《ひらからもん》形式の正門（礼門）と四脚門《しきゃくもん》形式の通用門の二つが西に向き（手前が東）、上部の画面を横切る東西方向の室町通を正面とすることを示す。対面儀礼を行う主殿や将軍が日常生活を過ごす常御殿、大きな池を中心に緑豊かな庭園に面した会所《かいしょ》、北東の鎮守社などがみえる構図は、義晴が大永五年（一五二五）に造営した柳の御所を描く歴博甲

＊6　瀬田勝哉『増補 洛中洛外の群像』（平凡社ライブラリー、二〇〇九年。初版は一九

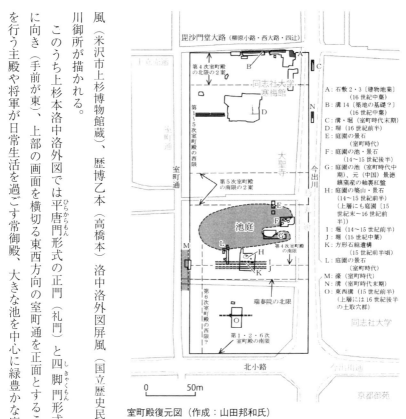

本（町田家本）洛中洛外図屏風（国立歴史民俗博物館蔵）と同じである。画面右手の東西方向の現・上立売通を腰に乗って進む人物は装束などから上杉謙信《うえすぎけんしん》との説があり、屏風の発注者が義晴の子・義輝であるとする説の根拠となっている。*6 また、今出川御所の東を今出川（現・烏丸通）、西を室町通、北を毘沙門堂大路（柳原小路。現・上立売通）、南を北小路（現・今出川通）とする。*7 小島道裕氏はこの位置が正しいことを論証したが、実際の門は造営時に室町通に面した部分に民家が建ち並んでいたため東側の今出川を向いたとしている。*8

今出川御所の範囲について、山田邦和氏は敷地北端で発掘された築地塀の基礎と御所八幡宮《ごしょはちまんぐう》（鎮守社）の建物基礎と思われる地業の石敷を北端とし、南は北小路までの東西約一一〇m×南北約三〇〇mと推定された。*9 今出川御所の所在地は、北部が現在の同志社大学寒梅館や大《だい》聖寺《しょうじ》になっている。この位置とおよその範囲は、「花の御所」とほぼ一致している。義満以降、将軍の御所は京都内を転々とするが、義教や義政らが再興して居所とした。しかし、義満段階と同規模の居所を営んだのは義晴だけで、他の将軍は規模を縮小している。義晴が「室町殿」を強く意識したことの表れであり、上杉本洛中洛外図屏風の今出川御所の門が実際とは異なって室町通を向くことも示唆的である。*10

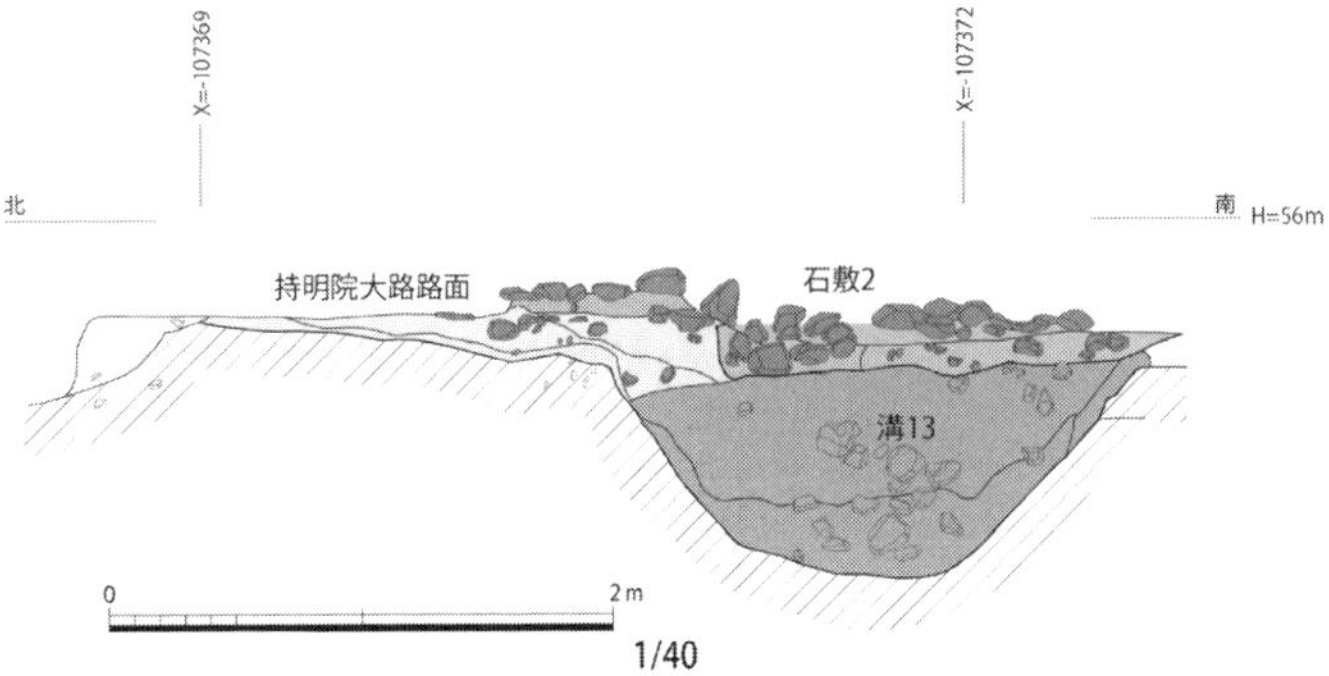

室町殿北端部分断面図（＊1馬瀬文献所収・註1同志社大学歴史資料館編所収図を改変）

九四年）。ただし、小谷量子氏は足利義晴を追善する『万松院殿穴太記』を描く屏風と評価し、発注者を義晴御台の近衛氏とする見解を提示している。同「上杉本洛中洛外図屏風に描かれた将軍の行列」（『ヒストリア』二五七、二〇一六年）。

＊7　髙橋康夫氏は、洛中洛外図屏風が絵画資料であることに留意し、文献の検討からこの東側に今出川御所の位置を比定した。同「描かれた京都―上杉本洛中洛外図屏風の室町殿をめぐって―」（『中世都市研究』一二、新人物往来社、二〇〇六年）。

＊8　小島道裕『描かれた戦国の京都』（吉川弘文館、二〇〇九年）。

＊9　＊1山田文献。

＊10　上杉本洛中洛外図屏風の発注者が義輝であった場合、自らは別の場所に「御城」（旧二条城）を造営したが、義晴と同様に本来の将軍の居所は「室町殿」と意識していたことを示す。なお上杉本に「御城」の姿は確認できない。

京都奪還の舞台となった巨大城塞群

4 北白川城塞群《きたしらかわじょうさいぐん》（勝軍城《しょうぐんじょう》）

①所在地：京都市左京区一乗寺大谷他
②将　軍：足利義晴・義輝
③立　地：尾根頂部（標高約三〇〇m）他
④遺　構：曲輪・土塁・堀切・竪堀・横堀・畝状空堀群・虎口

【概要】約一km四方に九ヶ所の山城遺構が確認され、巨大な城塞群の態を成す。永禄元年（一五五八）に将軍足利義輝が京都奪還を図って三好長慶の軍勢から争奪し、拠点とした城もこのエリアにあった。[*1] 古くは応仁の乱、新しくは元亀争乱まで戦国期の利用が記録上で確認できる。

【立地】今出川御所（京都市上京区）が所在する上京から見た場合、東の北白川（京都市左京区）背後の東山三十六峰の一つ・瓜生山《うりゅうやま》（標高約三〇〇m）と周辺の尾根上にある。瓜生山は山城・近江国境で天台宗総本山・延暦寺が所在する比叡山（標高約八四八m）に連なり、山々をぬう道は両国を結ぶ幹線道であった。比叡山から瓜生山に続く道は近江の坂本・穴太（大津市）からの白鳥越の一部であり、南の如意ヶ嶽との間には山中越と呼ばれた同じく坂本からの道が通る。如意ヶ嶽には如意ヶ嶽城跡（京都市左京区）、その間の慈照寺の背後の尾根上にも中尾城跡（左京区）という戦国期の山城跡が存在する。

如意ヶ嶽に続く大文字の火床からみた北白川城塞群

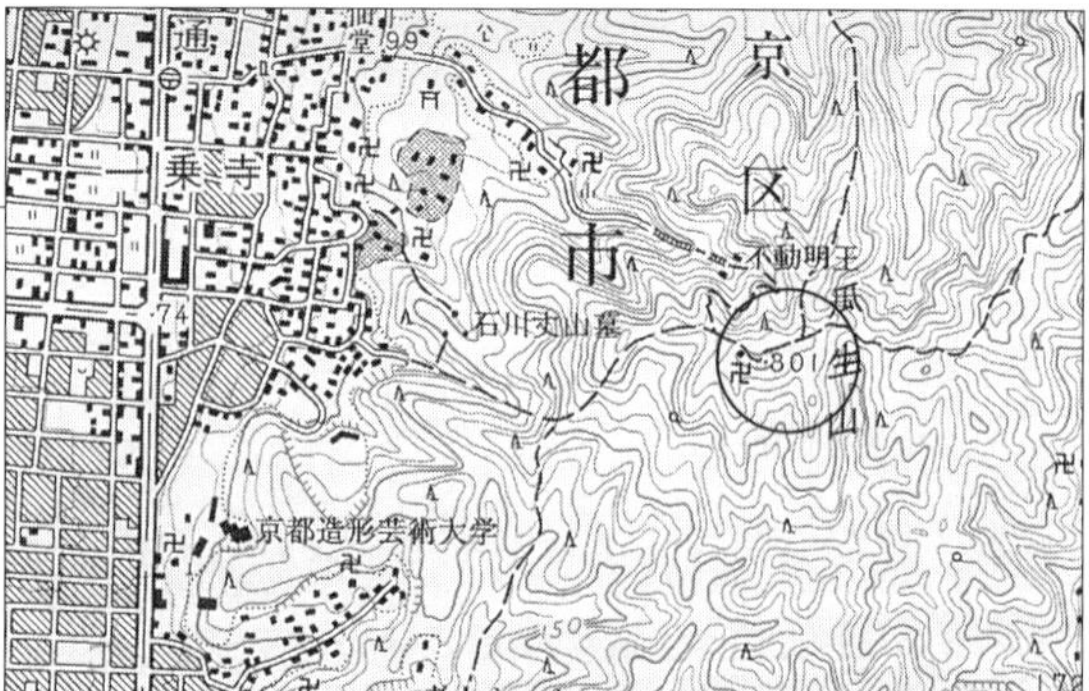

＊1　遺跡名は北白川城跡だが遺跡の状況と当時の表現をふまえ、項目名は北白川城塞群（勝軍城）とした（本文では「城塞群」と略したが表現は一様でない）。中西裕樹「京都 勝軍山城・如意ヶ岳城の再検討」（『愛城研報告』四、一九九九年）、同「【山城】北白川城塞群」（『歴史群像』一七六、ワン・パブリッシング、二〇二二年）を参照。

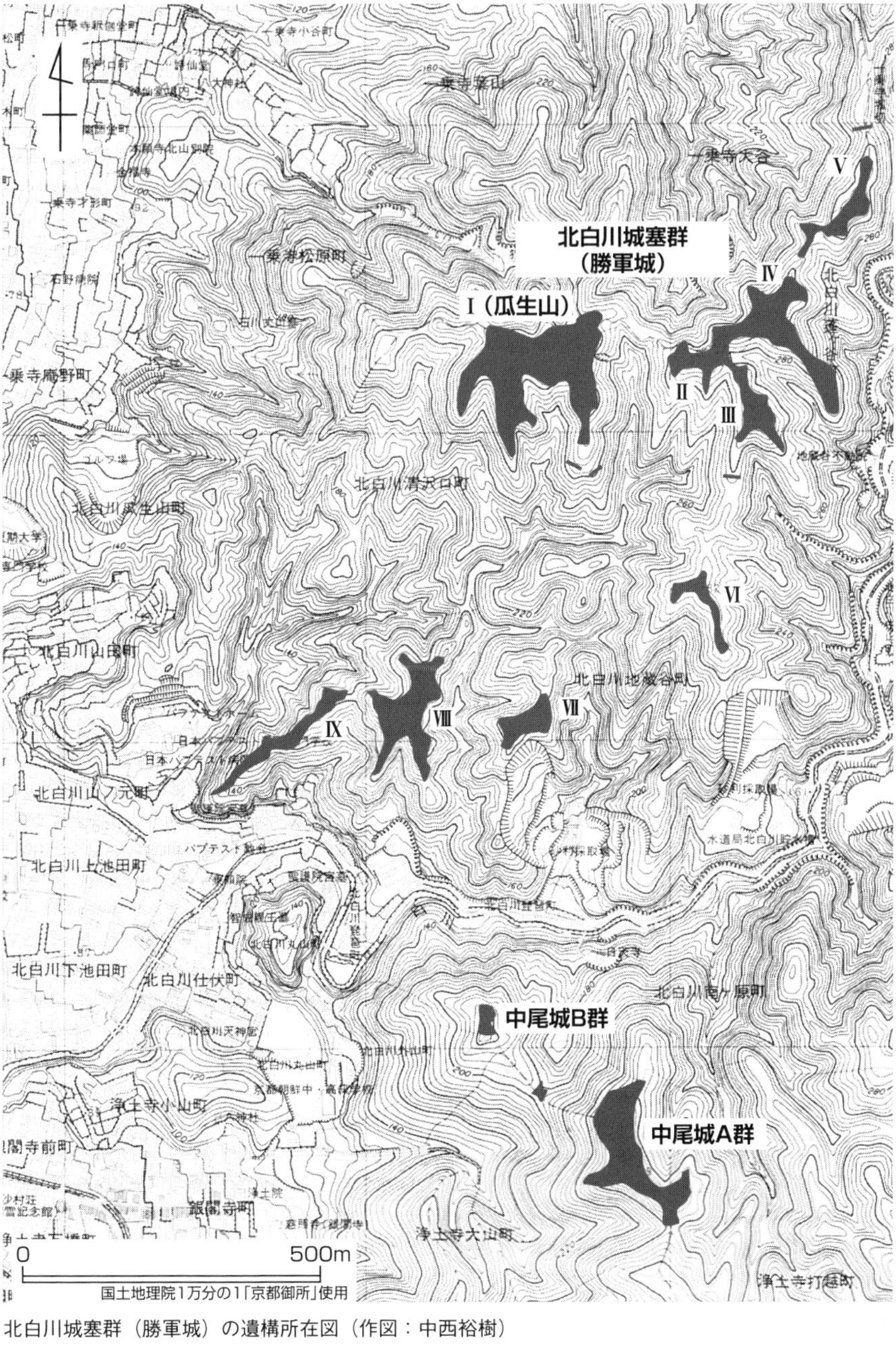

北白川城塞群（勝軍城）の遺構所在図（作図：中西裕樹）

【歴史と背景】瓜生山山頂の山城跡Ⅰには軍神・勝軍地蔵を祀った石室が残り、周辺に山城跡（遺構所在図のⅠ～Ⅸ）が展開する。京都の奪還戦に際して使用された「北白川城」「勝軍城」などと呼ばれる城郭が同時代の記録に多く登場し、期間も文明二年（一四七〇）から元亀元年（一五七〇）までの約一〇〇年間に及ぶ。ただし、それぞれの記述がどの個別遺構、範囲を示すのかは不明である。そこで以下では記録上の使用年代ごとに取り上げ、その表現や内容から遺構の場所も考えたい。

・文明二年（一四七〇）

文明二年、応仁の乱に際して若狭守護武田氏の重臣逸見《へんみ》氏が「北白川上山」で構を沙汰し、その目的は「若州之通路無煩用」と京都から若狭への道を確保するというもので「北白川城」とも呼ばれた。[*2] 武田勢は如意ヶ嶽にも陣を置き、周辺一帯の山々が軍事的に利用されていた。[*3]

・永正十七年（一五二〇）

この年の二月、細川澄元が阿波から京都方面に軍勢を進めると、将軍足利義稙は政権をともにした細川高国を見限った。しかし、近江に没落した高国は五月に「如意嶽其外一乗寺上山等、東山南東北方」に軍勢を進めて帰洛に成功する。高国は「東山勝軍地蔵堂」に祈願したといい、翌年にその話を聞いた公家の鷲尾隆康《わしのおたかやす》ら多くの貴賤がこの堂に参詣した。[*4] 参詣後、隆康は瓜生山の北西にあたる一乗寺《いちじょうじ》（京都市左京区）の庵で休息を取っており、北白川にある現在の地蔵堂は江戸期に瓜生山から移ったと伝える。当時の地蔵堂は瓜生山にあり、高国勢が「一乗寺上山」に進んだとする隆康の手による『二水記《にすいき》』の記述からも瓜生山が陣所であったと考えるのが自然だろう。[*5]「勝軍」の名を冠した城の中心が山城跡Ⅰであることを示唆し、かつ平時は人が出入りできる山であった。

瓜生山山頂（山城跡Ⅰ）の元勝軍地蔵の石室

＊2　『山科家礼記』。

＊3　東軍方の京極氏被官多賀高忠も「城中南北十町計也」とされる陣を如意ヶ嶽においた。しかし翌年に「東山如意寺陣武田自焼引入御陣畢、多賀豊後守被責落経若狭丹後路引入御陣、三乃持誓院責之云々」と西軍方の斎藤（持是院）妙椿に攻められ、武田は陣を自焼、多賀は没落した。『大乗院』。

＊4　『二水記』。

・大永七年（一五二七）

この前年に高国は離反した波多野・柳本氏の鎮圧に失敗し、これと結んだ阿波の細川晴元（澄元の子）の巻き返しがはじまっていた。大永七年正月、醍醐寺《だいごじ》の僧侶・理性院《りしょういん》厳助の手による『厳助往年記』によれば、高国は「東山勝軍地蔵山」に城を構え、その人夫役を村々に課していた。しかし翌月の桂川の戦いで大敗し、このとき高国と将軍足利義晴に同調する近江守護六角定頼の軍勢は「北白川」の陣から動かなかった。[6]再び高国は近江へ落ち、義晴は長光寺（滋賀県近江八幡市）を居所としたが、[7]やがて越前朝倉氏の援軍を得て十月に軍事行動を起こし、またしても高国は「東山勝軍地蔵山」から京都に進んだ。[8]ただし堺（堺市堺区）を拠点とした足利義維を擁する晴元方との和睦交渉が進まず、翌年に高国は京都を去って義晴も近江の朽木（滋賀県高島市）に入った。[9]

・享禄三年（一五三〇）～同四年

以後も高国は各地で勢力回復を図り、享禄三年十一月に動いた内藤《ないとう》氏ら高国方の軍勢が「勝軍」に陣を置いて「内藤彦七城」と呼ばれた。[10]翌月にその軍勢は「一乗寺麓」に出撃するので、やはり山城跡Ⅰ周辺を利用したのだろう。同時に六角定頼の「五頭」が率いる五千～六千の軍勢が「番替」として「北白川」に陣を置いている。以前から大人数が駐屯していたと思われるが、六角勢は翌年六月に近江に退く。その陣を『二水記』は「東山新城」と呼び、「旧武田城」と注記するため、文明二年（一四七〇）の「北白川城」と同じ場所なのだろう。「数千間」の小屋があったが、この城が焼けた後に「勝軍」が焼き払われ、それぞれが「山道」から没落したという。北白川城＝東山新城と勝軍城＝山城跡Ⅰ周辺は、別の場所であったと推定できる。[11]

・天文二年（一五三三）～同五年

細川晴元と本願寺《ほんがんじ》勢力との対立が続くなか、近江の六角定頼は天文二年五月に「勝軍地蔵ノ

＊5　このとき、新たに地蔵堂は「石」で建立されたという。『二水記』。
＊6　『二水記』。
＊7　本書「長光寺」を参照。
＊8　『二水記』。
＊9　本書「堺」「岩神館（朽木谷）」を参照。

西麓の一乗寺からみた瓜生山（山城跡Ⅰ）

山城跡Ⅰ・主郭南の土塁囲みＤ周辺

上」に軍勢を進め、翌月には「勝軍地蔵」で篝火《かがりび》がたかれたという。[12] 天文五年の天文法華の乱（天文法難）では「白川ヨリ北、勝軍地蔵ノ上」に比叡山延暦寺、その北には園城寺の軍勢が陣を取り、六角勢と法華宗を信仰する京都の町衆を攻撃した。[13]「勝軍地蔵ノ上」という表現をふまえると、位置的に山城跡Ⅱ～Ⅳが該当するのかもしれない。

・天文十五年（一五四六）～同十六年

天文十五年九月、京都に細川高国の後継・細川氏綱方の軍勢が迫ると、将軍義晴は慈照寺（京都市左京区）に退避し、細川晴元と手を切って十一月に「東山御要害」の普請をはじめた。[14] 晴元方の攻勢を受けて翌年三月に義晴は入城するが翌月に慈照寺が破られ、義晴が頼む六角定頼が晴元に与すると城を焼いて近江の坂本（大津市）へと移った。『厳助』によれば、この「御城」は義晴が近郷の人々に命じて「東山白川山上」に構えたもので「勝軍之下之山」という。位置的に山城跡Ⅵ～Ⅸのどれかの可能性がある。

・天文十八年（一五四九）～同十九年

前年に義晴と子の将軍義輝は帰洛したが、晴元と対立した家臣の三好長慶が細川氏綱と結び、六月の江口の戦い（大阪市東淀川区）で勝利した。再び義晴と義輝は坂本へと移るが、十月から中尾城の築城を開始する。[15] 工事は中断を経て翌年二月から再開し、四月に公家の山科言継が見物した際、御殿など四棟があり、奉公衆三十人が詰めて工事が継続していたという。言継はこの城を「北白川城」と表現し、五月の義晴死去後の七月には晴元勢が「北白川」、六角勢が「北白川

*10 『二水記』。
*11 今谷明氏は、東山新城が山城跡Ⅳに該当するとの見解を述べている。同『戦国時代の貴族』（講談社学術文庫、二〇〇二年。初版は一九八〇年）。
*12 『祇園執行日記』。
*13 『二條寺主家記抜萃』。
*14 『東寺百合文書』。
*15 この城の場所を『厳助』は「慈照寺上之山」としており、その表現は中尾城跡の位置を示すにふさわしい。中尾城については本書「中尾城・慈照寺」を参照。
*16 『言継』。
*17 『惟房』。
*18 『言継』。足利義輝の動きについては、木下昌規『足利義輝と三好一族』（戎光祥出版、二〇二一年）を参照。
*19 『惟房』。

山上」などに出陣、十月には六角勢二万余りが「東之山上」に陣を置いて三好勢と戦った。[16]十一月には三好勢が近江まで進出し、『厳助』は「白川公方之御城」が放火で落ちたと記す。北白川という地名や軍勢の規模などをふまえると、この戦いでは城塞群のどこかの範囲が機能したと考えるべきだろう。

・永禄元年（一五五八）

　永禄元年三月、近江朽木にいた将軍義輝は三好長慶からの京都奪還を決意した。以降の戦いは『言継』『厳助』の他、公家の万里小路《までのこうじ》惟房《これふさ》の手による『惟房卿記』にも記述がみえる。五月に義輝は坂本に入り、十三日にはその足軽が「勝軍山」に狼煙をあげた。[17]三好方は六月四日に義輝が動くとの情報を得、これに先んじて二日に「東山勝軍地蔵之山」を俄か仕立ての城とした。義輝がこの山を確保するとの噂があったためであり、「勝軍城」のことで延暦寺が人を出したともいう。[18]三好勢は、急いで小屋などを設けた。[19]義輝は四日に出陣を決行し、晴元らを加えた軍勢は一万五千で、南の如意ヶ嶽を確保する。[20]軍勢は五千ともされ、「勝軍城」からの攻撃もあるなかで「御城」が構えられた。[21]「柵」が結われたともある。[22]京都奪還の攻防に際し、両陣営はともに北白川城塞群の確保、とりわけ瓜生山の山城跡Ⅰを重視した。

　この事態を受け、長慶の重臣三好長逸《ながやす》と松永長頼《まつながながより》は六日に「勝軍」で談合し、[23]翌七日に三好勢は「勝軍之陣屋」を自焼、京都へ退いて本隊と合流するが、これを見た義輝の軍勢は如意ヶ嶽から「勝軍」に移って「陣屋」を構えた。[24]長慶は城塞群に拠る義輝を大軍で待ち受ける作戦に変更し、義輝は当初に目標とした場を確保したのだろう。八日には三好長逸と松永久秀《ひさひで》・長頼兄弟らの軍勢が如意ヶ嶽を攻めて義輝方の雑兵を討って放火し、翌日には撤収した。[25]

　このとき、『言継』には義輝の軍勢が「白川之古城・勝軍等」に陣をとり、九日には義輝が「勝

*20 『厳助』。
*21 『言継』。
*22 『惟房』。
*23 『言継』。
*24 『惟房』。
*25 『惟房』。

山城跡Ⅷからみた同Ⅰ方面

北白川城塞群から見た比叡山山頂

軍之上之山」へ三百計りの軍勢で出張したとする。『厳助』では「白川旧城辺」で合戦があったという。城の呼称を整理すると三ヶ所の城、または陣があり、位置的に勝軍城が山城跡Ⅰ、その上の山が山城跡Ⅱ～Ⅴ、天文十六年の『厳助』の記述から白川古城が山城跡Ⅵ～Ⅸなのかもしれない。戦いは三好方が勝利したようで、義輝の奉公衆七十人が討ち死にを遂げたとされる。

この後、戦線は膠着し、十二日には「勝軍」に義輝の「御殿」が建つ。[26] 義輝は勝軍城に腰を据え、三淵《みつぶち》晴員《はるかず》らの奉公衆に加え、細川晴元や公家の近衛《このえ》前久《さきひさ》らも居住した。まもなく長慶弟の三好実休《じっきゅう》や安宅《あたぎ》冬康《ふゆやす》、十河《そごう》一存《かずまさ》らが畿内に集結するなか、近江の六角義賢《よしかた》（定頼の子）が和睦に動き、十一月二十七日に義輝が長慶らの出迎えを受けて一度は入京、十二月三日になって義輝は正式に帰洛した。和睦交渉に、長慶が義輝の側近・大舘晴光《はるみつ》に宛てた書状では「勝軍山」の「破却」、つまり義輝が居を据えた勝軍城の破却が条件となっていた。[27] 以後、義輝は在京して各地の戦国大名との連携を模索し、長慶は勢力を畿内の外へと拡大していく。

・永禄四年（一五六一）～同五年

永禄四年から翌年にかけ、三好長慶と対立した六角義賢の軍勢が「勝軍」に陣を置いた。三好勢との間では「白川口」で合戦が行われている。[28]

・永禄十一年（一五六八）

永禄十一年九月、足利義昭《よしあき》に供奉する織田信長の軍勢は敵対する六角義賢や三好三人衆らの軍勢を追い落とし、義昭は摂津の芥川《あくたがわ》城（大阪府高槻市）で準備を整えて十月に上洛、将軍に任官

*26 『言継』。
*27 『戦三』。
*28 『長享年後畿内兵乱記』。なお永禄十年六月にも比叡山の争いにおいて「勝軍地蔵」「勝軍」が合戦の場となっている。『言継』。
*29 本書「芥川城」を参照。
*30 『多聞院』。
*31 『成就院文書』。詳しくは馬部隆弘「足利義昭の奉公衆と城普請」（『織豊期研究』二三、二〇二一年）を参照。
*32 『言継』。
*33 『信長公記』。

した。*29 信長が美濃の岐阜《ぎふ》城（岐阜市）に帰った後、十二月の末に義昭は「勝軍」を「御城」とし、勘当した公家の近衛前久の御殿を移築した。*30 特定の奉公衆を「奉行」として清水寺《きよみずでら》に竹五〇〇本の用意を命じるなど整備を図った。*31 しかし年が明けた永禄十二年正月、三好三人衆の軍勢が義昭を本国寺《ほんこくじ》（京都市下京区。現在は移転）に襲撃した際、同時に三人衆方に与した岩倉（京都市左京区）の山本氏によって「勝軍御城」は焼かれた。*32

・元亀元年（一五七〇）

元亀元年九月、信長の異母兄・織田信広《のぶひろ》（津田三郎五郎《つださぶろうごろう》）や三好為三《いさ》、義昭の奉公衆らの軍勢が「古城」であった「勝軍」に入った。*33 比叡山と結んだ敵対する朝倉・浅井《あざい》氏が山々に城郭を設ける一方、信長と義昭が対抗したのである。十月には山麓で衝突があり、十一月には信長も入った。*34 同時に明智光秀《あけちみつひで》も在城したが、ほどなく「勝軍在城衆」は大原《おおはら》（京都市左京区）に陣替えとなっている。*35

山城跡Ⅰの横堀C

【構造と評価】 城塞群の遺構は九ヶ所で確認され、永禄元年（一五五八）に義輝が山城跡Ⅰに約半年弱滞在したが、権力が恒常的に維持する場ではなく、近江と京都をつなぐ山道を確保しつつ短期間で軍勢を収容、確保可能な範囲での運用が繰り返された。このために単独の城ではない城塞群の態になったのだろう。*36

全体としては瓜生山のⅠが城塞群の中心であり、ピーク周辺の曲輪もまとまった面積がある。その北東部を白鳥越の道が掠め、この方向に対して土塁Aや堀切B、横堀Cを設ける一方、主郭南の土塁囲みの虎口空間Dや畝状空堀群Eなどは南方向へ

*34　『言継』。

*35　『兼見卿記』。

*36　縄張りについては、村田修三「戦国期の城郭—山城の縄張りを中心に—」（『国立歴史民俗博物館研究報告』八、一九八五年）、中井均「勝軍山城」（村田修三編『図説中世城郭事典』二、新人物往来社、一九八七年）、永惠裕和・中居和志・石崎善久「北白川（瓜生山、勝軍地蔵山）城跡」（『京都府中世城館跡調査報告書』三、二〇一四年）を参照した。

山城跡Ⅰの畝状空堀群E

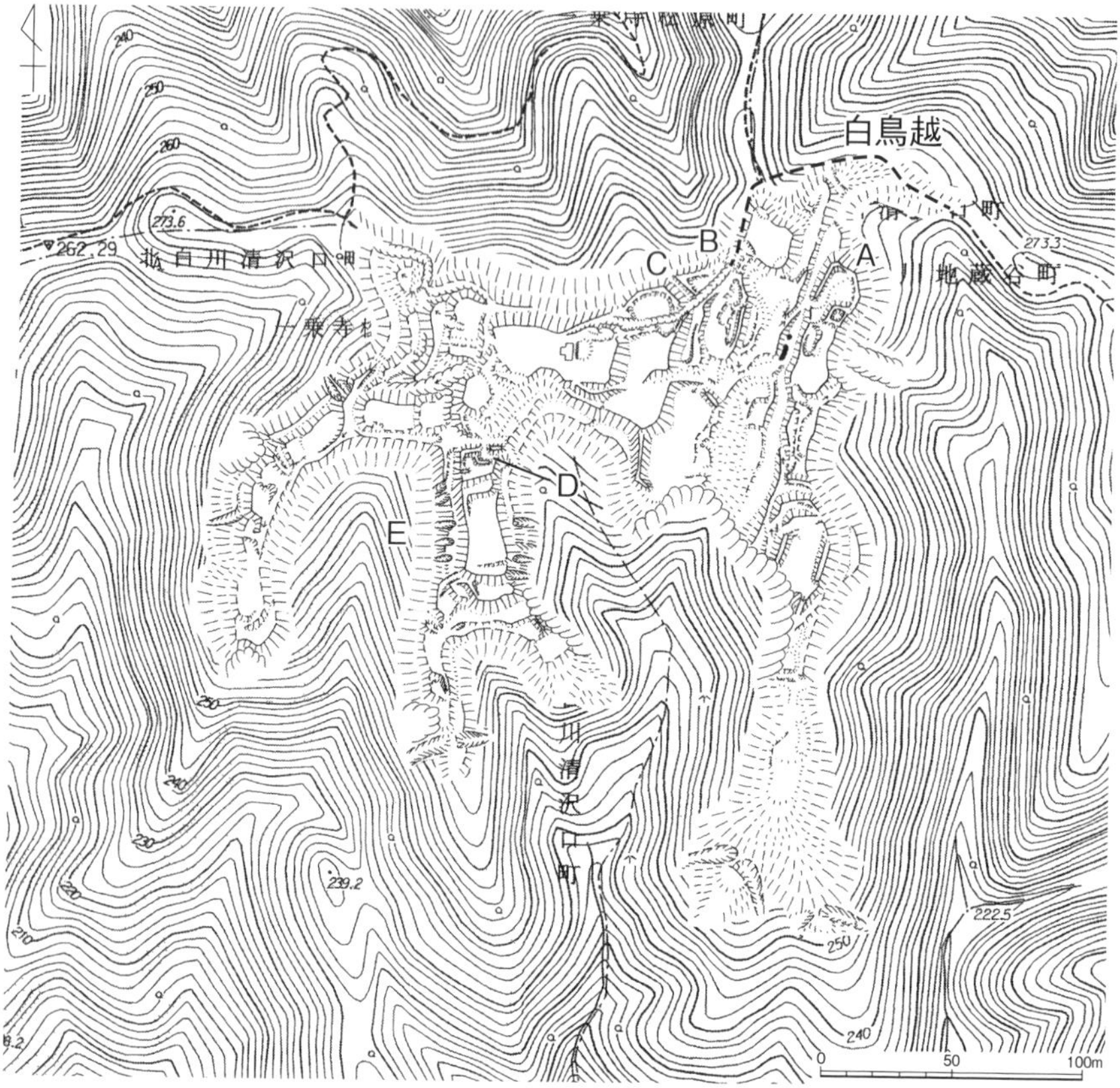

北白川城塞群　山城跡Ⅰ　概要図（作図：中西裕樹）

の防備意識をうかがわせる。

白鳥越の道はⅡ・Ⅳ・Ⅴの北西側直下を通り、この道に対してⅡ・Ⅳでは鍵の手状の土塁Ｆ・Ｇを配し、Ⅳでは横堀状の堀切Ｈを設ける。Ｖの南側では道が現状で土橋状となり、周辺に平坦面が確認できることから城内を道が通過した可能性がある。

Ⅲから南に伸びる尾根に粗雑な削平地から成るⅥが所在し、南方向に

山城跡Ⅳの横堀状となる堀切H

山城跡Ⅱの白鳥越に向く鍵の手状の土塁G

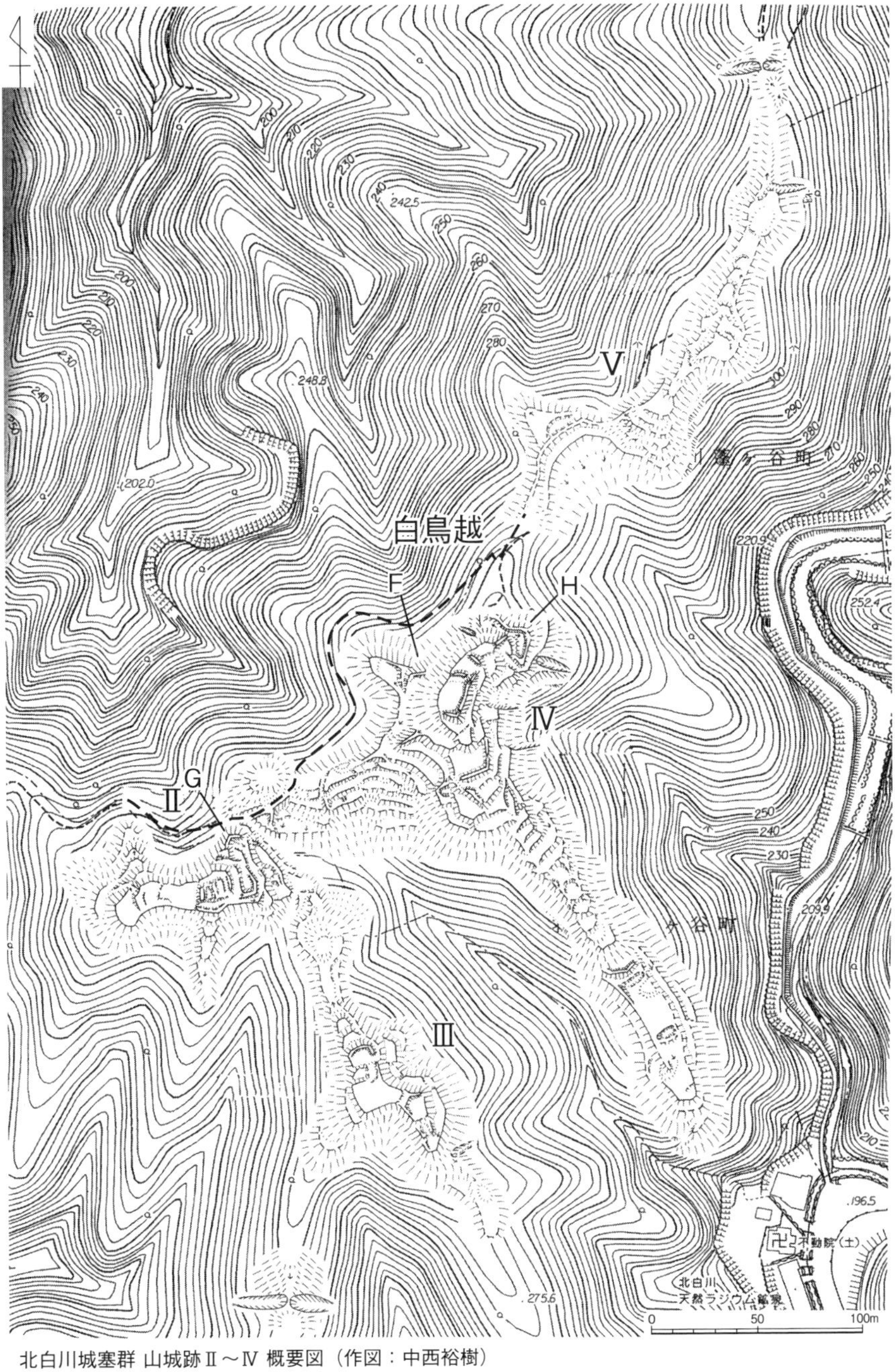

北白川城塞群 山城跡Ⅱ～Ⅳ 概要図（作図：中西裕樹）

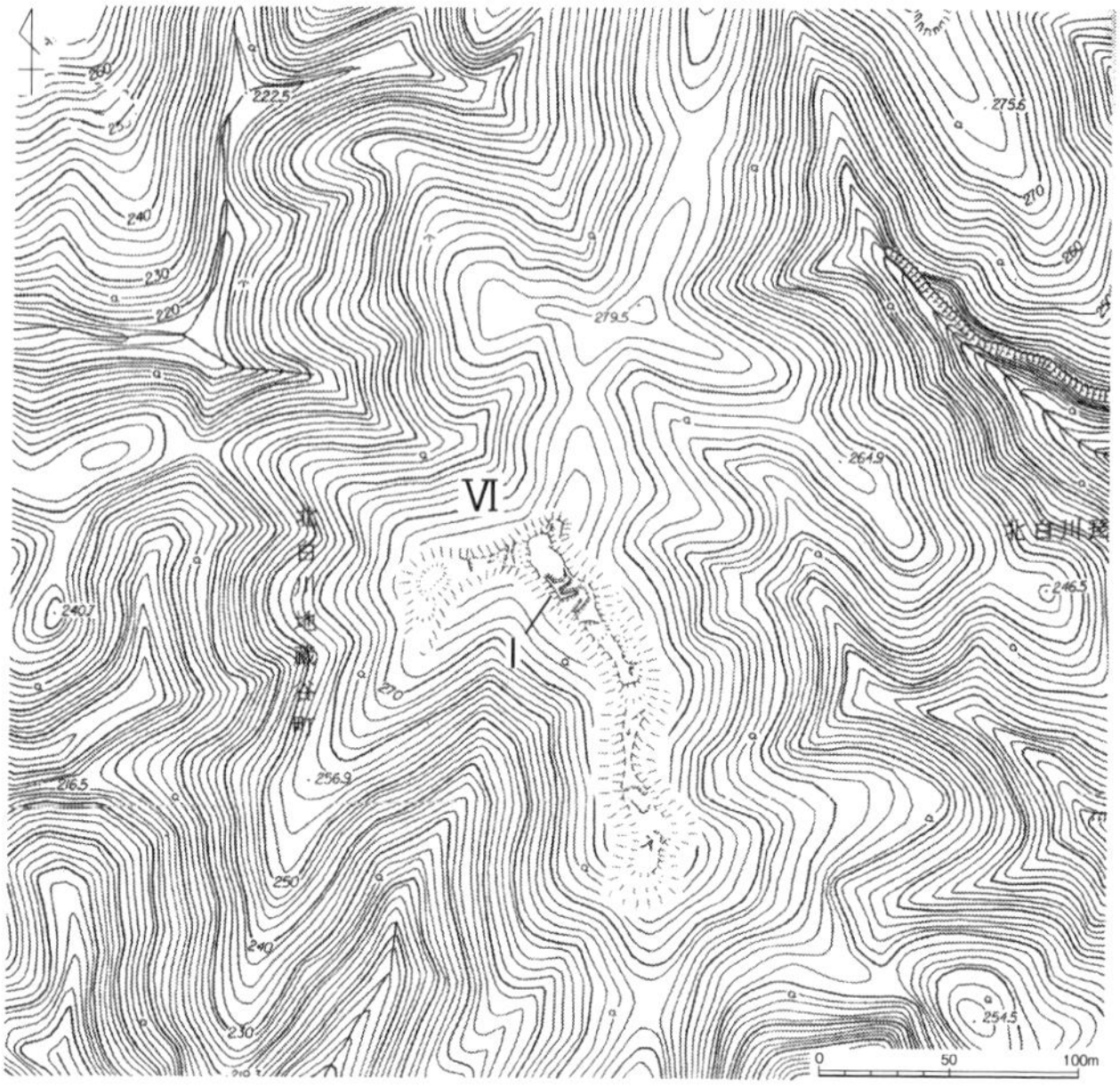

北白川城塞群 山城跡Ⅵ 概要図（作図：中西裕樹）

向く鍵の手状の土塁Iがある。

Ⅶ～Ⅸは瓜生山山麓にまとまる遺構で、Ⅷでは明確な曲輪が確認でき、ⅦとⅨは粗雑な削平地だが、Ⅷの曲輪造成、Ⅶの鍵の手状の土塁J、Ⅸの堀切Kなども南方向への防御を意識する。一貫して南方向、つまり近接する谷筋を通る山中越を意識した縄張りだといえよう。

Ⅵ～ⅨはI～Vが所在する瓜生山方向に対し、基本的に堀切等の遮断施設は設けていない。一方、白鳥越、山中越という道への防御を固める縄張りは城塞群すべてに共通する。全体の縄張りをふまえると、遺構のI～Ⅸは道を強く意識した、一体の城塞群として評価することも可能である。

個別遺構の年代を明らかにすることは難しいが、畿内での横堀は永禄年間（一五五八～）に見受けられるパーツだと認識されている。[*37] 反面で、元亀元年（一五七〇）には特徴が現れる織豊系城郭における虎口や本格的な石垣の使用は確認できない。[*38] IやⅣの縄張りに鑑みると、城塞群は当該期、すなわち永禄元年（一五五八）の義輝らが利用した前後の縄張りを色濃く残すことが想

山城跡V南側で土橋状となる白鳥越

＊37　多田暢久「播磨河内城の縄張り―戦国期の東播磨における山城プランについて」（『歴史と神戸』一六一、一九九〇年）、同「織豊系城郭以前」（『奈良史学』一三号、一九九五年）および本書「如意ヶ嶽城」を参照。

＊38　織豊系城郭における虎口については、千田嘉博『織豊系城郭の形成』（東京大学出版会、二〇〇〇年）を参照されたい。

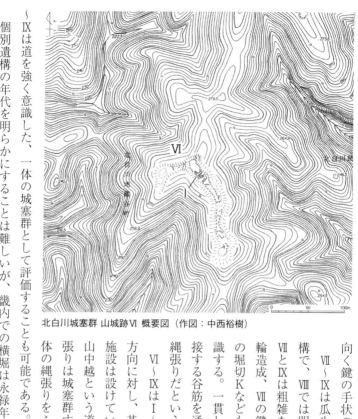

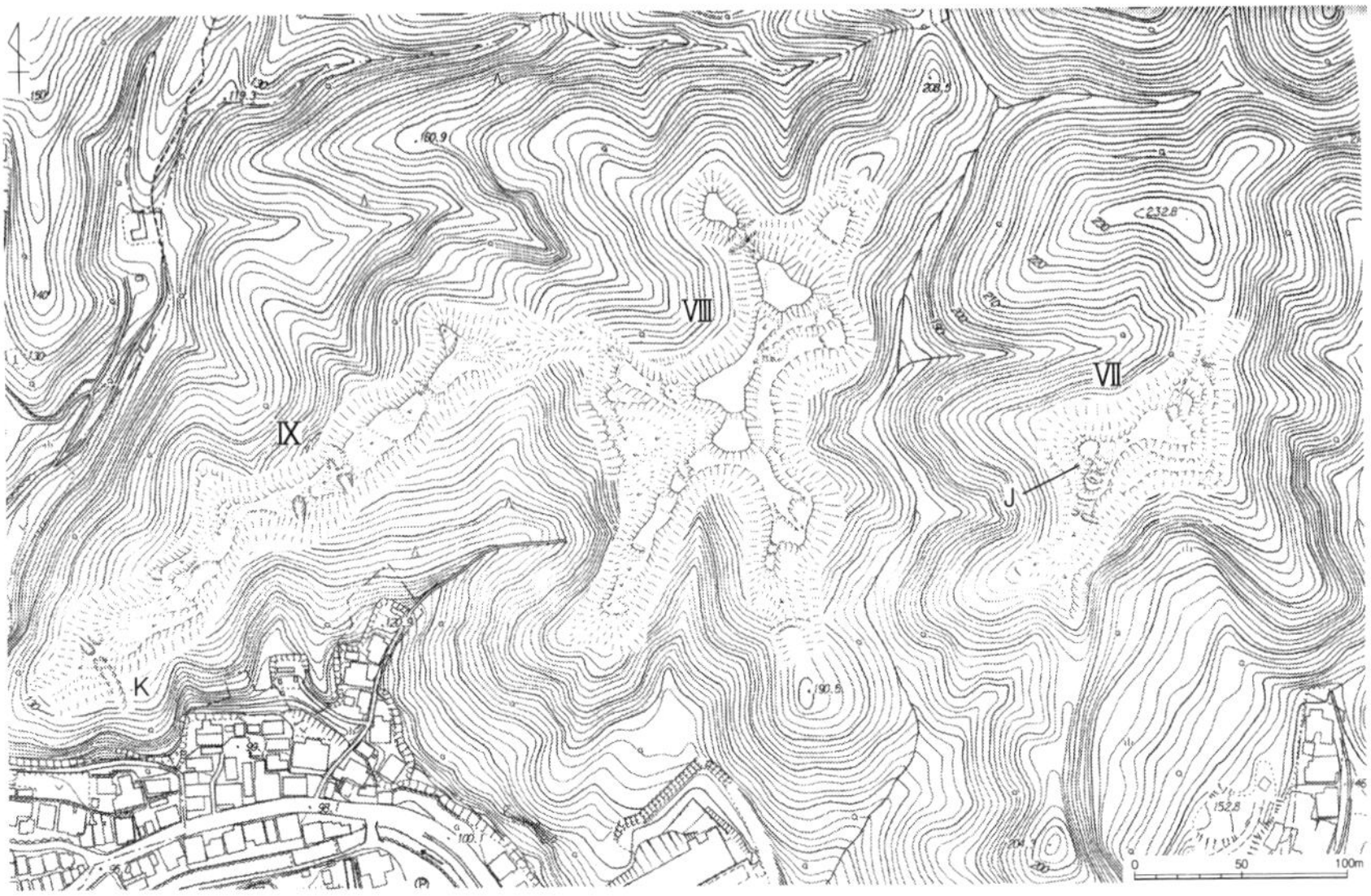

北白川城塞群 山城跡Ⅶ～Ⅸ 概要図（作図：中西裕樹）

定できるだろう。

　記録にしたがうと、城塞群には「小屋」や「陣屋」が設けられていた。一時的な利用にふさわしく、簡便な作事物が繰り返し設けられた。しかし、永禄元年には将軍義輝の「御殿」が存在した。短期間で完成するため、将軍が生活する建物は仕様を問わず「御殿」と表現されたのかもしれないが、同時に奉公衆や公家も居住し、期間は約半年に及んだ。簡易ながらも、彼らの日常生活にふさわしい建物が徐々に整備されたことが考えられる。その場所は、瓜生山山頂のIが中心であることは間違いない。

　これだけの歴史を持ち、その攻防の舞台となった城塞群の遺構が京都の近くに残されている。もっと注目されて然るべき遺跡群である。

山城跡Ⅸ堀切Kから見下ろす山中越が通る谷筋

義晴が死の直前に築いた城

5 中尾城《なかおじょう》・慈照寺《じしょうじ》

①所在地：京都市左京区浄土寺大山町他
②将　軍：足利義晴・義輝
③立　地：尾根頂部（標高約二八〇ｍ）
④遺　構：曲輪・土塁・堀切

【概要】 足利義晴が天文十九年（一五五〇）の死の直前まで築城を進めた山城であり、慈照寺（銀閣寺）の背後に位置する。義晴死後は子の将軍義輝が整備を継続したが、三好勢の攻撃で落城した。慈照寺は、たびたび義晴が近江への退避、京都への進出時に入った寺院でもある。[*1]

中尾城と如意ヶ嶽方面を西からのぞむ

【立地】 東山慈照寺は「東山三十六峰」の大文字山《だいもんじやま》（標高約四六五ｍ）の西山麓にあり、今出川御所（京都市上京区）の南に面した北小路（現・今出川通）を東に直進した場所に位置し、中尾城跡はその背後の月待山《つきまちやま》（慈照寺山）の奥、直線で約五〇〇ｍ離れた尾根上にある。大文字山からは近江の園城寺に至る如意越が通じ、城の北麓にはやはり近江の穴太、坂本（ともに大津市）に至る山中越が通る。

【歴史と背景】 文明十四年（一四八二）に八代将軍足利義政が京都東郊に「東山殿《ひがしやまどの》」（東山山荘）という邸宅を造営し、その死後に臨済禅宗の慈照寺となった。この慈照寺を足利義晴はたびたび利

＊1　中尾城については、堀口智彦「中尾城跡」（『京都府中世城館跡調査報告書』三、二〇一四年）、足利義晴の動きについては、木下昌規『足利義晴と畿内動乱』（戎光祥出版、二〇二〇年）および本書所収の論考を参照されたい。

＊2　『東寺百合文書』。なお、このときの城を、『厳助』は「北白川山上被構御城、勝軍之下之山也」としており、中尾城ではなく現在は北白川城跡と呼ぶ遺構の一画にあたると思われる。本書「北白川城塞群」を参照。

用した。

天文十年（一五四一）、義晴は連携する細川晴元（細川京兆家）と対立した木沢長政の軍勢が上洛した際、慈照寺に入った後に近江の坂本へ退避した。そして同十五年九月、かつて晴元が滅ぼした細川高国の後継を称する細川氏綱《うじつな》方の軍勢が京都に迫ると、晴元が丹波へ退いたのに対して義晴は今出川御所から慈照寺に退避した。すると義晴は氏綱を細川京兆家の家督に認めて晴元と手を切り、十一月に「東山御要害」の普請をはじめた。[*2] 同時に義晴は十一歳の子・義輝を近江の坂本で元服、将軍に就任させ、以前は細川京兆家の当主がつとめた加冠《かかん》役を「管領代」とした六角定頼に命じる。義晴の権力は定頼に支えられ、義輝にも同様の支持を期待したのだろう。儀礼が終わると義晴らは慈照寺に戻り、天文十六年になってから帰洛している。

しかし、摂津方面で晴元方が反攻に転じたため、三月になると義晴は先の城郭に籠城した。しかし翌月に慈照寺が打ち破られ、さらに定頼が娘婿の晴元に与したために義晴は城を焼いて坂本へ移った。晴元との和睦を余儀なくされ、ようやく天文十七年六月に義晴と義輝は慈照寺を経由して今出川御所に戻る。ところが晴元は家臣三好長慶と対立し、天文十八年六月に氏綱方となった長慶が江口《えぐち》の戦い（大阪市東淀川区）で晴元方を打ち倒すと、義晴と義輝は再び慈照寺を経て坂本に退避した。そして十月、義晴は中尾城の築城にとりかかり、その前後の有様は『万松院《ばんしょういん》殿穴太記《でんあのうき》』に詳しい。[*3] 義晴は小勢で大軍に勝利するには平地ではなく要害を構えて出撃と撤退を繰り返すべきと考え、「先慈照寺の大たけ中尾といふ山」で築城に着手した。しかし義晴は腫気により体調を崩し、工事も滞った。病床にある義晴は「御城山」のことを強く気にかけ、晴元と定頼に相談のうえ、年が変わった天文十九年二月から再び普請をはじめた。三月に義晴は坂本を出て穴太に移り、入城日を決めて城からも迎えが来る。しかし戦況が悪化したために延期となり、

＊3　『穴太記』は義晴の没後まもなく追善記を意識して製作され、文飾もある編纂物だが信憑性の高い同時代史料と評価されている。小谷量子「『穴太記』の成立について」（『ヒストリア』二七五、二〇一九年）。

慈照寺の門前

中尾城Ａ群の主郭Ｉ

「城中の制法二十ヶ條計」を定めて自身の入城に備えさせたという。『厳助往年記《げんじょおうねんき》』にも二月十五日に「東山慈照寺上之山仁御城」「今日御犁初」とあり、三月二十七日に義晴が「東山御城」に入る予定も延期になったとの記事がある。[*4]

四月四日には義晴に従う公家衆の高倉永家《たかくらながいえ》が「北白川城」の御番であったため、山科言継《やましなときつぐ》が見物に訪れている。「近頃見事之御山」と感想を述べ、御殿など四棟があって上野信孝《うえののぶたか》らの奉公衆三十人が詰め、築城作事が進んでいたという。[*5]

再び『穴太記』によれば、四月下旬に義晴の容態が悪化し、五月三日に肖像を土佐光茂《とさみつしげ》に描かせた翌日、穴太において死去した。[*6] 遺骸は慈照寺に運ばれ、葬儀が行われている。六角定頼は義輝に坂本へ戻るよう勧めたが、義輝は定頼の後巻《うしろまき》があれば大丈夫とし、自身は城で家臣とともに戦って屍をさらしても退りぞかないと述べたという。

七月になると晴元勢が「北白川」、六角勢が「北白川山上」などに出陣し、十月には六角勢二万余りが「東之山上」に陣を置いて三好勢と戦った。[*7] 九月には東寺《とうじ》と門前の住民に対して「東山御城」への「藪役」の竹千五百本が賦課され、困惑した寺側は「御城奉行衆」に免除を訴えている。[*8] しかし十一月になると三好勢が近江にまで進出し、「白川公方之御城」は放火によって落ちたという。[*9]

落城前後の状況は『言継』に詳しい。同月十八日の夜、奉公衆の千秋晴季《せんしゅうはるすえ》が「御城」から帰洛したとして山科言継を訪問し、翌日の朝に御城へと帰った。城が包囲されるような戦はなかっ

---

*4　なお、『厳助』には昨年十月の築城記事がなく、『穴太記』とは築城時期の認識が異なっている。

*5　『言継』。

*6　近臣進士晴舎の書状では五月四日に義晴は坂本で自害とある。*1木下文献を参照。

*7　『言継』。

*8　『奉書』。

*9　『厳助』。

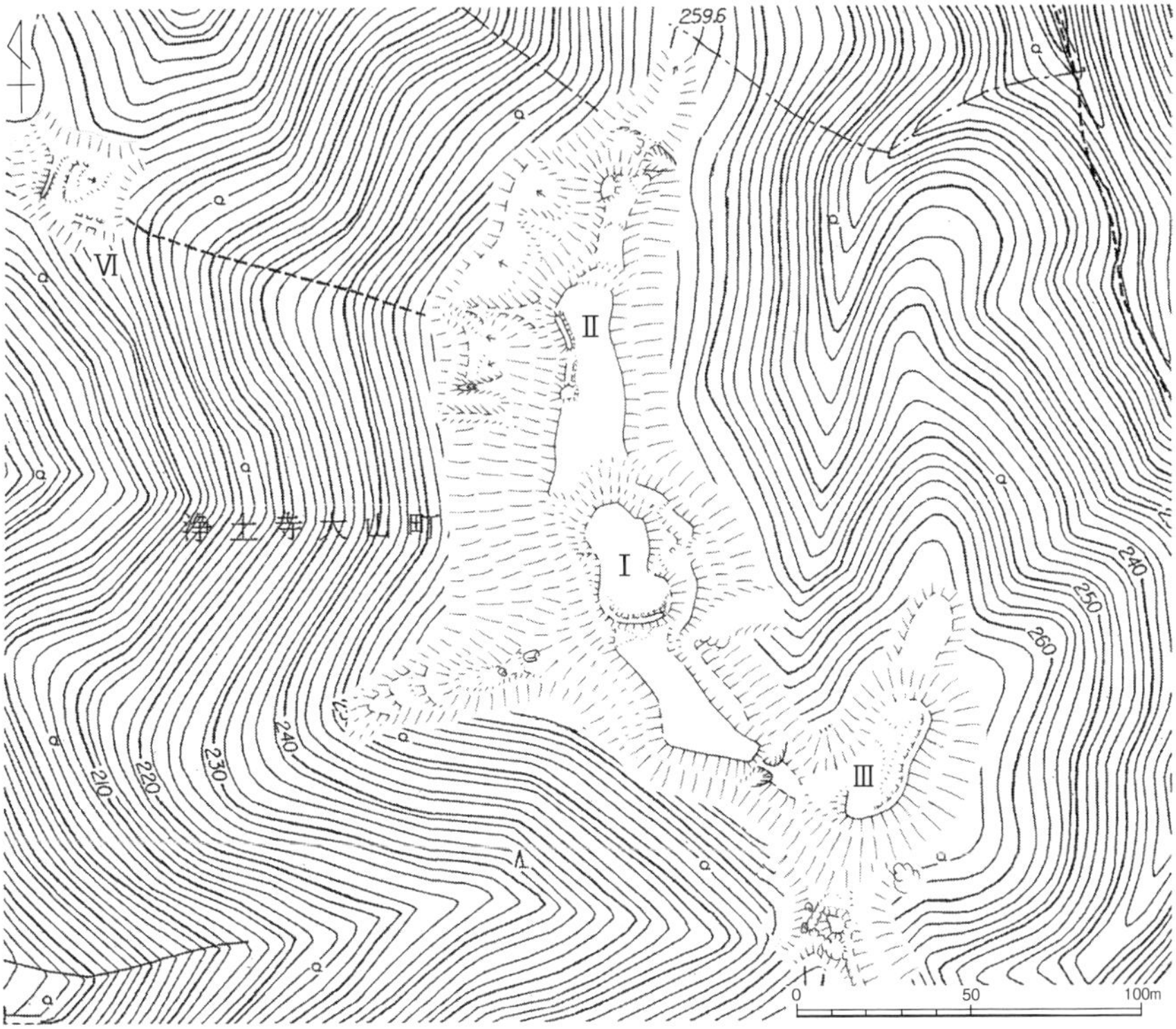

中尾城跡Ａ群 概要図（作図：中西裕樹）

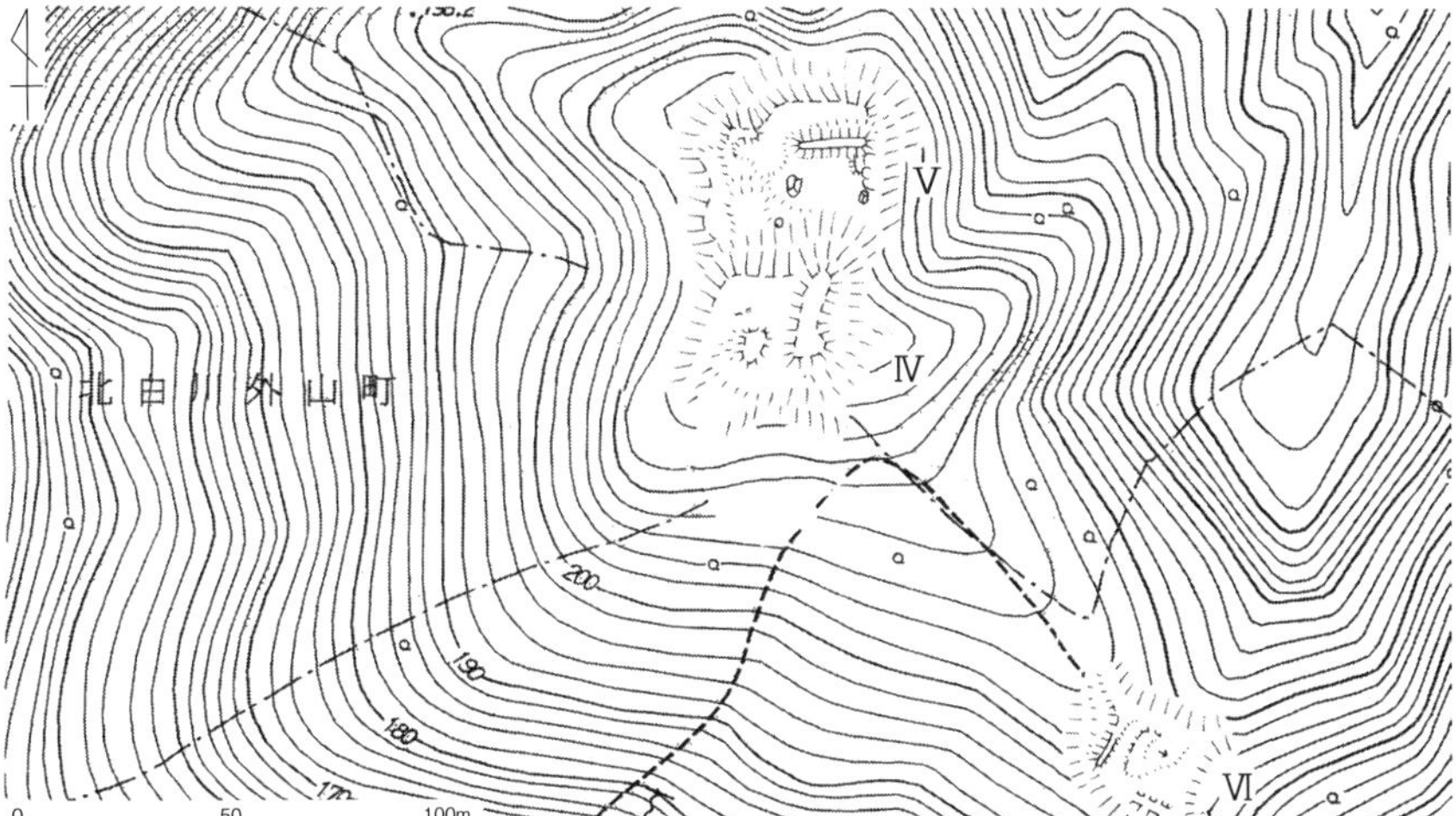

中尾城跡Ｂ群 概要図（作図：中西裕樹）

中尾城Ａ群南端の二重堀切

たようだが、同日に三好勢は「東山」「北白川」などの周囲の村々を放火し、「城きは」では少人数の攻撃があった。そして二十一日に「東山武家之御城」が火災で落ち、奉公衆が坂本、義輝は堅田《かたた》（大津市）に移り、再び一昨日の村々が焼かれた。二十三日には三好勢が御城を「わる」とあり、破却がなされた。義輝は坂本に入り、翌年には朽木（滋賀県高島市）にしばらく居を据えることになった。

【構造と評価】ここでは中尾城跡と周辺の遺構と状況を取り上げる。遺構は標高約二八〇m地点のA群とそこから北西に伸びる尾根の頂部（標高約二三〇m）のB群として把握される。[*10]

A群の範囲は東西約一七〇m×南北約二三〇mで、頂部の主郭Ⅰは南側に土塁を伴い、一部切岸が不明確ではあるが東側に帯曲輪が認められる。北側に続く曲輪Ⅱの端には低い土段と堀切が設けられている。曲輪西辺には土塁があり、その下には斜面を掘り込む平坦面が確認できる。曲輪の可能性があるだろう。主郭と南側の曲輪Ⅲとの間と南端の鞍部が堀切となり、特に南端の堀切は破壊を受けるも二重堀切だと推定される。

B群の範囲は東西約五〇m×南北約六〇mで、南側ピークの平坦面Ⅳと北側の土塁状の遺構を伴う平坦面Ⅴで構成される。A群の連郭式山城とは様相を異にし、巨岩が露頭する場所もある。出城《でじろ》と評価されているが（「大山出城」と呼ぶこともある）、何らかの祭祀に関わる遺構なのかもしれない。また、A群とB群の間にも土塁状の遺構Ⅵが確認できる。

さて、『穴太記』には「南は如意が嶽に続きたり。尾さきをば三重に堀切て、二重に壁を付て、

中尾城A群・曲輪Ⅱ斜面下の平坦面

＊10　＊1堀口論文。A群とB群との位置については、本書の「北白川城塞群（勝軍城）」の遺構所在図を参照されたい。

＊11　池田誠「将軍 足利義晴の中尾城を再検討する」（『中世城郭研究』三、一九八九年）。

其間に石を入たり。是は鉄砲の用心也。四方には池を掘て水をたゝへたれば」と中尾城の縄張りに関する記述がある。城跡を精緻に調査した池田誠氏は、A群南端の堀切を三重ととらえた。[*11] また、城跡の土塁などからの射程距離・角度をふまえ、鉄砲への対応など『穴太記』と縄張りとの一致部分を見出した。ただし、水堀については『穴太記』の記述を理想としつつ、如意ヶ嶽城跡(京都市左京区)や山麓居館を示すものとも解釈する。天文十九年(一五五〇)の合戦では三好勢に鉄砲による死者が出、その威力を人々が実感したことは事実だろう。わざわざ『言継』が「与力一人鉄□(砲)に当死」と記したことが証左である。しかし縄張りから作事の状況は判明せず、山城に水堀を備えた事例は中世城郭では皆無といえる。『穴太記』の城郭に関する記述については厳密に理解するのではなく、義晴を称え当時の緊張感を示す潤色を多分に含むと考えるべきだろう。

中尾城B群Vの土塁状遺構

また「中尾城」という名称は『穴太記』にみえ、義晴による築城場所を『厳助』が「東山慈照寺上之山仁御城」とすることから現中尾城跡の地に比定できる。[*12] しかし、近世の認識は必ずしも今の城跡ではなく、貞享元年(一六八四)の『雍州府志《ようしゅうふし》』は「万松院城址 慈照寺大嵩中尾にあり」とするものの、正徳元年(一七一一)の『山城名勝志《やましろめいしょうし》』では「中尾山城 如意岳絶頂に城跡あり」と後に義輝が使用した如意ヶ嶽城跡と混同している。また、『厳助』『言継』も「北白川」「白川」を城郭名に冠し、中尾城の北側にあたる北白川には城塞群が存在している。[*13] 天文十九年に機能した城郭は中尾城跡に限定せず、周辺の城跡も視野に入れるべきだろう。

*12 中尾城跡の遺構を特定したのは上山春平氏であった。今谷明『戦国時代の貴族』(講談社学術文庫、二〇〇二年。初版は一九八〇年)。

*13 本書の「北白川城塞群(勝軍城)」を参照。

中尾城B群から北白川城塞群をのぞむ

将軍の山城と利用された山の寺

6 霊山城《りょうぜんじょう》・清水寺《きよみずでら》

①所在地：京都市東山区清閑寺霊山町他
②将　軍：足利義輝
③立　地：尾根頂部（標高約一七七m）
④遺　構：曲輪・堀切

【概要】将軍足利義輝が天文二十一年（一五五二）十月頃から築城し、翌年に三好勢の攻撃を受けて落城している。義輝の関係者は一体的に清水寺の施設を利用しており、同寺には室町後期の子安塔《こやすとう》や馬駐《うまどめ》などが残る[*1]（いずれも重要文化財）。

北西の長坂越方面からみた霊山城と清水寺

【立地】京都市街地に接する東山連峰の一角である標高約一七七mの「霊山」と呼ばれた尾根頂部に立地し、南に伸びる尾根を下った先が清水寺の境内となる。同寺境内の東には標高約二四二mの清水山があり、その南側鞍部《あんぶ》には京都と琵琶湖水運の湊町として栄えた近江国大津（大津市）を最短で結ぶ渋谷越《しぶたにごえ》が通っている。清水寺の西麓には、平安中期以降の葬送の地・鳥辺野《とりべの》が広がった。

【歴史と背景】音羽山《おとわやま》清水寺は宝亀九年（七七八）に興福《こうふく》寺《じ》の僧賢心《けんしん》（延鎮《えんちん》）が山城国音羽山で滝行を行う修行者（観音の化身）と出会うことで開かれ、開山の本願は坂上田《さかのうえのた》

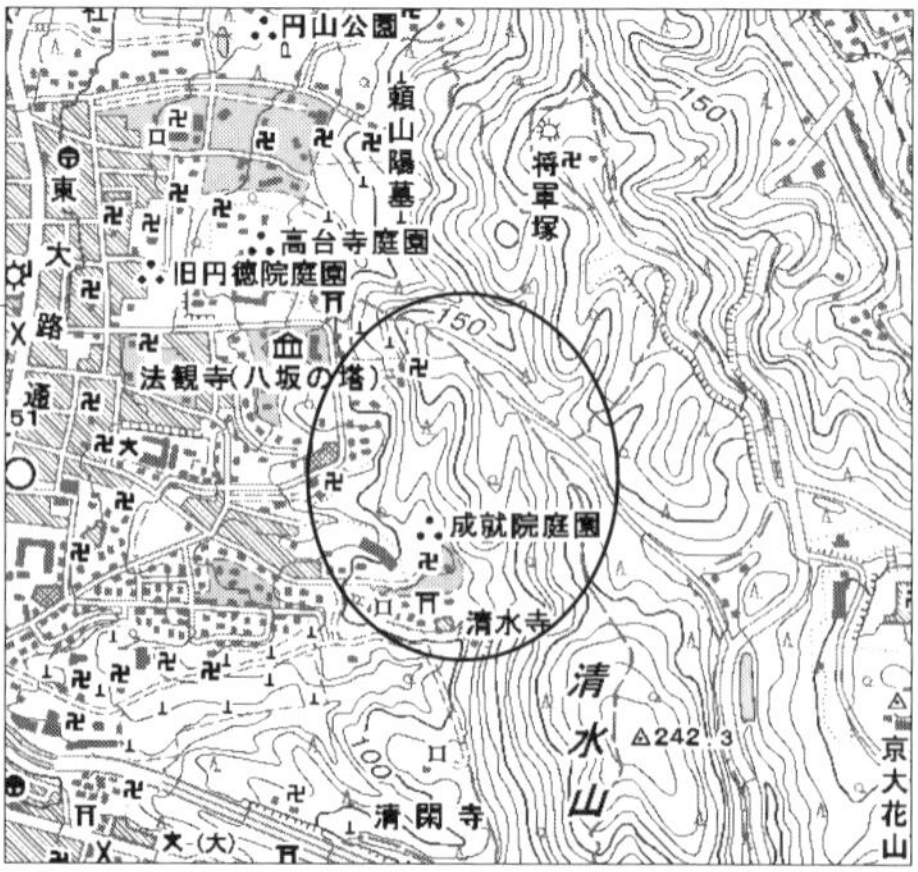

＊1　清水寺については、同寺史編纂委員会編『清水寺史　第一巻　通史（上）』（法藏館、一九九五年）、霊山城については、中西裕樹「霊山城」（中井均監修・城郭談話会編『図解　近畿の城郭』Ⅱ、戎光祥出版、二〇一五年）を参照。

村麻呂《むらまろ》とされる。以後は平安京以前に建立された京都盆地の山の寺として存在感を示し、現在は北法相宗《きたほっそうしゅう》の大本山である。しかし、応仁の乱がはじまると陣所に利用され、西軍方の六角高頼《たかより》の軍勢が文明元年（一四六九）に近江から京都を目指すと東軍方の放火で伽藍は焼亡した。しかし勧進《かんじん》で有名な時宗僧・願阿弥《がんあみ》が本願となって再建が図られ、同十四年には本堂が上棟している。

天文二十一年（一五五二）正月、近江国朽木（滋賀県高島市）から将軍足利義輝が帰洛した。これは前年から近江の六角定頼が敵対する三好長慶との和睦を成立させた結果であり、同月に定頼は死去したが、長慶は将軍直臣の御供衆となって義輝に出仕した。一方でこの和睦は長慶の旧主細川晴元の失脚を招き、長慶が推す細川氏綱が細川京兆家の当主となる。晴元は出家したものの若狭を経て丹波に現れ、支持勢力を集めた。

西麓からみた霊山城（鳥居は霊山護国神社）

十月になると京都周辺で三好勢と衝突し、ついに船岡山《ふなおかやま》（京都市北区）に出現して義輝の奉公衆とぶつかる可能性があった。なお船岡山には「船岡山城」という戦国期の城郭遺構が存在し、この頃から義輝は霊山城を築きはじめた。*2 時期をふまえると、築城は京都をめぐる晴元勢への軍事的対応が目的だろう。霊山には正法寺《しょうほうじ》という時宗寺院が存在したが、天文十九年に清水寺山の東側にあたる山科七郷（京都市山科区）や近隣郷民の焼き打ちにあい、同年に落城した中尾城（京都市左京区）に代わってこの荒廃した伽藍を修築したのが霊山城との評価がなされている。*3

十一月十七日には山科言継が義輝の御供衆・朽木稙綱《たねつな》を

*2　本書「船岡山城」を参照。『異本年代記』十月二十七日条に「義藤霊山御城普請始」とある。今谷明『戦国時代の貴族』（講談社学術文庫、二〇〇二年。初版は一九八〇年）。『厳助』には「十一月日、東山霊山之峰仁、公方様御城被構事在之」とみえる。

*3　*2今谷文献。

清水寺の仁王門と三重塔

訪ねるも「東山御城」に行って不在であったため、「東山霊山御城」へと足を運んだとその日記『言継卿記』に記した。*4 同月二十七日夜には晴元方の軍勢が迫った西院城（京都市右京区）の小泉《こいずみ》氏、郡城（右京区）の中路《なかじ》氏が霊山城へと逃れてきた。翌日の朝に城は攻撃を受け、北西麓に約五〇〇m離れた建仁寺《けんにんじ》周辺が放火され、清水坂では合戦が行われた。言うまでもなく、建仁寺は京都を代表する臨済禅宗の五大寺院（五山）の第三位に列した大寺院である。

同日の夕方、言継らの公家が奉公衆との同道で霊山城を訪れて義輝と対面した後、清水寺で母の慶寿院《けいじゅいん》やその兄の近衛稙家《たねいえ》、乳人の春日局《かすがのつぼね》らを訪問した。三十日にも言継らは霊山城で義輝、清水寺で慶寿院、近衛稙家、春日局らと対面し、「子安観音堂」を陣所とする朽木稙綱と一盞《いっさん》を傾けた後に建仁寺の焼け跡を見物している。攻撃を受けつつも、城には外部の人間が出入りできる状況があった。十二月六日にも言継は御内書の礼として霊山城で義輝に対面し、「清水施行所」の政所頭人《まんどころとうにん》伊勢貞孝《さだたか》を訪ね、蜷《にな》川《がわ》氏を通じて礼を伝えた。

帰洛後の義輝は今出川御所を居所としていたが、すでに築城スタートからまもない霊山城へと移り、清水寺にはその家族に加えて主な幕臣が入っていたとみられる。清水寺成就院《じょうじゅいん》境内に対しては、十一月三日付で義輝の奉行人による制札（禁制《きんぜい》）が出されていた。*5 十二月二十一日付で竹内門跡《たけうちもんぜき》に出された義輝の奉行人連署奉書*7には「御城山御普請事」について、「先年御堀」の例によって北野《きたの》社の西京《にしのきょう》七保（京都市中京区など）に家別の人夫役を賦課するとある。*6 霊山城

*4　以下、註がない限り『言継』の記述による。

*5　『奉書』。

*6　『奉書』。

*7　以下『言継』。安見宗房については、弓倉弘年「安見宗房」（天野忠幸編『戦国武将列伝8　畿内編下』戎光祥出版、二〇二三年）を参照。

の築城が続いていることに加え、京都周辺の人々には同様の築城に関わる負担が課されたことを示唆するものだろう。

さて、十一月三十日には言継たちだけでなく、長慶と連携して河内北部や山城南部で勢力を伸ばす安見《やすみ》宗房《むねふさ》が軍勢を率いて清水寺を訪れていた。*7 十二月一日には三好長慶が上洛し、丹波方面における晴元勢との合戦状況などを義輝に報告したと思われる。しかし年が明けた天文二十二年正月、長慶は子の義興《よしおき》と上洛したが、「雑説《ぞうせつ》」のために細川氏綱が入っていた淀《よど》（京都市伏見区）へと向かった。この頃から上野信孝ら義輝の側近が細川晴元に通じ、義輝と長慶との関係に亀裂が生じはじめる。*8 二月二十六日に義輝は長慶と「清水寺願所」で対面し、「別心《べっしん》」した五、六人の奉公衆が長慶に人質を出した。なお、この間の二十三日にも言継らの公家は霊山城で義輝に対面し、その後に清水寺に参詣している。

三月八日に義輝と長慶との和睦は破綻し、あらためて言継は「武家霊山へ御入城」と記した。しかし義輝と長慶は完全に断絶するのではなく、交渉は続いていたとみられる。*9 一方で、同月二十七日には義輝に近侍する公家の高倉永相《ながすけ》が「御城」から出京し、言継と雑談、一盞を傾けている。四月九日には言継が病気の義輝を「東山御城」に見舞い、朽木稙綱を申次《もうしつぎ》としたが対面できず、「清水執行」にいた高倉永相を訪ねて碁に興じた。また五月二十六日付で、義輝は上野国の横瀬《よこせ》成繁《なりしげ》に宛てて御内書を二通出している。一通は馬を所望し、もう一通は鉄砲一丁を遣わすとのものである。*10 その鉄砲は「城山」で作らせたものとあるため、この時期の城内には鉄砲が鋳造できる施設があったことになるだろう。

七月十四日になると千人余の晴元勢が長坂《ながさか》や船岡山（京都市北区）周辺に出没し、奉公衆と安見勢が対応にあたった。この長坂は丹波からの街道（長坂越）が山を下った場所で、途中の京見

*8　上野信孝については、木下昌規「上野信孝」（天野忠幸編『戦国武将列伝8　畿内編下』戎光祥出版、二〇二三年）を参照。

*9　足利義輝の動きについては、木下昌規『足利義輝と三好一族』（戎光祥出版、二〇二一年）を参照。

*10　『由良文書』。

清水寺の馬駐

峠近くには堂之庭城が所在する。[*11] そして二十八日に至り、長坂まで出陣した晴元勢を上野信孝らの奉公衆が出迎え、義輝は晴元を赦免、長慶を敵とした。晴元勢は西院城を攻め、義輝自身が出陣して城を包囲したが本格的な城攻めはないまま、摂津の芥川城（大阪府高槻市）を攻撃中の長慶が二万五千の軍勢を率いて上洛した。義輝は霊山城に入るのではなく、船岡山に陣所を構える。

霊山城には奉公衆の松田監物《けんもつ》の他、山科の南に位置する真言宗の大寺院・醍醐寺（京都市伏見区）の三宝院《さんぼういん》衆、京都から近江へ抜ける山中越沿いに拠点を持つ山中氏らがいたが、八月一日に清水寺南の渋谷越を押さえる今村《いまむら》一族を核とした三好勢の攻撃を受けて放火、松田監物は切腹して城は落ちた。長慶の威勢を前に、義輝は長坂越で丹波へ逃れた後、再び近江の朽木に居を据えることになった。

後の永禄十一年（一五六八）九月、弟の足利義昭は織田信長に供奉され、上洛と将軍任官を目指す軍事行動の過程で清水寺に入った。言継らは清水寺が「御陣所」になるとし、行軍中の居所や陣とは違う場と認識していた。上洛過程における義昭は兄・義輝、父・義晴ゆかりの地を意識したようで、清水寺は特別視された可能性がある。[*12]

【構造と評価】 ここでは霊山城跡と周辺の状況を取り上げる。城館遺構は標高約一七七ｍの尾根

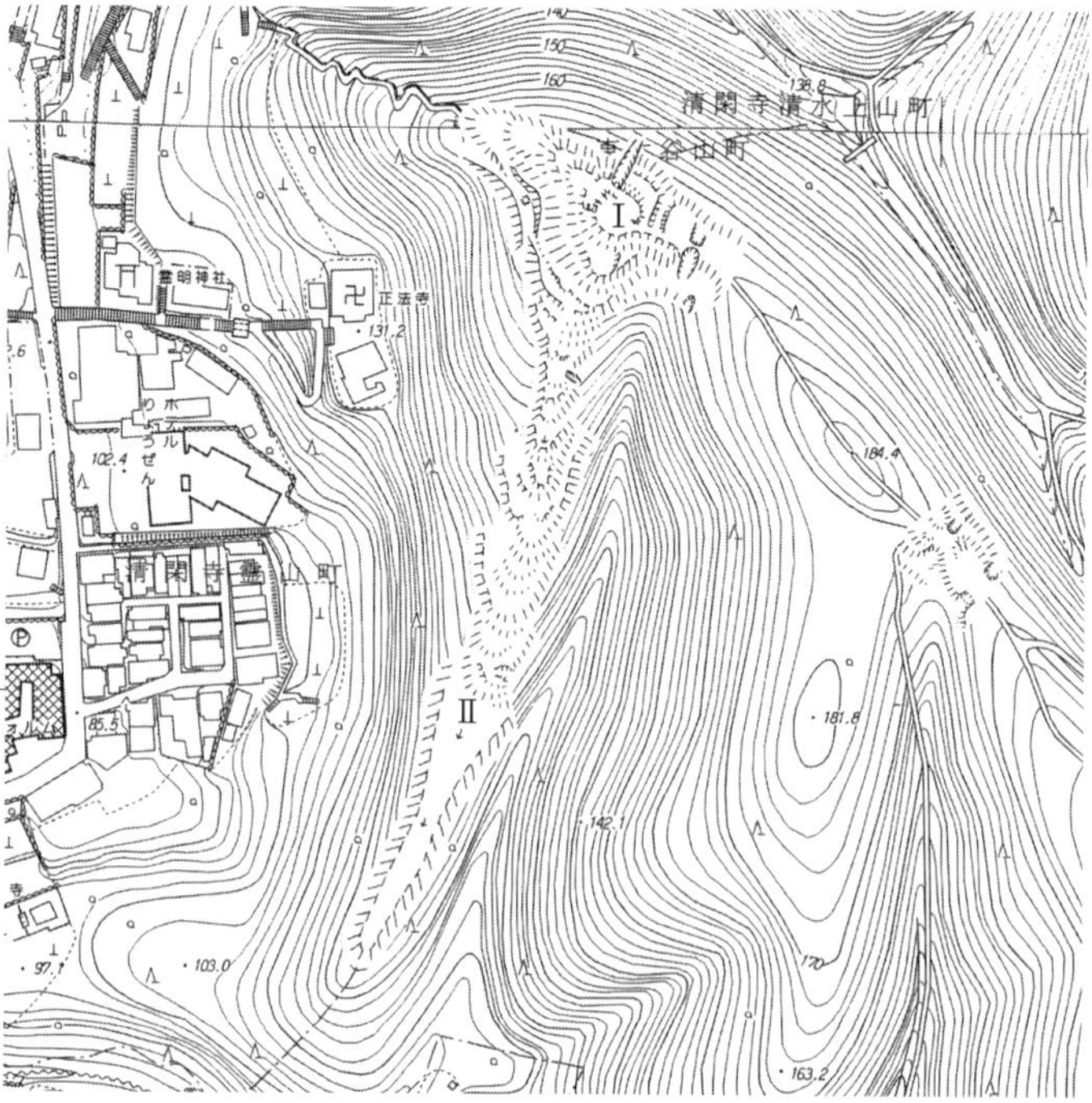

霊山城跡 概要図（部分。作図：中西裕樹）

＊11　本書の「堂之庭城」を参照。

先端のピークⅠ周辺と南の清水寺境内へと下る尾根上に曲輪Ⅱが確認できる。またピークの曲輪北側には竪堀が存在し、東側からこのピークへと続く尾根上には二重の堀切を二ヶ所に設けている。大きく範囲は、東西約二五〇m×南北約三三〇mに及ぶ。

しかし、総じて曲輪の削平は不十分で自然地形を多分に残し、二重堀切も東側は不明確である。中心部も長辺約五〇mにとどまり、義輝の居所など恒常的な施設が所在した場の比定は難しい。ピークから西南に約四〇m下ると現在の正法寺であり、付近の小規模な平坦面には墓かと思われるマウンドが確認できる。ピークから南に派生する尾根には石造物が点在し、その端は清水寺成就院の庭園に続く。後世の改変も大きいが少なくとも城域と寺域は連続しており、戦国期に山の寺が城郭利用された事例は多い。将軍らが清水寺に居たこともふまえると、地形的にも一体である清水寺境内と霊山城周辺は一体で軍事的に利用された空間と理解しなければならない。しかし、

＊12　中西裕樹「永禄十一年の足利義昭・織田信長の上洛と芥川城」（『しろあとだより』二〇、二〇二〇年）。

上：Ⅰ東側の堀切
中上：Ⅰ北側の竪堀
中下：Ⅱの曲輪
下：Ⅱに残る石仏

霊山城跡 概要図（作図：中西裕樹）

山科言継は自身の訪問先を霊山城と清水寺で明確に区別しており、あくまで城と寺は別空間と理解していた。

戦国期の清水寺では成就院が「山守《やまもり》」らの番人を置いて周辺山林を管理していた。義輝の霊山築城をめぐってはその境界が問題となり、義輝の奉公衆からは十一月十一日付で「勝軍陣城之為御用八寸之竹五百本可有進上候」との要求を受けた。清水寺では関係者が協議し、築城にともなう山林伐採は望ましくないが、「上意之御儀」であるため仕方がないとの見解に至ったようだ。しかし永禄六年（一五六三）に三好氏重臣の松永久秀が「清水寺山」の材木を求めた際には「当山之儀、都之蓬莱ニて」「下草以下迄、堅致防禦候」と主張している。[＊13] 清水寺にとって、山林を侵す築城行為は否定したかったのが本音だろう。

山の寺の境内は中心部が谷部に展開することが多く、武家が城郭として利用する場合はその背後のピークに曲輪を設けるパターンが多い。[＊14] 清水寺の場合はこれに清水寺山が該当するが、地形的に平坦で城郭を構える地としては不向きであり、かつ同寺が山林権益を強く主張する場であった。一方、霊山城は南に下る尾根先が成就院の敷地に続くものの、境内中心部とは谷を挟む形となる。これらが背景となり、義輝の城郭は清水寺山ではなく、霊山に築かれたのではないか。また、安寧と秩序を重んじる京都では恒常的な城館の出現が遅れたとされ、[＊15] 霊山城の立地や山科言継による記述には、城郭を避ける意識が影響したのかもしれない。

反面で清水寺は洛外に位置し、その境内を活用しながら義輝が山城を構え得る条件にあったのだろう。義輝と父・義晴は近江六角氏を頼りとし、義晴が最初に築いた（築こうとした）山城は近くに近江への東海道が通る建仁寺（京都市左京区）近くであった。ともに洛外の将軍居所である寺院＋山城という様相にあり、将軍が強く京都での城館の必要性を感じていたことを示す。

＊13　以上『成就院文書』『清水寺文書』。

＊14　中西裕樹「山の寺からみた戦国期城郭と安土城の構造」（『織豊城郭』一五、二〇一五年）。

＊15　福島克彦「洛中洛外の城館と集落―城郭研究と首都論―」（『中世都市研究』一二、新人物往来社、二〇〇六年）。

南西の大谷墓地からみた清水山

三好長慶と戦う義輝が入った地

7 船岡山城《ふなおかやまじょう》

①所在地：京都市北区紫野北舟岡町
②将　軍：足利義輝
③立　地：独立丘陵頂部（標高約一〇五m）
④遺　構：曲輪・土塁・堀切・帯曲輪・横堀

長坂越からみた船岡山

【概要】天文二十二年（一五五三）に将軍足利義輝が三好長慶と交戦状態になった際、霊山城（京都市東山区）から出て陣を置いた地で、戦国期の城跡が残る。船岡山は古戦場として国史跡に指定され、織田信長を祭神とする建勲《たけいさお》神社が鎮座する。*1

【立地】岩盤が露出する独立丘陵上にあり、現在は建勲神社境内や公園となる。南東に約八〇〇m離れて足利義晴が営んだ今出川御所が所在する上京という都市があり、北に約一・六km離れた場所に長坂口《ながさかぐち》が所在した。長坂口は京都の「七口」の一つであり、丹波からの長坂越という陸路が到達していた。

【歴史と背景】安永九年（一七八〇）の『都名所図会《みやこめいしょずえ》』によれば、船岡山の名は舟の形に似るためという。平安京を守る四神の玄武《げんぶ》にあたるともされ、「ものづくし」を取り上げた清少納言《せいしょうなごん》『枕草子《まくらのそうし》』に「岡は船岡」（二三一段）とあるように都を代表する地であった。付近は蓮台野《れんだいの》という葬送地で、吉田《よしだ》兼好《けんこう》『徒然草《つれづれぐさ》』には「鳥部野、舟岡、さらぬ野山にも、送る数多かる日はあれど、送らぬ日はなし」（一三七段）とある。応仁元年（一四六七）に勃発した応仁の乱では、東福寺《とうふくじ》の僧侶・

*1　船岡山城については、中居和志「船岡山城跡」（『京都府中世城館跡調査報告書』三、二〇一四年）、髙田徹「船岡山城」（中井均監修・城郭談話会編『図解 近畿の城郭』Ⅰ、戎光祥出版、二〇一四年）を参照。

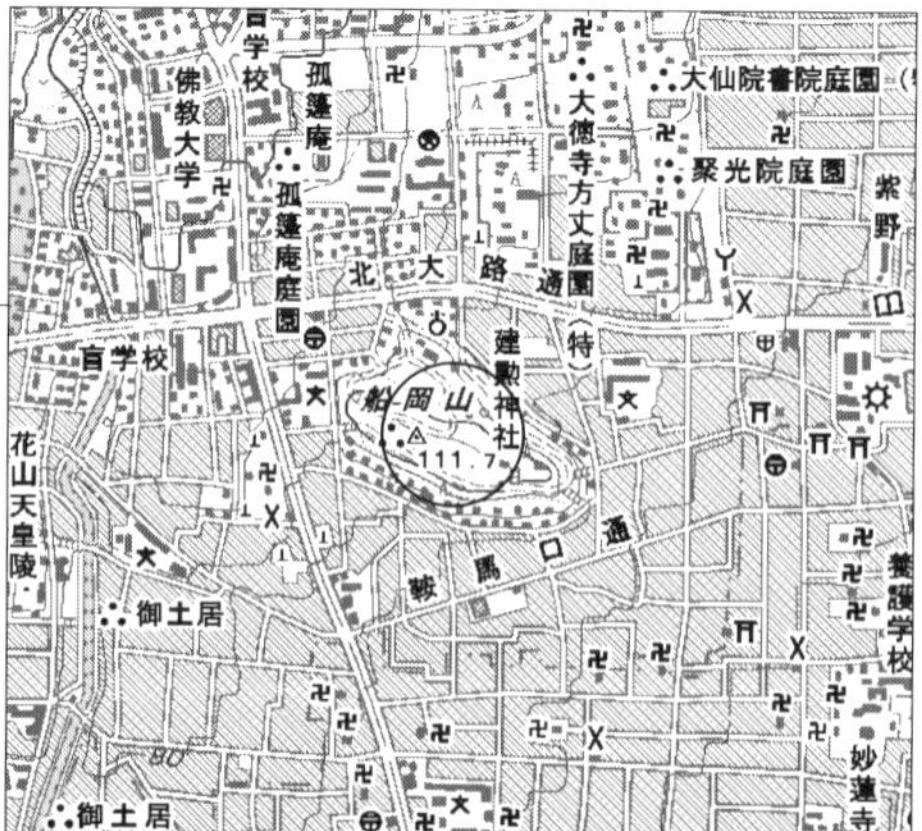

雲泉太極《うんぜんたいぎょく》が翌年九月に「西兵自去歳、以船岡山為城」と記している。[*2] この城は西軍方の山名教《のり》之《ゆき》、一色義直《いっしきよしなお》らが守ったが東軍の細川勝元《かつもと》に落とされた。後には羽柴秀吉が「天正寺《てんしょうじ》」建立を計画し、以降は京都でも有数の塔頭を擁する臨済宗の大徳寺《だいとくじ》が領するところになった。

永正八年（一五一一）八月には「船岡山合戦」が起きている。足利義澄を支持する細川澄元方の細川政賢《まさかた》（細川典厩家）や細川元常《もとつね》（和泉半国守護家）、山中《やまなか》新左衛門尉（摂津欠郡《かけのこおり》守護代）の軍勢が陣を置く船岡山に対し、足利義稙を支える大内義興を中心とした軍勢が攻撃を加えた合戦である。[*3] 同五年に周防の大内氏を頼った義稙は将軍への復帰を図り、細川高国と連携して対立した足利義澄や細川澄元から京都を奪還していた。義興と高国が支える政権が成立したが、この永正八年に義澄を戴く澄元の軍勢が阿波を発って摂津を席巻、京都に入り、義稙らは二万五千の軍勢で丹波に逃れていた。ほどなく義稙らは態勢を立て直して丹波から「北山」に進み、一方の義澄は直前に死去、澄元方の播磨守護赤松義村《あかまつよしむら》が摂津の伊丹《いたみ》城（兵庫県伊丹市）で足止めを食らった。合戦の結果、義稙方が勝利を収め、首級三八〇〇をあげたという。[*4]

船岡山に建つ「応仁永正戦跡」の石碑

さて天文二十二年（一五五三）七月、細川晴元（澄元の子）が丹波から軍勢を「長坂、舟岡辺」へ進出させ、船岡山一帯に陣を置いた。[*5] 将軍足利義輝は前年に三好長慶と和睦して近江朽木（滋賀県高島市）から帰洛し、反対に長慶の旧主晴元は若狭に没落した後、丹波で勢力を集めていた。すでに前年から晴元勢は京都周辺に進出し、義輝が東山に霊山城を築く一方、十月

＊2　『碧山日録』。

＊3　足利義稙については、山田康弘『足利義稙』（戎光祥出版、二〇一六年）を参照。

＊4　『後法成寺』。

＊5　以下『言継』。足利義輝の動きについては、木下昌規『足利義輝と三好一族』（戎光祥出版、二〇二一年）を参照。

＊6　＊1文献。過去に測量がなされ、境内にはその解説板が設置されている。著者は、これら既往の成果と現地の遺構観察により、遺構概要図を作成した。

には船岡山で義輝の奉公衆と衝突寸前となる。

船岡山の晴元勢は三好方の安見宗房、将軍足利義輝の奉公衆と対峙したが、すでに三月の時点で義輝と長慶の関係は破綻しており、七月二十八日に再び晴元勢が長坂から現れると今度は義輝の奉公衆が出迎え、主だったものと対面した義輝は北野天満宮（京都市北区）へと軍を進めて晴元を赦免した。長慶を明確に敵とした義輝は三好方の西院城（同右京区）を攻めるが、二万五千という長慶が率いる軍勢が京都に迫ると、八月一日に霊山城を出て船岡山に陣を置いた。霊山城は一日で落城し、義輝らは「山中」に逃れて「終夜北之山上に数百篝火」が見えるという有様となった。翌日に義輝らは杉阪に移って丹波国山国荘《やまぐにのしょう》（同北区）に入り、再び近江朽木に居を据えることとなった。

上：西からみた船岡山のⅠ（奥の森がⅡ）
中上：Ⅱの堀切を南裾からみる
中下：北側からみたⅡの横堀
下：Ⅰ北側斜面下の横堀を西からみる

＊7　本書「如意ヶ嶽城」「堂之庭城」を参照。

＊8　永禄六年（一五六三）三月にも、丹波方面から柳本勢が杉阪から京都方面への進出を図り、三好勢が「舟岡辺」に展開している（『言継』）。この際にも船岡山が利用された可能性がある。

【遺構と構造】船岡山頂部全体を利用し、規模は東西約三五〇m×南北約二五〇mである。建勲神社の境内（神域）に立ち入ることはできないが、高田徹氏や京都府教育委員会による調査が公表されており、一定範囲の遺構は観察可能である。[*6]

ピークのⅠには岩盤が露出し、付近は平坦な地形であるが顕著な城郭遺構は見受けられない。Ⅱが建勲神社の境内で周辺は造成を受けるが、西側のⅠの方向に少なくとも三重の堀切が確認でき、Ⅰと同様に明確な遺構が確認できないⅢの方向には二重の横堀が先の堀切と連動して設けられている。ただし明確な曲輪はみられず、総じて削平は粗雑である。Ⅰ・Ⅲに挟まれた北側谷部の山腹に延長三〇〇mを超える横堀と連続する竪堀が確認できるが、Ⅱとの連続性を欠き、時期や機能の差があるようにみえる。現状をふまえると、船岡山城は丘陵東端部が中心であり、横堀などの遮断施設が発達した臨時性の強い城郭として評価できるだろう。

戦国期の畿内の山城では、戦国末期に横堀が発達し、その代表である如意ヶ嶽城（京都市左京区）はおよそ一五六〇年前後に遺構年代が比定される。また、船岡山へと進出する軍勢が利用した長坂越の京見峠近くの堂之庭城にも同様の特徴が確認される。[*7] 船岡山城の遺構については、天文二十二年（一五五三）以降、長坂越から京都制圧をうかがう軍勢が進出する機会に伴うものととらえておきたい。[*8]

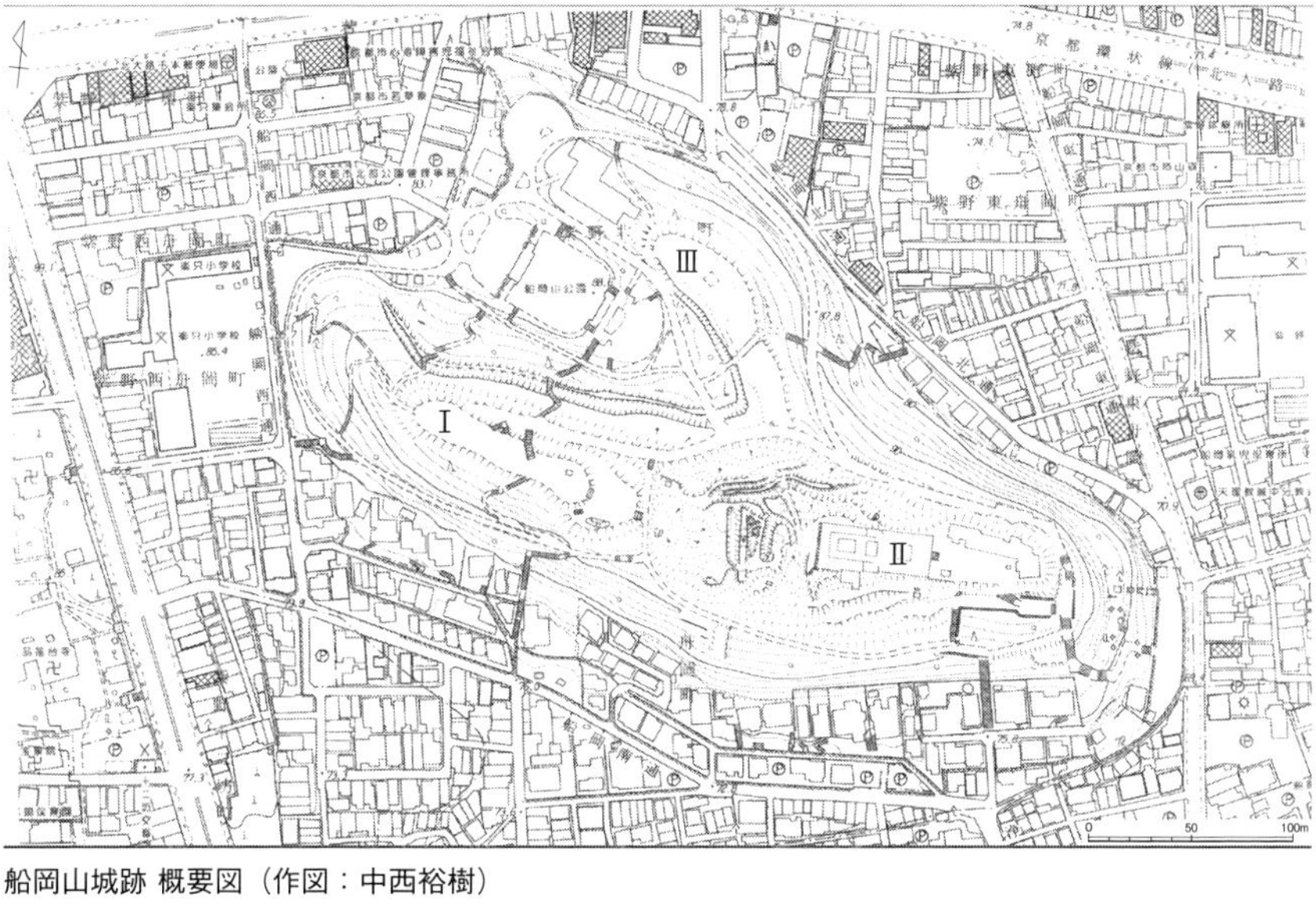

船岡山城跡 概要図（作図：中西裕樹）

丹波と京を結ぶ山道近くの城郭

8　堂之庭城《どうのにわじょう》

①所在地：京都市北区西賀茂城山
②将　軍：足利義輝
③立　地：山頂部（標高約四八〇m）
④遺　構：曲輪・土塁・堀切・帯曲輪・横堀・石積

【概要】天文二十二年（一五五三）に京都を三好長慶に押さえられた足利義輝が退いた丹波に続く長坂越近くの山城で、臨時性の強い横堀が発達した縄張りが特徴である。義輝との合流に成功した細川晴元の軍勢が以前からこの山道を利用していた。明智光秀《あけちみつひで》の築城が伝承されている。*1

如意ヶ嶽に続く大文字の火床からみた堂之庭城方面

【立地】洛北の京見峠から北に約五〇〇m離れた城山（標高四八〇m）に立地する。京見峠は京都の「七口」の一つ・長坂口の峠で京都を見下ろす。この山道は丹波国周山《しゅうざん》（京都市右京区）に至り、さらには途中の杉阪（京都市北区）で分岐した道が近江・若狭方面へと続く。

【歴史と背景】天文二十一年（一五五二）正月、近江の六角定頼の尽力で将軍足利義輝は三好長慶と和睦し、近江国朽木（滋賀県高島市）から帰洛した。長慶は将軍直臣の御供衆として義輝に出仕する一方、旧主細川晴元は出家して若狭に向かうが、やがて自身が守護であった丹波に入って再起を図った。十月には京都周辺に進出し、その軍勢は長坂口から南に約一・六km離れたという独立丘陵の船岡山（京都市北区）で義輝の奉公衆と合戦寸前となった。*2

*1　堂之庭城については、中西裕樹「堂之庭城」（中井均監修・城郭談話会編『図解 近畿の城郭』Ⅱ、戎光祥出版、二〇一五年）を参照。

おそらく晴元方の軍勢は、長坂越を利用したのだろう。

対する義輝は東山に霊山城（京都市東山区）を築いて備えたが、年が明けた天文二十二年正月頃から長慶との関係に亀裂が生じ、三月に和睦は破綻した。[*3] ただし以降も交渉は行われ、七月十四日に千人余の晴元勢が「長坂、舟岡辺」に進出すると三好方の安見宗房と奉公衆の軍勢が対峙した。[*4] しかし二十八日に至って、長坂まで出陣した晴元勢を奉公衆が出迎え、主だったものは義輝と対面した。義輝は北野天満宮（京都市北区）へと軍を進めて晴元を赦免し、長慶を敵として三好方の西院城（同右京区）などを攻める。

しかし、長慶が率いる二万五千ともいう軍勢が京都に迫り、八月一日に義輝は霊山城を出て船岡山に陣を置いた。霊山城は一日で落ち、義輝らは「山中」に逃れて夜通し京都の「北之山上」には数百の篝《かがり》火《び》が見えたという。義輝らは杉阪まで退き、丹波国山国荘（京都市北区）を経て近江国龍華《りゅうげ》（大津市）へと落ちた後、再び朽木に居を据えることになった。この間、長慶が義輝に従う者の知行を没収すると宣言したため、義輝に従ったのはわずか四十人ばかりであったという。

堂之庭城の曲輪内部

なお、後の永禄六年（一五六三）に反三好氏の動きが各地で起こると、二月に丹波方面から「柳本、薬師寺、長塩」らの軍勢が長坂越で杉阪を経て進出した。このときは京都北西の安井、木辻、常盤などの村々が放火されている。[*5]

【構造と評価】 基本は地形が続く北側に横堀と帯曲輪を設ける単郭構造で、東西約六〇m×南北約五〇mの規模である。

---

*2　船岡山には戦国期の城郭遺構が存在する。本書「船岡山城」を参照。

*3　足利義輝の動きについては、木下昌規『足利義輝と三好一族』（戎光祥出版、二〇二一年）を参照。なお、義輝は洛中の今出川御所（京都市上京区）から霊山城に移った。義輝の家族や重臣らは隣接する清水寺に入り、城郭と一体の運用がなされている。本書「霊山城・清水寺」を参照。

*4　以下、『言継』。

*5　『長享年後畿内兵乱記』。

上：堂之庭城北側の横堀
下：堂之庭城南側の石積A

全体の削平は不十分で周辺に集落がなく、山麓からの比高差が約三一〇mもあるなど臨時性の強い小規模山城だと評価できる。

曲輪は内部が一段高く、縁辺部をめぐる土塁との間は横堀状となる。南側では両者が接続する場所があり、櫓台のような平面形を呈して小規模な石材を用いた石積Aが認められる。北側にも一段高い櫓台状となる同様の場所があり、その外側は北の横堀を仕切る土橋と一体の帯曲輪状の空間Bとなる。土橋には横堀底から直接上がる形となるが、そこからのルートは櫓台状の下を通過して曲輪内部に至る。工夫を凝らした虎口とみてよいだろう。櫓台状の場所には石積が確認され、何らかの構築物が存在したのかもしれないが規模は五m四方に満たない。なお曲輪内部の一段高い部分には、L字の低土塁が確認できるが機能は不明である。

曲輪北側の横堀は東へとその裾を回り込み、その途切れた部分Cでは曲輪の切岸裾が東南に延びる。虎口に比定できる地点で、ここからは横堀底を通路に先の曲輪北側のBに至ったと思われる。また、曲輪の南西部には小規模な堀切の痕跡があり、側面には竪堀状の地形が認められる。

＊6　福島克彦「丹波における織豊系城郭―明智光秀の丹波経略期を中心に―」（『中世城郭研究』二、一九八八年）、同「織豊系城郭の地域的展開―明智光秀の丹波支配と城郭―」（村田修三編『中世城郭研究論集』、新人物往来社、一九九〇年）。氏は織豊系城郭における虎口の発展が一様に織田政権の城郭に反映したものではないとの重要な指摘を導き出している。なお、船岡山城も同様の特徴を持つ。

＊7　本書「如意ヶ嶽城」「北白川城塞群（勝軍城）」を参照。

＊8　堂之庭城は、杉坂城や北山城、長坂城と呼ぶことがある。これは文献で付近を示す地名の杉坂や長坂、北山に軍勢の駐屯を示す記事が散見されるためであるという。山下正男「京都市内およびその近辺の中世城郭―復元図と関連資料―」（『京都大学人文科学研究所調査報告』三五、一九八六年）。

明治四十四年（一九一一）の『愛宕郡村志』では大宮村の「城山」の項目で船岡山の後方に屹立する山として明智光秀の築城を伝え、石垣などが残るとする。堂之庭城を含め、明智光秀による陣城《じんじろ》を考察した福島克彦氏によれば、その特徴は虎口が通じる横堀を掘底道に使用した中世的色彩が濃いものであった。[*6]この横堀は戦国末期の畿内において発達したことが指摘され、京都・東山連峰の如意ヶ嶽城跡（京都市左京区）が代表例でもある。

如意ヶ嶽城も概して削平は不十分で、通路を兼ねた横堀と連動する虎口を設ける。同時代の記録が多く残り、現状の遺構は足利義輝と三好長慶が争った永禄元年（一五五八）、もしくは同四～五年頃の近江六角氏による使用に伴うものと考えられる。[*7]

如意ヶ嶽城は非常に大規模な山城跡であるが、縄張りのベースは堂之庭城に通じる。現在の堂之庭城の遺構については足利義輝と細川晴元が三好長慶と対立し、長坂越を利用した天文二十二年（一五五三）以降、再び軍勢が長坂越から出現した永禄六年にかけて構築された戦国末期のものとの理解が成り立つ。[*8]その上で、今後は明智光秀の築城や再利用について検討すべきであろう。

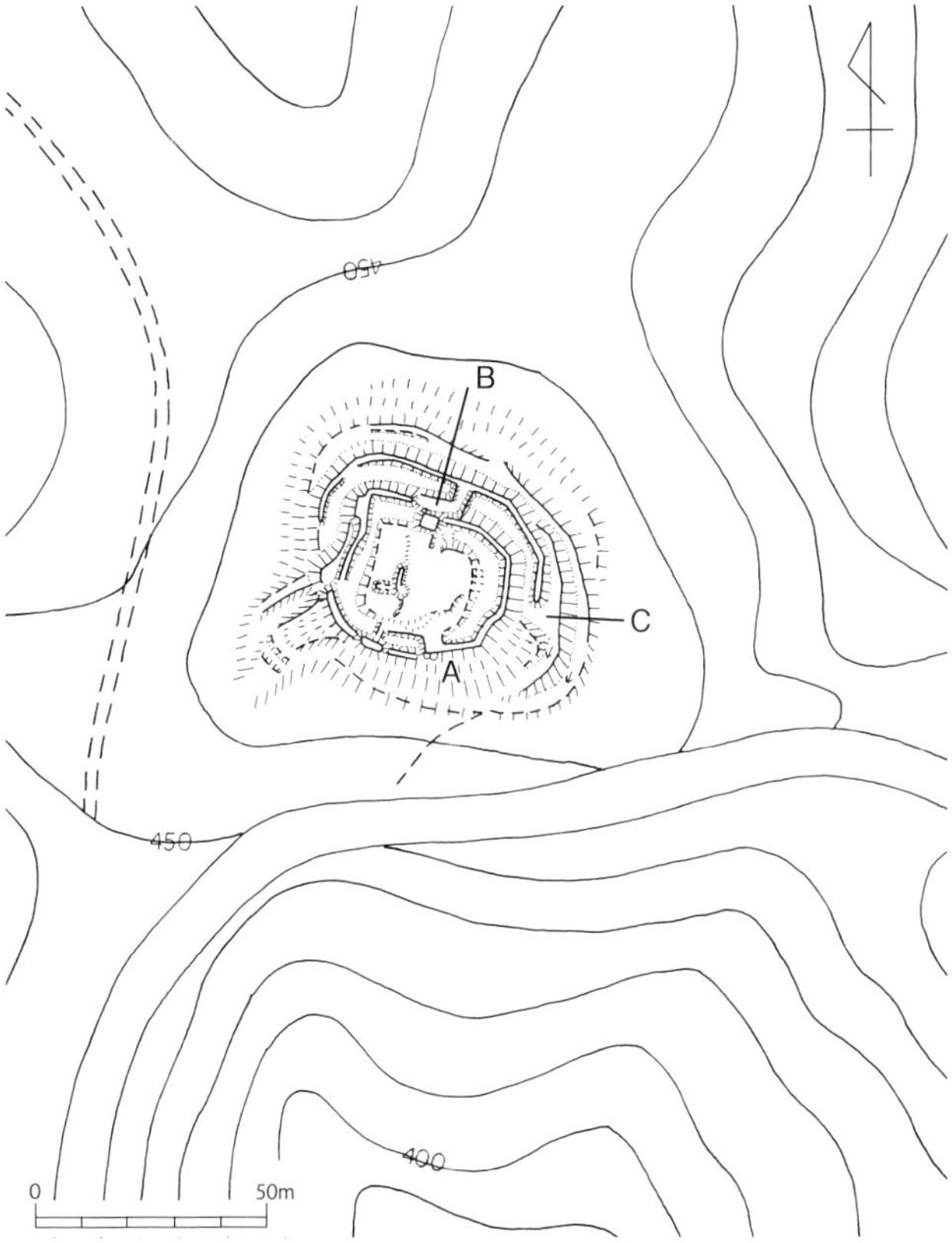

堂之庭城跡 概要図（作図：中西裕樹）

大文字山背後の将軍義輝の陣城

9 如《にょ》意《い》ヶ《が》嶽《たけ》城《じょう》

①所在地：京都市左京区鹿ケ谷大黒谷町他
②将　軍：足利義輝
③立　地：尾根頂部（標高約四六五ｍ）
④遺　構：曲輪・土塁・堀切・竪堀・横堀・虎口

【概要】将軍足利義輝が永禄元年（一五五八）の京都奪還戦で使用した城で、五山の送り火で有名な「大文字」の背後に位置する。応仁の乱以来、たびたび戦国期に陣が置かれ、畿内の戦国期城郭の特徴である横堀が発達した壮大な陣城遺構が残る。

【立地】「大文字」の火床から東に約六〇〇ｍ離れた東山三十六峰の一つ・大文字山（標高約四六五ｍ）周辺に遺構がある。ピークを含めて平坦な地形が広がり、近江の園城寺（大津市）からの「如意越」と呼ぶ山道が内部を通る。山麓には足利義晴が再三利用した慈照寺があり、その背後の如意ヶ嶽から伸びる尾根上に義晴が築いた中尾城跡が存在する。

京都御所からみた如意ヶ嶽

【歴史と背景】付近は平安中期に創建された園城寺（三井寺）の別院である如意寺の所在地で、その範囲は大文字山南西麓の鹿ケ谷から大文字山、如意ヶ嶽を超えて三井寺の背後に及び、威容を誇った。[*1] 今でも広大な平坦面、立石が並ぶ灰山遺跡（灰山庭園）の遺構が残る。

応仁の乱では、文明二年（一四七〇）に東軍の若狭守護武田氏が如意ヶ嶽に陣を置きつつ、若狭への道を確保するとして重臣の逸見氏が「北白川城」を沙汰している。[*2] 後の享禄四年（一五三一）に近

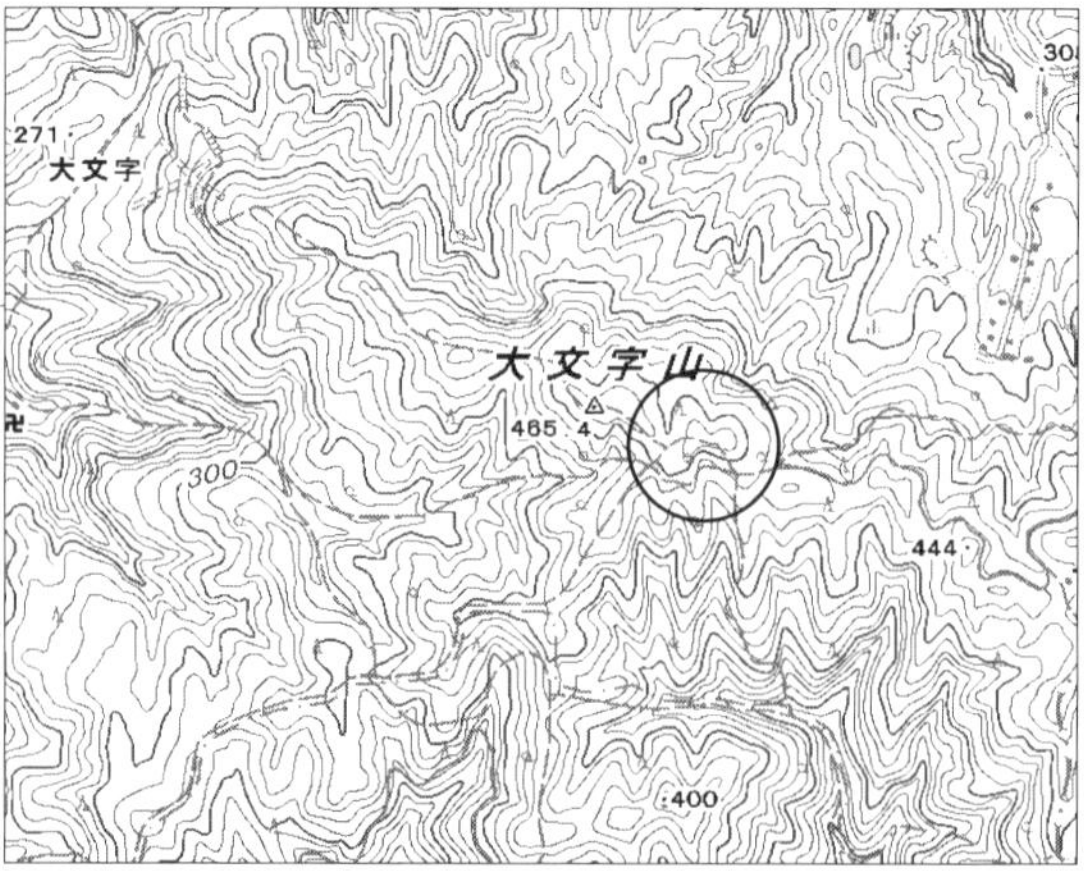

＊1　如意寺については、梶川敏夫「如意寺跡―平安時代創建の山岳寺院―」（『古代文化』四三―六、一九九一年）、中居和志「如意寺跡」（『京都府中世城館跡調査報告書』三、二〇一四年）を参照。

＊2　『山科家礼記』。

如意寺の一画にあたる西麓の楼門の滝付近

江の六角勢が駐屯した「東山新城」は「旧武田城」とされ、「北白川城」とは如意ヶ嶽北麓の近江と京都を結ぶ山中越が通る谷筋を挟む、瓜生山一帯の北白川城塞群の一画にあたる。諸記録では「勝軍城」と呼ばれることが多い。この城塞群と如意ヶ嶽城は、近江から京都への進出を図る軍勢が同時に利用することがあった。*3 また、東軍の京極《きょうごく》氏被官多賀高忠《たがたかただ》も「城中南北十町計也」と記される陣を如意ヶ嶽に置いたが、*4 翌年三月に「京都様、東山如意寺陣武田自焼引入御陣畢、多賀豊後守被責落、経若狭丹後路引入御陣、三乃持誓院責之云々」と西軍の齋藤《さいとう》（持是院《じぜいん》）妙《みょう》椿《ちん》に攻められ、武田氏は陣を自焼、多賀氏も没落した。*5

永正四年（一五〇七）の京都では、細川政元《まさもと》（細川京兆家）が養子の澄之《すみゆき》を支持する勢力に殺害され、もう一人の養子澄元が澄之を滅ぼした後、さらに細川高国との間で争いがはじまる。この混乱に乗じ、京都を追われて周防の大内義興を頼った義稙が翌年に上洛の軍事行動を起こした。高国が義稙と結んだ結果、将軍足利義澄は京都から近江の坂本（大津市）に退避し、澄元と重臣三好之長《ゆきなが》も近江に逃れた。永正六年六月、三好勢は如意ヶ嶽に進出したが退却した。*6 この合戦に摂津国人の能勢《のせ》頼豊《よりとよ》は参加し、高国から感状を得ている。*7

永正十七年二月に阿波から澄元が京都に軍勢を進めると、義稙に見限られた高国は近江に没落した後、近江の六角氏の支持を得て五月に「如意嶽其外一乗寺上山等、東山南東北方」に軍勢を進め、*8 帰洛に成功している。享禄元年（一五二八）に再び高国は没落して諸国で勢力回復を図り、享禄三年十一月に高国方の軍勢が如意ヶ嶽や南禅寺（京都市左京区）に進出し、「内藤彦七城」と称される陣を

＊3　本書「北白川城塞群（勝軍城）」を参照。
＊4　『大乗院』
＊5　『大乗院』
＊6　『実隆』。
＊7　『能勢家文書』。

登山道沿いにある天文十九年の中尾城の戦死者を弔うという千人塚

瓜生山に置いた。[*9] 先述の六角勢の「東山新城」はこれに連動した動きである。また、天文五年（一五三六）七月の天文法華の乱（天文法難）では比叡山や近江六角氏の軍勢が「如意峯」や「勝軍地蔵」に陣取った。[*10]

天文十五年から翌年にかけては、足利義晴が細川晴元（澄元の子）と手を切り、瓜生山の「勝軍之下之山」に「御城」を築いた。[*11] 同十八年に三好長慶が主君の晴元を追うと義晴と義輝も近江の坂本へと移り、十月から中尾城の築城を開始する。[*12] 翌年五月の義晴死去後、七月には晴元勢が「北白川」、六角勢が「北白川山上」などに出陣し、十月には三好勢との交戦となる。[*13] 十一月には「白川公方之御城」が放火で落ちており、中尾城の存在や軍勢規模をふまえると北白川城塞群に加え、如意ヶ嶽も城として利用された可能性があるだろう。[*14]

さて将軍義輝は、三好長慶との和睦を経て再び対立し、天文二十二年に近江朽木へ没落する。しかし義輝は永禄元年（一五五八）に細川晴元、六角義賢らと再度入洛の動きを開始し、近江坂本に陣を置いて五月十三日に勝軍山に狼煙を揚げた。[*15] この義輝方の動きを察知した三好方は六月二日、急きょ勝軍城（瓜生山）を城としたが、これは義輝の出陣が四日に決まり、この山を確保するだろうという風聞によるものだった。果たして四日、義輝は「如意寺之嵩」「三井寺之上」に軍勢を進めて「御城」を構えた。[*16] 軍勢は一万五千といい、[*17] 如意ヶ嶽には「柵」が結われたともいう。[*18]

緊張が進む中、三好方は七日に陣を洛中や洛南へと移動、勝軍城を自焼したため、義輝の軍勢は如意ヶ嶽から勝軍城に入って「陣屋」を構えた。[*19]「白川之古城、勝軍等」に義輝勢が陣を置いたとあるため、[*20] 城塞群として機能せしめたのだろう。しかし三好方は、義輝方の手薄となった如意ヶ嶽を攻撃、放火したため残っていた義輝の軍勢は撤収した。[*21] この後、勝軍城が義輝の「御城」となり、やがて六角義賢の仲裁で義輝と長慶は和睦、十一月になって帰洛を果たした。

如意ヶ嶽山頂の三角点付近

＊8　『二水記』。

＊9　『二水記』。

＊10　『鹿苑』。

＊11　『厳助』。

＊12　この城の場所を『厳助』は「慈照寺上之山」としており、その表現は中尾城跡の位置を示すにふさわしい。本書「中尾城・

【構造と評価】 城域は東西約三五〇m×南北約二〇〇mで、遺構は大きくⅠ・Ⅱ・Ⅲの部分に分かれる。位置や規模からⅠが中心となり、東側に約二〇〇m離れて堀切と土塁囲みの小曲輪Ⅳがある。

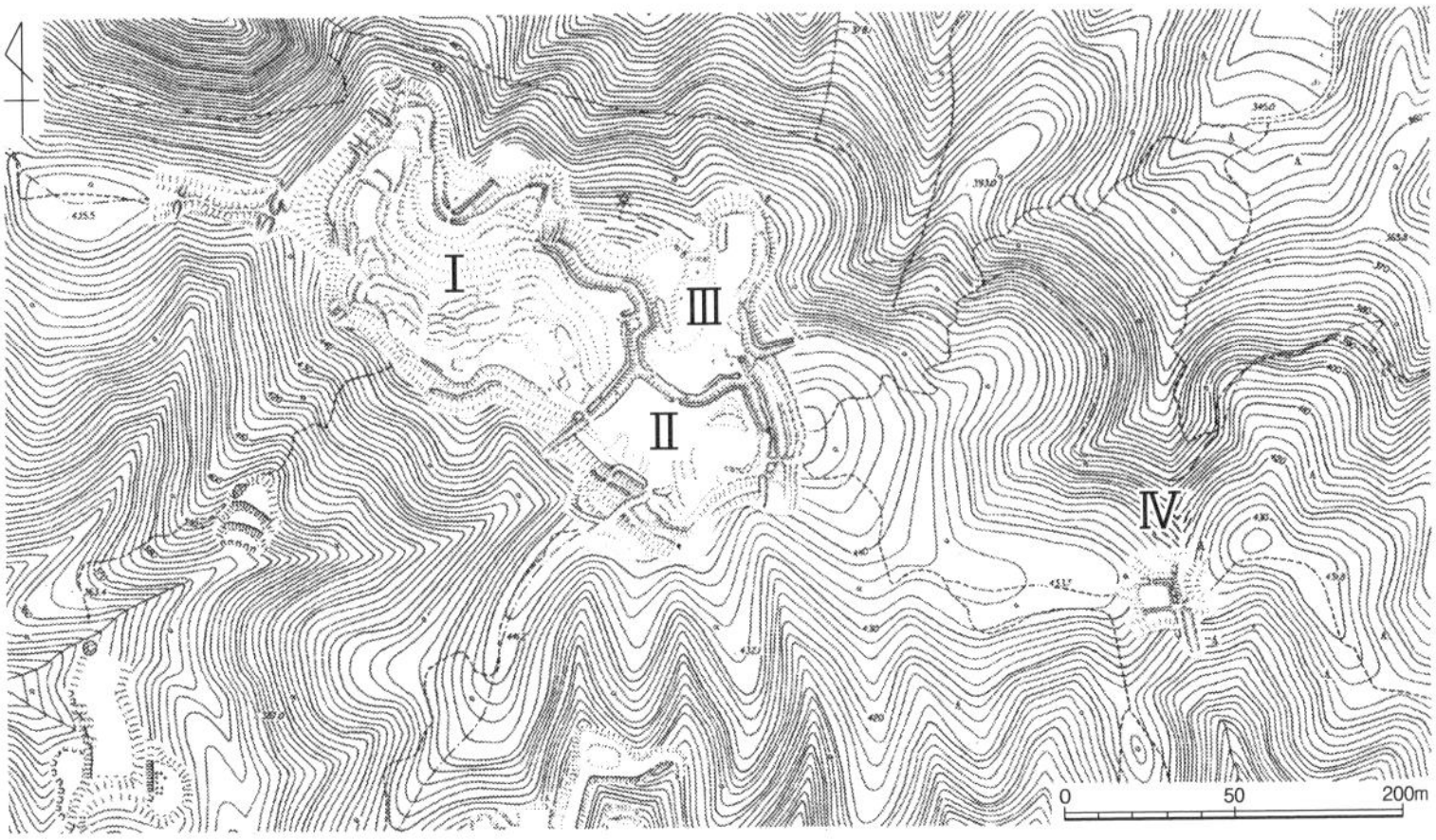

如意ヶ嶽城跡 概要図（全体。作図：中西裕樹）

Ⅱ東側の二重堀切Aは北側に斜面を下る長大な竪堀となり、この堀切を東西方向にルート（如意越）が横切る場所に土塁が認められる。規模が道の両サイドで全く同じであるため、現在のルートは後世の破壊道で、本来は二重堀切東側の竪堀を北側に下り、Bから土塁の切れ目に回り込んでⅡ直下の横堀に入ったと想定される。B周辺にⅡ側の土塁が集中することも傍証となろう。Ⅳはこの城内へのルートの関門的な役割を東側で果たすものであり、戦国期畿内の拠点城郭においても確認できる縄張りである。*22

ルートはBから西へ横堀底を進み、土塁が多用されるⅠのコーナー部で分岐した北西方向のCからⅠの内部に入る。Cの土塁は横堀に横矢を掛けるが、前面の高まりが障害になっている。効果的ではないが、虎口としての工夫を意図したものだろう。一方、先の分岐から南西方向のルートはDからⅠに入るが、この部分の土塁はルートを挟んで高さと幅が異なる。虎口に伴う工夫と思われることからDは後世の破壊

慈照寺」を参照。
*13 『言継』。
*14 『厳助』。如意ヶ嶽に上る途中に「千人塚」があり、このときの戦死者を葬った場とされる。
*15 『惟房』。
*16 『言継』。
*17 『厳助』
*18 『惟房』。
*19 『惟房』。
*20 『言継』。
*21 『言継』。
*22 例えば摂津の芥川城（大阪府高槻市）でも同様の場所に土塁囲みの曲輪が存在する。他にも近江の観音寺城（滋賀県近江八幡市・東近江市）、河内の高屋城（大阪府羽曳野市）にも城域の端に同様の曲輪が存在する。本書の「芥川城」を参照。

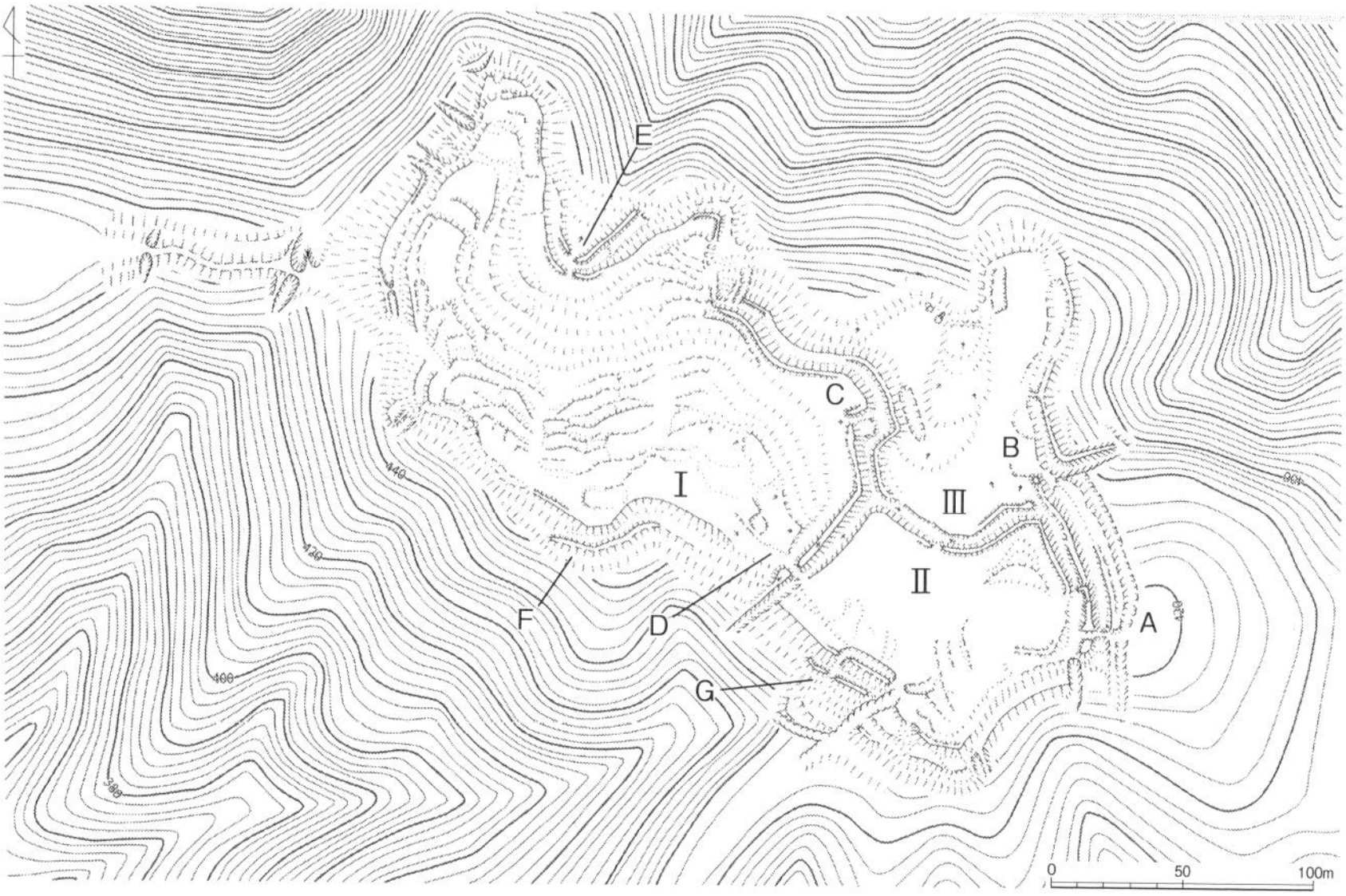

如意ヶ嶽城跡 概要図（中心部。作図：中西裕樹）

ではなく、本来的にルートがⅠに入った部分であろう。

Ⅰはピークから北西へと伸びる大規模な尾根を削平した部分と、その北側緩斜面の小規模な削平段からなり、西側や北側では帯曲輪や横堀による防御ラインでエリアを画している。北側の谷部分では二段構えの土塁Ｅも確認できる。また南側では派生する尾根に対して武者隠し状

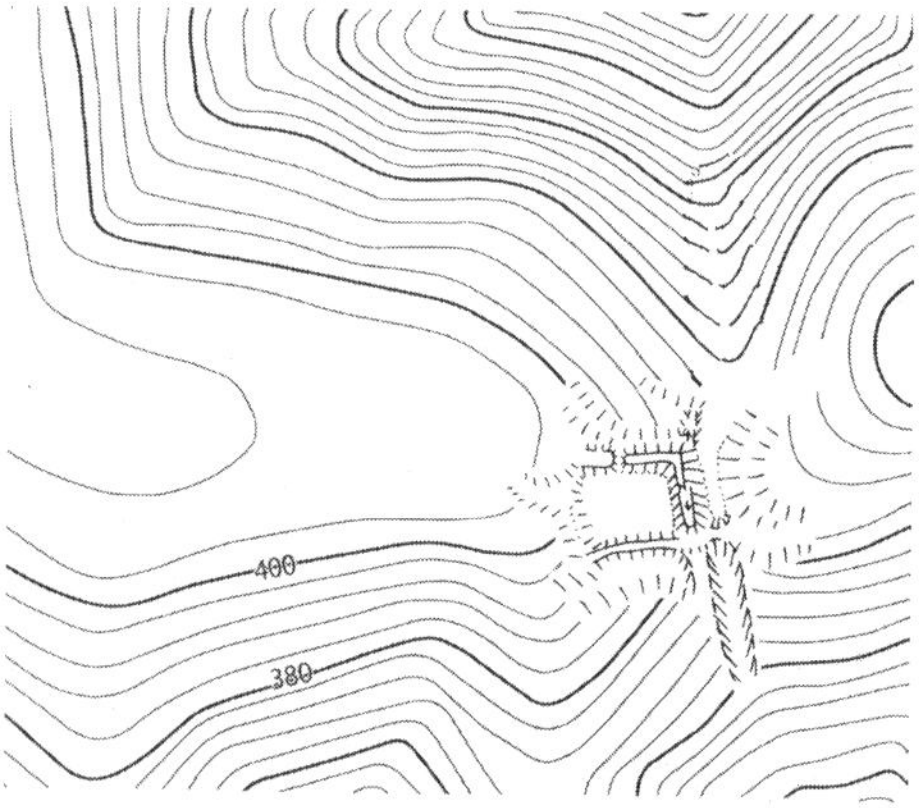

如意ヶ嶽城跡Ⅳ 概要図（作図：中西裕樹）

Ⅱ東側の二重堀切A

の横堀Fを配している。Ⅱは若干削平された自然地形を横堀や帯曲輪で囲い込んだエリアであり、やはり南側の尾根続きに武者隠し状の横堀Gを設けている。この地点の尾根には現状でも南側からのハイキングコースが到達しており、その方面への備えなのだろう。Ⅲはほぼ自然の平坦地であり、東側と一部北側に連続した横堀と帯曲輪が設けられている。

縄張りの特徴をまとめると、横堀が防御ラインとして小規模な削平地や自然地形を囲い込み、このラインが城内のルートと連動しつつ防御地点を設定する点がある。ルートへの強い意識は北白川城塞群も同様で、これらの山城の性格をよく表す。また如意ヶ嶽城は永禄元年（一五六八）以降、城郭として本格的に使用されたことが記録類で確認できず、後の織豊系城郭の特徴である桝形虎口や高石垣はみられない。発達した横堀の年代が比定できる事例としても貴重である。

上：B南側のⅡとの間の横堀
中：Ⅰ北東の虎口C
下：Ⅰ東側の虎口Dへと向かう現在のハイキングコース

Ⅱ南側の尾根続きへの武者隠し状の横堀G

京都初の城となった将軍の居所

10 旧《きゅう》二《に》条城《じょうじょう》

①所在地：京都市上京区武衛陣町他
②将　軍：足利義輝・義昭
③立　地：扇状地（標高約四七ｍ）
④遺　構：移築石垣

【概要】永禄二年（一五五九）から将軍足利義輝が造営しはじめた居所であり、やがて恒常的な石垣や堀を備え、洛中の将軍居所（御所）として初めて「城」と呼ばれた。十年後、この跡に弟の将軍足利義昭が当初に織田信長の尽力を得、本格的な石垣と文献上最古の「天主」が確認できる先進的な城郭を整備していく。京都という首都の城館、また平地の戦国期城館として注目すべき点が多い。*1

【立地】幕府管領斯波《しば》氏の屋敷跡で、公家や武家が集住する政治の中心である上京と商業活動が盛んな下京という二つの都市の間に立地した。義輝の段階では、将軍家のシンボルである「花の御所」（室町殿。父義晴が造営して義輝も利用した今出川御所の場所でもある）が面した室町通に接し、*2義昭が拡張する中でこの道は内部に取り込まれた可能性がある。

【歴史と背景】以下では、義輝期、義昭期の別に歴史などを紹介する。

・義輝期：永禄二年（一五五九）～同八年

永禄元年六月、三好長慶によって近江に追われていた将軍足利義輝が京都奪還戦を開始した。近江の六角義賢が動いて和睦が成立し、十二月になって勝軍城（京都市左京区）から正式に帰洛した。*3 義輝は上京の今出川御所ではなく、下京に接した妙覚寺（同中京区）に入る。そして永禄二年六月、義輝は「武衛《ぶえい》」と呼ばれた管領斯波氏の屋敷跡において新たな居所（旧二条城）の造営をはじめた。*4 このため「武衛御所」の呼称が使用されるが、義輝に仕えた伊勢貞助《さだすけ》はその死後

*1　小文では、以下取り上げる義輝と義昭の居所について、遺跡名をふまえて旧二条城と呼ぶ。

*2　本書の「今出川御所」参照。

*3　勝軍城は、父の足利義晴も京都奪還戦に向けた城郭を営んだ北白川城塞群の核となる山城である。本書の「北白川城塞群（勝軍城）」参照。

に「近衛御所《このえごしょ》」と記している。*5 八月には「主殿」の立柱がなされ、*6 北野天満宮（同北区）の門前住民に人足役が課せられた。*7 十月には「御所御小座敷立柱上棟」があり、*8 十一月には内裏近くの「六町」の住民に堀の掘削が命じられ、*9 庭木も進上させている。*10 堀普請の役は広く京都周辺の村々に課され、洛東の吉田（同左京区）は格別に免除されたが、三好長慶は免除を認めるべきでないとの立場であった。*11 長慶は堀の工事などに賛同の立場であった。

年が明けた永禄三年正月、義輝は長慶を御供衆に任じて大名格とした。その翌月、造営現場を訪れた公家の山科言継は義輝や母の慶寿院らの御殿、堀などを見物し、側近の上野信孝《うえののぶたか》が橋、奉行人の松田盛秀が堀、奉公衆の沼田光兼《ぬまたみつかね》と結城七郎《ゆうきしちろう》が御殿を担当していた。*12 そして六月、ようやく義輝はこの新しい居所に入った。

「足利義輝邸遺址」の石碑と室町通

やがて三好氏と六角氏との関係が悪化し、翌永禄四年七月には六角勢が勝軍城に進む。八月に義輝は「六町」に堀普請役を課し、*13 居所の防備強化を意図したようだ。しかし永禄五年三月に六角義賢の軍勢が京都に迫ると、義輝は三好長慶の居城・飯盛《いいもり》城（大阪府四條畷市・大東市）に近い八幡《やわた》（京都府八幡市）へと逃れている。六月の帰洛後、義輝は「用心」のためとして冬になって居所の周囲に「大堀」を設けた。*14 永禄六年七月に公家の広橋国光《ひろはしくにみつ》は屋敷の鎮守の地が「武家御所之御馬場」になったとし、八月には北側に足利将軍家の宝物「御小袖」を置く御殿の移転が予定されていた。*15 これらは北側へとその敷地が拡大したことの結果であった。*16

永禄七年七月に三好長慶が死去し、三好家中には大きな変化が生

*4 『兼右』。以下、髙橋康夫「織田信長と京の城」（同『海の「京都」』、京都大学学術出版会、二〇一五年。初出は二〇〇一年）、馬瀬智光「『言継卿記』・『信長公記』から見た京都の城」（『金沢大学考古学紀要』三六、二〇一五年）、黒嶋敏『天下人と二人の将軍』（平凡社、二〇二〇年）、本書所収の木下昌規氏の論考を参照されたい。

*5 *4木下論考。

*6 『目代日記』。

*7 『北野天満宮諸色帳』

*8 『言継』。

*9 『お湯殿』。

*10 『厳助』。

*11 『兼右』。

*12 『言継』。

*13 『お湯殿』。

*14 『厳助』。

じるが、十月になると義輝は「石蔵」に院御所跡の「虎石」を運んだ。十月の半ばには「対面所」の工事、十二月中旬には他の建物工事や作庭が進んでいる。[*17] さらに堀普請役が上京と下京に課されたが、禁裏普請と重なって延期された。[*18] この頃、宣教師のルイス・フロイスは義輝を訪問したが、その宮殿は周囲を深い堀で囲まれて一つの橋が架かり、その外に三、四百人の家臣と多くの馬がいた。また、御殿の障壁画は金を用いて蓮や鳥が描かれ、非常に豪華であったという。[*19] この義輝の居所造営は各地の大名から献金を得、厩や鉄砲、刀剣なども上納されて、武家政権の所在地にふさわしい場となっていた。[*20] 後の永禄十二年になって、言継は「御古城」と評している。[*21]

永禄八年五月十九日、長慶の後継者・三好義継《よしつぐ》らの軍勢がこの地で義輝を襲った（永禄政変）。義輝と一族、多くの家臣が戦死し、建物も炎上して「跡を焼き、黒土になし候」となったという。[*22] 焼け残った建物も本国寺《ほんこくじ》（京都市下京区）などに移築され、跡地には真如堂《しんにょどう》が建立されて永禄十年二月には盛大に弔いが行われている。[*23]

・義昭期　永禄十二年（一五六九）～元亀四年（一五七三）

永禄十一年九月、足利義昭に供奉する織田信長らの軍勢は六角義賢や三好三人衆らを追い落とし、摂津の芥川城（大阪府高槻市）に入って将軍任官に備えた。[*24] そして十月十四日に下京の本国寺（京都市下京区）に入って十八日、将軍宣下を受けた。同日付で義昭側近の三淵藤英《みつぶちふじひで》は、醍醐寺《だいごじ》（京都市山科区）とその山上に城を構える旨の起請文を交わしている。[*25] 醍醐寺は真言宗の大寺院で本国寺からは南東に直線で約八km離れた地にあり、背後には近江への道が通じる。[*26] 十月末に信長が美濃に帰国し、十一月になると義昭は特定の奉公衆を「奉行」に勝軍城の整備を図り、[*27] 勘当した公家の近衛前久《このえさきひさ》の御殿を移築した。[*28] しかし年が明けた永禄十二年正月五日、義昭は三好三人衆の軍勢に本国寺を攻撃され、からくも撃退するという危機に直面する。前日には勝軍城が敵方に焼

＊15　『兼右』。
＊16　＊4高橋論文・黒嶋文献。
＊17　『言継』。
＊18　『兼右』。
＊19　一五六五年三月六日付フロイス書簡。
＊20　＊4黒嶋文献。
＊21　『言継』。
＊22　『お湯殿』。
＊23　『言継』。
＊24　本書「芥川城」を参照。
＊25　『醍醐寺文書』『理性院文書』。福島克彦「洛中洛外の城館と集落―城郭研究と首都論―」（『中世都市研究』一二、新人物往来社、二〇〇六年）を参照。
＊26　永禄元年四月には近江から京都奪還を期する義輝が陣を置くとの風説があり、寺側が警戒したことがあった。『厳助』。

かれており、[29] 本国寺から北東に直線約七㎞離れたこの山城は機能しなかった。なお、本国寺では土手などの普請がはじまっていたという。[30]

同月二十七日、山科言継は「勘解由小路室町真如堂」の義輝の「御古城」が再興されるとした。二月二日には「武家御城」の普請がはじまって「石蔵」を積み、尾張・美濃・伊勢・近江・伊賀・若狭・山城・丹波・摂津・河内・大和・和泉・播磨から上洛した人々が石を運び、城の西側から作業が進むという。七日には西の高さ四間一尺という「石蔵」が完成し、言継は織田信長を見舞った。[31] フロイスによれば、工事の陣頭に信長が立ち、寺院から石像などの石材を供出させていた。[32] 信長家臣の村井貞勝《むらいさだかつ》と島田秀満《しまだひでみつ》が「御大工奉行」をつとめた。[33]

「旧二條城跡」の石碑と室町通

『言継卿記』によれば、工事の従事者は先の国々の「諸侍」、つまり義昭の幕府に加わった武家被官で、二月十四日には西面と南面過半の「石蔵」、十九日には西南の「石蔵」が完成した。三月三日には細川藤賢《ふじかた》の屋敷から「藤戸石」が賑々しく三、四千人で運ばれた。七日に「内之磊」の大半が完成し、十一日には「南御門」で「櫓」が建って三好義継の配下が大石を運び、二十八日には「西之門」の「矢蔵」、庭の石が完成した。四月二日には「磊三重」のすべてと「南巽之だしの磊」が完成し、「東之だし」は工事中で「近衛之敷地」が奉公衆の屋敷となった。そして十四日に義昭がこの地に移り、二十一日に帰国する信長を「御門外」まで見送り、「東之磊」の上からその姿を遠望した。言継が閏五月三日に訪問すると義昭は「南之楯」におり、同二十一日は「南之矢蔵」で涼んだという。

＊27 『成就院文書』。馬部隆弘「足利義昭の奉公衆と城普請」（『織豊期研究』二三、二〇二一年）を参照されたい。
＊28 『多聞院』。
＊29 『言継』。
＊30 『本圀寺文書』。＊4木下論考。
＊31 『言継』。
＊32 フロイス『日本史』。
＊33 『信長公記』。

二条城に移された出土した旧二条城の石垣

フロイスによれば、この旧二条城は外に「水を満たし」た「非常に大きな堀」があって「はね橋」が架かり、「たいそう大きな門を三つ」と「石造りの防塁」を設けていた。その内側に「別の狭い堀」があり、工事は七十日という短期間で完成したが、これは「石材工事」のこととする。[*34]当初の工事の重点は、記録の表現（「石蔵」「磊」）をふまえると石垣にあった。元亀元年（一五七〇）三月の旧二条城は「石蔵四方重」でその造作は肝を消すほどであったという。[*35]この造営工事の費用は、各地の大名からの上納金でも賄われていた。[*36]

同年四月には信長らの軍勢が若狭に出陣、矛先を越前の朝倉義景《あさくらよしかげ》に転じると近江の浅井長政《あざいながまさ》が離反し、六月には近江で姉川《あねがわ》の合戦が起こって摂津には三好三人衆が侵入した。七月に義昭を訪ねた山科言継は城の「坤角三重櫓」を見物し、八月末には義昭が摂津に出陣するも本願寺顕如《ほんがんじけんにょ》が挙兵、朝倉・浅井勢が比叡山から京都に迫ったために軍を返して、十一月には城の普請を実施している。[*37]義昭周辺の緊張は高まるが、翌元亀二年の七月、京都では人々が風流踊りに興じ、公家や武家の屋敷前、そして旧二条城の「櫓南之前」「天主之前」で披露しており、[*38]城内に出入、もしくは接近できたのだろう。八月に重臣の和田惟政《わだこれまさ》が摂津で戦死し、九月に信長が比叡山焼き討ちを決行、やがて両者の関係が微妙になっていく。

元亀三年二月に義昭は京都南郊の淀での築城を計画したが、[*39]八月には旧二条城の城普請を命じ、奉行を通じて公家や寺社に役を課した。[*40]この年末まで信長とは協調したが、武田信玄が軍勢を西

京都市洛西竹林公園に移された旧二条城跡出土の石仏

＊34　一五六九年六月一日付フロイス書簡。
＊35　『多聞院』。
＊36　＊4黒嶋文献を参照されたい。
＊37　『兼見卿記』。
＊38　『元亀二年記』。

に進めて朝倉・浅井氏、本願寺と連携する中、家臣の意向も受けてついに手を切り、翌元亀四年二月に山岡景友《やまおかかげとも》らが近江で挙兵した。前年九月に信長が出した義昭への「異見十七箇条」はこの頃に修正され、義昭が居を落ち着かせるべき旧二条城から宝物を持ち出したとの非難があり、信長は上杉謙信に最近の二条城の普請が義昭の変心を示すと述べた。＊41 信長は関係修復を図ろうとしたが三月に義昭は二条城に籠もり、＊42 城が堅固であるために朝倉氏の上洛、三好氏と本願寺の軍事行動に期待して踏みとどまっていると述べた。＊43 四月の上京焼き討ち後に和睦が成立したが、再び旧二条城の「天主壁」や「堀」の普請を命じている。＊44

七月、義昭は槇島《まきしま》城（京都府宇治市）へと移って挙兵したが、すぐさま鎮圧されて京都から追われた。旧二条城も攻撃を受け、残った三渕藤英が柴田勝家《しばたかついえ》の仲裁で開城に応じた。すぐさま城は破却され、略奪の対象になったという。＊45 ただし、天正四年（一五七六）九月から築城がはじまる信長の安土《あづち》城（滋賀県近江八幡市）には旧二条城の「南之御門」「東之御門」などが移築され、十月には上京の人々が「公方之御城にし堀」を埋めている。＊46 この時点まで、ある程度の施設が維持されていたのだろう。

【構造と評価】一九七四年にはじまった京都市営地下鉄烏丸線の発掘調査において、旧二条城にともなう遺構が検出された。＊47 具体的には南北に通る現・烏丸通を横断する四ヶ所の堀跡（調査①〜④）であり、旧二条城の規模や構造（縄張り）を考察する上での基点となる。以下、馬瀬智光氏の研究に基づいて概要を紹介したい＊48（位置は旧二条城跡復元図を参照）。

北端の調査①では近衛大路（現・出水通）に沿う東西の堀が検出され、古層（室町期後半）の素掘りの堀が義輝期、石垣を用いて幅を広げた中層が当初の義昭期、新層は後の改修とされた。新層では暗渠を伴う土橋状の張り出しを挟んで堀が食い違い、東側では幅が約八・五mとなった。

＊39　『兼見卿記』。
＊40　『兼見卿記』。＊27馬部論文を参照。
＊41　＊4黒嶋文献を参照されたい。
＊42　『兼見卿記』。
＊43　＊4木下論考を参照されたい。
＊44　『兼見卿記』。
＊45　『兼見卿記』。
＊46　『言継』。
＊47　京都市高速鉄道烏丸線内遺跡調査会『京都市高速鉄道烏丸線内遺跡調査年報』Ⅰ・Ⅱ・Ⅲ（同会、一九七九・一九八〇・一九八一年）を参照されたい。
＊48　以下、＊4馬瀬論文及び同『天下人の城』（京都市、二〇一七年）を参照した。

虎口に伴う施設だと考えられる。

調査②では勘解由小路（現・下立売通）に沿う幅約八・五mの堀が検出され、石垣の下には石材沈下を防ぐ胴木の痕跡があり、石材には石仏・石塔が使用されていた。

調査③では中御門大路（現・椹木町通）に沿う東西の義輝期の堀（幅約二一・四m）の北側で最大幅二六・九mの義昭期の堀が検出され、胴木や石垣の石材として大量の石仏・石塔が確認された。義昭期の堀は東側で南に屈曲しており、曲輪の塁線が折れていたことを示唆している。なお、堀底では畦が検出されている。

調査④では春日小路（現・丸太町通）の北で東西方向の堀（幅約七・二m）が検出され、他の調査地点とは違って堀の片面（北側）でしか石垣は認められなかった。

・義輝期の構造と特徴

諸記録による位置表記をふまえ、髙橋康夫氏は当初の義輝期旧二条城の範囲について、北は勘解由小路（現・下立売通）、南は中御門大路（現・椹木町通）、東は烏丸小路（現・烏丸通）、西は室町小路（現・室町通）の方一町四方とした。*49 発掘調査では調査①（近衛大路）と同③（中御門大路）で推定義輝期の堀が検出され、この後にも施設が北側に拡充、後には「近衛御所」と呼ばれている。そこで最終期には北は近衛大路（現・出水通）、東は東洞院大路（現・東洞院通）の二町四方の規模となり、少なくとも二重の堀がめぐる構造であったとされた。

義輝期の特徴として、髙橋氏は⑴洛中に立地する平城、⑵二重の堀、⑶石垣を用いた要害、をあげた。記録には「石蔵」や「大堀」など要害化を示す表現が散見され、義輝の死後には「古城」と呼ばれた。京都は安寧と秩序を重んじるため、恒常的な城館の出現が遅れた。*50 この意味において、義輝期旧二条城は当時の京都の人々が「城」と認めた画期的な存在となった。

＊49　＊4髙橋論文。永禄十年（一五六七）五月、山科言継は義輝死後の旧二条城に設けられた真如堂の場所を「武家之御旧跡勘出（解由）小路烏丸室町間也」とし、同十二年正月には義昭が「勘解由小路室町真如堂」で義輝の「御古城」を再興するとした。この義輝期の旧二条城は斯波氏の屋敷跡を利用したもので、その場所を『建内記』永享三年（一四三一）十二月二十七日条は「中御門烏丸」としている。

＊50　福島克彦「洛中洛外の城館と集落―城郭研究と首都論―」（『中世都市研究』一二、新人物往来社、二〇〇六年）。

＊51　＊49。

ただし、規模については義輝死後に『言継』が「勘出（解由）小路烏丸室町間」と記すため、[*51] 最終期も当初の一町四方が基本だったのではないか。堀は義輝期を通じて掘削されており、調査で検出された二ヶ所の堀から二重の堀がめぐる全体構造を復元するには検討の余地もある。また、建物については常御所、御対面所、厩、御茶湯所、御風呂、御蔵、御小袖御殿などの存在が知られるが、城館らしい櫓などの記述は未確認である。

・義昭期の構造と特徴

永禄十二年（一五六九）の義昭期旧二条城について、フロイスは外側の幅の広い堀と内側の狭い堀があるとし、発掘調査では調査①～④で義昭期の堀が検出された。そこで調査①が北外堀、同②が北内堀、同③が南内堀、同④が南外堀に比定され、全体で二重の堀を備えた構造であったと推定されている。ただし、フロイスは信長が真如堂の堂宇を撤去した後に「四町四方」の地所で工事をはじめ

旧二条城石垣　調査①（北外堀。＊48より）

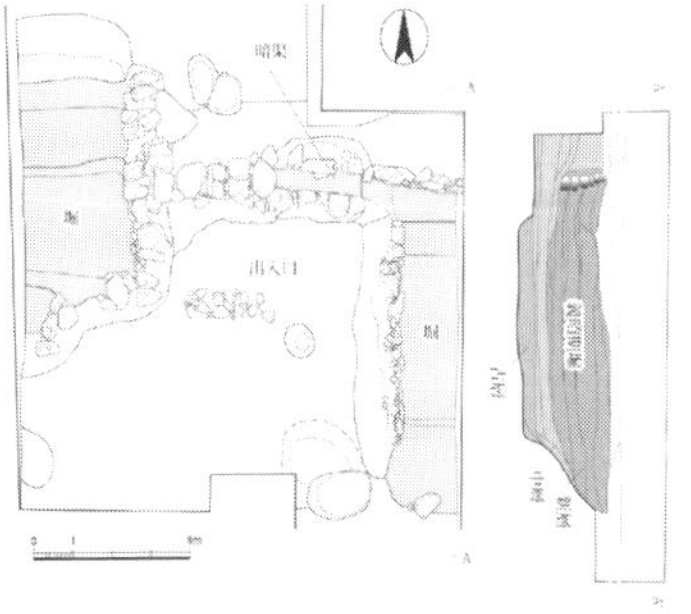
旧二条城跡　調査①検出堀跡（北外堀。＊48より）

旧二条城跡　調査③（北面石垣・南内堀。＊48より）
本ページの画像提供：京都市文化財保護課

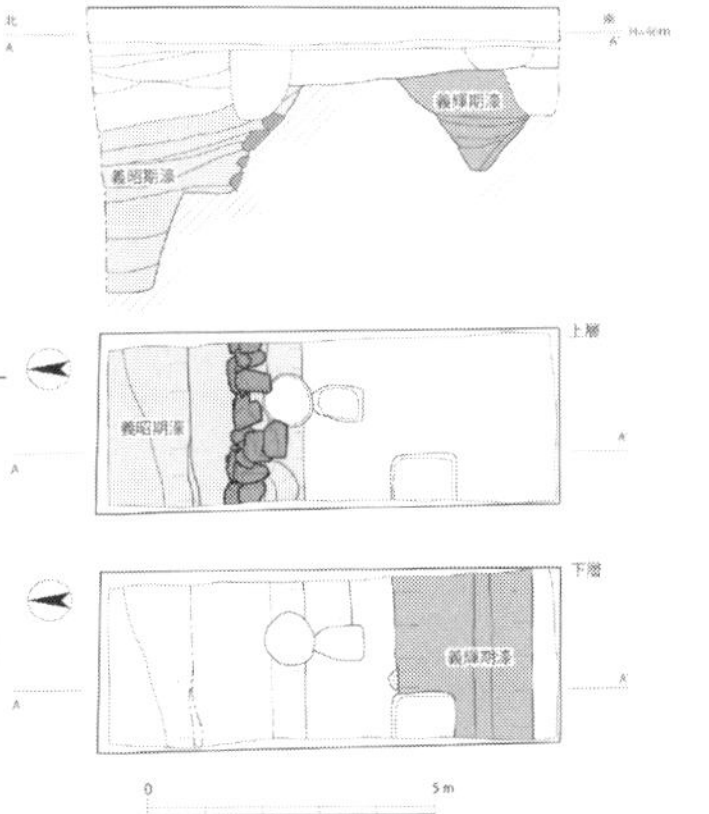

旧二条城跡　調査③検出堀跡（義輝期・義昭期。＊48より）

たとし、『細川両家記』は「二條武衛陣の前の御城構を東北へひろげ」とする。当初、この工事は義輝期旧二条城を北東方向に、髙橋氏が最終期に想定した二町四方の範囲に広げたものだろう。七十日という短期間での工事終了は、義輝期の遺構や敷地を活用した結果だと思われる。ただし、黒嶋敏氏が指摘するように本丸にあったと思われる天主が室町通に面したことは城郭構造として違和感があり、[*52] 発掘調査ではさらに西側の町小路（現・新町通）の東側でクランクする堀跡が検出されている。工事は継続しており、築城直後の計画改変も推測できる。現在、義昭期旧二条城は、内・外堀を伴う内・外郭で構成する三町四方の規模が復元されている。[*53]

さて『言継』は義輝期に登場しない、いかにも城郭らしい施設を記している。

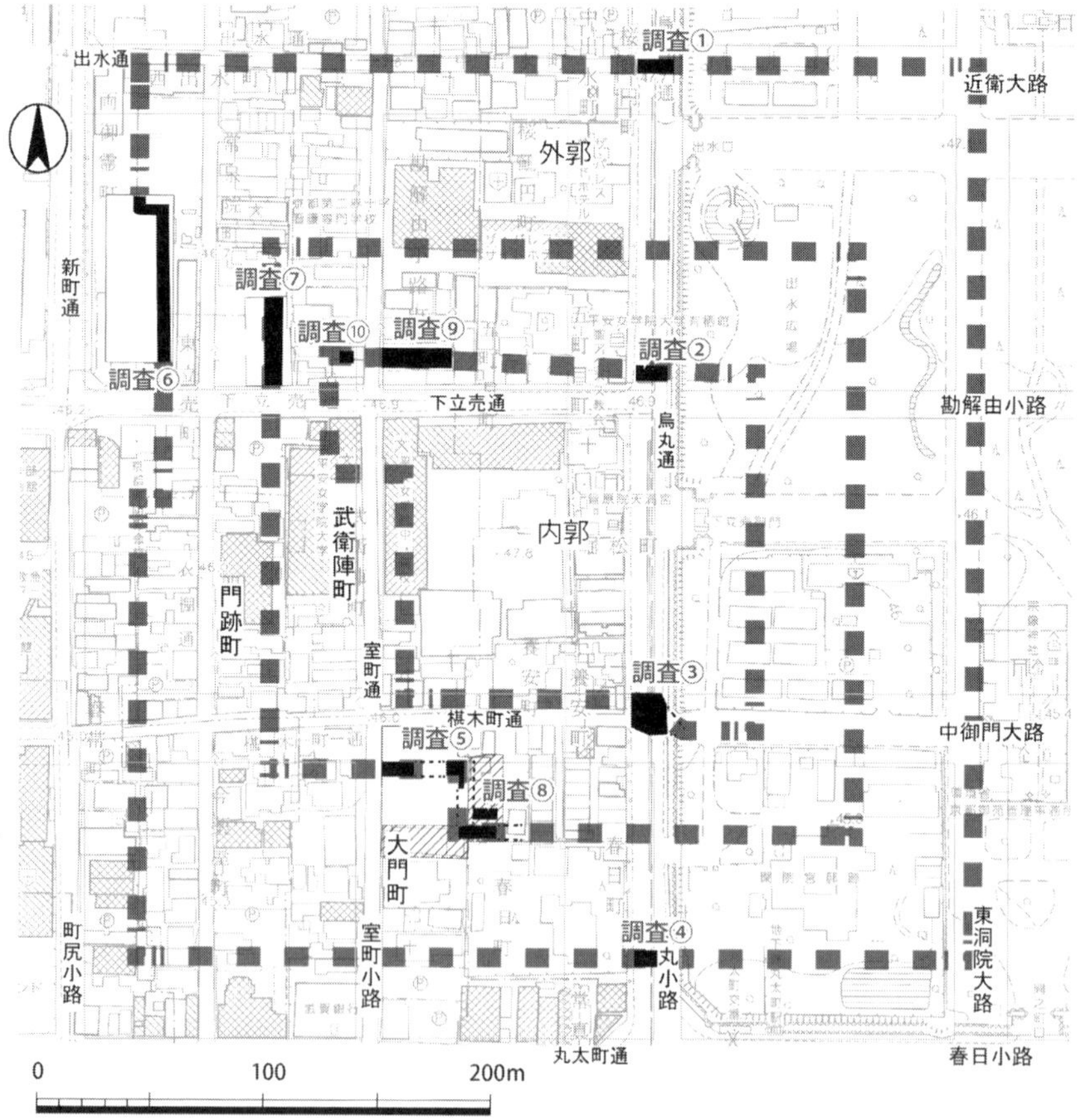

旧二条城跡復元図（＊53 家崎・小松作成図を馬瀬智光氏が一部修正。＊48 より）　画像提供：京都市文化財保護課

工事がはじまった翌月の三月には「南御門」の「櫓」と「西之門」の「矢蔵」、四月には「磊三重」と「南巽之だしの磊」、「東之だし」、「東之磊」、閏五月には「南之楯」「南之矢蔵」が登場する。石蔵と磊の違いは判然としないが、『日葡《にっぽ》辞書《じしょ》』では「Xirono daxi（城の出し）」として「城の少し外側に作られた堅固な場所」と説明し、関連してフロイスは三ヶ所の「大きな門」を防御する「石造りの防塁」の存在を伝えている。この「だし」を髙橋康夫氏は「外郭」、横田冬彦氏は外枡形虎口、千田嘉博氏は横矢（側射）のための塁線の張り出し、馬瀬智光氏は「出丸」とする。*54 虎口防御にともなう何らかの施設があることは間違いない。築城直後の記録にみえることから、参考までに、元亀元年（一五七〇）七月に登場する「坤隅三重櫓」を天主（『元亀二年記』）と理解し、これらを周辺に配置した概念図を掲げておく。

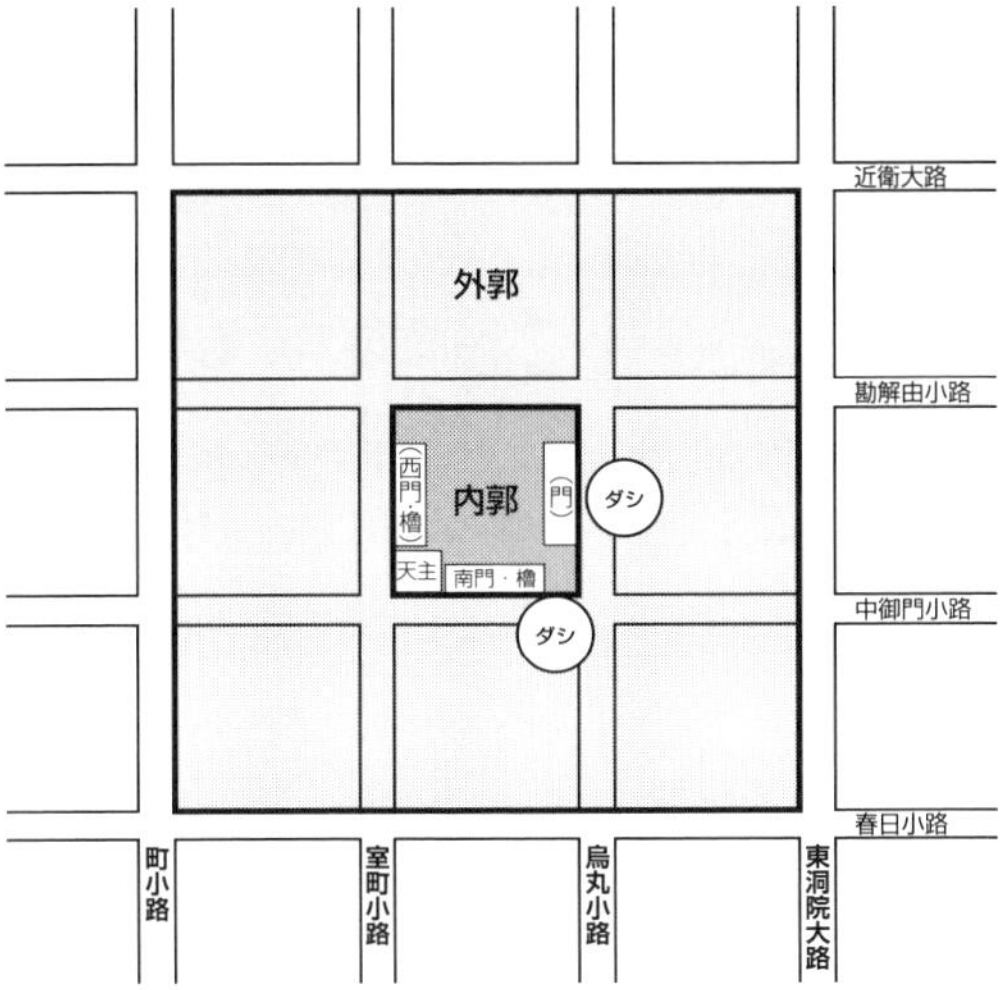

旧二条城跡概要図（作図：中西裕樹）

　義昭期の特徴として、髙橋氏は⑴洛中に立地する平城、⑵二重の堀、⑶石垣を多用した要害、⑷天主を備える、⑸天主を備えた内郭と「出し」＝外郭という構造、⑹城内の家臣屋敷、⑺大手（西門櫓）が室町通に面する、をあげ、後の豊臣秀吉による聚楽第や徳川氏の二条城に継承されたとした。近年、義輝期・義昭期ともに前後する時期の城郭研究が進んでいる。今後は、その中に旧二条城の成立と展開を位置付けていく作業が必要になるだろう。*55

＊52　＊4黒嶋文献。

＊53　さらに発掘調査成果の検討が進み、右に掲載した三重の堀がめぐる構造復元が提示されている。家崎孝治・小松武彦「平安京左京二条三坊九町・旧二条城跡 調査資料」（古代文化調査会、二〇一六年）、＊48馬瀬文献を参照。また、表面波探査法の成果を加え、さらなる詳細な復元案が提示されている。古川匠・釜井俊孝・坂本俊「旧二条城の復元研究—表面波探査法による—」（『古代学研究』二三二、二〇二二年）。

＊54　横田冬彦「城郭と権威」（『岩波講座日本通史』近世1、一九九三年）、＊4髙橋論文、千田嘉博『織豊系城郭の形成』（東京大学出版会、二〇〇〇年）、＊48馬瀬文献。

＊55　本書の中西総論でこの点を取り上げた。

将軍義昭が信長を迎え撃った城

11 槇《まき》島《しま》城《じょう》

①所在地：京都府宇治市槇島町大幡
②将　軍：足利義昭
③立　地：中洲（標高約一四m）
④遺　構：—

【概要】将軍足利義昭が元亀四年（一五七三）に旧二条城（京都市上京区）を出て織田信長を迎え撃った平地の城郭であり、結果的には事実上の室町幕府終焉の地となった。地表面に遺構は確認できないが、その立地からの考察は可能である。＊1

【立地】南東に約一km離れて古代以来の都市であった宇治《うじ》が存在し、西には山城国を南北に分ける巨椋池《おぐらいけ》という巨大な淡水湖が広がっていた。宇治は宇治川河口と京都と奈良を結ぶ奈良街道、そして巨椋池という京都の南で主要な交通路が結節する地として発達した。槇島は宇治川河口の中洲にあたる平地であるが、江戸期の城跡は小高く「古城」という場があったという。＊2

「槇島城跡」の石碑

【歴史と背景】槇島には古くから真木嶋（槇島）氏という有力者がおり、応仁の乱に際しては文明元年（一四六九）に大和の成身院光宣《じょうしんいんこうせん》（筒井《つつい》氏）が東軍方として興福寺衆徒や山城国人を率いて「宇治蒔嶋館」に入った。＊3　明応八年（一四九九）には、細川政元と畠山尚順《ひさのぶ》が戦った際に「真木嶋館」が没落して

＊1　槇島城と真木嶋氏については藤岡琢矢「山城国槇島城と真木嶋氏」（『市大日本史』二五、二〇二二年）を参照。
＊2　福島克彦「槇島城」（仁木宏・福島克彦編『近畿の名城を歩く』滋賀・京都・奈良編、吉川弘文館、二〇一五年）。
＊3　『大乗院』。
＊4　以下『後法興院』。細川政元と足利義澄をめぐっては浜

いる。*4 以降は政元が当主である細川京兆家の城郭となったようで、『東寺百合文書』の「志賀定景書状」によれば政元が被官の赤沢朝経を通じ、槙島城の整備に用いる縄・竹・人夫などを東寺に催促している。文亀元年（一五〇一）には政元が将軍足利義澄を「真木嶋城」に招いて猿楽を催し、翌年にも政元は義澄を招いて鷹狩をしている。まもなく義澄との関係が悪化した政元は隠居を表明して槙島城に入り、義澄が説得に下向した。永正元年（一五〇四）には、赤沢朝経が槙島から六百〜七百の人数で没落したという。同五年に大内義興が山城守護に就くと、槙島には守護代の弘中武長《ひろなかたけなが》が入り、守護所として機能したと推定されている。*5 以降、槙島城に関する動きは不詳となる。

戦国期の真木嶋氏は将軍の奉公衆で、第九代将軍足利義尚の奉公衆を書き上げた「常徳院殿動座当時在陣着到」では四番衆に「真木嶋六郎藤原光通」の名がある。そして、足利義昭の直臣筆頭が真木島昭光《あきみつ》（玄蕃頭《げんばのかみ》）であった。*6 一色輝元《いっしきてるもと》（輝光）が槙島城を得て槙島を称し、その子が昭光であるという。そして元亀四年（一五七三）に義昭が織田信長に対して挙兵した際、義昭本人が立て籠もったのは京都の旧二条城ではなく、この槙島城であった。

前年の年末まで両者は協調関係にあったが西進する武田信玄と朝倉義景、本願寺顕如が連携する中、近江の浅井長政が義昭に接近し、義昭家臣にも信長に不満を抱く者が多くいた。そして義昭は敵方であった松永久秀や三好義継を糾合した。*7『信長公記』によれば、信長は和談を願うも同四年二月に義昭の命で山岡景友らが近江の今堅田《いまかたた》城や石山《いしやま》城（ともに大津市）で挙兵し、柴田勝家や明智光秀らの軍勢が鎮圧した。

この後も信長は義昭との関係修復を意図するが、義昭は自身で旧二条城に籠城し、四月に信長が膝下の上京を焼き討ちすると和睦に応じ、義昭は槙島城に移るとの噂が流れている。*8 そして

口誠至「足利義澄」（榎原雅治・清水克行編『室町幕府将軍列伝 新装版』戎光祥出版、二〇二一年）を参照。

*5　山城守護をめぐる動向については、今谷明「畿内における守護所の分立」（同『守護領国支配機構の研究』法政大学出版局、一九八六年。初出は一九八五年）を参照。

*6　真木嶋昭光については、木下昌規「鞆動座後の将軍足利義昭とその周辺をめぐって」（同『戦国期足利将軍家の権力構造』岩田書院、二〇一四年）を参照。

「槙島城記念碑」

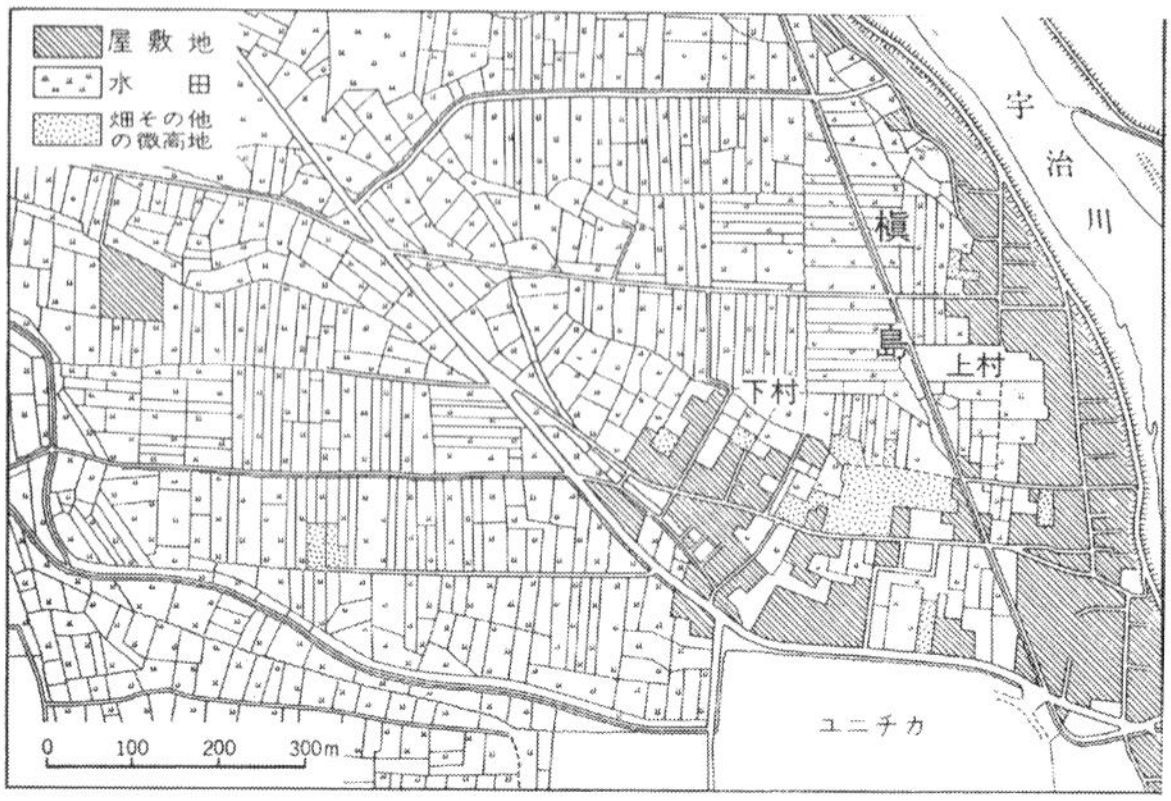

槇島城跡地籍図（『宇治市史』2より転載）

七月、旧二条城に三淵藤英らを置き、義昭は槇島城に移って挙兵した。すぐさま信長は旧二条城の義昭勢を降伏させ、十六日から槇島城攻撃を開始する。十八日に義昭は嫡男の義尋《ぎじん》を人質として信長に降り、本願寺顕如の斡旋で三好義継の若江城《わかえ》（大阪府東大阪市）に落ちた。この後の槇島城には細川昭元《あきもと》が入ったが、天正二年（一五七四）には信長の山城守護である塙直政《ばんなおまさ》の城となり、本能寺の変の後は羽柴秀吉の家臣一柳直末《ひとつやなぎなおすえ》が置かれたが戦略的価値を低下させ、やがて廃城となった。

【構造と評価】地籍図では「下村」付近が城郭の中心部に比定されるが構造などは判明しない。ただし細川政元らの利用をふまえると、相応の施設を備えていたと推定できる。『信長公記』によれば、信長は宇治川対岸の「上やなぎ山」に陣を置いて槇島城を攻撃した。宇治川を渡河した後に「四方より真木嶋外構乗破り焼上げ」、義昭が「是に過ぎたる御構これなし」と考えた城郭を落としている。*9 信長も宇治川を乗り渡って「外構」を打ち破り、「本城」を攻め崩したと述べている。不詳であるが最終の槇島城には本城の外、もしくは周囲に外構という外縁部が存在する二重の空間から成る構造になっていた。*10

宇治川の渡河は平等院《びょうどういん》北東付近で行われ、激しい流れだが遅れるようなら信長が自身で先陣をつとめると厳命したという。奈良街道が宇治川を渡河する地点には宇治橋が架橋され、弘治二

槇島城跡とされる付近の水路

*7　当該期の政治的状況については、久野雅司『足利義昭と織田信長』（戎光祥出版、二〇一七年）、柴裕之編著『図説 明智光秀』（戎光祥出版、二〇一九年）を参照。

*8　『兼見卿記』。

*9　『信長』。

*10　「本城」「外構」という表現と構造については福島克彦「文献史料からみた『惣構』について」（『中世城郭研究』一四、二〇〇〇年）を参照。

年（一五五六）には畿内を掌握した三好氏の武将内藤宗勝《ないとうそうしょう》が新造していた。*11 しかし信長勢は渡河しており、何らかの事情で宇治橋が使えない状況であった可能性がある。

天正二年の織田政権下で塙直政が槇島城に入った後、槇島は宇治と並ぶ商業・流通活動の拠点となった。*12 戦国期の城郭が既存都市の近くに築かれた事例は多い。槇島は宇治と密接な関係にあり、義昭や真木嶋氏らの周辺が宇治橋が使えない状況にしていたことも想定できるだろう。信長勢は渡河の後、平等院の門前で鬨《とき》の声をあげて近辺に煙を上げたという。平等院は、文明十七年（一四八五）の「山城国一揆」で人々が寄り合いを行った場であった。一連の行動は、宇治の軍事的掌握とともに、槇島城と宇治がセットであったことを示唆するのではないだろうか。

また、当時の義昭に与した畿内の勢力は河内の三好義継、大和の松永久秀、摂津の本願寺顕如であった。これらとの連携を図るためには、京都よりも山城国南部の水陸交通の結節点である宇治近郊が適地となる。宇治川を下れば大坂本願寺（大阪市中央区）に至り、河内方面には山越えの陸路も発達している。元亀四年の義昭方の挙兵は近江ではじまっており、宇治川を遡れば琵琶湖に通じる。槇島城は遺構を残さないが、義昭の戦略を考える上で重要であり、京都の旧二条城を出るに値する城郭であったことを示している。*13

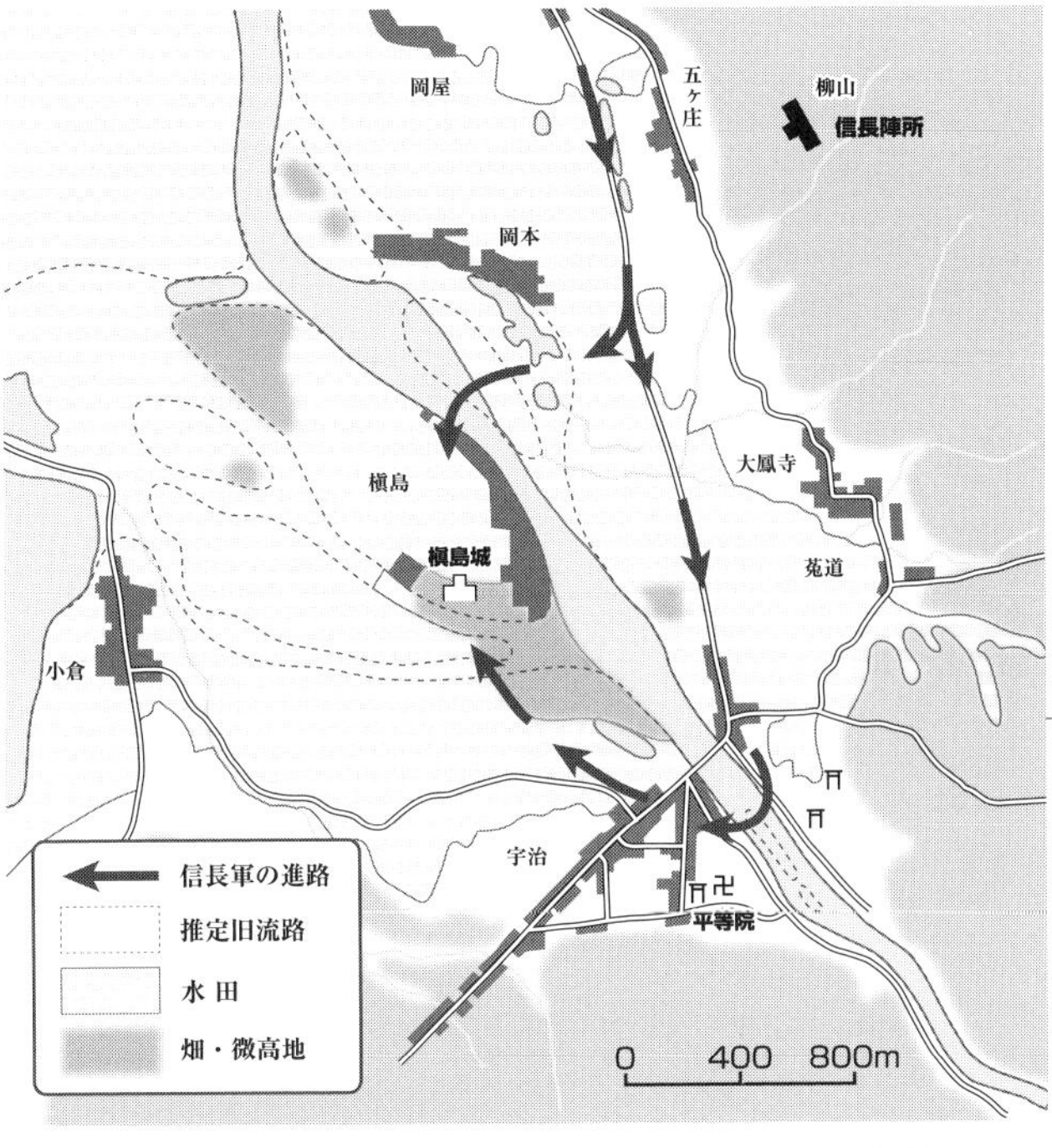

宇治川流路と槇島城の推定地（『宇治市史』２掲載図をもとに作成）

*11 『厳助』。
*12 *1藤岡論文。
*13 元亀四年の義昭方が使用した城郭の特徴については総論も参照されたい。

義晴が誕生したという近江の城

12 水茎岡山城《すいけいおかやまじょう》

①所在地：滋賀県近江八幡市牧町・水茎町
②将　軍：足利義澄・足利義晴
③立　地：独立丘陵上（標高約一八八ｍ）
④遺　構：曲輪・土塁・堀切・横堀・竪堀・虎口・石垣

【概要】十二代将軍足利義晴が生まれたとされ、父の義澄が死去した城郭である。近江守護代伊庭《いば》氏被官の九里《くのり》氏が構えたとされる大規模な山城跡が残り、義澄の館跡と伝承される場所では発掘調査でこの時期の遺構が確認されている。*1

【立地】琵琶湖岸の岡山《おかやま》と呼ばれる標高約一八八ｍの独立丘陵に立地する。近代以前の琵琶湖は汀線《ていせん》が複雑で内湖が多く形成され、この丘陵南側にも内湖が展開していた。

「史蹟水茎岡山城址」石碑と供養塔

【歴史と背景】岡山の周辺には西国三十三所観音霊場の長命寺《ちょうめいじ》（滋賀県近江八幡市）などの天台霊場が点在し、築城以前の岡山には香仙寺《こうせんじ》が存在したという。城主は近江守護代伊庭氏の被官九里氏とされ、湖上交通の掌握を目的とした守護六角氏の支城ともされる。この城が歴史上に登場するのは、永正五年（一五〇八）に前将軍足利義澄を迎えた後である。

この前年、京都では細川政元（細川京兆家）が養子の澄之を支持する勢力に殺害される事件が起こる。もう一人の養子澄元が澄之を敗死させるが家中が分裂し、一族の細川高国との間で争いがはじまる。政元は明応二年（一四九三）に将軍足利義稙を廃して

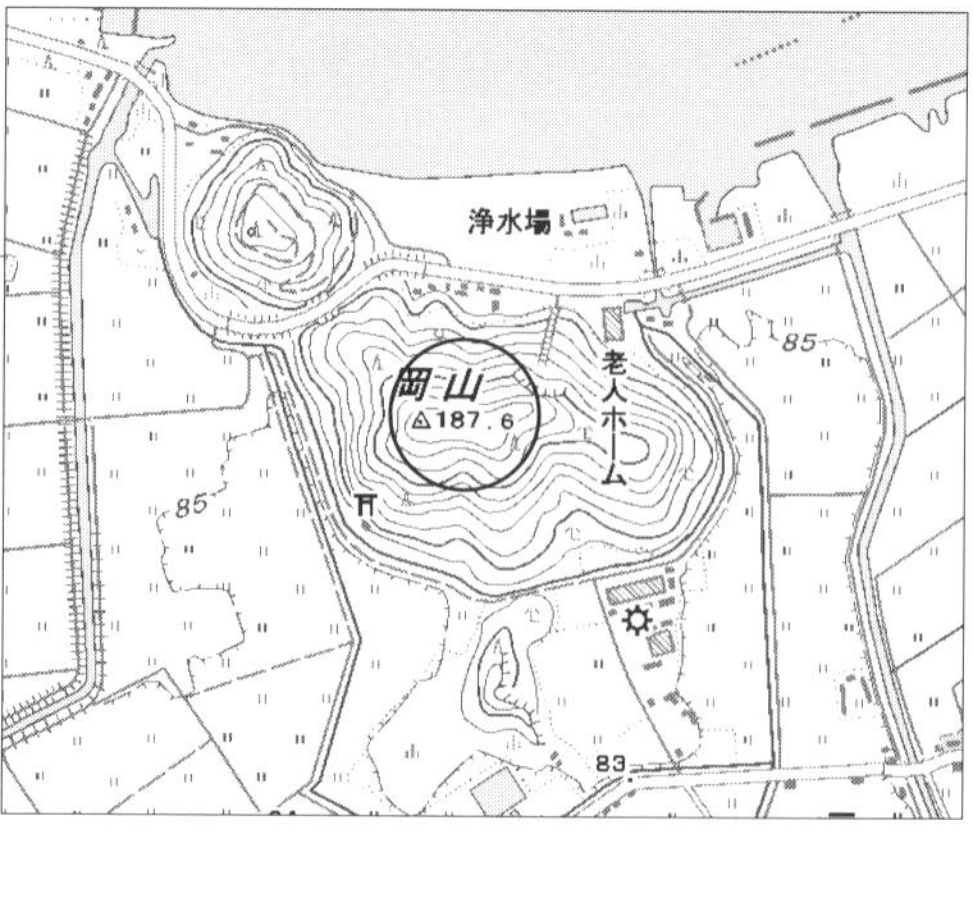

＊1　水茎岡山城については、福永清治「水茎岡山城」（中井均監修・城郭談話会編『図解近畿の城郭』Ⅱ、戎光祥出版、二〇一五年）、同「水茎岡山城」（中井均編『近江の山城を歩く』サンライズ出版、二〇一九年）、足利義晴については、木下昌規『足利義晴と畿内動乱』（戎光祥出版、二〇二〇年）を参照。
＊2　『和長』。
＊3　『不問物語』。

義澄を擁立した「明応の政変」の首謀者であった。この混乱に乗じ、京都を追われて周防の大内義興を頼っていた義稙は年が明けた永正五年、義興と上洛の軍事行動を起こした。そこで高国が義稙と結んだ結果、四月に義澄は京都から近江の坂本（大津市）に退避、九里備前守を頼って長命寺に至り、[*2]その「宇賀（ヲカ）山之城」に移った。[*3]六月には義稙が再び将軍となる。なお、澄元も近江に逃れ翌年に京都奪還を図るが敗北し、阿波へと向かった（澄元は阿波細川家出身）。

近江守護六角氏綱《うじつな》と義澄の関係には距離があり、義澄を近江に迎えた主体は九里氏で伊庭氏はそれに巻き込まれた可能性が指摘されている。[*4]永正七年になって細川高国は「伊庭・九里等」を退治するとして近江に出兵するが、六角氏は双方に関与せず高国勢は敗北した。[*5]義澄は豊後の大《おお》友《とも》氏を動かして大内氏の周防を脅かすなど将軍復帰を目指す。[*6]翌永正八年三月、義晴が誕生して亀王丸と名付けられた。ただし、誕生地は義晴の重臣大館常興《おおだちじょうこう》の日記に「三大寺」とあり、現在の滋賀県甲賀市三大寺、または大津市三大寺の可能性がある。義澄はこの義晴を播磨の赤松義《よし》村《むら》、後に義晴と将軍職を争うことになる兄弟の義維《よしつな》を阿波の細川澄元に預けて養育させた。六月には澄元が摂津で高国の軍勢に勝利して京都に入り、義稙は丹波に逃れた。しかし八月に義澄は水茎岡山城で死去し、直後に京都の船岡山（京都市北区）で行われた合戦で澄元方は高国方の軍勢に大敗した。この後、永正十一年に伊庭貞隆《さだたか》・貞説《さだとき》父子が近江北部の京極・浅井氏を頼んで出奔し、六角氏と対立した。同十七年になって六角氏は細川高国の協力で摂津の兵庫（神戸市兵庫区）から大船を琵琶湖まで輸送し、水茎岡山城を落城させている。

【構造と評価】岡山と呼ばれる独立丘陵は今の琵琶湖岸に近い頭山と主峰の大山からなり、双方の遺構は福永清治氏によって詳細に把握されている。[*7]大山の頂部は細長い曲輪（Ⅰ～Ⅲ）となって土塁Aや帯曲輪Bがあり、虎口Cから山腹に展開するⅣに接続する。Ⅳの東端には大規模な竪

＊4　六角氏や伊庭氏と義澄をめぐっては、新谷和之「六角氏当主と有力被官との相克―伊庭氏を事例に―」（同『戦国期六角氏権力と地域社会』思文閣出版、二〇一八年。初出は二〇一四年）。

＊5　『拾芥記』。

＊6　＊1木下文献。

水茎岡山城を西からのぞむ

Hの横堀底

竪堀Dを下からみる

堀D、Vの裾には幅広の横堀H、曲輪群が認められる。ⅣのFは両側に平坦面を伴う直線の通路であり、東に展開するⅥにも同様の通路が確認できる。この様相は山の寺の平面構造に通じ、おそらく香仙寺が存在した場所であろう。

　大山北側の山裾にも曲輪群が展開し、頭山との間のⅦは方形の東西約四〇m×南北約二五mの曲輪で伝義澄の館跡である。発掘調査では区画溝を伴って門を備えた屋敷地が検出され、十五世紀後半～十六世紀初頭であることが明らかになった。[*8] 約四〇mにわたって高さ約二mの石垣が確認されたことも特筆される。Ⅷは約三〇m四方の方形の曲輪で庭園を備えている。

　福永氏は大規模な竪堀や横堀、大山頂部の土塁のような細長い曲輪など大味な遮断線構築を特徴ととらえ、十六世紀初頭の遺構とみている。畿内近国において、横堀は十六世紀でも後半に発達すると理解されているが、水茎岡山城は新たな理解を提示する事例として注目される。

Fの直線道路を下からみる

＊7　＊1福永論文。

＊8　発掘調査成果については、滋賀県教育委員会編『琵琶湖東部の湖底・湖岸遺跡 第1分冊（本文編）』『同：第2分冊（写真図版編）』（ともに二〇一四年）を参照されたい。

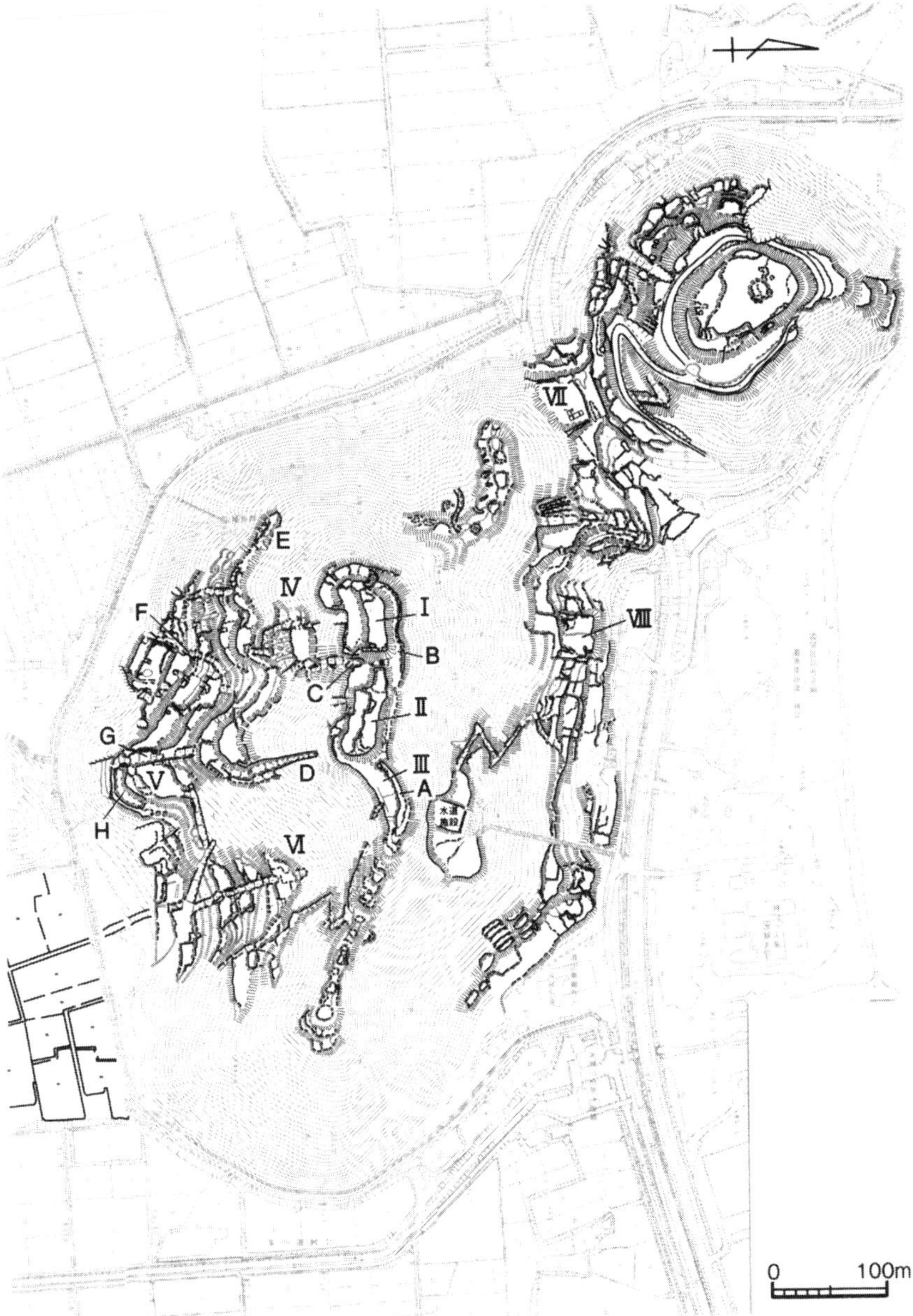

水茎岡山城跡 概要図（作図：福永清治氏）

京都への橋頭堡となる宗教都市

13 坂《さか》本《もと》

①所在地：大津市坂本・下阪本・穴太
②将　軍：足利義晴・足利義輝
③立　地：丘陵及び扇状地（日吉大社二の鳥居付近標高約一二五m）
④遺　構：―

【概要】足利義晴、義輝が京都を落ちる際、また復帰を図る際、頻繁に滞在した比叡山延暦寺門前の巨大宗教都市である。天文十五年（一五四六）に義輝が元服、将軍宣下を受けた地でもある。元亀二年（一五七一）の織田信長による比叡山焼き討ち後、琵琶湖岸に明智光秀が坂本城（大津市）を築いた。

日吉馬場沿いの坊院と日吉社奥宮がある八王子山

【立地】琵琶湖西岸の比叡山山麓にあり、北国街道《ほっこくかいどう》と湖岸の港が結節し、山中越をはじめとする比叡山を通る山道で京都との往来が盛んであった。坂本とは比叡山山麓にあたる現在の坂本（上坂本）と湖岸の下阪本（下坂本）、上坂本から直線で約一・八km離れた穴太《あのう》を含み、東西二・四km×南北約三・二kmの範囲に及んだ。*1

【歴史と背景】比叡山の山麓には多くの延暦寺の僧坊や関係寺院が建立され、京都側の一乗寺《いちじょうじ》（京都市左京区）付近が西坂本、近江側が東坂本と称された。後者の規模が圧倒的に大きく、坂本といえばこちらを指すようになる。

大永七年（一五二七）二月、将軍足利義晴は初陣となった京都西郊における桂川の戦いで細川晴元方の軍勢に敗れ、初めて

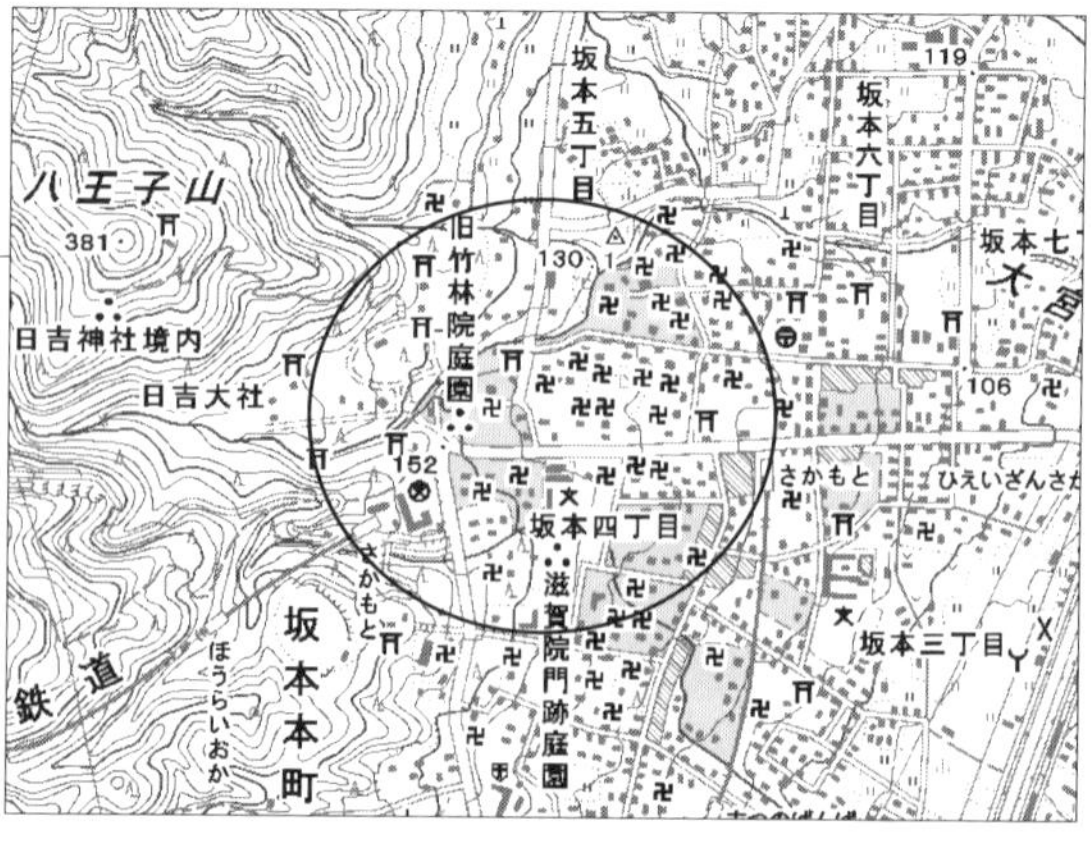

*1　坂本については、吉水眞彦「中世坂本の都市的景観」（吉井敏幸・百瀬正恒編『中世の都市と寺院』高志書院、二〇〇五年）を参照。

京都から没落した。このときは細川高国と坂本に移り、長光寺（滋賀県近江八幡市）に向かっている。以降、義晴は頻繁に坂本に滞在し、同年九月には高国と帰洛に向けて滞在、翌年五月には京都から坂本に退いて朽木（同高島市）に赴いた。[*2] 享禄四年（一五三一）二月には朽木から再び帰洛に向けて坂本に移るも、連携する高国の敗死により、七月に長光寺経由で桑実寺（同近江八幡市）に向かった。義輝は近江の六角定頼の強い庇護を受けて高国と敵であった細川晴元と和睦し、天文三年（一五三四）六月には坂本へ移る。そして九月、帰洛を実現した。

天文十年に晴元配下の木沢長政の軍勢が京都に迫った際に義晴は晴元と行動をともにせず、子の義輝とともに定頼の意見を受けたとして慈照寺（京都市左京区）を経由して坂本に移った。同寺は第八代将軍足利義政が造営した東山殿であり、義晴らは洛中の居所から坂本へ移る際、また逆の場合もここを経由するパターンを採った。[*3] 同十五年に晴元に敵対する細川氏綱が力を増し、晴元との関係が悪化すると、九月に義晴と義輝は慈照寺に入り、北白川（同左京区）に城郭を築いた後の十二月十八日、二人は坂本に移った。[*4] そして日吉社神職の樹下成保《じゅげしげやす》の屋敷において、烏帽子親《えぼしおや》となる六角定頼を加冠《かかん》役として元服し、将軍宣下を受けた後の二十四日、慈照寺に戻っている。

年が明けた天文十六年に二人は帰洛するが、晴元勢が京都に迫る中で三月、北白川の城郭に籠もった。しかし、七月になって定頼が娘婿にあたる晴元に与したため、坂本に移って晴元と

樹下宮がある東本宮

＊2　以降、坂本と足利義晴をめぐる動きについては、木下昌規『足利義晴と畿内動乱』（戎光祥出版、二〇二〇年）、同じく義輝については『足利義輝と三好一族』（戎光祥出版、二〇二一年）を参照。

＊3　＊2木下『足利義晴と畿内動乱』。

＊4　本書「北白川城塞群（勝軍城）」を参照されたい。

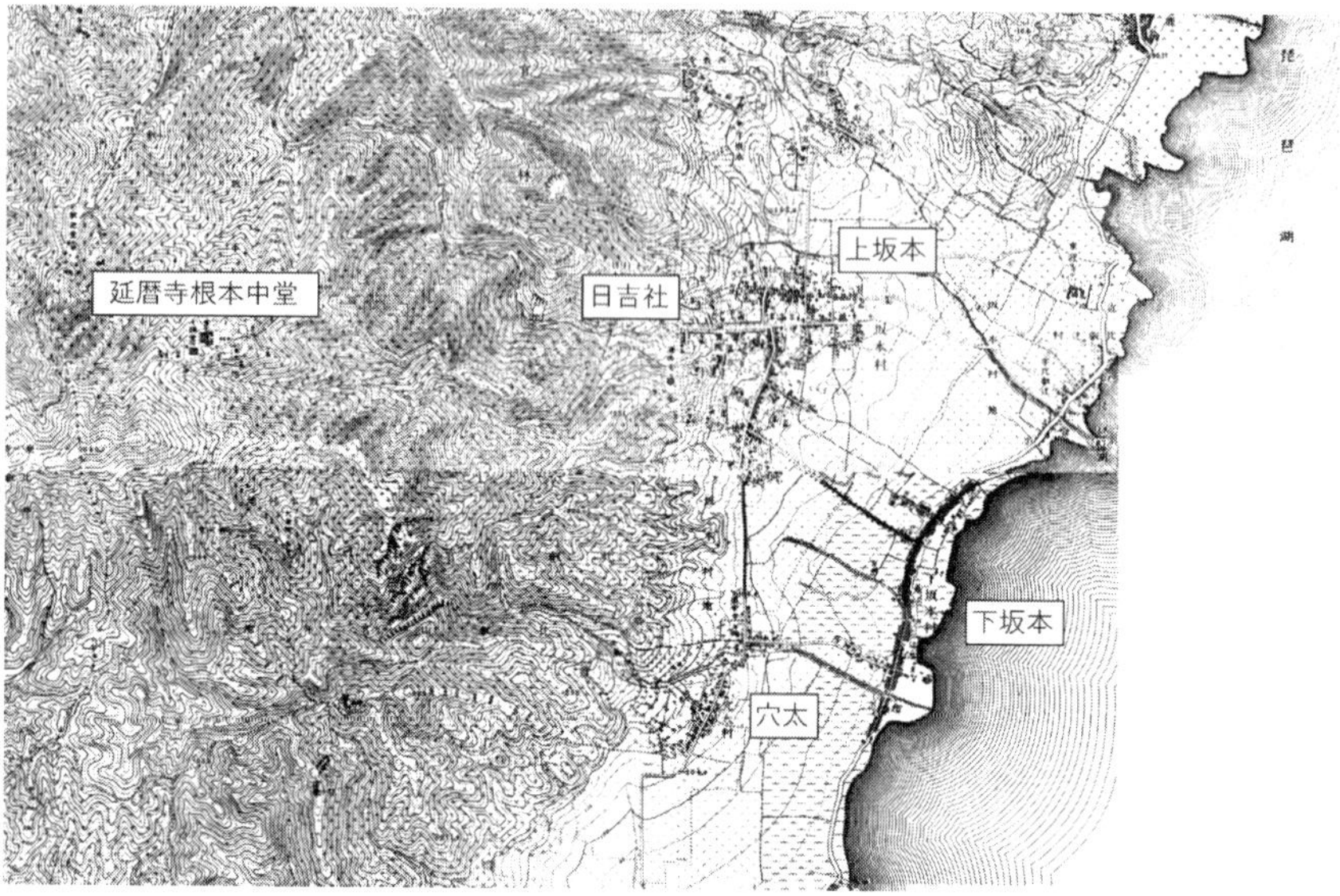

坂本周辺図（大正元年実測地図に加筆）

和睦した。翌天文十七年六月に二人は帰洛し、今出川御所（京都市上京区）に入る。やがて晴元と家臣の三好長慶の対立が明確となり、天文十八年六月に長慶の軍勢が江口の戦い（大阪市東淀川区）で晴元方に勝利を収めると、義晴らは在京を望むも慈照寺を経て坂本に移った。十月に慈照寺の背後に中尾城（京都市左京区）の築城をはじめ、翌天文十九年二月には広義の坂本にあたる穴太に進み、入城を目指すも延期となった。そして五月、病身の義晴が穴太で死去する。[*5]

慈照寺での葬儀の後、義輝は坂本に移り、中尾城での戦いをはじめるが失敗、定頼の進言を受けて朽木へと向かった。天文二十一年に長慶との和睦が成立すると、やはり坂本の比叡辻に移って帰洛している。しかし、翌年には長慶と交戦状態となって敗北、再び朽木へと退く。永禄元年（一五五八）になって帰洛を期

*5　前後の動きについては、本書「中尾城・慈照寺」を参考されたい。なお、義晴は、『厳助』『万松院』によれば坂本の常在寺を居所し、家臣の大館常興は金光寺を居所としていた。

*6　元亀二年（一五七一）になって、明智光秀は下坂本に坂本城を築く。織豊期の城郭は、戦国期の都市（町場）に隣接し、その都市機能の踏襲を意図することがある。坂本城もその一つであった。

*7　*1吉水論文。日吉社は比叡山の地主神を祀り、山王権現とも呼ばれて延暦寺の天台密教と結び付いていた。

*8　坂本には、すでに南北朝時代に後醍醐天皇や足利義詮が避難したことが知られ、第一次六角征伐の際には足利義尚が着陣した。明応八年（一四九九）には越中からの帰洛を目指す足利義稙を比叡山が支持して坂本に入り、敵となった六角勢との合戦に及んでいる。また義晴の父義澄も永正五年（一五〇八）、対立する義稙が上洛した際に坂本へと移っていた。

する義輝は朽木を出、五月に坂本に移った。翌月には京都奪還戦を開始し、如意ヶ嶽城（京都市左京区）、そして勝軍城（左京区）へと居を移した後、長慶と再び和睦が成立して十二月に帰洛した。この後、義輝は在京を基本とし、同八年に旧二条城で戦死することになる。[*6]

【構造と評価】坂本のうち上坂本には坂本全体の核となる日吉社が所在し、その参詣道でもあった馬場は直線道として都市の機軸を成した。[*7] 日吉社の東本宮に樹下宮が所在し、この付近に義輝が元服した樹下氏の屋敷が所在したのかもしれない。

上坂本では馬場の直線道路沿いに社家が居住し、周辺に衆徒や山徒《さんと》と呼ばれた僧侶が居住する里坊が広がる都市的空間となった。下坂本には戸津《とづ》・今津《いまづ》・志津《しづ》という港が所在して「三津浜《みつはま》」と呼ばれ、北国街道との交点の町場となった。馬借《ばしゃく》や車借《しゃしゃく》といった運送業者が存在し、京都との間を頻繁に往来し、町場化が進んで在家《ざいけ》数《すう》は数千軒という。室町期には下坂本が発展したが、金融業者である土倉《どそう》は上坂本も含めて存在していたと考えられている。

坂本には南北朝期以来、多くの足利将軍が入っている。[*8] 戦国期には細川京兆家の澄元、高国、晴元も京都から坂本へと逃れてきた。中世都市は特定の権力のみに属さない動きがあり、[*9] 坂本は宗教勢力である比叡山の門前町であった。近江は義晴、義輝を庇護した六角氏の本拠であり、延暦寺との関係を保っていた。山中越などの陸路を介して京都との人々の往来は盛んであり、湖岸の水上交通は近江国内での移動を容易にしていた。これらの都市機能が将軍関係者らの滞在を可能とし、支えていたのだろう。複数の条件が重なり、義晴・義輝は頻繁に坂本に滞在することになった。軍事的な動向でとらえると、坂本は義晴・義輝はもちろん、それ以外の京都を押さえようとする勢力にとっては橋頭堡、兵站地といえるような機能を有した場といえるだろう。

＊9　網野義彦『日本中世都市の世界』（筑摩書房、一九九六年）。

日吉馬場を下った先には琵琶湖がみえる

義晴が仮御所を設けた山の寺

14 長《ちょう》光《こう》寺《じ》

①所在地：滋賀県近江八幡市長光寺町
②将　軍：足利義晴
③立　地：丘陵裾部（標高約一〇五m）
④遺　構：平坦面

【概要】将軍足利義晴が大永七年（一五二七）にはじめて京都を落ち、居所とした寺院である。背後には後に織田信長の武将柴田勝家が在城した長光寺城がある。*1

【立地】標高約一〇五mの丘陵裾部に立地し、東山道と北伊勢に至る八風街道《はっぷうかいどう》が交差した武佐宿《むさしゅく》に接する。現在は独立丘陵状となるが、本来は長光寺城跡が所在する標高二三四mの瓶割山《かめわりやま》と一体であった。

長光寺の境内を見上げる

【歴史と背景】長光寺は真言宗の山の寺であり、戦乱にともなって京都を追われた武将らが滞在したことでも知られる。『源平盛衰記《げんぺいじょうすいき》』によれば、寿永三年（一一八四）の一ノ谷の戦い（神戸市）で捕えられた平重衡《たいらのしげひら》が鎌倉へ護送される際に長光寺に入り、この寺は聖徳太子の建立で武佐寺から名を改めたものという。南北朝の内乱でも室町幕府初代将軍の足利尊氏が後光厳《ごこうごん》天皇を奉じて退避し、二代将軍足利義詮、そして義晴の父義澄も逃れてきたことがあった。この長光寺に義晴は大永七年（一五二七）に入った。*2

前年の大永六年、義晴を将軍に戴く細川京兆家の細川高国は家臣の香西元盛を討った。これに反発した元盛の兄である

*1　長光寺については、福永清治「補陀落山・長光寺」（『忘れられた霊場を探る』二、㈶栗東市文化体育振興事業団、二〇〇七年）を参照。

*2　義晴の動向については、木下昌規『足利義晴と畿内動乱』（戎光祥出版、二〇二〇年）を参照。

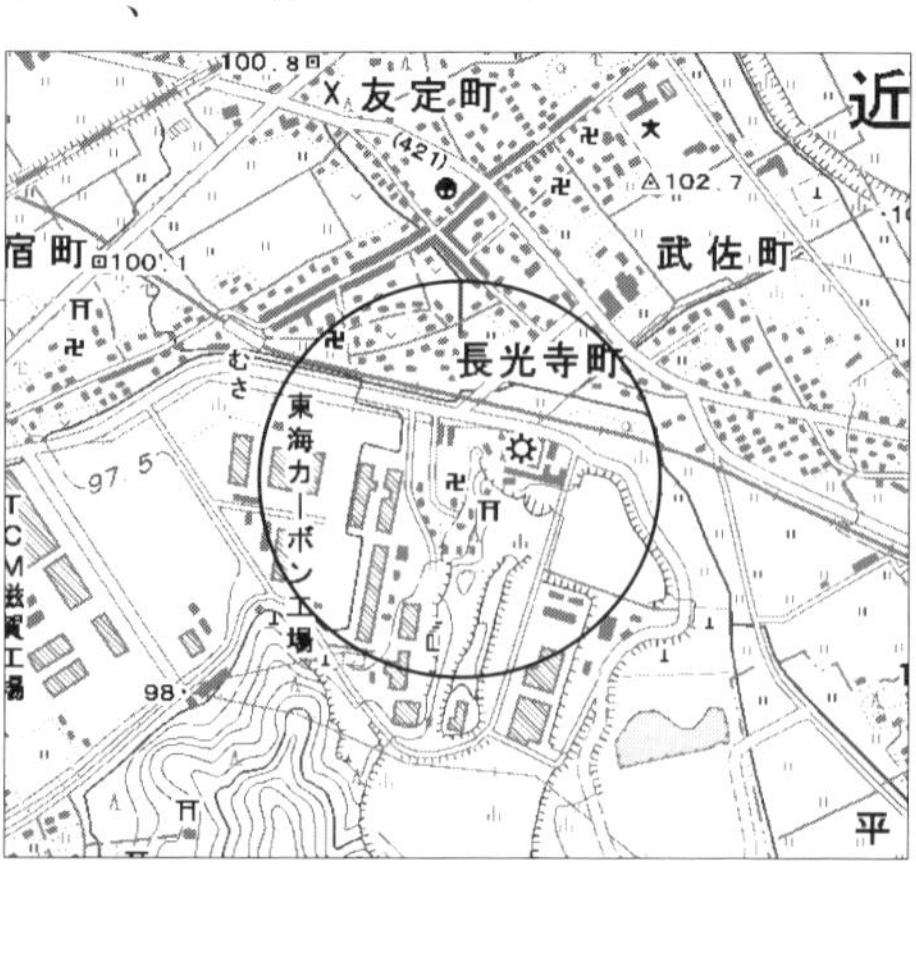

波多野元清や柳本賢治が丹波で挙兵し、高国のライバルであった阿波の細川澄元の子・晴元と連携した。阿波には高国と対立した前将軍義稙の後継者で義晴の兄弟・足利義維がいた。高国はこの鎮圧に失敗するが、義晴は高国を支持して各地の大名に上洛を命じ、若狭守護武田元光がこれに応じて近江守護六角定頼の軍勢も洛東の北白川（京都市左京区）あたりに陣を置いた。

翌大永七年二月、高国方と丹波勢と合流した晴元勢が京都の西郊で衝突して義晴は初陣を遂げた。この桂川の合戦は大敗となり、六角勢は合戦後になって合流した。十四日に義晴らは近江の坂本（大津市）に逃れ、[*3]十七日には琵琶湖を渡海した。[*4]連歌師の宗長《そうちょう》によれば、義晴は坂本の南にあたる志賀（大津市）や琵琶湖対岸の木浜（滋賀県守山市）、山田・矢橋（同草津市）、守山（同守山市）で二、三日を過ごした後、長光寺を「かりの御所しつらはれ」て移り、築地などの普請を行ってしばらくの「御座」とした。宗長は長光寺の名を「長き光り」として「此時とあふがざらめや春の日のながきひかりを四方にしきつつ」と歌を詠み、ここに東海道・北陸・西国・中国の「侍」が参上したという。[*5]

谷部を利用した長光寺の境内内部

三月になって義維や晴元が渡海して堺（堺市）に入り、七月には両者の和睦が噂となるも朝廷は義維を左馬頭《さまのかみ》に任じた。これは将軍、もしくは後継者が就く官職であり、同月二十七日に義晴は守山、高国は赤野井（滋賀県守山市）に出陣した。[*6]九月十九日になって両名は坂本に陣を進め、十月二日に六角定頼の軍勢が合流した。六日には越前の朝倉教景《のりかげ》らの軍勢も

＊3　『二水記』。
＊4　『実隆』。
＊5　『宗長日記』。
＊6　守山は東山道の宿である。赤野井は琵琶湖水運の湊である木浜に近く、後に足利義昭が居所とした矢島（滋賀県守山市）の隣村である。

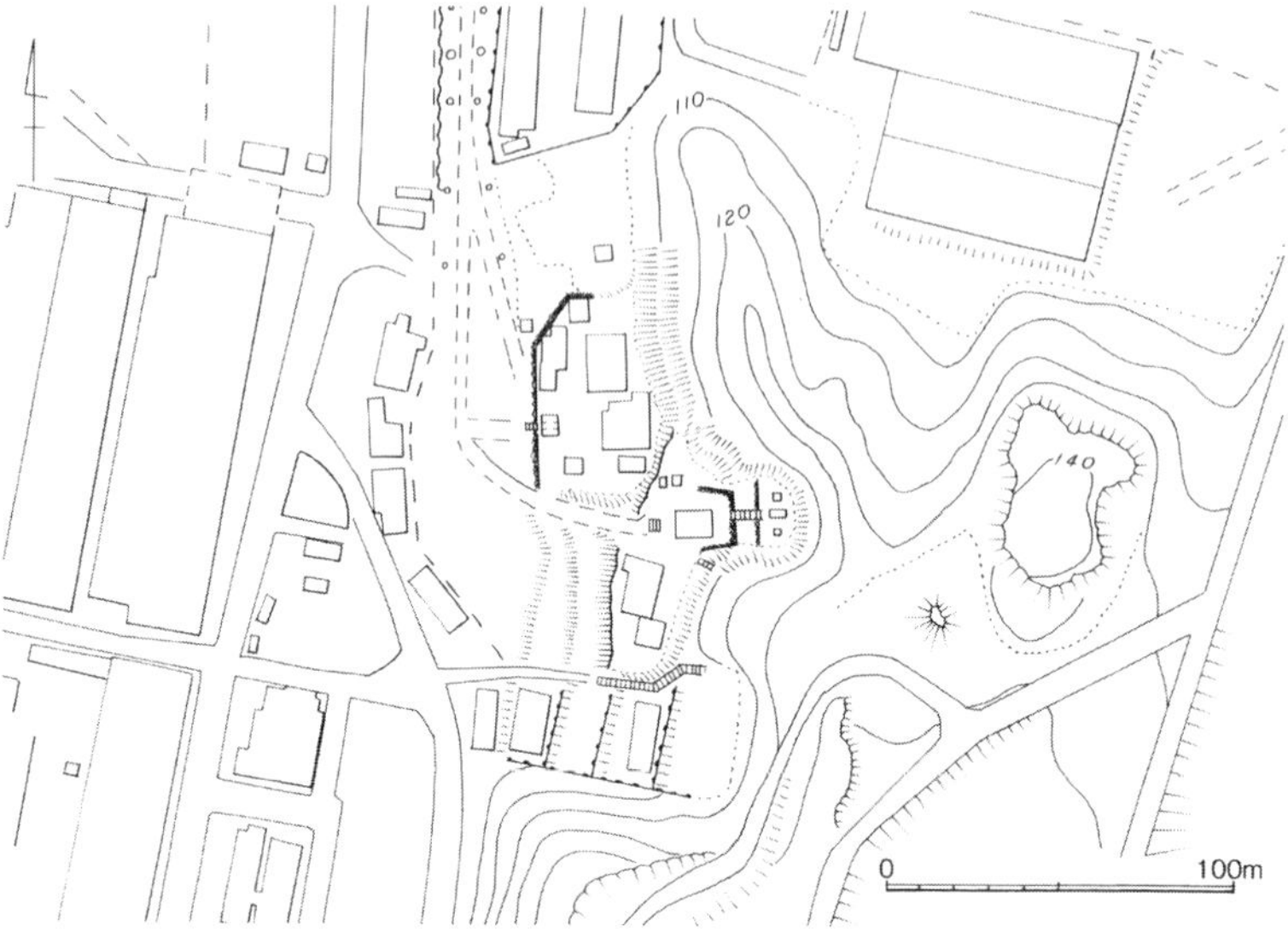

補陀落山・長光寺 境内概略図（作図：福永清治氏）

加わり、十三日に京都の東側に陣を置いた後に義晴は南郊の東寺へと移った。[*7] 翌年の年明けから義維・晴元方との和睦交渉がはじまる。なお、義晴は享禄四年（一五三一）にも坂本から上洛を目指すも叶わず、長光寺に入った後に桑実寺（同近江八幡市）を居所としている。

【構造と評価】現在の長光寺境内は谷地形となる斜面地に南北約一五〇ｍにわたって平坦面を設けている。[*8] 背後の丘陵頂部は四国八十八所めぐりの施設が存在するが、山の寺としては小規模であり、現在の境内地以外に遺構は確認されていない。ただし、義晴が居所とした時期には相当数の家臣や幕府関係者がいたはずで、武佐宿や周辺の寺院が利用されたと推定される。

背後の地形続きには、直線で約七〇〇ｍ離れて長光寺城跡が存在する。[*9] 後の元亀元年（一五七〇）に織田信長の家臣柴田勝家が籠城したことで知られるが、応仁の乱後に築城されて当主の六角高頼《たかより》と戦った六角政堯《まさたか》が拠点にしたと伝わる。東西約二〇〇ｍ×南北二五〇ｍと

*7　『二水記』。

*8　*1福永論文。

*9　長光寺城については、福永清治「長光寺城」（中井均監修・城郭談話会編『図解 近畿の城郭』Ⅰ、戎光祥出版、二〇一四年）、同「長光寺城」（中井均編『近江の山城を歩く』サンライズ出版、二〇一九年）を参照。

周辺でも大規模な山城で、山頂部を中心に曲輪が展開するが堀切などで尾根を積極的に遮断せず、この特徴は周辺地域の山城と共通する。中心部に高さ四mを超す石垣が存在するものの、織田氏以前の様相を示す可能性が高い。義晴段階で何らかの軍事施設が存在したことも推定できるだろう。また柴田勝家も義晴と同様に武佐宿、さらには交通の結節点という点を意識した上での利用であったと思われる。

大永六年（一五二六）二月、連歌師の宗長は伊勢国桑名《くわな》（三重県桑名市）から八風街道で近江に入り、六角氏家臣の後藤但馬守《ごとうたじまのかみ》が観音寺城（滋賀県近江八幡市・東近江市）から輿を遣わす中で長光寺に宿をとり、他の六角氏家臣とも面会した。そして木浜から乗船して坂本に上陸し、大津を経由して京都に到着した。*10 このルートは義晴が長光寺に入ったルートと重なる部分が多い。

東からみた現在の武佐宿

また武佐宿は、佐々木氏（六角氏）の「名字の地」となった延暦寺領佐々木荘の周縁にあたり、この範囲に六角氏の本拠地として守護所である鎌倉期の小脇館《おわき》（滋賀県東近江市）や戦国期当初の金剛寺城《こんごうじ》（同近江八幡市）、そして東山道を東に約二・五km進んだ場所に居城・観音寺の城下石寺《いしでら》が所在した。*11 当時の六角定頼は晴元方とも誼を通じて縁組を進めていたが、義晴支持の姿勢は崩していない。義晴が長光寺に入ったのは六角氏の本拠地であり、そこから京都への交通路が利用しやすい条件にあったことが理由であると思われる。ただし、このような六角氏の態度が観音寺城の近くではなく、義晴が離れた長光寺に入った理由でもあるだろう。

*10 『宗長日記』。なお、天文二年（一五三二）に公卿の山科言継が尾張の織田信秀を訪ねた際、言継は山中越で坂本に出て宿泊し、翌日に乗船を経て守山で休憩した後に長光寺で三泊し、八風峠で伊勢に出て尾張に向かっている。『言継』。

*11 新谷和之『図説 六角氏と観音寺城』（戎光祥出版二〇二三年）を参照。

将軍が長期滞在した朽木氏本拠と居所

15 岩神館《いわがみやかた》（朽木谷《くつきだに》）

①所在地：滋賀県高島市朽木岩瀬
②将　軍：足利義晴・足利義輝
③立　地：河岸段丘上（標高約一九〇m）
④遺　構：曲輪・土塁・堀切・庭園

【概要】将軍足利義晴と子の将軍足利義輝が朽木氏の庇護を受け、長期にわたって滞在した居所である。義晴滞在時に作庭されたという「旧秀隣寺庭園《きゅうしゅうりんじていえん》」（足利庭園）が国の名勝になっている。*1 秀隣寺は近世初頭に朽木宣綱《のぶつな》が館跡に建立した寺院で、後に朽木氏の菩提所である興聖寺《こうしょうじ》が移った。

【立地】朽木谷を流れる安曇川《あどがわ》が形成した河岸段丘の端にあり、現在は興聖寺の境内となる。朽木谷には京都と若狭を結ぶ若狭街道が南北に通り、北端に朽木氏の山城（西山城跡）や江戸期には同氏の陣屋となった居館（朽木城・朽木陣屋跡）が存在した。その間は直線で約一・五kmであり、街道沿いには市場地名が残る。

【歴史と背景】戦国期の朽木谷は鎌倉期にはじまる近江守護佐々木氏の一族朽木氏の本拠で、室町期の同氏は将軍の奉公衆であった。

大永七年（一五二七）二月、初陣の将軍足利義晴は敵対する細川晴元の軍勢に桂川の戦いで大敗を喫し、細川高国と近江に逃れて長光寺（滋賀県近江八幡市）を仮の御所とした。晴元が義晴の兄弟・義維を戴いて堺（堺市堺区）に入ったのに対し、

館跡の「旧秀隣寺庭園」（足利庭園）

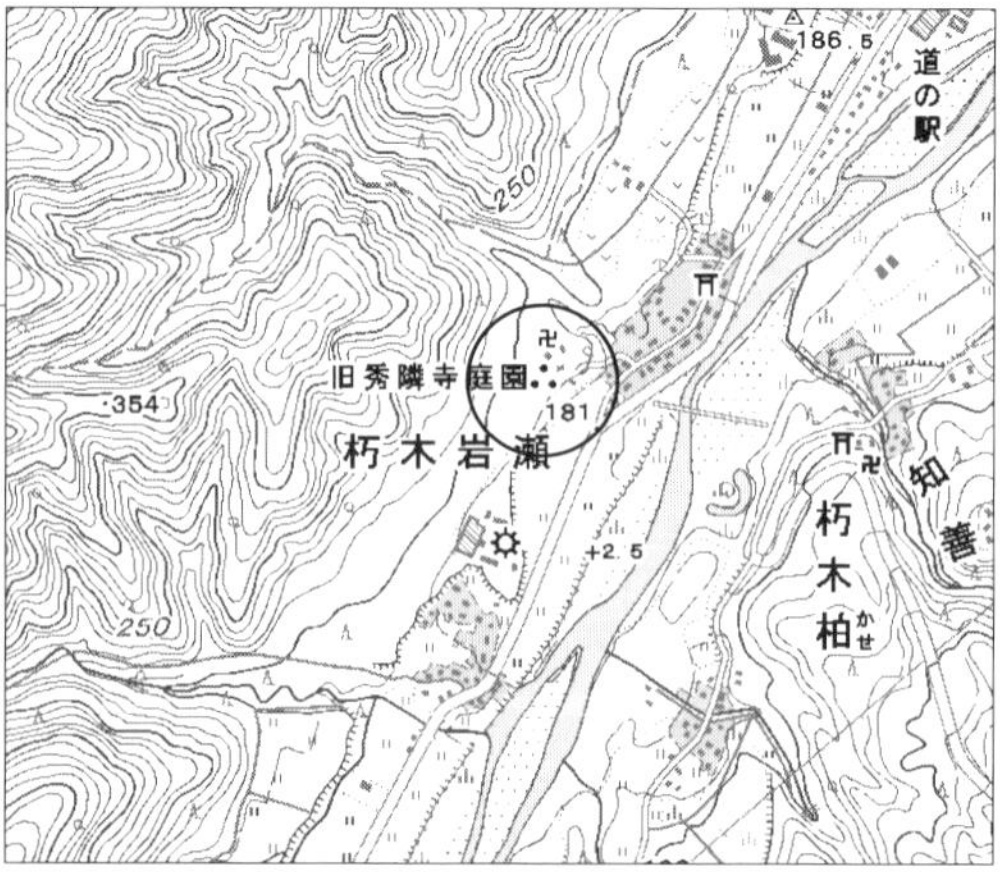

*1　岩神館については、石田敏「朽木城（朽木陣屋）」「岩神館」（『滋賀県中世城郭分布調査』八、一九九一年）、中西裕樹「岩神館」（中井均監修・城郭談話会編『図解 近畿の城郭』Ⅲ、戎光祥出版、二〇一六年）を参照。

背後を画する堀

十月に義晴は近江守護六角定頼や越前朝倉氏らの軍勢と京都の郊外に進み、翌年から和睦交渉をはじめる。交渉決裂後の三月に義晴は一度帰洛するが高国らが近江に没落、九月になって義晴は朽木谷へ入った。昵懇の公家衆や女房衆、奉行衆、奉公衆も従い、朽木谷の領主である朽木稙綱《たねつな》は御供衆に加えられた。以降の稙綱は義晴に従って在京する内談衆《ないだんしゅう》として幕政に関与し、義輝が将軍になった後はその御供衆として近侍した。*2 義晴は晴元方と協調関係を保ち、朝廷も権大納言《ごんのだいなごん》、従三位《じゅさんみ》に任じたが晴元方との関係が崩れ、享禄四年（一五三一）二月に高国の摂津侵攻と同時に義晴は朽木谷を出て坂本（大津市）に進んだ。しかし、六月に高国が敗死すると、義晴は六角定頼の本拠に近い桑実寺（近江八幡市）に移り、そこを居所とした。*3

天文二十年（一五五一）二月、義晴死去の翌年に今度は子の将軍足利義輝が朽木谷に入り、稙綱の子朽木晴綱《はるつな》が迎えた。奉行衆や女房に加え、叔父の門跡である大覚寺義俊《だいかくじぎしゅん》、細川晴元も滞在する。義輝は義晴死後に中尾城（京都市左京区）で敵対する三好長慶の軍勢に敗北し、政所頭人の伊勢貞孝らによる拉致未遂と六角定頼の進言を受けての動きであった。翌年に定頼が死去するとその子の六角義賢が長慶との和睦を進めて正月に帰洛するが、同二十二年七月に和睦が破綻、義輝は再び晴元と手を結ぶも三好勢を前に霊山城（同東山区）を焼失して敗北し、八月に朽木谷に戻った。再び義輝が朽木谷を出るのは永禄元年（一五五八）三月、上洛戦への準備に向けてであった。

【構造と評価】昭和二年（一九二七）の『高島郡誌』では、「秀隣寺」の項でこの地に朽木稙綱が義晴の居館を構えたとする。その岩

---

*2　西島太郎「室町中・後期における朽木氏の系譜と動向」（同『戦国期室町幕府と在地領主』八木書店、二〇〇六年。初出は一九九七年）、同「朽木稙綱」（天野忠幸編『戦国武将列伝7　畿内編上』戎光祥出版、二〇二二年）を参照。

*3　足利義晴・義輝の動向については、木下昌規『足利義晴と畿内動乱』（戎光祥出版、二〇二〇年）、同『足利義輝と三好一族』（戎光祥出版、二〇二一年）を参照。

土塁の上から見下ろす

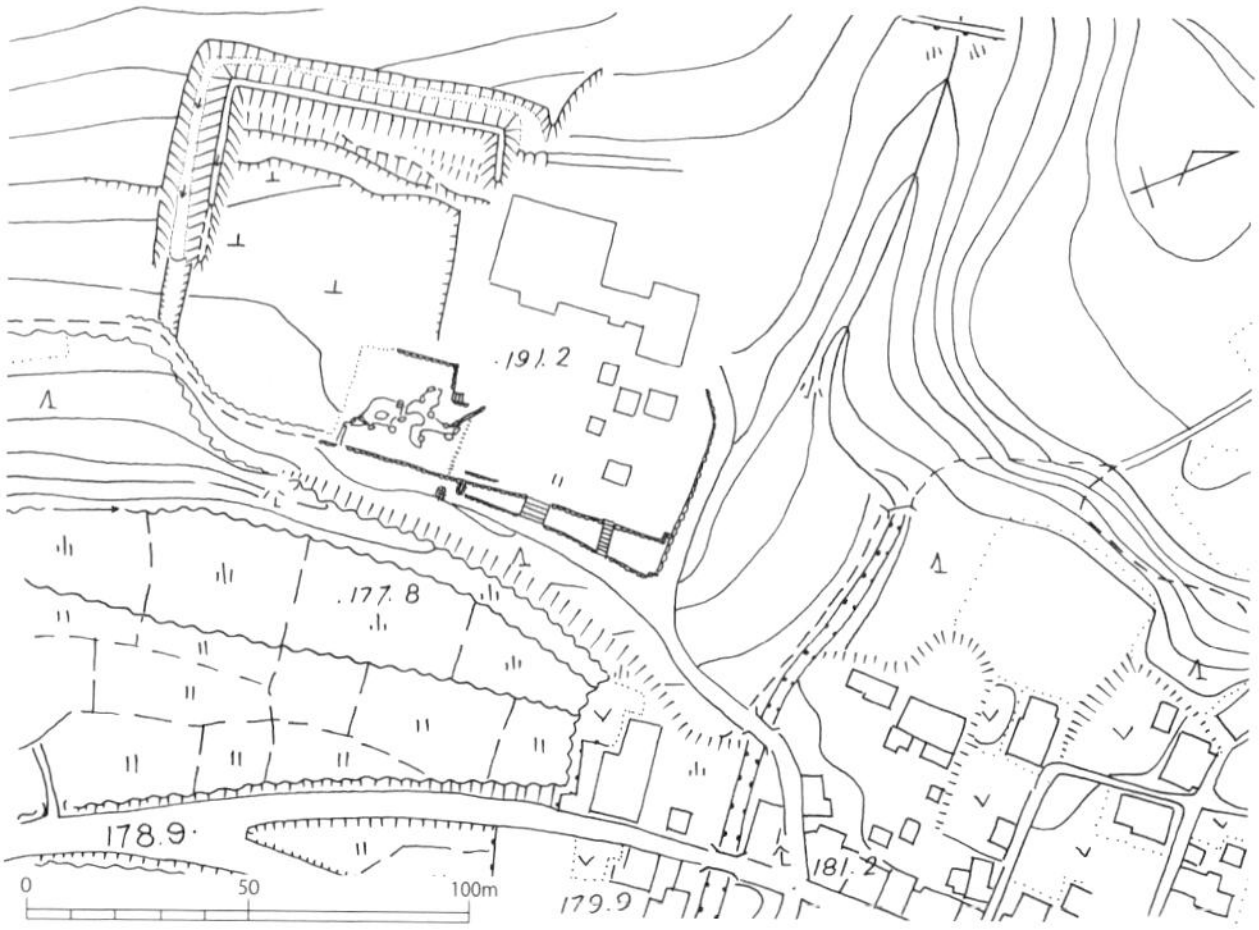

岩神館跡 概要図（作図：中西裕樹）

神館は興聖寺境内となり、南西の墓地背後に南北約六〇ｍの土塁と堀切が残り、最高所で土塁は堀切から約三ｍの高さがある。南端からは東に折れた土塁と堀が痕跡を含め河岸段丘の端まで約五五ｍが確認され、北端でも東に折れた約一〇ｍの土塁が認められる。全体はコの字状で丘腹に切り込む館城の縄張りと評価でき、平坦な現境内の一画にこの区画が存在したと想定される。

義晴・義輝が朽木谷にいた段階の京都の将軍御所は土塁で囲まれた館城ではなく、屋敷の体裁であった。将軍の城館を考える上で、岩神館は非常に興味深い事例となる。また将軍は多数の家臣団を抱え、京都からは将軍との面会のため、多くの公家や寺社の使が訪れた。境内を含め、周辺には付属施設や家臣の居住空間などが広がっていたと思われる。

朽木氏は将軍を迎えることで、幕府や中央での立場を高めた。江戸期も朽木谷の領主として存続し、その支配拠点であった朽木陣屋の発掘調査では室町期～江戸末期の資料が出土している。背後に興聖寺の前身の「洞照寺」関連地名が残るため戦国期の朽木氏の館（朽木城）があったとみられ、[*4] 背後には西山城と呼ばれる朽木谷唯一の山城跡もある。[*5] 岩神館については、文明十四年

＊4　＊1石田論文。

＊5　西山城については、小林裕季「西山城」（中井均編『近江の山城を歩く』サンライズ出版、二〇一九年）を参照。

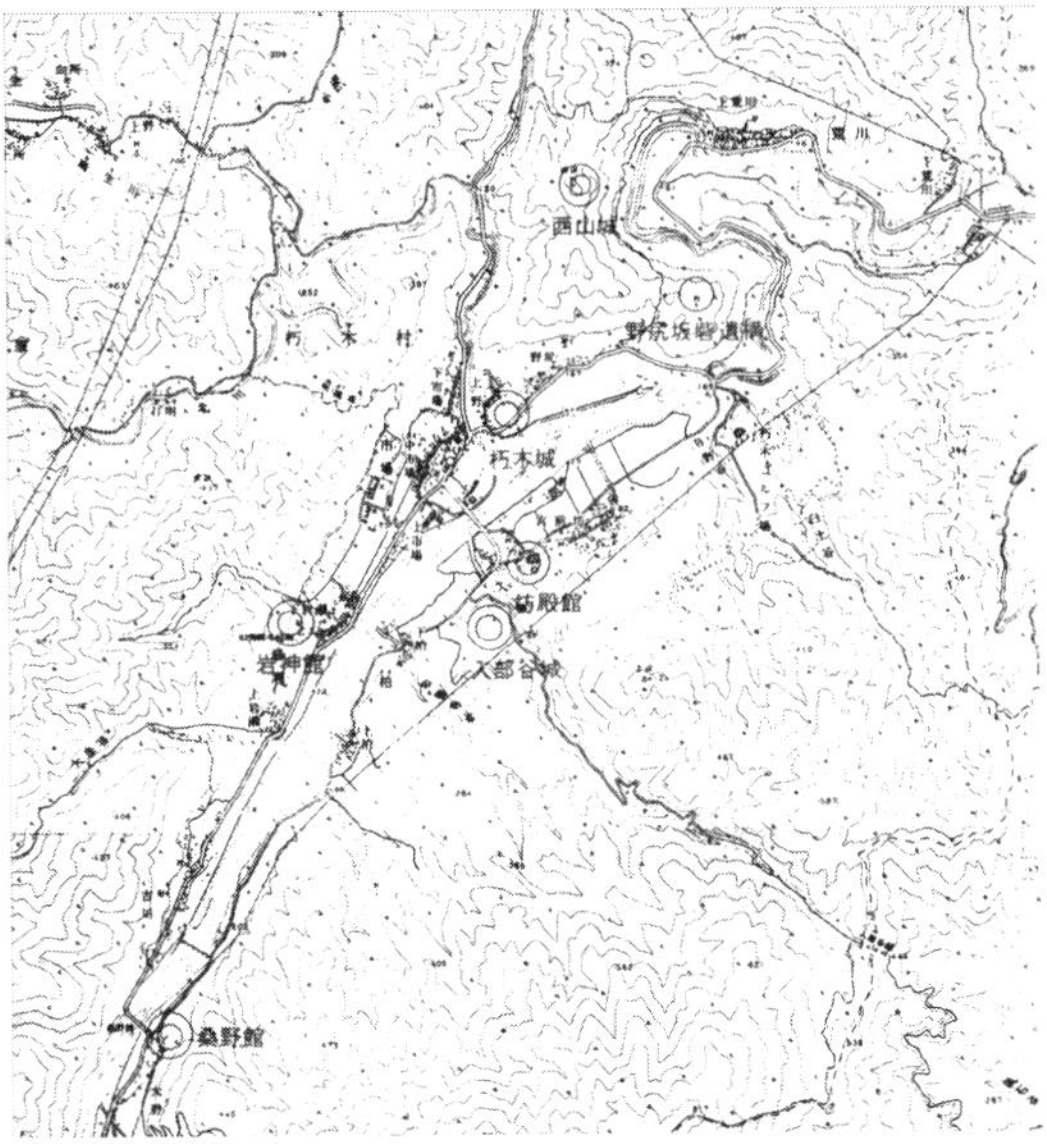

朽木の城館分布図（『滋賀県中世城郭分布調査』8より転載）

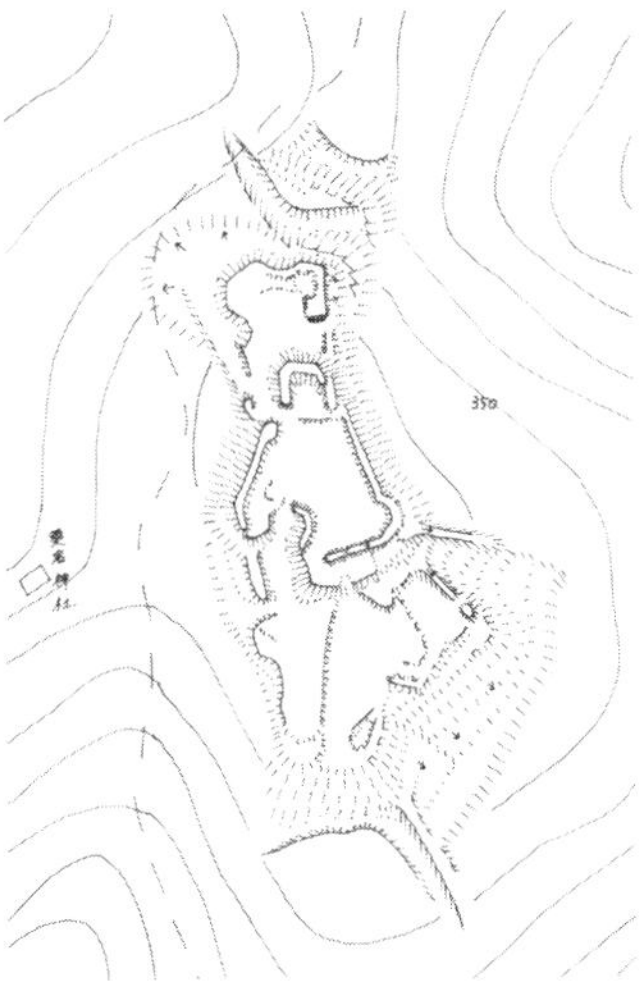
西山城跡 概要図（作図：中西裕樹）

（一四八二）の「朽木貞高所当米算用状」に「岩神殿様」がみえ、この人物は惣領家の朽木貞高《さだたか》のことである。*6 一方、「岩神殿」を朽木氏分家とする見解もある。*7 岩神館の地には惣領関連、もしくは一族の施設（屋敷）があったのだろう。この岩神館と朽木城との間は直線で約一・五kmの距離があり、将軍と朽木氏の居所は距離を置いていた。

義晴・義輝が朽木谷に入ったのは、京都までの若狭街道が通じる地での奉公衆朽木氏の存在が大きな理由で、当初は義晴の軍勢催促に応じる若狭武田氏の存在も視野にあったかもしれない。義輝の段階では近江守護六角氏の意向を受けた居所であったが、反対にその本拠である観音寺城（近江八幡市・東近江市）周辺に入らなかったことも興味深い。将軍の居所と在地の武家拠点との関係を示すケースにもなるだろう。

*6　藤田達生・西島太郎校訂『朽木家文書』第一（八木書店、二〇〇七年）。
*7　*1石田論文。

朽木陣屋跡（朽木城跡）

義晴の居所と近江六角氏の居城

16 桑実寺《くわのみでら》・観音寺城《かんのんじじょう》

①所在地：滋賀県近江八幡市安土町桑実寺他
②将　軍：足利義晴・足利義昭
③立　地：山腹（本堂付近標高約二三〇m）
④遺　構：平坦面・石垣

【概要】桑実寺は享禄四年（一五三一）七月から天文三年（一五三四）六月にかけ、六角定頼の庇護を受けた将軍足利義晴が滞在した寺院である。室町前期の本堂と所蔵する義晴が発願の「桑実寺縁起絵巻」は国の重要文化財に指定されている。*1

桑実寺本堂前から観音寺城跡をのぞむ

【立地】標高約四三二mの繖山《きぬがさやま》（観音寺山）の西側山腹に境内が広がり、頂上から南側山腹にかけては戦国期の拠点城郭を代表する六角氏の観音寺城が展開する。その間は、直線で約二五〇mである。築城以前から西国三十三ヶ所観音霊場の観音正寺が存在し、中山道が引き込まれた山麓の石寺には坊院の他、屋敷や町場などが設けられて城下の様相を呈していた。

【歴史と背景】桑実寺は繖山を山号とする天台宗の山の寺で古代の創建を伝え、鎌倉期からは近江守護佐々木氏（六角氏）の庇護を受けて伽藍の整備も行われた。享禄四年（一五三一）二月、細川高国が堺（堺市堺区）を拠点に敵対する細川晴元方を攻撃

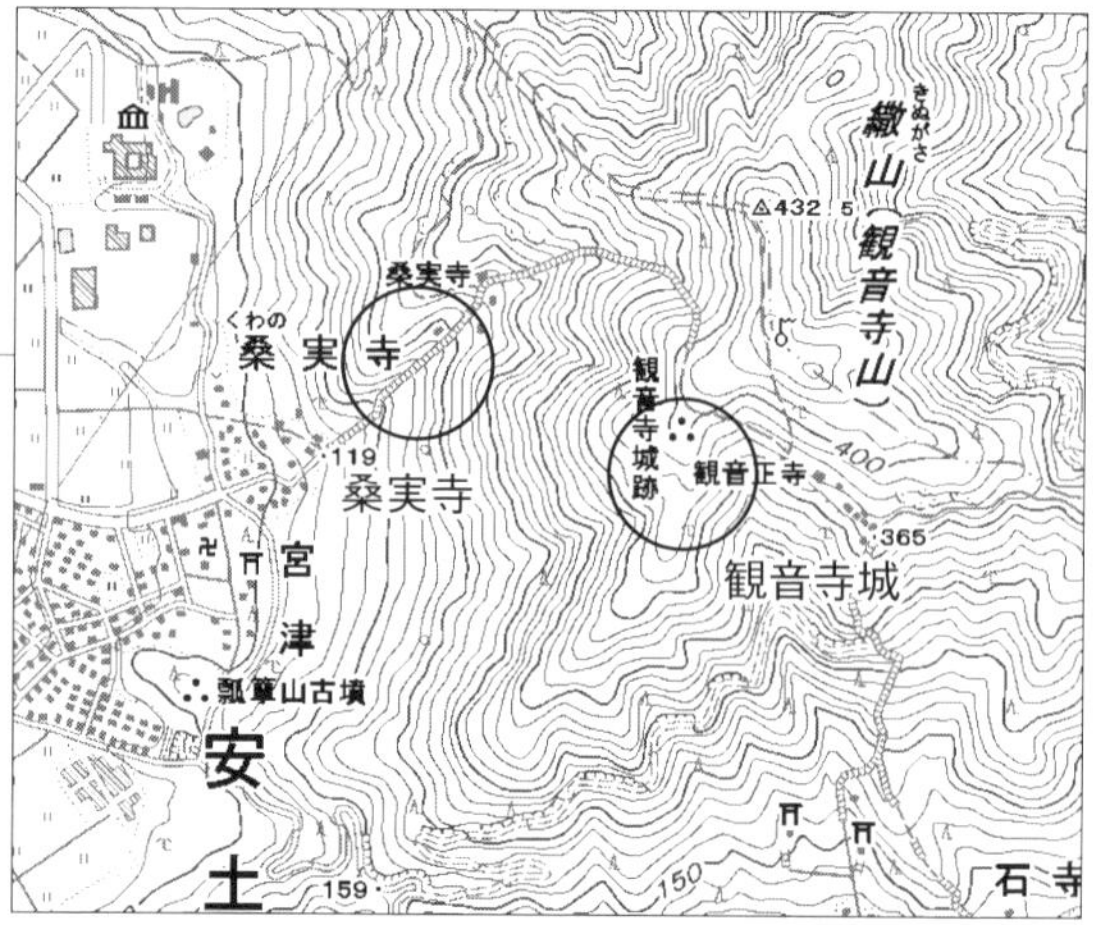

*1　桑実寺については、藤岡英礼「繖山・桑実寺」（『忘れられた霊場を探る』二、㈶栗東市文化体育振興事業団、二〇〇七年）、足利義晴の動向については、木下昌規『足利義晴と畿内動乱』（戎光祥出版、二〇二〇年）を参照。

すると、連携する将軍義晴は朽木谷（滋賀県高島市）の居所を出て坂本（大津市）に進む。しかし六月に高国が敗北、切腹すると、義晴は六角定頼を頼って七月に長光寺（同近江八幡市）に入り、桑実寺に移って居所とした。

晴元方は義晴の兄弟義維を将軍候補としたが、翌年に晴元の家中が分裂すると義維は阿波の平《ひら》島《じま》（徳島県阿南市）に移る。この時期、義晴は公家の三条西実隆《さんじょうにしさねたか》に詞書《ことばがき》の作成を依頼し、後奈良《ごなら》天皇の真筆を賜った上で宮廷絵師・土佐光茂《とさみつもち》作の「桑実寺縁起絵巻」を奉納している。義晴は晴元との連携を探るが高国の弟晴国《はるくに》と本願寺の勢力が敵対し、ようやく天文三年（一五三四）六月になって坂本へと移り、九月に帰洛した。なお、この間に義晴は歴代将軍が日野《ひの》家の娘を御台所《みだいどころ》としたのとは異なり、摂関家である近衛家から御台所を迎えた。

桑実寺総門（門の右手が正覚坊跡）

永禄十一年（一五六八）九月、義晴の子で織田信長と将軍任官・上洛を目指す足利義昭がその途上、桑実寺に入った。『信長公記』では信長が観音寺城を制圧した後の二十一日に「柏原上菩提院」、翌日に桑実寺へ「御成《おなり》」を果たした。この前日から三日間にわたって朝廷は天下静謐《てんかせいひつ》の祈禱を行い、禁中を固めるなど義昭・信長の上洛へ備えた。義昭は二十五日、もしくは二十六日に三井寺《みいでら》（大津市）へと移る。近江に入って以降、義昭は桑実寺で最も長い日数を過ごした可能性が高く、おそらく義晴が居所としていた由緒を意識したものだろう。[*2]

【構造と評価】繖山は佐々木氏（六角氏）の「名字の地」となった延暦寺領佐々木荘に含まれ、この範囲に六角氏の本拠地とし

＊2　足利義昭の上洛時の動向については、中西裕樹「永禄十一年の足利義昭・織田信長の上洛と芥川城」（『しろあとだより』二〇、二〇二〇年）を参照。

＊3　観音寺城と周辺については、新谷和之『図説 六角氏と観音寺城』（戎光祥出版、二〇二三年）を参照。

桑実寺門前の正面にみえる観音寺城跡

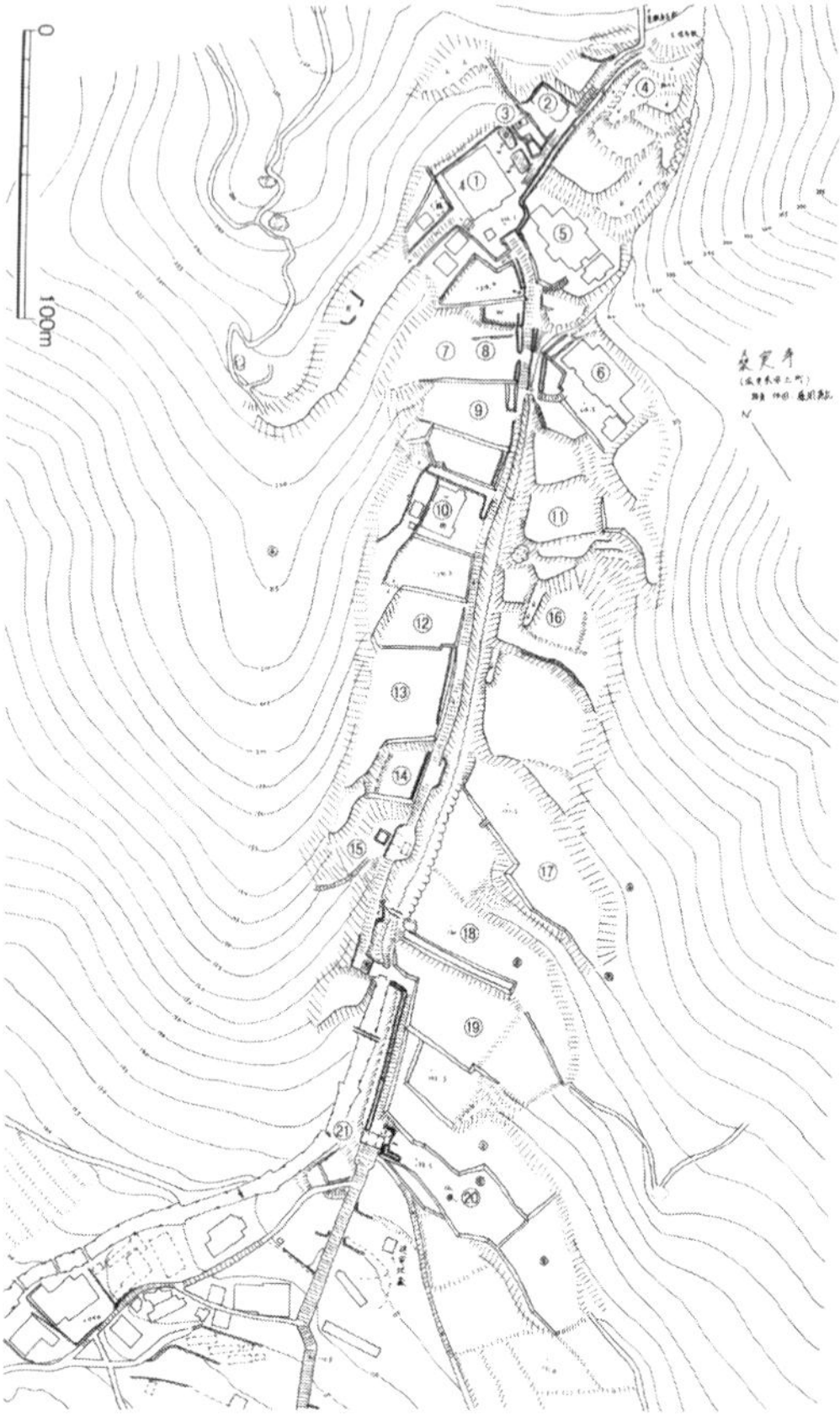

繖山・桑実寺 境内概要図（作図：藤岡英礼氏）

江戸時代中期の坊舎位置（推定を含む）
（所在比定にあたっては『桑実寺遷史』を利用）
①本堂
②大師堂
③弁天堂
④三重塔跡付近
⑤正寿院
⑥千光院
⑦真性坊
⑧中ノ坊
⑨密蔵坊
⑩宝泉坊
⑪詮量坊
⑫智教坊
⑬実光坊
⑭上善坊
⑮地蔵堂
⑯大乗坊
⑰教専坊・善行坊・本教坊
⑱円照坊・徳乗坊
⑲成就坊
⑳正覚坊（假幕府跡）
㉑総門

て守護所である鎌倉期の小脇館（滋賀県東近江市）や戦国期当初の金剛寺城（同近江八幡市）、観音寺城が所在している。[*3] この同一山塊に存在したのが観音寺城と桑実寺であり、まさに義晴が六角定頼の強い庇護を受けたことを示す。これを契機に、定頼は天文三年（一五三四）の義晴上洛後も観音寺在城のまま義晴幕府の重要案件に意見を加え、同十五年の義晴の子義輝の元服時に加冠役をつとめるなど政治的な地位を上昇させた。

桑実寺では約四〇〇m以上の長さにわたり、谷部中央の直線の参道両側の山腹に坊院を配置することを藤岡英礼氏が図化している。このような平面プランは、近江の山の寺で顕著にみられる。義晴は最も麓に近い総門横の正覚坊を居所、奉公衆や奉行人らも寺内の坊舎を居所とし、義昭も

桑実寺の参道

＊4　＊1藤岡論文。
＊5　観音正寺については、藤

正覚坊に入った。*4 一方、観音寺城は東西約一km×南北約六五〇mにわたって山腹に曲輪が広がり、山頂部ではなく石垣を多用した尾根上（伝池田丸《いけだまる》等）が中心で、この縄張り（平面プラン）の特徴は六角氏権力の当主と家臣の横並びを示すとされる。ただし、観音正寺の坊院跡を含むことにも留意が必要で、現在の同寺は江戸期の再建だが城内には磐座《いわくら》や摩崖仏《まがいぶつ》があるように古来の信仰の場であり、山号も桑実寺と同様の繖山である。*5

観音寺城の山麓には、石垣を配した伝御屋形跡や家臣の屋敷跡、坊院跡と思われる削平地群が存在し、その前面が東山道を引き込んだ城下「石寺」であった。桑実寺は観音寺城とは背中合わせのような位置にあり、六角定頼が観音寺城内や石寺に義晴の居所を設けることもなかった。将軍はその庇護を受けつつも、その居所は六角氏の居城や家臣の屋敷地、城下が広がる空間とは別になることが意識されたと想定される。

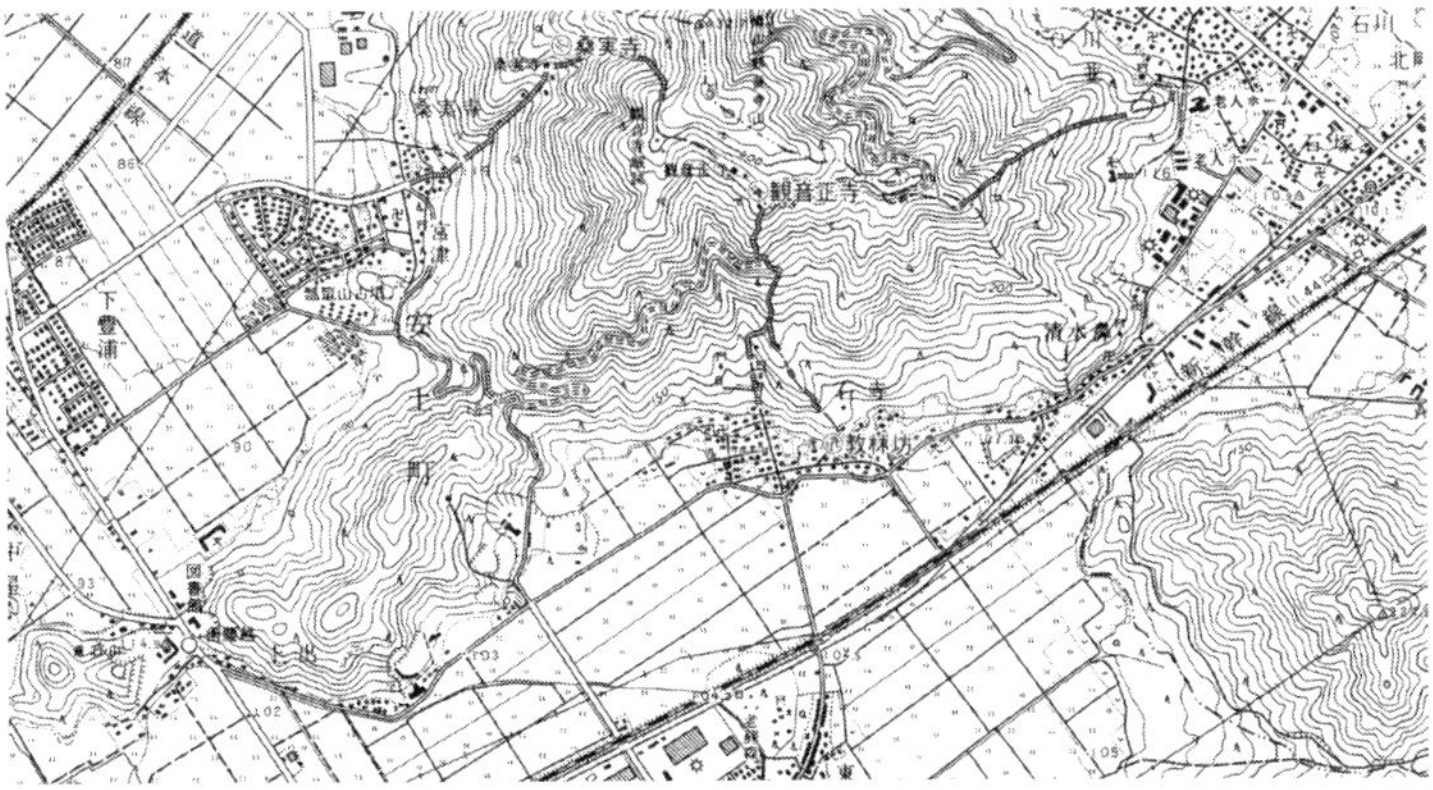

桑実寺と観音寺城との位置関係

観音寺城跡 概要図（作図：藤岡英礼氏）

岡英礼「繖山・観音正寺」（『忘れられた霊場を探る』二、㈶栗東市文化体育振興事業団、二〇〇七年）を参照。

義昭を迎え入れた甲賀の小規模城館群

17 公方屋敷《くぼうやしき》（和田谷《わだだに》の城館群《じょうかんぐん》）

①所在地：滋賀県甲賀市甲賀町和田
②将　軍：足利義昭
③立　地：谷部（標高約二一九m）
④遺　構：平坦地

【概要】永禄八年（一五六五）に第十三代将軍足利義輝が殺害された後、幽閉先の奈良（奈良市）を脱出した弟の足利義昭が入ったとされる場所で、近江国甲賀《こうか》郡の和田谷の一画にある（甲賀市指定史跡）。義昭脱出を援けた和田惟政《わだこれまさ》はこの地の土豪で、和田谷には複数の小規模な城館が分布する。[*1]

【立地】北・東・南を斜面に囲まれた地形に所在し、北に約五〇m離れた丘陵上に殿山《とのやま》城跡がある。和田谷は甲賀郡南西部の伊賀国境近くに位置し、公方屋敷はその北端付近にあたる。

【歴史と背景】和田惟政は義輝に仕えたとされ、永禄三年（一五六〇）に伊勢国司北畠《きたばたけ》氏へ上洛を促す使者をつとめたのが記録上の初見となる。永禄八年五月十九日、京都の将軍御所で義輝は松永久通《ひさみち》や三好長逸《ながやす》らを従えた三好義継の軍勢に殺害されたが（永禄の変）、このとき惟政は義輝の勘気を蒙って甲

公方屋敷の内部

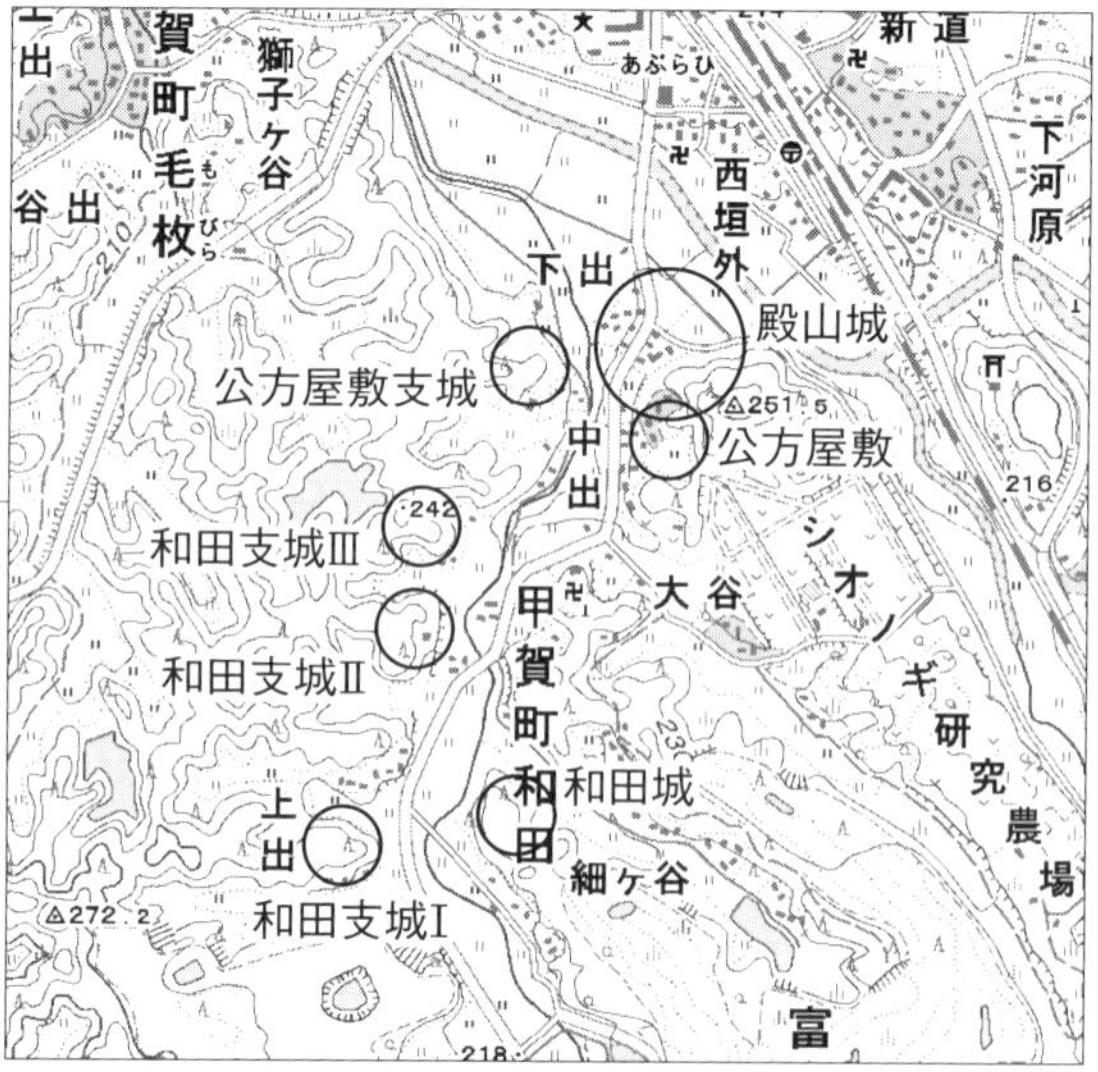

*1　公方屋敷や甲賀谷の城館については、中井均「殿山城跡」「公方屋敷跡」「公方屋敷支城跡」「和田支城跡Ⅰ」「和田支城跡Ⅱ」「和田支城跡Ⅲ」「和田城跡」（『甲賀市史』七、二〇一〇年）、和田惟政については中西裕樹「和田惟政」（天野忠幸編『戦国武将列伝8　畿内編下』戎光祥出版、二〇二三年）を参照されたい。

賀で蟄居の立場にあった。なお、宣教師ルイス・フロイスが記した一五七一年九月の書簡によれば、この数日前の惟政は京都におり、後に家臣となる高山飛騨守《たかやまひだのかみ》（右近《うこん》の父）に会ったが、急いで近江へ帰ったという。

永禄の変後、三好氏は義輝異母弟の鹿苑院《ろくおんいん》院主周暠《しゅうこう》を殺害したが、興福寺《こうふくじ》一乗院《いちじょういん》門跡であった同母弟の義昭は大和にいた松永久秀（久通の父）が幽閉するにとどめた。この後、義輝旧臣の細川藤孝らと惟政が義昭の脱出準備が進め、惟政は七月十八日付で伊賀国守護の一族・仁木長頼《にっきながより》から協力受諾の書状を入手した。[*2] 惟政たちは奈良から伊賀越えのルートを確保し、甲賀の和田に義昭を移そうとしたのだろう。そして二十八日夜に義昭は脱出し、「和多が城」に入った。[*3] 以後の惟政は義昭の家臣として将軍任官と上洛を実現すべく、朝倉氏や上杉氏ら各地の勢力と音信を図りつつ、尾張に赴いて織田信長との直接交渉を進めていく。

一方、三好氏の側では、丹波支配を担う内藤宗勝《ないとうそうしょう》（松永長頼《ながより》）が戦死し、反三好の動きが強まった。通説では十一月二十一日、義昭は近江国野洲《やす》郡矢島《やじま》（滋賀県守山市）に移るが、この間に義昭は武田信玄や上杉謙信、毛利元就、能登の畠山義綱《よしつな》、肥後の相良義陽《さがらよしひ》、上野の由良成繁《ゆらなりしげ》らに書状を発給し、支援を求めている。なお義昭の矢島動座について、おそらく尾張にいた和田惟政は了解していなかったようで、翌月に義昭が不満を抱く惟政へ弁明の書状を送っている。

さて、甲賀郡は畿内の東縁にあたる高原地帯で、山々に囲まれて幾重の谷筋が入り組む。戦国時代には「甲賀衆」という村落領主が割拠して一揆（甲賀郡中惣《こうかぐんちゅうそう》）を結び、和田氏もその一員であった。その中には将軍家に仕える「甲賀奉公衆」がおり、永正十年（一五一三）には将軍足利義稙が京都を出奔後に甲賀郡に入っている。[*4] 義稙は明応八年（一四九九）に越前からの上洛戦に近江で敗れた際も甲賀に入り、その後は河内に逃れたという。[*5]

*2　『和田家文書』（京都市歴史資料館蔵）。久保尚文「和田惟政関係文書について」（久野雅司編著『足利義昭』戎光祥出版、二〇一五年。初出は一九八四年）を参照されたい。

*3　『多聞院』。

*4　下坂守「甲賀郡中惣の活動」（『甲賀市史』二、二〇一二年）。以下の軍事動向などについては『甲賀市史』二を参照されたい。

公方屋敷から和田谷をのぞむ

甲賀郡に外部から入った権力者は、義稙だけではない。その地勢から、たびたび外部勢力の没落先となり、長享元年（一四八七）と延徳三年（一四九一）の将軍足利義尚・義稙による「六角征伐」の際には近江守護の六角高頼が入り、後に本拠奪還を成功させている。永正四年（一五〇七）と同五年には細川京兆家内の争いに敗れた細川澄元が没落し、甲賀から京都復帰の軍事行動を起こす。澄元には一部の甲賀衆が従い、これを契機に山中氏は摂津国欠郡（およそ現大阪市域）の守護代になっている。

甲賀郡は東海地方の西縁部でもあり、信長の家臣・滝川一益《たきがわかずます》は甲賀の大原《おおはら》氏一族であった。尾張国知多《ちた》郡の佐治《さじ》氏（浅井長政の娘・江《ごう》を妻とした佐治一成《かずなり》の一族）にも甲賀の土豪出身説がある。甲賀の土豪たちは畿内や東海地方の権力と結び、ときにはその没落先として受け入れ、立身出世を遂げるものが現れていた。甲賀郡には義昭を迎え、その下で惟政が活動していく素地があった。永禄十一年十月の義昭の将軍就任後、惟政は在京して義昭家臣を代表する活動を展開しつつ、三好氏が畿内周辺支配の本拠とした芥川城（大阪府高槻市）の城主へと抜擢され、義昭幕府とその摂津支配を担ったと考えられる。

【構造と評価】谷部にある公方屋敷跡は西側が和田谷に開口する形となり、東西約七五m×南北約八〇mの平坦面となる。周囲の

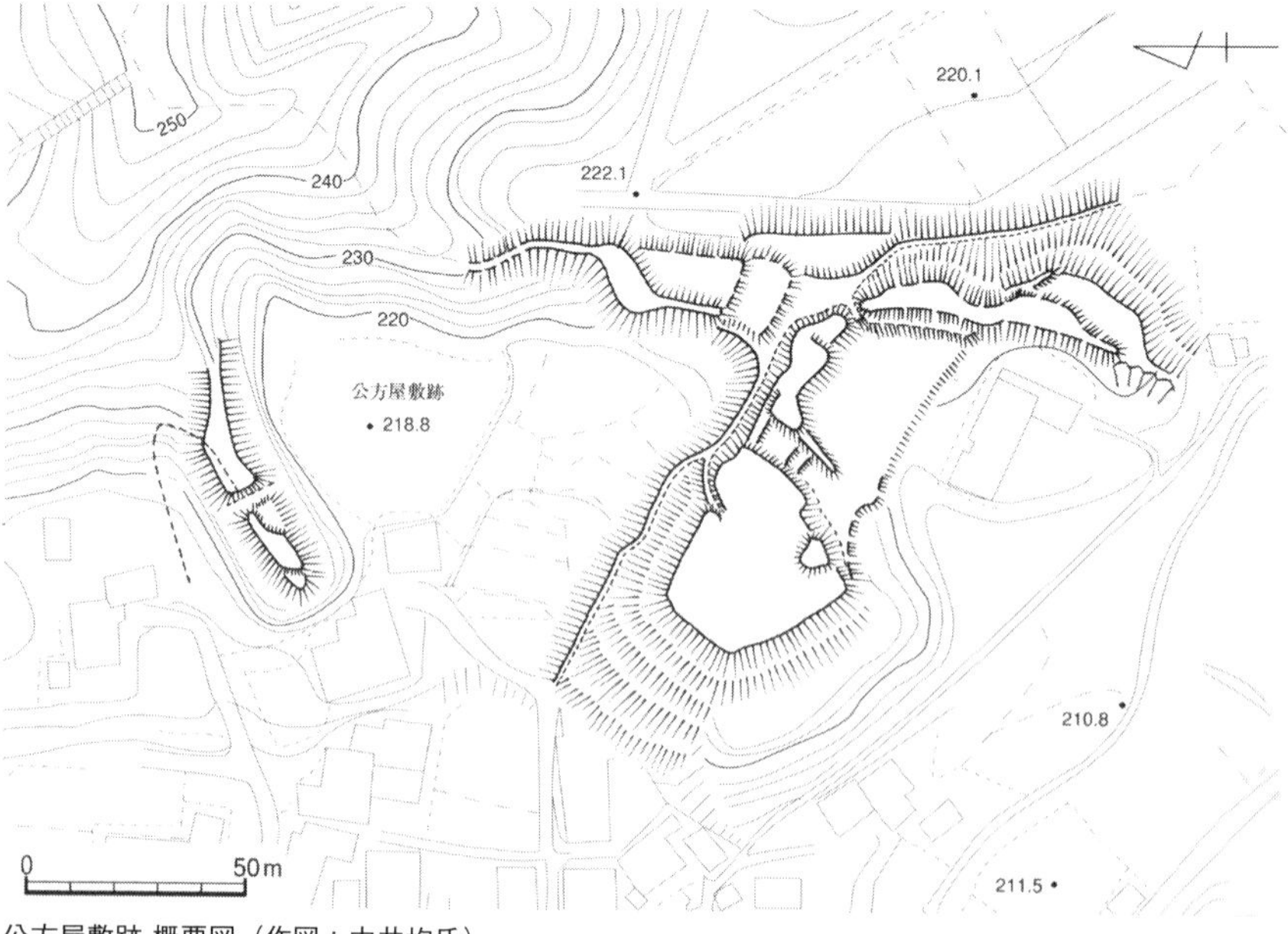

公方屋敷跡 概要図（作図：中井均氏）

丘陵上には平坦面や堀切状の地形が存在するが、基本的には平坦面を囲う機能である。

甲賀には日本国内でも有数の城館遺跡が存在し、多くは土塁・堀の囲繞による半町（五〇m）の方形で単郭を軸としたプランで、集落内部や背後の丘陵上に立地する館城と理解されている。村々を基盤とする領主が営んだもので、その規格性をともなった小規模城館の様相は、彼らが一揆を形成した地域構造の反映と評価できる。*6 公方屋敷の平坦面と立地はこのプランに該当せず、その様相は山城の麓に位置する居館のイメージに近い。また、一つの平坦面（曲輪）の面積としても広い。

和田谷には、北から東側に殿山城跡、公方屋敷跡、和田城跡、西側に公方屋敷支城、和田支城Ⅲ跡、和田支城Ⅱ跡、和田支城Ⅰ跡の遺構がある。同時代の記録である『多聞院日記《たもんいんにっき》』によれば、義昭は「和多が城」に入ったとあるが、どの遺構にあたるかはわからない。ただし、江戸期の公方屋敷跡に対する地元の認識として、安永四年（一七七五）の「和田村万覚帳《よろずおぼえちょう》」（『立川家文書』）では同六年の項に「公方屋舗」の名があり、天保八年（一八三七）の「和田村絵図」では公方屋敷跡の場所に「公方屋敷」（『片淵家文書』）との表記がみえる。*7

甲賀衆結集の場であった油日《あぶらひ》神社では祭礼（油日祭）に先立ち、同社の獅子頭《ししがしら》が集落の家々を祓って廻ったが、各村ではじめに舞う場所が甲賀衆や関係者の屋敷跡であったことが知られる。『甲賀郡志』によれば、和田では公方屋敷跡がはじめに獅子が舞う場所と伝承されてきた。江戸期の和田は惟政の子孫である旗本和田氏の知行地であり、先の絵図にはその「御陣屋」の表記もある。和田氏にとっては由緒の地であり、地域社会も特別視した場所が公方屋敷跡であったことは無視できない。足利義晴の桑実寺（滋賀県近江八幡市）、後に義昭が居所とした越前一乗谷《いちじょうだに》の安養寺《あんようじ》（福井市）など京都を離れた将軍が寺院を居所とする事例もあるが、和田ではそのような

*5　『後法興院』。

*6　村田修三「中世の城館」（永原慶二他編『講座・日本技術の社会史』六、日本評論社、一九八四年）。

*7　藤岡英礼「描かれた城」（『甲賀市史』七、二〇一〇年）。

和田支城跡Ⅰと同Ⅱ（右）のある丘陵をみる

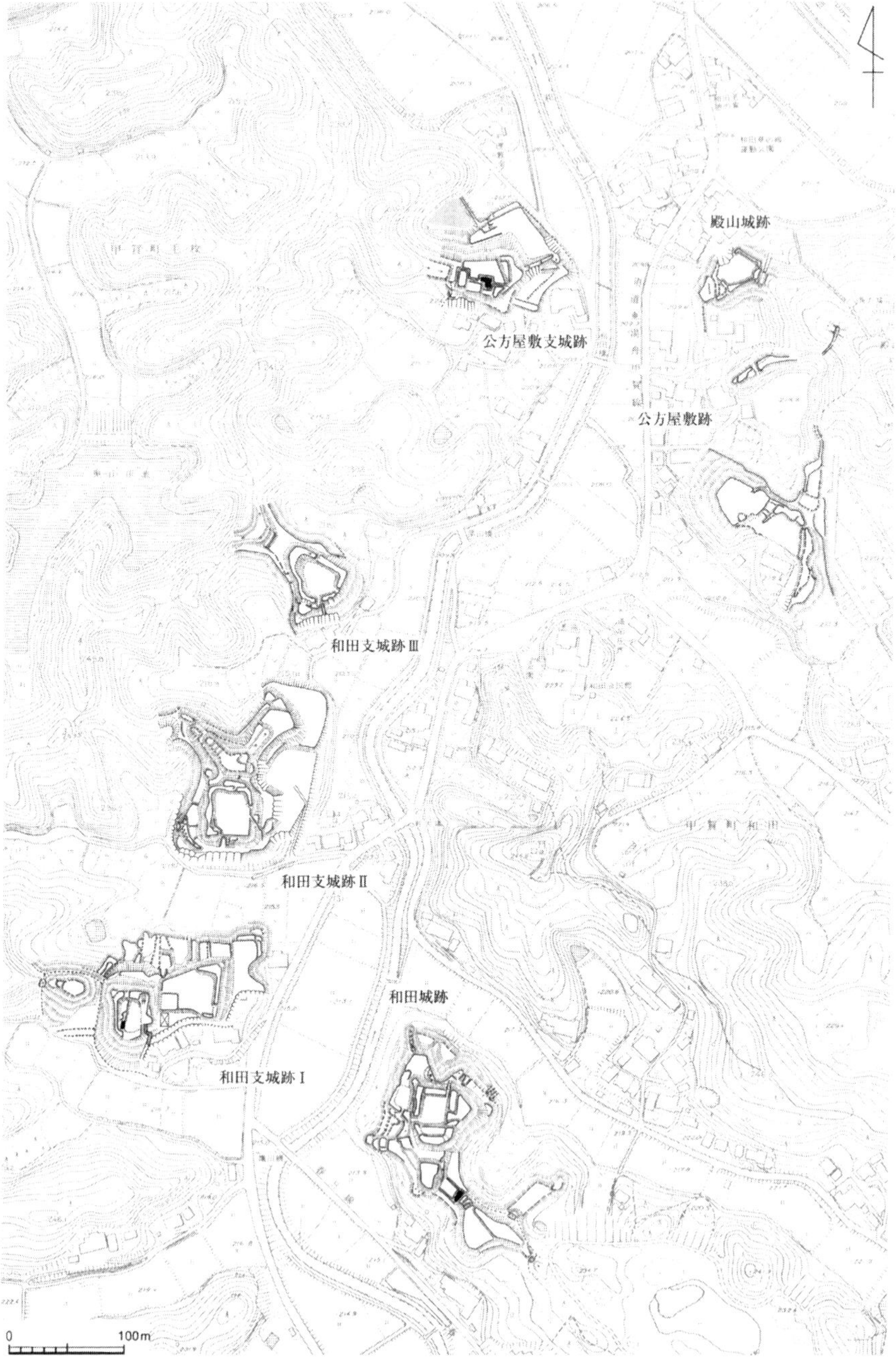

和田の城館群の概要図（作図：中井均氏）

伝承も確認できていない。先の甲賀の城館として異質な点をふまえると、義昭の居所の地は公方屋敷跡である可能性が高いと考える。

ところで、和田谷の城館を考察した中井均氏は、城館の麓に一軒の家屋もないものがあるなど、必ずしも立地は領主の居住域とはいえず、名称が伝わらない遺跡があることにも注目した。そして戦国期の山城が山頂の主郭から階段状に曲輪を配置する「垂直型」であるのに対し、和田谷では城館が谷筋全域で一つの城として機能する「平面型」と評価し、その成立契機を一揆による軍事的対応に求めた。[*8] 村田修三氏はこれらを和田館城群と呼び、和田城跡が全体を束ねる主郭相当と見做しつつ、個別の領主の家ではなく和田一族（同名中《どうみょうちゅう》）や村々が総力を挙げて築いた結果とみている。[*9]

また、中井氏は城館群が全体で機能したとするならば、和田氏はこれらとは別に居館を構えていた可能性があるとし、公方屋敷跡がそのような場であった可能性も指摘している。[*10] 義昭を甲賀に迎える計画は早くとも永禄八年五月下旬からであり、長くて約二ヶ月しかない。新たに居を整備するよりも、既存の施設を利用したと想定するほうが現実的だろう。平坦面（曲輪）の面積が広いことをふまえると、屋敷地などの複数の和田氏関連施設が存在していた場所ではないだろうか。

義昭が和田の地に入ったのは、和田氏という将軍家ゆかりの土豪の本拠地であったことに加え、奈良からの伊賀越えが利用可能であり、かつ甲賀という地域社会に外部からの権力者を迎える土壌があったためだと考えられる。そして、後世の地域社会の認識を含め、義昭滞在の地が現在の公方屋敷跡であり、そこは和田氏が関係する既存の屋敷地であったと想定しておきたい。

＊8　中井均「戦国社会と土豪居館」（中井均・仁木宏編『京都 乙訓・西岡の戦国時代と物集女城』文理閣、二〇〇五年）。

＊9　村田修三「甲賀の城」（『甲賀市史』七、二〇一〇年）。

＊10　＊1中井「公方屋敷跡」。

和田城跡の土塁囲みの曲輪

義昭が信長を待った「御所」

18 矢島御所《やじまごしょ》

①所在地：滋賀県守山市矢島町
②将　軍：足利義昭
③立　地：沖積平野（標高約八七ｍ）
④遺　構：―

【概要】足利義昭が永禄八年（一五六五）十一月から翌年八月まで滞在し、還俗を遂げて上洛を実現すべく、供奉を表明した織田信長の軍勢を待った居所である。「御所」と呼ばれる区画が存在した。＊1

【選地】現在の琵琶湖から約一・九km離れた標高約八七ｍの沖積平野にあり、矢島集落の内部に位置する。周囲はまったくの平地で、北西に約二・五km離れて木浜（滋賀県守山市）という湖上交通の湊がある。後述のように矢島の北には伊勢から近江国甲賀郡を経由し、比叡山や京都方面に向かう道（甲賀道・板倉街道）が通っていた。

「史跡 矢嶋御所跡」の碑

【歴史と背景】永禄八年（一五六五）五月に三好義継らが将軍足利義輝を殺害した後、弟の足利義昭は幽閉された奈良（奈良市）を七月二十八日に脱出し、手引きをした和田惟政の本拠である近江国甲賀郡和田（滋賀県甲賀市）に入った。義昭は各地の大名らに支持を呼びかけ、十一月二十一日に近江国野洲郡矢島へ居所を移す。その理由には甲賀郡が辺鄙であったということに加え、三好氏の弱体化に乗じた将軍就任への

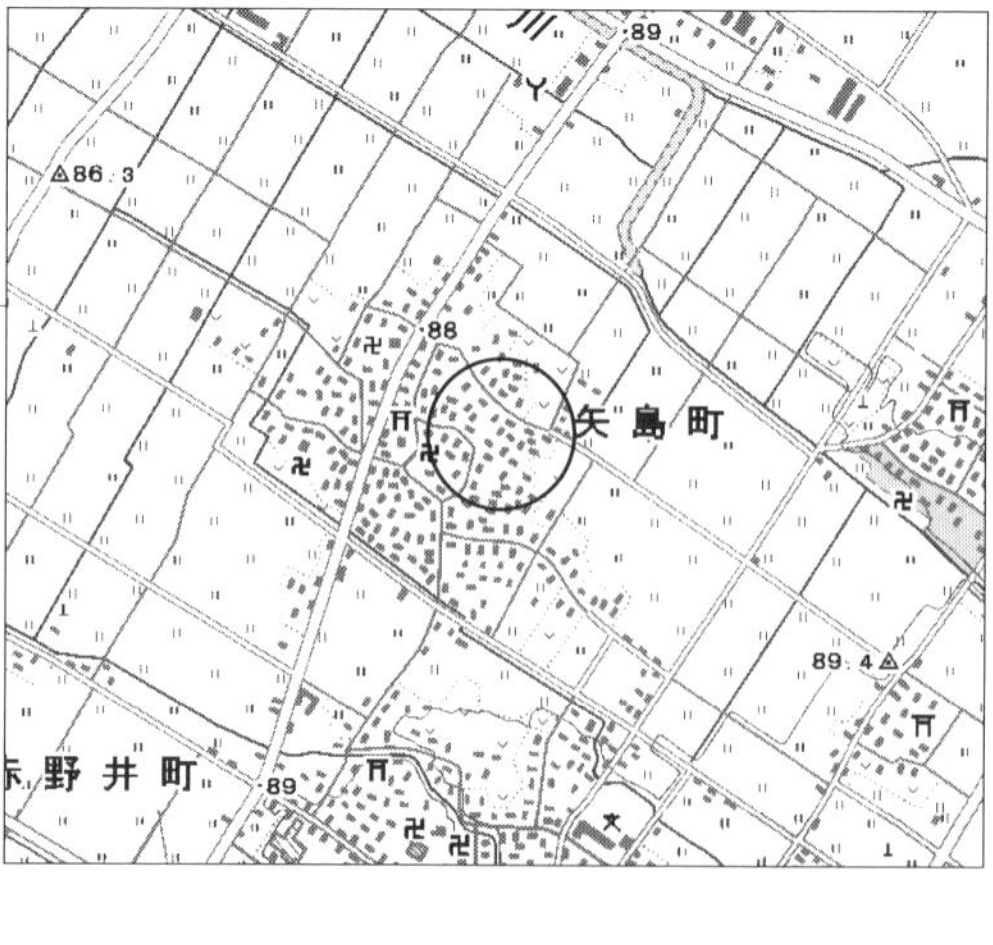

＊1　矢島御所については、『滋賀県中世城郭分布調査』三（滋賀県教育委員会・（財）滋賀総合研究所、一九八五年）を参照した。掲載の図版は小島道裕氏・北村博子氏の作成である。

積極策であったと考えられている。＊2

この間、三好氏の下で丹波支配を担った内藤宗勝が戦死し、反三好氏の動きも強まっていた。八月に義昭の叔父である大覚寺義俊が上杉謙信に出した書状には近江の軍勢も出ることになったとあり、近江守護六角氏も義昭を支持したとみられる。ただし、義昭が矢島に移った日付は『上杉家記』所収文書が根拠であり、大覚寺義俊の覚書には十二月二十一日に御座を移したとあって検証が求められている。＊3

矢島には一休宗純《いっきゅうそうじゅん》の高弟である桐嶽紹鳳《とうがくしょうほう》が開いた少林寺《しょうりんじ》（臨済宗）があり、連歌師宗長が滞在したことでも知られる。＊4 宗長は文明十三年（一四八一）に没した一休を信奉し、死去の地である山城国酬恩庵《しゅうおんあん》（京都府京田辺市）には大永二年（一五二二）十月から翌年三月まで逗留するが、その住職が紹鳳であった。宗長は連歌を介して各地の武家らと交流を深めたが、大永六年十一月から翌年三月まで少林寺に滞在した際、「矢嶋馬場兵庫助興行」の連歌会で歌を詠んだことが『宗長日記』にみえる。矢島に入った義昭は、六角氏配下の矢嶋越中守を惣領《そうりょう》とする矢嶋同名衆に警護されたという。＊5 宗長が参加した連歌会は、この同名中の一員が主催したものかもしれない。

江戸期に柳川《やながわ》藩立花《たちばな》家に仕えた矢島氏は先祖が義昭家臣で、元亀元年（一五七〇）に三好氏が京都に乱入したときに戦死したという。＊6 また、室町幕府奉公衆の番帳では近江に所領を持つ矢嶋氏が三番衆に確認され、＊7 義輝段階を示す「貞助記」に矢嶋中務丞と四番に同次郎、義昭が幕府を開く以前の「永禄六年諸役人附」では矢嶋兵部大輔賢行《かたゆき》、同中務少輔慶行《よしゆき》の名がみえる。

義昭は矢島滞在中の永禄九年二月十七日に還俗し、「義秋」と名乗った。四月二十一日には朝廷から内々で従五位下・左馬頭に叙せられ、着袴《ちゃっこ》・乗馬・御判始《ごはんはじめ》を行った。＊8 左馬頭とは次期将軍が任じられる官職で、朝廷は義昭をそのように見做したといえるだろう。一方、三好氏の家中

＊2　久保尚文「和田惟政関係文書について」（久野雅司編著『足利義昭』戎光祥出版、二〇一五年。初出は一九八四年）。

＊3　尾下成敏「織豊政権の登場と甲賀」（『甲賀市史』二、二〇一二年）。

＊4　宗長については、鶴崎裕雄『戦国を往く連歌師宗長』（角川書店、二〇〇〇年）を参照。

＊5　奥野高広『足利義昭』（吉川弘文館、一九六〇年）。

「御所」区画の東側

では義昭を取り逃がした松永久秀が排除され、久秀は義昭を支持する畠山秋高《あきたか》と手を結ぶ。八月には尾張の織田信長が上洛への供奉を表明し、矢島への参陣を目指した。信長は伊勢方面からの進軍も想定していたようだが、同月には三好氏が矢島襲撃を企て、近江の坂本（大津市）まで兵を進めて義昭方との間で合戦となった。三好氏は敵対していた河内の畠山氏と和睦し、近江の六角氏がこれに同調した。このため義昭の上洛は中止、近江から退去する必要が生じ、八月二十九日に妹婿である若狭の武田義統《よしむね》のもとへと向かった。

【構造と評価】近世の地誌『近江輿地志略《おうみよしちりゃく》』や『淡海温古録《おうみおんころく》』では、義昭は少林寺に滞在したとする。しかし、隣接する「御所」と呼ばれる場所には堀と土塁がかつて存在し、特に東南の堀幅が広かったという。明治六年（一八七三）の地籍図では土塁を示唆する薮で囲まれた区画がみえ、およその範囲は不整形な六〇m四方に推定されている。「御所」の地が義昭の居所だとすると、その様相は戦国期の平地城館と同様であり、矢島氏の城館であったことも想定できるだろう。なお、「御所」と少林寺との間は「ともじろ」、隣接地は「ばんば」と呼ばれていた。

さて、義昭は矢島で信長との間で上洛計画を進めたが、かつての連歌師宗長は東海方面と京都とを往来する中で矢島に滞在した。大永六年（一五二六）二月、宗長は主家の今川《いまがわ》氏が治める駿河から上洛の途につき、尾張国清州《きよす》（愛知県清須市）を経て伊勢国桑名（三重県桑名市）から八風街道で近江に入って矢島の少林寺に宿をとり、近隣の木浜から琵琶湖を渡って坂本に上陸、大津を経由して京都に到着した。同年十一月には京都の騒乱を避けて反対のルートで少林寺に入り、翌年三月に矢島を発って駿河に向かう。その旅程は東海道で甲賀の水口から伊勢亀山、桑名、尾張の清州などを経由するものであった。

矢島は北伊勢方面を通る主要陸路で尾張と結ばれ、東海道の場合は甲賀を経由し、また湖上交

＊6　『柳河藩享保八年藩士系図 上』（柳川市、一九九六年）。戦没地は山州の石偏「州」に恩庵とあり、酬恩庵のことかもしれない。

＊7　福田豊彦『室町幕府と国人一揆』（吉川弘文館、一九九五年）を参照。

＊8　足利義昭の動向については、久野雅司『足利義昭と織田信長』（戎光祥出版、二〇一七年）、山田康弘『足利義輝・義昭』（ミネルヴァ書房、二〇一九年）、三好氏周辺の動きについては、天野忠幸『三好一族と織田信長』（戎光祥出版、二〇一六年）を参照されたい。

通を使用して父義晴や兄義輝ゆかりの坂本、そして京都に向かうことができた。義昭が矢島に入ったのは、矢島氏という奉公衆の存在に加え、このようなロケーションに恵まれていたことが理由ではないだろうか。そして信長との連携を強め、還俗してさまざまな儀礼を執り行うなど、その居所は「御所」にふさわしい場になった。

ただし、義昭が「御所」区画か少林寺に入ったのかは不詳であり、義昭に従う家臣の居所も不明である。京都を離れた将軍は寺院を居所とすることがあり、一方で京都の伝統的な御所は土塁で囲まれた空間ではない。矢島滞在時には義昭、もしくは関係者が少林寺周辺も利用したと考えるのが、宗長の事例をふまえてもベターであるように思う。

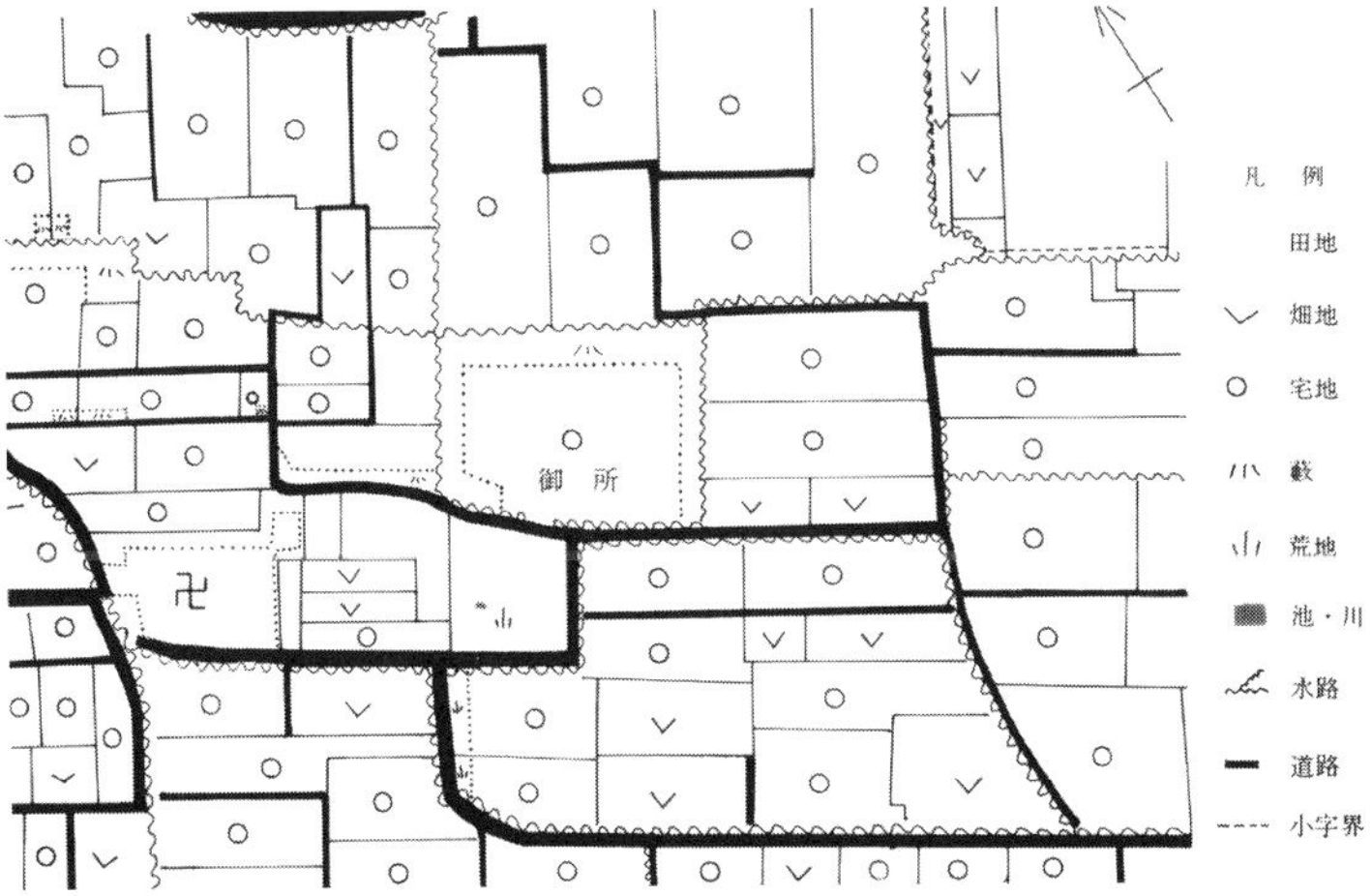

矢島地籍図（明治６年）小字「東出」一部（『滋賀県中世城郭分布調査』３より転載）

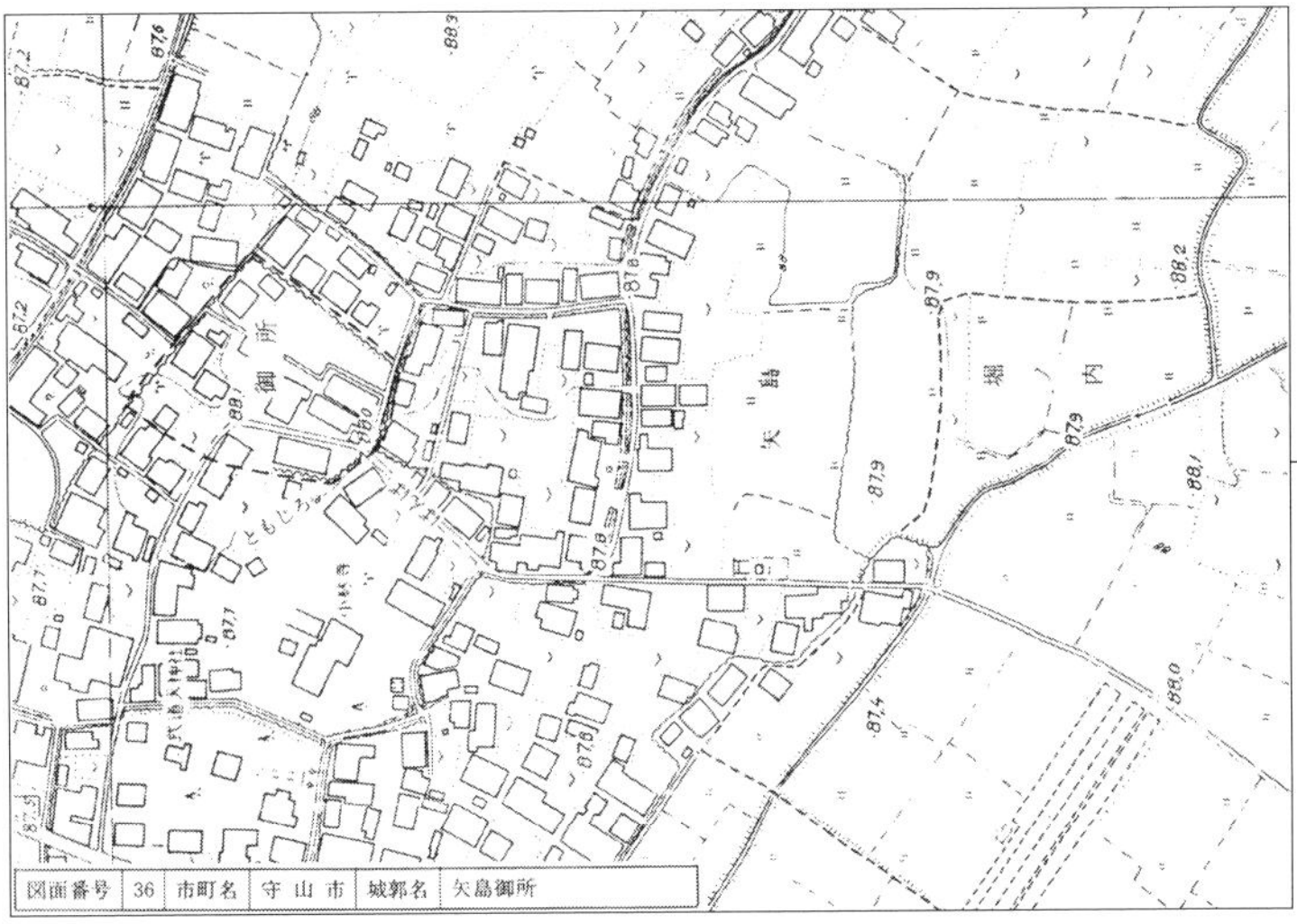

『滋賀県中世城郭分布調査』３より転載

幼い義晴が過ごした播磨守護所

19 置《お》塩《じお》

①所在地：兵庫県姫路市夢前町宮置
②将　軍：足利義晴
③立　地：丘陵裾傾斜地（標高約六五m）
④遺　構：―　※地形に構造の看取可。置塩城は別

【概要】置塩は播磨守護赤松氏の守護所で、幼少期の足利義晴が過ごした地である。後に置塩城という播磨を代表する大規模な拠点城郭が営まれるが、義晴の時代は山麓の岡前《おかまえ》遺跡の居館が中心であった。置塩城は国史跡に指定されている。*1

【立地】岡前遺跡は置塩城が所在する標高約三七〇mの城山の南麓で夢前川《ゆめさきがわ》を挟んだ丘陵裾の傾斜地（標高約六五m）にあり、城山山頂部とは直線で約七〇〇mの距離である。以前の赤松氏の拠点坂本（書写《しょしゃ》。兵庫県姫路市）や府中であった姫路方面からの道が到達していた。

置塩城からみた山麓（置塩川東岸の推定町屋地区）

【歴史と背景】足利義晴は永正八年（一五一一）、父の足利義澄が居所とした近江の水茎岡山城（滋賀県近江八幡市）で誕生したとされる。同年齢の兄弟として、後に対立する足利義維がいた。義澄は細川京兆家の細川高国や大内義興が支える将軍足利義稙から京都奪還を目指す中、誕生まもない義晴を播磨守護の赤松義村に、義維を高国のライバルである阿波の細川澄元に預けた。六月には澄元が挙兵、義村を味方として

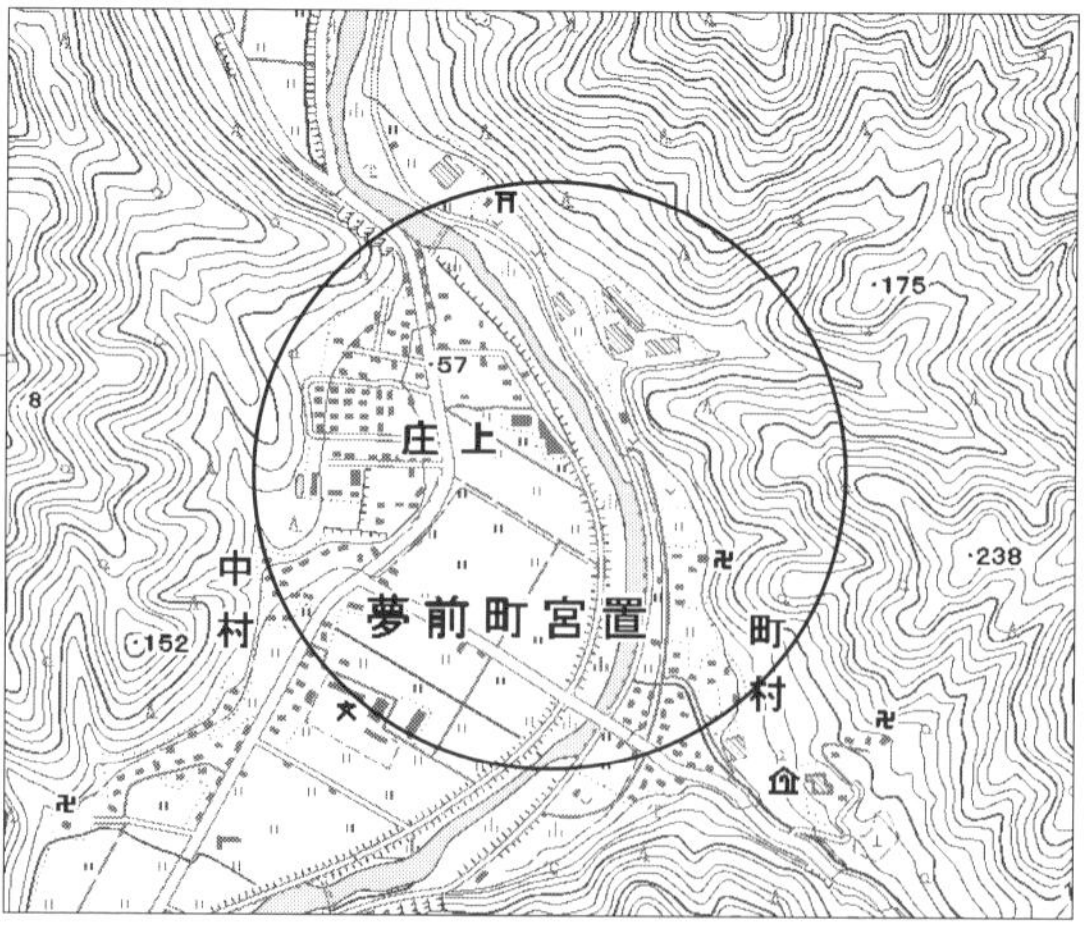

*1　岡前遺跡や置塩城については、置塩城跡調査委員会編『置塩城跡総合調査報告書』（夢前町教育委員会、二〇〇二年）、山上雅弘・南憲和編『播磨置塩城跡発掘調査報告書』（夢前町教育委員会、二〇〇六年）を参照。

摂津で高国の軍勢に勝利して澄元勢が京都に入ったが、船岡山（京都市北区）の合戦で惨敗した。

この直前に義澄は死去し、翌年に高国と若い義村を後見する洞松院局《とうしょういんのつぼね》が尼崎《あまがさき》（兵庫県尼崎市）で会談し、義村は将軍義稙との関係を修復した。＊2 洞松院局は細川勝元《かつもと》の娘で赤松政則《まさのり》の妻となった人物で、義村の養子に迎えて赤松家を支えた「女戦国大名」として知られる。永正十年には義晴が子の無い義稙の養子となる話があり、義晴・義村の名代として在田忠長《ありたただなが》が上洛した。

赤松氏の拠点は、洞松院局の執政下で従来の坂本から置塩に移り、永正六年にはそれが史料で

南からみた置塩城跡

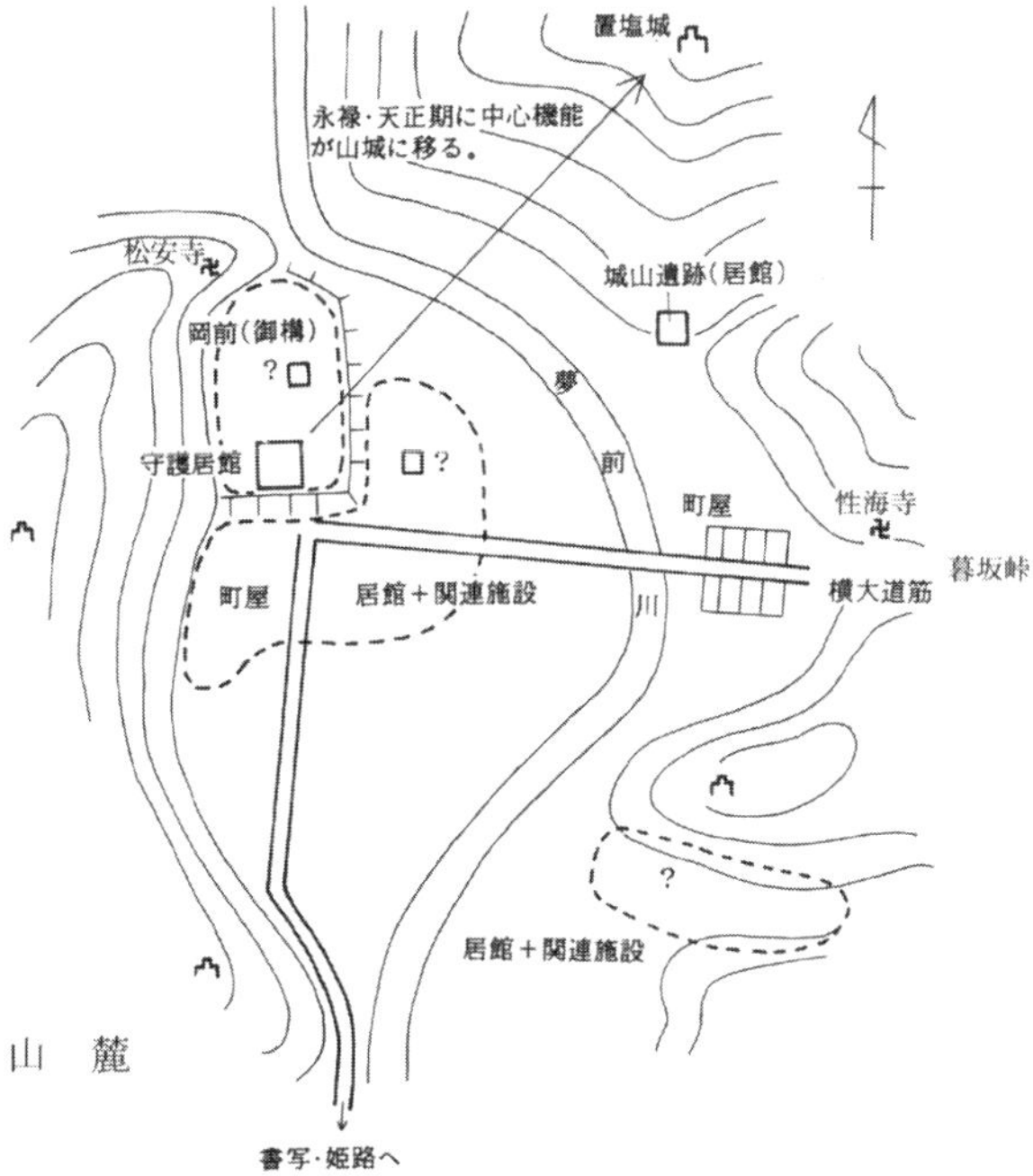

置塩（作図：山上雅弘氏。＊6より）

＊2　義晴と赤松氏周辺の動きについては、依藤保「置塩城跡をめぐる史料と解説」（＊1置塩城跡調査委員会編）とその補遺（＊1山上他編）を参照。

東側からみた岡前遺跡

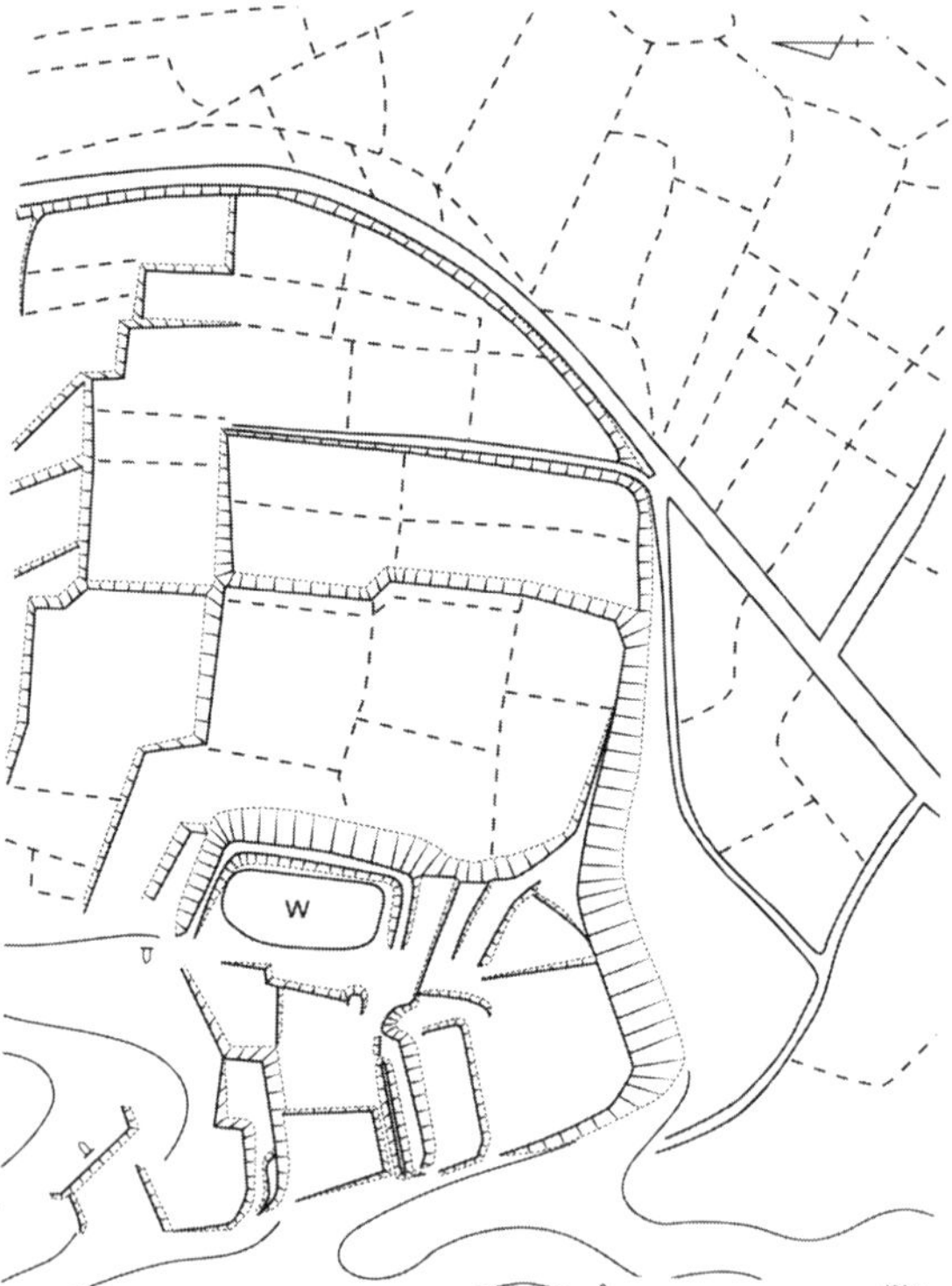

岡前遺跡 縄張図（作図：宮田逸民氏。＊5より）

確認できる。[＊3] 義晴には赤松氏の館（岡前遺跡）近くに居所が造営され、奉公衆の屋敷も設けられたと考えられる。歌人として有名な冷泉為広《れいぜいためひろ》は永正七年から同十六年まで毎年のように置塩を訪れて歌を詠み、義晴や奉公衆も歌会を主催した。[＊4]

永正十七年に家臣の浦上村宗《うらがみむらむね》が義村を隠居させると、義村は義晴を連れて置塩を出て播磨国内を転々とし、翌年には村宗と和睦するが京都では高国と対立した将軍義稙が堺（堺市堺区）滞在を経て淡路島に下向していた。高国は義晴の将軍擁立を図って村宗に働きかけ、結果として義晴は七月に上洛した。なお、その後、義村は村宗に殺害されている。

＊3　依藤保「播磨置塩城主赤松氏の動向」（＊1山上他編）。
＊4　『為広詠草』。

【構造と評価】岡前遺跡の「岡前」とは「御構」を示す。地形などに基づき、岡前遺跡では宮田逸民氏が現在は工場となる丘陵南端の位置で東西約八〇m×南北約一二〇mの区画を見出して守護館に比定している。[＊5] なお、その西側には鞍掛山《くらかけやま》城という山城跡が存在する。

永正十一年（一五一四）の『鵤荘引付《いかるがのしょうひきつけ》』では在地の用水相論が置塩で赤松義村の御前沙汰《ごぜんざた》として行われ、法隆寺《ほうりゅうじ》領鵤荘（兵庫県たつの市など）側だけでも三十五人が出向いている。守護所の施設としてはもちろん、多くの人々が滞在できる場があったと推定できる。この置塩全体の空間をとらえたのが山上雅弘氏で、城山南麓で礎石などが出土した城山遺跡を居館、岡前遺跡が守護館の所在する中心地、そして、その周囲に町場や居館関連施設を想定されている。[＊6] また、「横大道」と呼ばれる直線道路でつながる夢前川の東岸にも町屋が推定された。

上：後に山上で整備された置塩城跡
下：置塩城跡に残る石垣

なお、置塩城の発掘調査では十六世紀半ば以降に曲輪や屋敷地が構築されたことが判明しており、天文二十二年（一五五三）の義村三十三回忌法要にともなう法語には赤松晴政《はるまさ》（義村の子）が「置塩山城」にいたとある。[＊7] 幼少の義晴が置塩で過ごした間、今に残る山城の遺構を目にすることは無かったに違いない。

＊5　宮田逸民「置塩城跡の縄張り」（＊1置塩城跡調査委員会編）。

＊6　山上雅弘「播磨の守護所」（内堀信雄他編『守護所と戦国城下町』高志書院、二〇〇六年）。

＊7　＊3依藤論文参照。

「堺公方」義維と環濠都市

20 堺《さかい》

①所在地：堺市堺区宿院町西他
②将　軍：足利義維・足利義昭
③立　地：沖積平野（標高約四m）
④遺　構：—

【概要】堺は戦国期を代表する大阪湾岸の都市であり、町衆による自治の一方で武家権力が掌握する場でもあった。大永七年（一五二七）には阿波の細川晴元や三好元長《もとなが》に擁された足利義維が入り、京都を支配する「堺公方」としてその居所が営まれた。*1

【立地】堺は百舌鳥《もず》古墳群が所在する段丘の西側から大阪湾の砂堆にかけて立地し、その北側は湿地帯であった。東の大和国からの長尾街道と竹内街道の終着点で、摂津の天王寺から紀伊に向かう熊野街道が南北に通り、西高野街道の起点でもあった。長尾街道（大小路）の北側が摂津国（堺北荘）、南側が和泉国（堺南荘）にあたる。なお、堺の北を流れる現在の大和川は、後の宝永元年（一七〇四）に付け替えられた流路である。

堺の中心に鎮座する開口神社

【歴史と背景】中世前期の堺はすでに船が着く場で、室町期になって本格的に町場が形成された。永和四年（一三七八）には和泉守護山名氏清《やまなうじきよ》が守護所とし、後に守護となった大内義弘《よしひろ》は国衙《こくが》の機能も移すが、幕府の攻撃を受けた応永六年（一三九九）の応永の乱で堺は焼失したという。やがて和泉守護は、特定のエリアを担当しない上・

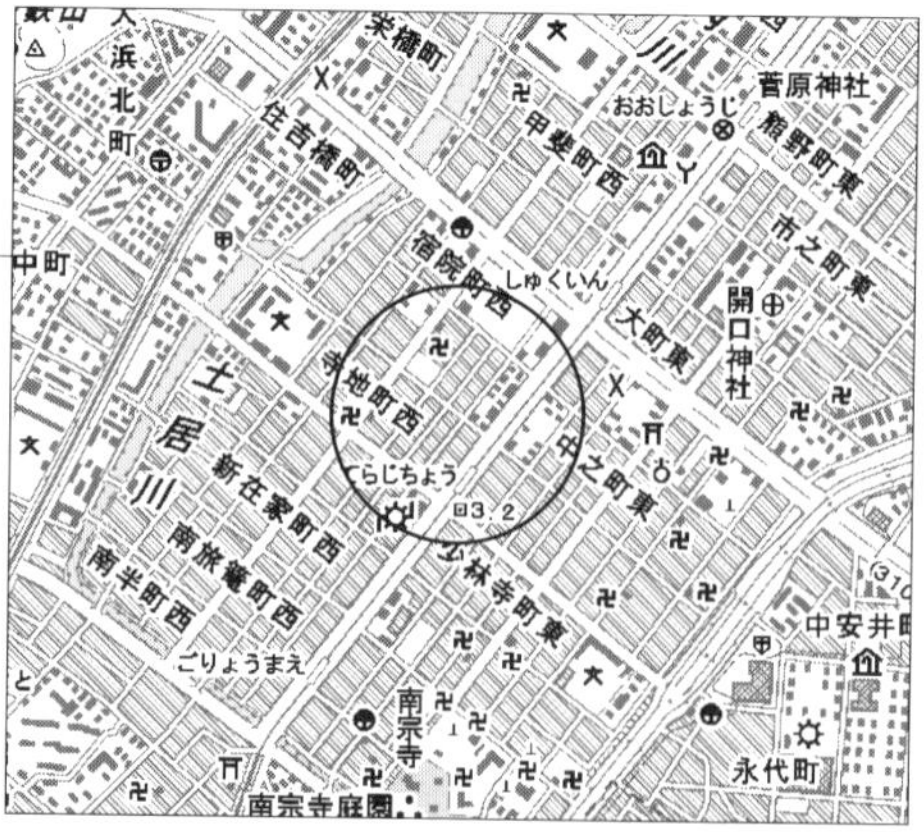

＊1　戦国期の堺については、續伸一郎『よみがえる中世都市堺』（堺市博物館、二〇一〇年）、吉田豊「堺幕府はどこにあったのか―中世都市の空間構造―」（『堺市博物館研究報告』三一、二〇一二年）、廣田浩治「武家政権・地域公権の都市としての中世堺」（『堺市博物館研究報告』三二、二〇一三年）などを参照されたい。

下守護家の両細川氏が共同でつとめる形となった。戦国期になると堺は再び守護所として機能し、一方で堺南荘では幕府の直轄化が進んだ。摂津の守護であった細川京兆家の支配も及び、河内守護畠山氏も強い影響力を持った。そして堺北・南荘の住民が都市の自治を担い、多くの寺院が建ち並ぶ国際貿易の都市が成立する。

永正五年（一五〇八）四月、京都を追われて周防の大内義興を頼った足利義稙が四〇〇～五〇〇の船団で堺に到着した。[*2] この前年、京都では細川京兆家の当主政元が暗殺され、その後継者争いの中、義稙は阿波の細川澄元と争う細川高国と結んでいた。義稙は一ヶ月以上を堺で過ごした後、上洛して将軍に復帰する。後の大永元年（一五二一）三月、高国と対立した義稙は京都を出奔し、堺南荘の寺院に入って畠山尚順《ひさのぶ》や四国衆を従えた。[*3] 義稙は淡路島に渡り、高国は足利義澄の子義晴を将軍に据えるが十月下旬に義稙は再び堺の「カタ木屋」を居所とした。しかし翌月には和泉の「カソノヲ」に移り、淡路では「御所」に火がかけられたという。[*4] このとき畠山尚順は高国と結ぶ子の稙長《たねなが》と対立し、敵方の畠山義英《よしひで》と結んで隣国河内で合戦が起きていた。やがて義稙は霊場槙尾山《まきおさん》（大阪府和泉市）に移った後に淡路へ戻り、大永三年に阿波の撫養（徳島県鳴門市）で没した。

義稙の後継者として大永七年に阿波から堺に入ったのが足利義維である。義維は義晴の兄弟だが、阿波細川家に養育され、義稙の養子になっていた。同六年に義晴を支える高国の家中が分裂し、翌年二月に澄元の子・晴元の阿波勢らが京都西郊で義晴も出陣した高国らの軍勢に大勝し、三月に義維や晴元らが堺に入った。義維は朝廷から将軍の家督者や後継者が任官される左馬頭に任官され、「堺公方」「堺大樹」と呼ばれて京都の支配を開始する。[*5] 一方の義晴は近江の長光寺（滋賀県近江八幡市）に移った。

＊2　『後法成寺』。

＊3　『二水記』。

＊4　以下、『祐維記』。

＊5　「堺公方」については、天野忠幸『三好長慶』（ミネルヴァ書房、二〇一四年）、馬部隆弘「「堺公方」期の京都支配と松井宗信」（同『戦国期細川権力の研究』吉川弘文館、二〇一八年。初出は二〇一四年）、同「「堺公方」期の京都支配と柳本賢治」（同前）、木下昌規『足利義晴と畿内動乱』（戎光祥出版、二〇二〇年）を参照。

堺歴史地図 戦国時代の推定地図と江戸時代の地図

企画・編集：吉田豊（摂泉堺郷土史研究所）
図面加工：山本ゾンビ（山本書院グラフィックス）

●戦国時代、1551 ～ 1590 年ころの堺の町
（イメージ図として構成）

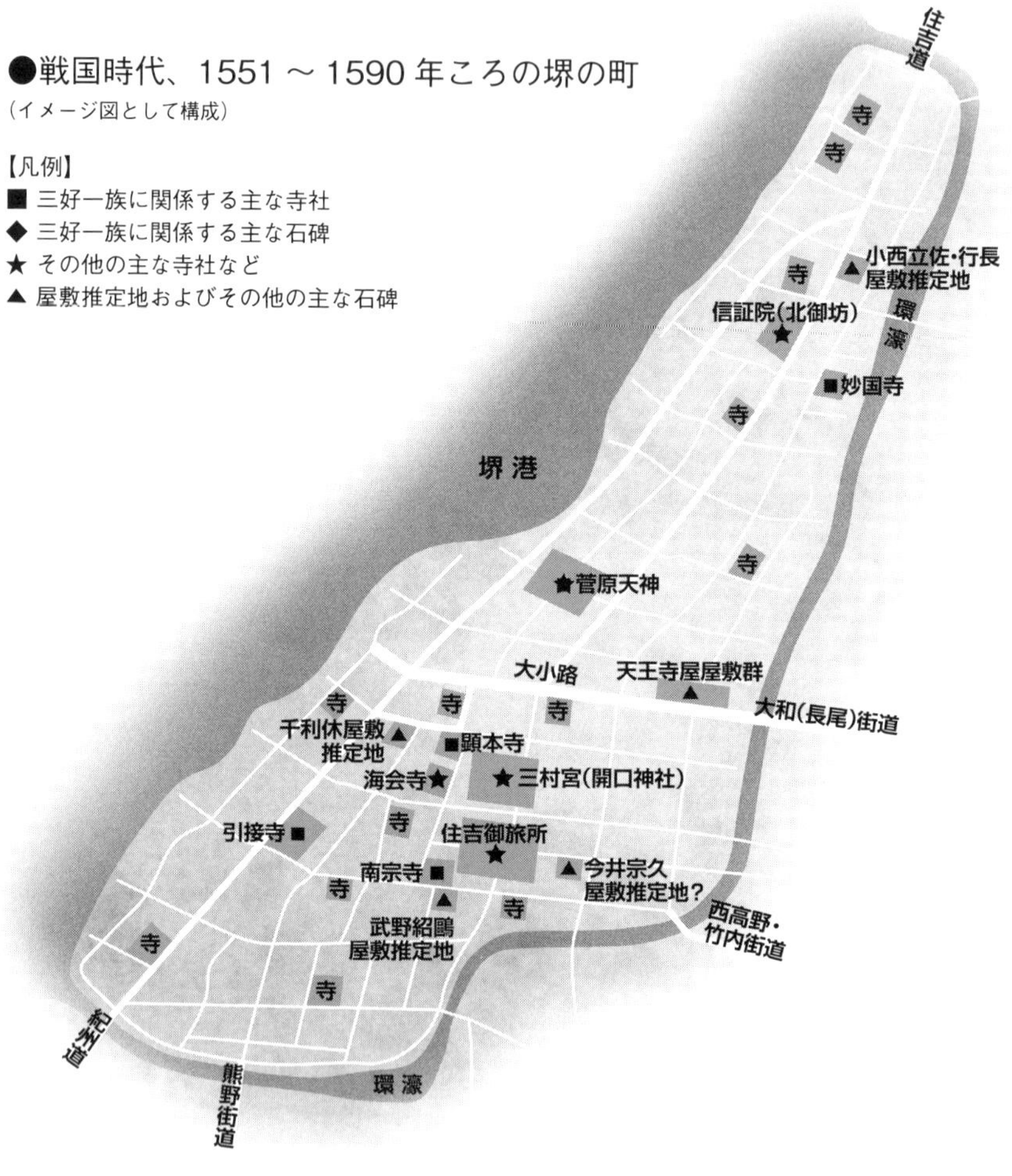

本図作成に際して主に以下の文献を参考にした。
・武藤直・原図「付図Ⅲ、中世」（小葉田淳『堺市史続編付図』堺市役所、1976 年）
・奥田豊「堺中・近世環濠比較図及び焼土検出地慶長 20 年以前」
（井溪明編『堺衆―茶の湯を創った人びと―』堺市博物館、1989 年）
・増田達彦・土井和幸ほか『茶道具拝見―出土品から見た堺の茶の湯―』（堺市博物館、2006 年）
・續伸一郎『よみがえる中世都市堺 ―発掘調査の成果と出土品―』（堺市博物館、2010 年）
・永井正浩『堺・都市を囲む堀を中心として』（『関西近世考古学研究』22 号、2014 年）
・「世界に誇る堺環濠都市遺跡」（吉田豊編「さかい利晶の杜展示館案内」堺市博物館、2015 年）

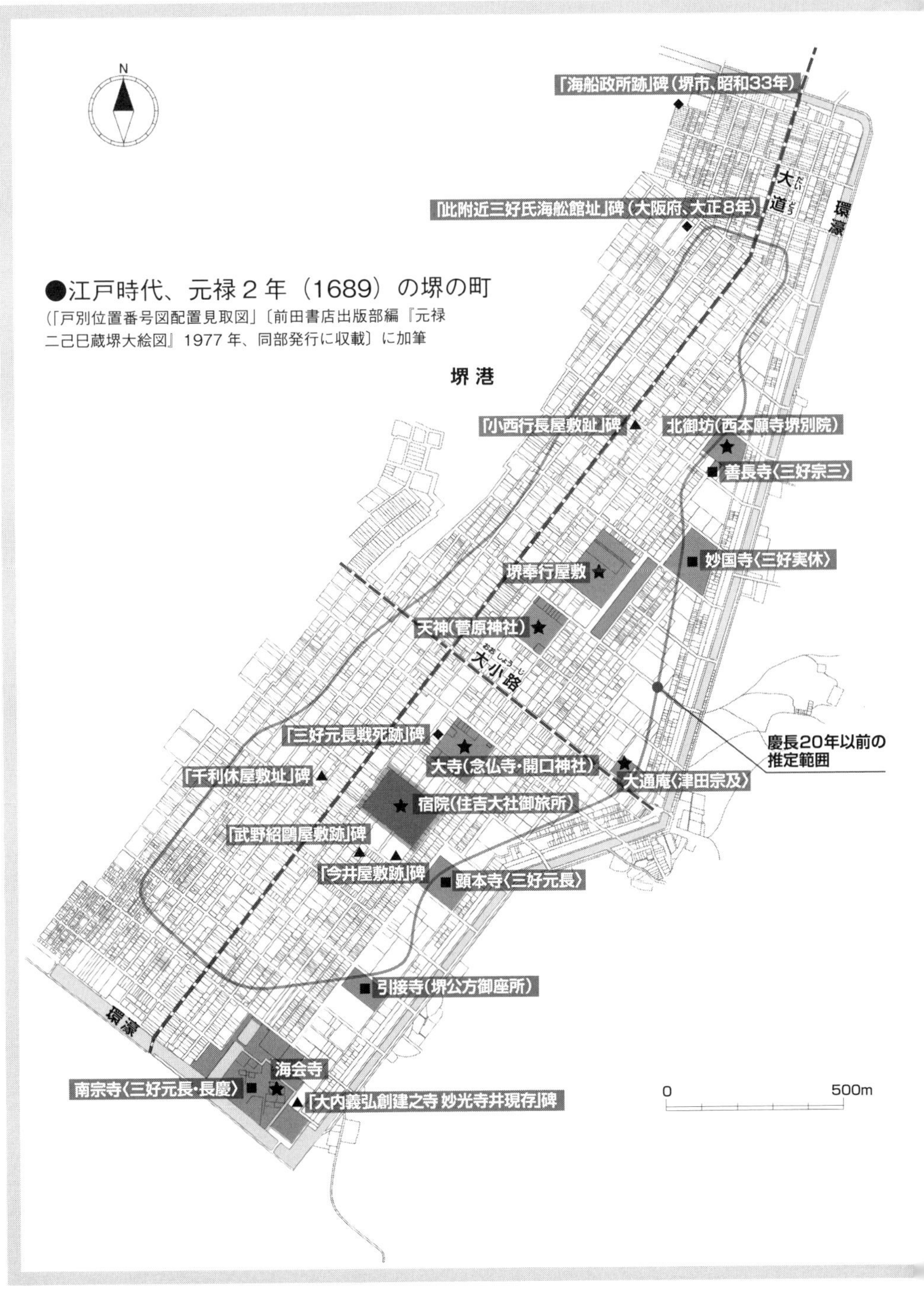

●江戸時代、元禄2年（1689）の堺の町
（「戸別位置番号図配置見取図」〔前田書店出版部編『元禄二己巳歳堺大絵図』1977年、同部発行に収載〕に加筆

十月になると、義晴が近江六角氏や越前朝倉氏の軍勢とともに京都の周辺に陣を進め、晴元家臣の三好元長らとの抗戦後に義晴との和睦交渉が進められた。しかし晴元が賛同せず、義晴は近江の朽木（滋賀県高島市）へ退去するものの、現職の将軍として朝廷や各地の大名が支持していた。義維の周囲には義父の足利義稙以来の奉行人らがいたものの、その数は決して多くはない。一方、現職の将軍たる義晴は多くの奉公衆や奉行人を従えていた。義維も従来の幕府と同様、奉行人による奉書を発給したが、幕府を構成できるだけの人材に恵まれてはいなかった。義維による京都支配は、晴元配下の人々によるもので、独自の基盤は脆弱であった。

享禄二年（一五二九）に再び義晴方との和睦交渉がはじまり、協調する支配がみられるようになった。その体制は義晴と晴元、その配下で和睦を進めた柳本賢治という形をとるもので、義維は蚊帳の外であった。さらに朽木の義晴は、天皇の推任を受けて権大納言、従三位に昇進する。しかし協調体制は翌享禄三年に破綻し、同四年には三好元長が細川高国を敗死せしめた。ただし晴元の家中も分裂し、晴元は元長の討伐を命じる。

結局、義維は上洛するには至らず、天文元年（一五三二）には元長が晴元の扇動する一向一揆の攻撃によって堺の顕本寺《けんぽんじ》で切腹、このとき義維も同寺に入って腹を切ろうとした。[*6] 晴元の家臣によって義維は引き止められたが、元長と運命をともにしようとしたのは自身の支持勢力が元長周辺に限られていたためと思われ、この後の晴元は義晴と結んでいる。

義維は阿波へと戻って平島（徳島県阿南市）を居所としたが、天文十五年に義晴と晴元が決裂すると、晴元は義維の擁立に動く。[*7] 翌年に義維は家臣を堺に派遣し、本願寺《ほんがんじ》の証如《しょうにょ》に上洛への協力を求めたが義晴と晴元が和睦したため、義維は堺に渡海したものの阿波に戻った。なお、天文二十二年、義維は晴元や将軍義輝（義晴の子）を京都から追い落とした三好長慶（元長の子）

＊6　『両家記』。

＊7　山田康弘『足利義輝・義昭』（ミネルヴァ書房、二〇一九年）、天野忠幸「阿波公方の成立と展開」（石井伸夫・重見髙博・長谷川賢二編著『戦国期阿波国のいくさ・信仰・都市』戎光祥出版、二〇二二年）。

から将軍擁立の動きを示されるも応じた様子がなく、[*8]永禄十一年（一五六八）になって子の義栄が将軍に就くことになる。なお、義栄に代わって将軍となった足利義昭は、天正元年（一五七三）七月に織田信長に降伏した後、安芸毛利氏の支援を期待し、十一月に堺で信長家臣の羽柴秀吉と交渉を持った。しかし交渉は決裂し、紀伊の興国寺《こうこくじ》（和歌山県由良町）へと向かっている。[*9]

【構造と評価】足利義維は大永七年（一五二七）から天文元年（一五三二）にかけての長期間、堺に滞在した。その居所は堺では高い寺格を有した時宗《じしゅう》の引接寺《いんじょうじ》（四条道場《しじょうどうじょう》）であり、堺南荘では開口《あぐち》神社や念仏寺《ねんぶつじ》、宿院《しゅくいん》（住吉大社頓宮）が将軍家と結び付いていた。[*10]足利義稙が当初入ったのも引接寺とされ、将軍家ゆかりのエリアを意識していたのだろう。[*11]

堺は元和元年（一六一五）の大坂夏の陣で焼亡し、その後に江戸幕府が復興した近世都市として発展していく。このとき、堺の範囲は拡大し、移転した寺院もある。このため戦国期の姿については不明な点が多いが、吉田豊氏が元禄二年（一六八九）の地図を元にそのイメージ図を提示されており、ここに掲載させていただいた。[*12]それによると、引接寺の近くに三好元長が居所とした顕本寺がある。晴元の居所は不明であるものの、周辺が義維らによる権力中枢の所在地であったとみられる。

さて、堺の発掘調査では町を囲む堀と内側に存在する堀の二種類が確認され、南側では幅一七・〇m、深さ四・二mの二段掘りの堀と幅六・〇m、深さ約一・八mの堀が併存した。[*13]ただし、これらは十六世紀期後半の開削と考えられている。永禄五年（一五六二）に滞在した宣教師ガスパル・ヴィレラによる、堺の「西側は海に、また東側は常に満々と水をたたえる深い堀によって囲まれている」との記述は有名であろう。[*14]天正十四年（一五八六）、町を囲んだ環濠は豊臣秀吉によって埋められたという。

＊8　天野忠幸『三好長慶』（ミネルヴァ書房、二〇一四年）。

＊9　＊7山田文献

＊10　関係者の居所などについては、＊1吉田論文を参照されたい。

＊11　『不問物語』。ただし二度目に義稙が堺に入った際の「カタ木屋」について、山田康弘氏は堺北荘に所在した「樫木屋道場」ではないかとしている。山田康弘『足利義稙』（戎光祥出版、二〇一六年）。

＊12　本書に掲載の図は、吉田豊氏と図面加工を担当した山本ゾンビ氏のご高配により、吉田豊編『堺歴史地図』（堺市博物館、二〇二二年）に手を加えていただいた最新版である。

＊13　＊1續論文。

＊14　一五六二年付ヴィレラ書簡。

京都を目指した阿波公方の御所

21 平《ひら》島《じま》館《やかた》

①所在地：徳島県阿南市那賀川町古津
②将　軍：足利義維・足利義栄
③立　地：平野部微高地（標高約五ｍ）
④遺　構：移築建築

【概要】「堺公方」と呼ばれた足利義維以降、「阿波（平島）公方」と称された子孫の居所で、十四代将軍足利義栄の生誕地でもある。[*1] 現地に遺構は残らないが、移築を伝える江戸期の建物として地蔵寺《じぞうじ》（徳島県小松島市）に玄関と書院（徳島県指定文化財）、門が吉祥寺《きっしょうじ》と信行寺《しんぎょうじ》（同阿南市）に現存する。

【立地】那賀川《なかがわ》の支流に挟まれた標高五ｍの微高地にあり、「お屋敷」と呼ばれた場所にあたる。かつての平島には、那賀川河口の湊が存在していた。

阿波公方・民俗資料館（左）と館跡の標柱がある高まり（右）

【歴史と背景】第十代将軍足利義稙は、大永三年（一五二三）に阿波の撫養（徳島県鳴門市）で没した。京都ではライバルであった足利義澄の子義晴が新しい将軍になったが、その兄弟で阿波にいた義維を義稙は養子に迎えていた。同六年に義晴を支える細川高国の家中が分裂すると、阿波の細川晴元や重臣の三好元長らが義維を擁立し、渡海して堺（堺市堺区）に進出した。義維は「堺公方」「堺大樹」と呼ばれ、事実上の将軍として京都の支配をはじめる。しかし、晴元家中の内紛で天文元年（一五三二）に元長が敗死すると阿波に戻った。

＊1　館については、湯浅良幸「平島館」（『日本城郭大系』一五、新人物往来社、一九七九年）、石井伸夫「平島館（平島公方館）」（石井伸夫・重見髙博編『三好一族と阿波の城館』戎光祥出版、二〇一八年）、足利義維については、木下昌規「足利義維」（榎原雅治・清水克行編『室町幕府将軍列伝 新装版』戎光祥出版、二〇二二年）、天野忠幸「阿波公方の成立と展開」（石井伸夫・重見髙博・長谷川賢二編著『戦国期阿波国のいくさ・信仰・都

文安二年（一四四五）の『兵庫北関入船納帳』に、平島は湊として登場する。この湊は、暦応三年（一三四〇）に室町幕府初代将軍の足利尊氏が寄進した那賀山荘（天龍寺《てんりゅうじ》領）の平島郷に開かれ、二十回にわたって兵庫北関へ木材一〇九五石、榑《くれ》七三五石を搬出していた。兵庫北関は大阪湾を代表する摂津国の兵庫津（神戸市兵庫区）にあり、西国から京都へ向かう船舶の多くが通過した。この木材などは山間部で伐採されたもので、平島湊には京都の天龍寺へ木材や榑を納める過書船《かしょせん》も存在した。*2 天龍寺は足利尊氏を開基、夢窓疎石《むそうそせき》を開山とし、幕府による臨済禅宗の五山制度では京都の一位とされた将軍家ゆかりの寺院である。

足利義栄は、天文五年（一五三六）に平島で生まれた。後世の作である『平島記』によれば、その母が大内義興の娘であったため、この後に義栄と義維は大内氏が本拠を置く周防国に向かったとされる。現在、この事実は否定され、少年期の義栄の動向は不詳のままである。*3

館跡から直線で約1.5km離れた西光寺の阿波公方家墓所

三好本宗家の三好長慶が永禄七年（一五六四）に亡くなると、跡を継いだ義継らが翌年に将軍足利義輝（義晴の子）を殺害した。このとき義栄が将軍に擁立されるとも憶測されたが、義継らは将軍を推戴しない権力を志向した。しかし、永禄九年に松永氏が反三好の畠山氏と挙兵すると、阿波三好家の重臣篠原長房《しのはらながふさ》らの意向によって義栄の将軍擁立が進んだ。阿波三好家では先代の三好実休《じっきゅう》が主君の細川氏之《うじゆき》を殺害したため、その上位にあたる義栄を重んじたという。

義栄と義維、弟の義助《よしすけ》は阿波を発ち、摂津の越水城《こしみず》（兵庫県西宮市）を経て富田の普門寺《ふもんじ》（大阪府高槻市）に入って永禄十一

市』戎光祥出版、二〇二二年）を参照。

＊2　栗林誠治「まとめ」（『徳島県埋蔵文化財センター調査報告書九七　和食城跡』徳島県・公益財団法人　徳島県埋蔵文化財センター、二〇二二年）を参照。

＊3　足利義栄以降の阿波公方については、天野忠幸「足利義栄」（榎原雅治・清水克行編『室町幕府将軍列伝　新装版』戎光祥出版、二〇二二年）、須藤茂樹「第十四代将軍　足利義栄」（日本史史料研究会監修・平野明夫編『室町幕府全将軍・管領列伝』星海社、二〇一八年）を参照されたい。

年に将軍となった。しかし、これを望まない義継が松永氏に与しており、連携した足利義昭と織田信長が同年九月に上洛への軍勢を進める中で義栄は没した。義稙と同じく退去した阿波の撫養での死去ともされる。義維らは平島に戻り、天正元年（一五七三）の義維没後は義助が当主となった。やがて信長が義昭を京都から追放し、土佐の長宗我部《ちょうそかべ》氏が阿波へ侵攻を進めるが、阿波公方の動向は不詳で諸勢力が再び将軍に推戴するような動きも確認できていない。

天正十三年に羽柴秀吉が四国を奪取して蜂須賀家政《はちすかいえまさ》が阿波を領すると、義助は三千貫の所領を没収され、一〇〇石の茶料のみが平島で与えられたという。*4 文禄元年（一五九二）には義助が没し、慶長五年（一六〇〇）の関ヶ原合戦の際には義種《よしたね》（義助の子）が蜂須賀家から徳島城（徳島市）の見廻役を命じられた。そして同十三年には、義次《よしつぐ》（義種の子）が「平島」の地名を名乗ることになる。同二十年の大坂の陣の際にも義次は徳島城の見廻役を命じられ、徳島藩士として徳島城下に屋敷が与えられた。

しかし、阿波公方は平島の屋敷を維持し続け、庶民は同家を崇敬し、「阿州足利家」の書や「清和源氏之後」の朱印の札がマムシ除けになるとされ、その徳を称えた伝承もある。歴代当主は文芸に熱心で十八世紀後半の平島は文人交流の場となり、貴種の自覚を強めた義根《よしね》は文化二年（一八〇五）、ついに紀州徳川家を頼って平島を退去するに至った。紆余曲折の後に義根は京都に移って再び足利を名乗り、足利将軍ゆかりの相国寺などの援助を受けて阿波公方は近代に至った。

【構造と評価】文化十二年（一八一五）に完成した徳島藩の地誌『阿波志』には「平島塁　藤原

①お屋敷（民俗資料館）　②馬場　③三社はん　④御門　⑤御門前
⑥ばらざと　⑦お花畠　⑧新開　⑨大和屋屋敷跡（薬種商）　⑩中道
⑪そうじ　⑫観念寺　⑬反古屋敷　⑭おうら　⑮庄屋吉成の屋敷
⑯いとや後に本屋　⑰墓地

平島公方館付近地名聞取図　『阿南市立阿波公方・民俗資料館パンフレット』より

＊4　以下、中島源『阿波の足利　平島公方物語』（那賀川町、一九九一年）を参照されたい。

清兼據此永禄中源義冬入居改稱館」とあり、阿波公方以前に平島塁があったとする。館跡は中世の遺物散布地で、現在は阿南市立阿波公方・民俗資料館が建つ。東西約六〇m×南北約九〇mの「お屋敷」と呼ばれる区画が中心部で南に「御門」「御門前」、東に「馬場」の地名が残り、「墓地」には高まりに館跡を示す標柱が立つ。この高まりは整地後の捨土とされ、城館の土塁などではないようだ。昭和六十一年（一九八六）の資料館建設時に発掘調査が行われ、近世の大溝や鍛冶遺構が検出されたが中世の明確な遺構は確認されず、現時点で館跡の平面構造はわかっていない。

　京都における将軍の居所（御所）は、永禄年間の義輝段階まで恒常的な土塁や堀は備えなかった。[*5]阿波三好氏の本拠である勝瑞《しょうずい》城館跡（徳島県藍住町）の発掘調査では、大規模な屋敷地にともなう堀跡が検出されたが土塁は確認されず、総じて中世の守護所や中世都市の武家拠点では少なくとも土塁の使用が抑制的である。[*6]平島館についても、そもそも土塁や堀を備えていなかったことが想定される。ただし、義維・義栄と同時代の義晴・義輝が滞在した近江国朽木（滋賀県高島市）の居所とされる場所には、丘腹斜面に切り込む堀と土塁による方形の館城・岩神館跡の遺構が残る。平島館の平面構造（縄張り）については、今後も検討の余地がある。

　また、平島が阿波公方の居所となった背景には、畿内に通じる平島湊の存在と将軍家ゆかりの天龍寺との関りがあげられる。[*7]この周辺には、将軍ゆかりの人物が入りやすい環境があったのかもしれない。一方で、平島は阿波細川・三好氏本拠の勝瑞とは直線で約二四kmの距離があり、勝瑞は平島湊とは水系を異にする吉野川《よしのがわ》水運に関わる場であった。[*8]阿波細川・三好氏は阿波公方家に勝瑞への居住を求めた節がなく、これは両氏が自身の本拠と阿波公方家の居所を分けようとした結果のようにも思える。なお、近世においても、阿波公方家が徳島城下と別に屋敷を保持した点は特筆しておきたい。

＊5　総論「戦国期足利将軍の城館と居所」も参照されたい。

＊6　中西裕樹「土塁からみた方形館—土塁の性格と囲まれた空間を考える—」（『城館史料学』四、二〇〇六年）。

＊7　田中省造「平島公方」（『那賀川町史』上、二〇〇二年）。

＊8　勝瑞の立地などについては、山村亜希「室町・戦国期における勝瑞の立地と形態」（石井伸夫・仁木宏編『守護所・戦国城下町の構造と社会』思文閣出版、二〇一七年）を参照。

将軍を目指す義栄が入った城郭

22 越《こし》水《みず》城《じょう》

①所在地：兵庫県西宮市桜谷町
②将　軍：足利義栄
③立　地：台地縁辺部（標高約二〇m）
④遺　構：―　※地形に構造の看取可

【概要】将軍任官を目指す足利義栄が阿波を出立し、畿内ではじめて居所とした城郭である。かつては三好長慶が居城とした摂津国西部（下郡）の政治・軍事拠点であり、義栄が将軍となった後は阿波三好家の勢力が拠った。*1

【立地】標高約二〇mの台地縁辺にあり、比高差約一〇mの南麓では摂津を横断する東西陸路（後の西国街道）と南に約一km離れた西宮からの道が合流する。西宮は越水城が所在する摂津西部（下郡）を代表する大阪湾岸の町場で、西宮神社の門前でもあった。

【歴史と背景】越水城は、永正十二年（一五一五）の瓦林《かわらばやし》政頼《まさより》の築城にはじまる。*2 瓦林氏は武庫《むこ》郡瓦林（兵庫県西宮市）を拠点とする国人だが、守護細川高国の下で勢力を拡大した。高国は阿波にいる細川澄元と細川京兆家の家督を争っており、摂津下郡は阿波からの軍勢が上陸する地域であった。同十六年に越水城は澄元勢の攻撃を受け、享禄四年（一五三一）に高国が細川晴元（澄元の子）との戦いで敗死すると瓦林氏は没落した。

天文八年（一五三九）には晴元の家中で台頭した三好長慶

「越水城趾」の石碑

*1　以下、中西裕樹「越水城」（石井伸夫・重見高博編『三好一族と阿波の城館』戎光祥出版、二〇一八年）を参照されたい。

*2　以下、歴史と背景については、中西裕樹『戦国摂津の下克上』（戎光祥出版、二〇一九年）を適宜参照されたい。

の居城となり、この三好本宗家が摂津に地盤を築いていく。晴元に代わって長慶が畿内を掌握すると、摂津下郡の支配は重臣松永久秀が担当し、周辺の中小国人が「越水衆」として編成された。長慶没後の永禄八年（一五六六）、三好義継と三好三人衆らが足利義輝を殺害したが、松永久秀は幽閉した義輝の弟覚慶（後の義昭）を取り逃して失脚する。久秀は河内畠山氏と手を組み、翌九年二月に義継・三人衆との間で合戦がはじまると松永方の越水衆は戦場となった堺（堺市堺区）へと渡海した。[*3] 松永氏は尾張の織田信長と連携し、義昭は近江国矢島（滋賀県守山市）で次期将軍にふさわしい従五位下・左馬頭に任官した。義昭は全国の武家に支持を求め、七月にはその軍勢が京都南郊で蜂起した。

やがて義昭は越前朝倉氏を頼るが、義継と三人衆は阿波公方を重んじる阿波三好家の意向を受け、かつての「堺公方」足利義維の子・義栄が六月中頃に淡路国志知《しち》（兵庫県南あわじ市）へと進出する。[*4] 義栄は四国に軍勢催促を行い、阿波三好家の重臣篠原長房が二万五千の軍勢で三好氏が支配していた兵庫津（神戸市兵庫区）に上陸して西宮に陣を据えた。長房は越水城背後の山々などに軍勢を配して攻撃し、翌月に籠城する越水衆と和睦した。

そして九月二十三日、義栄と父の義維、弟の義助は渡海し、越水城に入った。[*5] 翌十月の日付で義栄は伊予の河野《こうの》氏や来島村上《くるしまむらかみ》氏に忠節を求める御内書を発給し、朝廷には馬や太刀を献上した。朝廷側も武家伝奏《ぶけてんそう》の勧修寺尹豊《かじゅうじただとよ》が義栄を訪問している。越水城は義栄が畿内に進出し、本格的に将軍任官を目指す地となった。[*6] 十二月に「南方之武家」と称された義栄は摂津東部（上郡）の普門寺（大阪府高槻市）に移り、越水城には篠原長房が入った。[*7]

永禄十一年九月に足利義昭と織田信長の軍勢が摂津に侵攻すると、時を同じくして義栄は死去し、越水城の軍勢も退去した。[*8] 翌年に義昭の摂津支配を担った和田惟政が国内を巡検した際、越

＊3　『両家記』。

＊4　以下『両家記』。

＊5　『言継』『両家記』。

＊6　義栄周辺の動向は、天野忠幸「足利義栄」（榎原雅治・清水克行編『室町幕府将軍列伝　新装版』戎光祥出版、二〇二一年）、同「阿波公方の成立と展開」（石井伸夫・重見髙博・長谷川賢二編著『戦国期阿波国のいくさ・信仰・都市』戎光祥出版、二〇二二年）を参照されたい。

＊7　『言継』『両家記』。

＊8　『信長公記』。

水城に入っている。惟政は兵庫津にも立ち寄っており、摂津における三好氏の拠点を掌握する意味があったのだろう。まもなく義昭と信長との関係に亀裂が生じ、惟政は信長によって「立派な城の一つ」を破壊された。[*9]引き続き惟政は高槻《たかつき》城（高槻市）を居城に上郡で基盤を築くことから、この城は、下郡に位置した越水城であったことも推定される。以降、越水城は機能を停止していったと思われる。

【構造と評価】城跡は宅地化が進んで地表面に遺構は残らないが、大正十二年（一九二三）の陸地測量部一万分一地形図や昭和十年（一九三五）頃に石割平三氏が作成した図によって平面構造（縄張り）の概要は復元できる。東西約一〇〇m×南北約一四〇mの巨大な曲輪の北側に「天守台」と伝わる土段、南西に長さ約五〇mの土塁、曲輪の北～西裾に水堀がめぐった。内部は区切られ

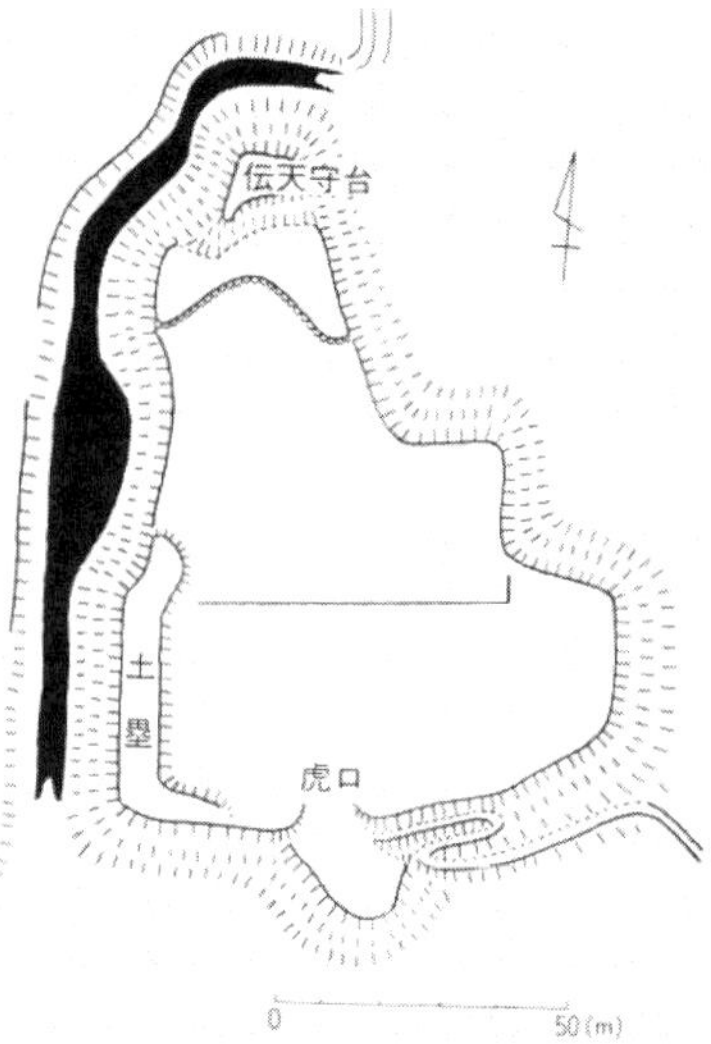

越水城図（昭和10年頃石割平蔵氏作図）

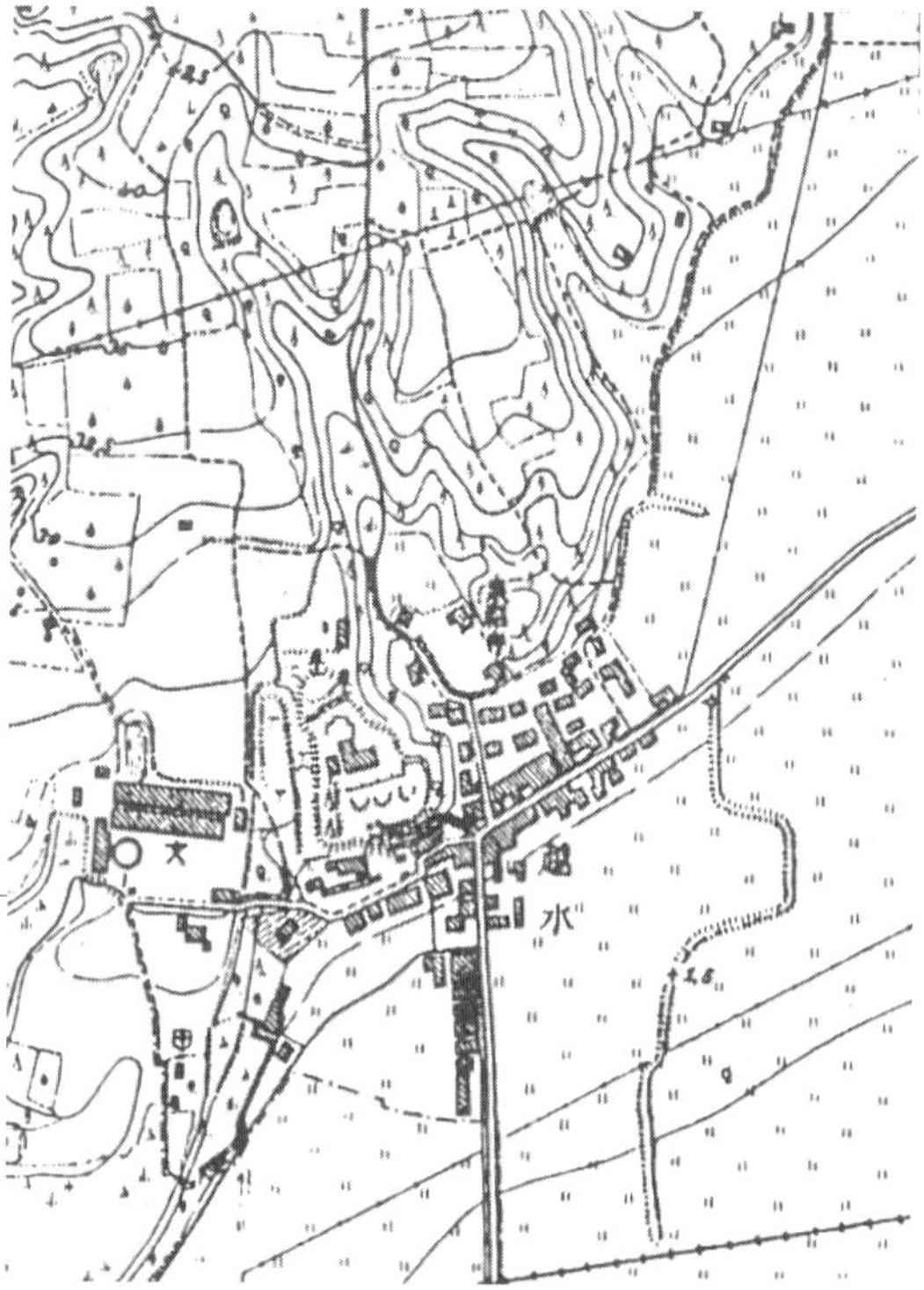

陸地測量部一万分一地形図の越水城周辺（『西宮北部」部分）大正12年

＊9　一五七〇年一二月一日付ルイス・フロイス書簡。

たと思われ、南に曲輪が飛び出た部分に虎口が比定される。水堀の大半は台地上を開削したものと思われ、台地縁辺部に築かれた巨大な館城のようなイメージとなる。

この城郭が立地する台地の縁辺部は、西宮に最も近い地形的高所にあたる。越水城がこの町場を意識したことに間違いはないだろう。瓦林氏の築城を記す『瓦林政頼記』には、城主の屋敷がある「本城」と一族と与力がいる「外城」、そして西宮には家人が居住したとある。同書は軍記物だがほぼ同時代の成立であり、記述内容は信憑性が高いとされる。[*10]「本城」を先述した城郭の範囲とし、「外城」を大正十二年地形図にみえる城の東麓で屈曲する土手状の地形内部に想定する見解もあるが、当該期の摂津における城郭に類例がなく、反対に下郡では台地縁辺で城の範囲を完結させた国人伊丹《いたみ》氏の伊丹城（兵庫県伊丹市）、国人池田《いけだ》氏の池田城（大阪府池田市）が地域を代表する城郭になっている。越水城の範囲も台地上に収まると考えたほうが良いだろう。

城跡南側の高低差（切岸）

西宮は大阪湾岸の町場であり、その至近に存在したのが越水城であった。三好氏が押さえた兵庫津との行き来も容易であり、越水城から義栄が移った先は同じく摂津を代表する町場の富田に所在する普門寺であった。畿内に直接的な拠点を持たない人々（＝軍勢）が留まる場としては、寝食の条件が整う町場が望ましかったのではないだろうか。また、義栄が去った後に篠原長房が入ったのも阿波への渡海が容易ということに加え、瓦林氏の築城以来の摂津下郡の中心城郭であったためだろう。[*11]越水城には、阿波から畿内へ渡海した足利義栄が最初に居所とする地にふさわしい条件が備わっていた。

*10　和田英道「永正期を中心とする細川氏関係軍記考（一）書誌編」（『跡見学園女子大学国文学科報』一一、一九八三年）。

*11　『瓦林政頼記』は、越水城と守護細川高国による芥川城（大阪府高槻市）の築城を併記する。芥川城は摂津最大の山城で畿内を代表する政庁となった。越水城を同等には扱えないが、高国が取り立てた瓦林氏による同時築城であること、三好長慶が摂津下郡に勢力を扶植した際の居城であることをふまえると、城の「格」として越水城は芥川城に続くものとして良いだろう。

将軍義栄の「御所」と摂津の寺内町

23 普門寺《ふもんじ》（富田《とんだ》）

①所在地：大阪府高槻市富田町四丁目
②将　軍：足利義栄
③立　地：台地上（標高約一四m）
④遺　構：土塁・堀

【概要】足利義栄が永禄九年（一五六六）十二月から同十一年九月まで滞在し、将軍に任じられた寺院である。富田寺内町に隣接した禅宗寺院で、以前には隠居した細川晴元が滞在して没している。現地には土塁と堀が存在し、江戸初期の方丈《ほうじょう》と棟札《むなふだ》が国の重要文化財、庭園が国の名勝となる。*1

【立地】富田台地の先端に近い標高約一四mに位置し、富田が所在する摂津東部（上郡）を代表する戦国期城館と町場であった西の茨木《いばらき》（大阪府茨木市）、東の高槻（大阪府高槻市）と東西道（後の高槻街道）で結ばれた。北に約一・八km離れて、京都と西宮（兵庫県西宮市）方面を結ぶ摂津の基幹陸路（後の西国街道）が通る。

【歴史と背景】一部が室町幕府の御料所《ごりょうしょ》（直轄領）であった富田荘において、普門寺は十四世紀末に開創された。戦国期に摂津・丹波守護で幕府管領もつとめた細川京兆家の細川勝元が開いた龍安寺《りょうあんじ》（京都市右京区）の末寺となった。文明八年（一四七六）に本願寺（浄土真宗）の蓮如《れんにょ》が富田に布教の拠点を設け、八男の蓮芸《れんげい》が入る教行寺《きょうぎょうじ》が成立して以降、寺内町が発展していく。

南西から普門寺をのぞむ

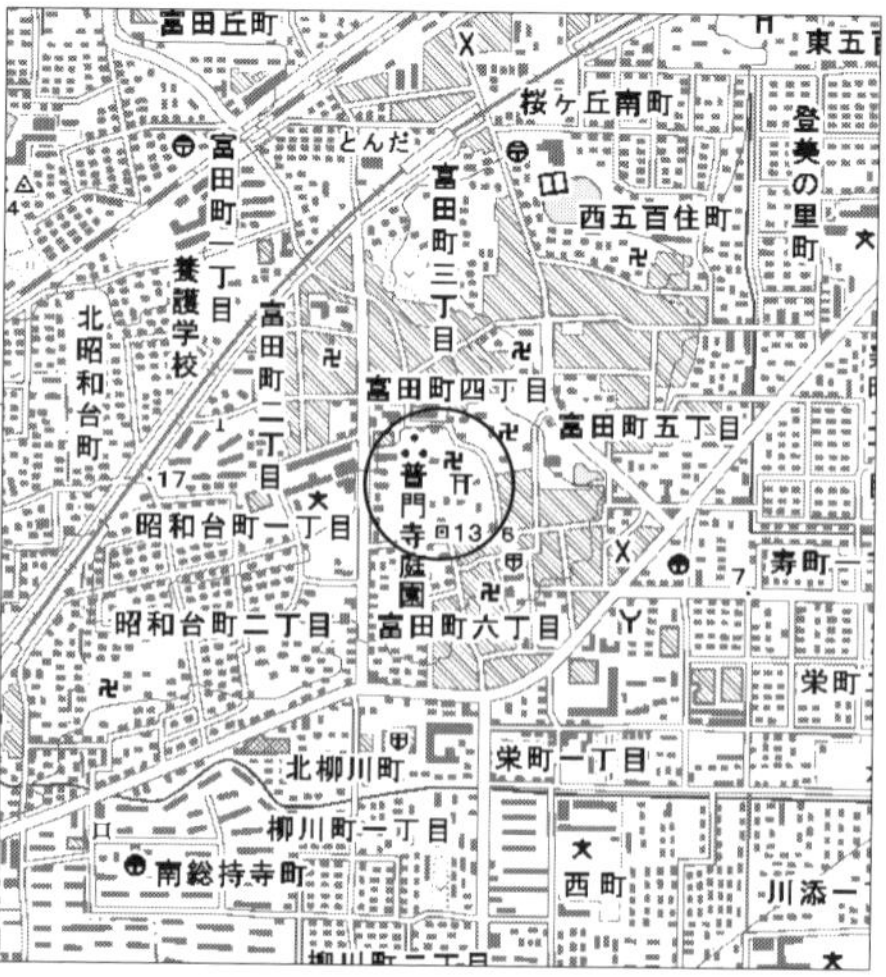

*1　普門寺については、文化財建造物保存技術協会編『重要文化財　普門寺方丈修理工事報告書』（普門寺、一九八四年）、富田については小林健太郎「在町富田の形成と商工業」（『高槻市史』二、一九八四年）、福島克彦「戦国織豊期摂津富田集落と「寺内」—歴史地理学的手法の再検討—」（『寺内町研究』五、二〇〇〇年）を参照。

*2　『祐維記』。

*3　『後法成寺』。

大永四年（一五二四）に細川稙国《たねくに》が河内へ軍勢を向けた際、富田まで出陣した。[*2] 享禄四年（一五三一）には細川京兆家の後継を争う細川高国方と細川晴元方が富田で合戦に及び、「富田寺」に高国方が退いている。[*3] やがて本願寺が細川京兆家の抗争に加担すると天文元年（一五三二）に富田は焼き討ちに遭い、晴元は教行寺の再興を「坊」という格下の形で許可した。しかし、富田の住民は従来の「教行寺」としての再興を望み、本願寺門主の証如に働きかけている。[*4] 天文十八年に晴元は家臣の三好長慶に追われたが、永禄四年（一五六一）に「富田庄御料所」を得て普門寺に入り、同六年にこの地で死去した。[*5] そして同九年十二月、越水城を発った阿波公方の足利義栄が総持寺《そうじじ》（大阪府茨木市）を経て、普門寺に居を据えた。

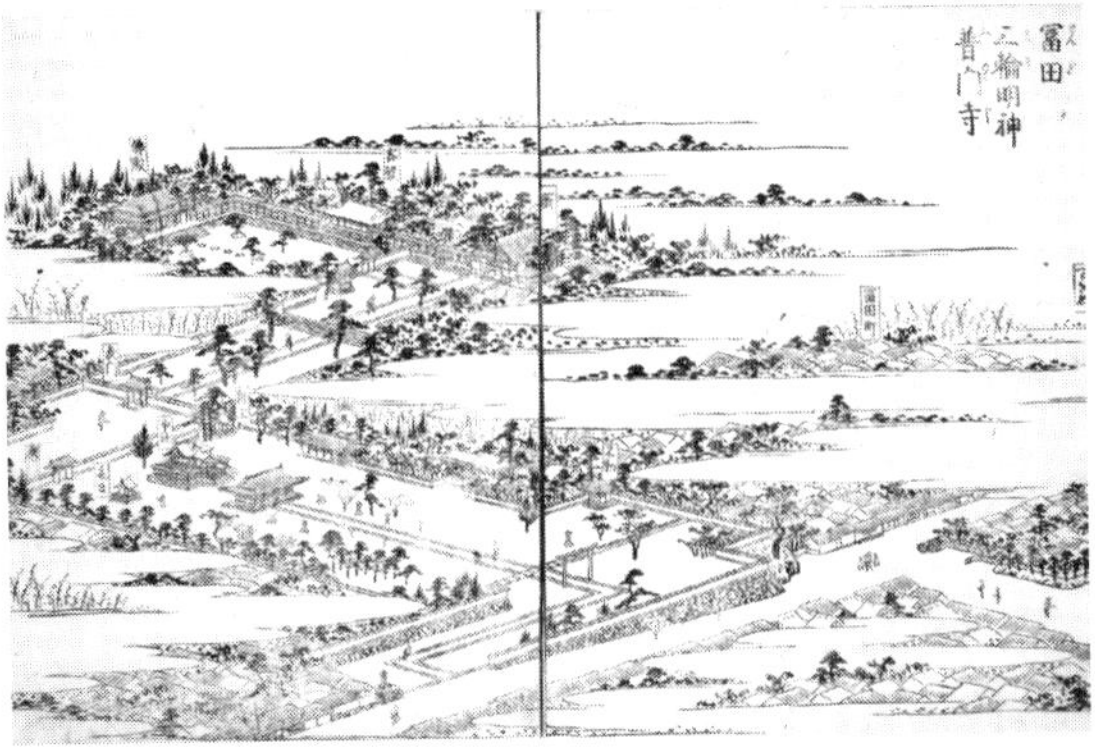

『摂津名所図会』にみる普門寺

当時の畿内は三好義継と三好三人衆が優勢であったが、対立する松永氏が尾張の織田信長と結び、その背後には将軍を目指す足利義昭がいた。義継らは重臣篠原長房がリードする阿波三好家との連携を進めた結果、将軍不在の方針を変更して阿波にいた義栄を将軍候補とした。この篠原長房は、教行寺住職の兼詮の娘を妻に迎えていた。[*6]

義栄は父の義維や弟の義助の他、畠山安枕斎《あんちんさい》らの家臣を多数従えていた。[*7] 義栄は従五位下・左馬頭となって義昭の官位に並び、永禄十年正月には朝廷の消息宣下《しょうそくせんげ》を得て義栄へと名を変えた（以前は義親《よしちか》）。まもなく義継が義栄から離れて松永氏の多聞《たもん》城（奈良市）に入り、三好三人衆方との間で合戦がはじまるが、義栄は幕府の奉行人連署奉書を

*4　『天文』。

*5　『両家記』。

*6　「本願寺系図」『言継』。篠原長房については若松和三郎『戦国三好氏と篠原長房』（戎光祥出版、二〇一三年。初版は一九八九年）。

*7　義栄の家臣団等については木下昌規「永禄政変以降の足利義栄と将軍直臣団」（同『戦国期足利将軍家の権力構造』岩田書院、二〇一四年。初出は二〇一二年）。

普門寺の西側に残る土塁

出すなど事実上の将軍として振る舞う。十一月に義栄は公家の山科言継と勧修寺晴右《はれみぎ》と対面し、妹を誠仁親王《さねひとしんのう》に嫁がせる策を練るが、一度は朝廷に将軍任官を拒否された。しかし翌年二月に任官が決定し、義栄は上洛せずに富田で宣旨を受けて蹴鞠などが催された。義栄は没落していた幕府政所頭人の伊勢宗家を復帰させ、伊勢貞為《さだため》が大館氏や畠山氏、三好長逸らに御供衆としての参勤の命を伝えた。

しかし、同年七月に越前一乗谷で朝倉氏に庇護されていた義昭が美濃を押さえた信長に迎えられ、九月に織田勢は近江六角氏を追って義昭とともに摂津に迫った。そして細川昭元（六郎）が落ちた芥川城（大阪府高槻市）を掌握し、将軍義栄の居所たる富田を攻撃した。腫物を患っていた義栄は同日に死去したといい、十月八日に阿波の撫養（徳島県鳴門市）で没したともいう。

【構造と評価】富田は摂津を代表する町場であり、織田勢が迫った際に「寺外破之、寺内調有之」*8と対応を異にした二つの地区があったことが知られる。富田では谷を挟む東岡と南岡の地区があり、東岡が江戸期在郷町の中心で先の寺外、後者が戦国期寺内町の中心で先の寺内であると思われる。永禄十二年（一五六九）、京都に向かう宣教師ルイス・フロイスは「富田寺内」に宿を求めたが、疫病による千人以上の死者を避けて「外の旅館」に宿泊したという。*9これは南岡の周辺地区ということになるだろう。普門寺は南岡の北に位置し、付近は「慶長十年摂津国絵図」（西宮市立郷土資料館蔵）にみえる町場の富田に接した「富田之内」「普門寺」「ハサマ」という集落にあたる。戦国期の富田は複数のエリアで構成され、「普門寺」は門前の性

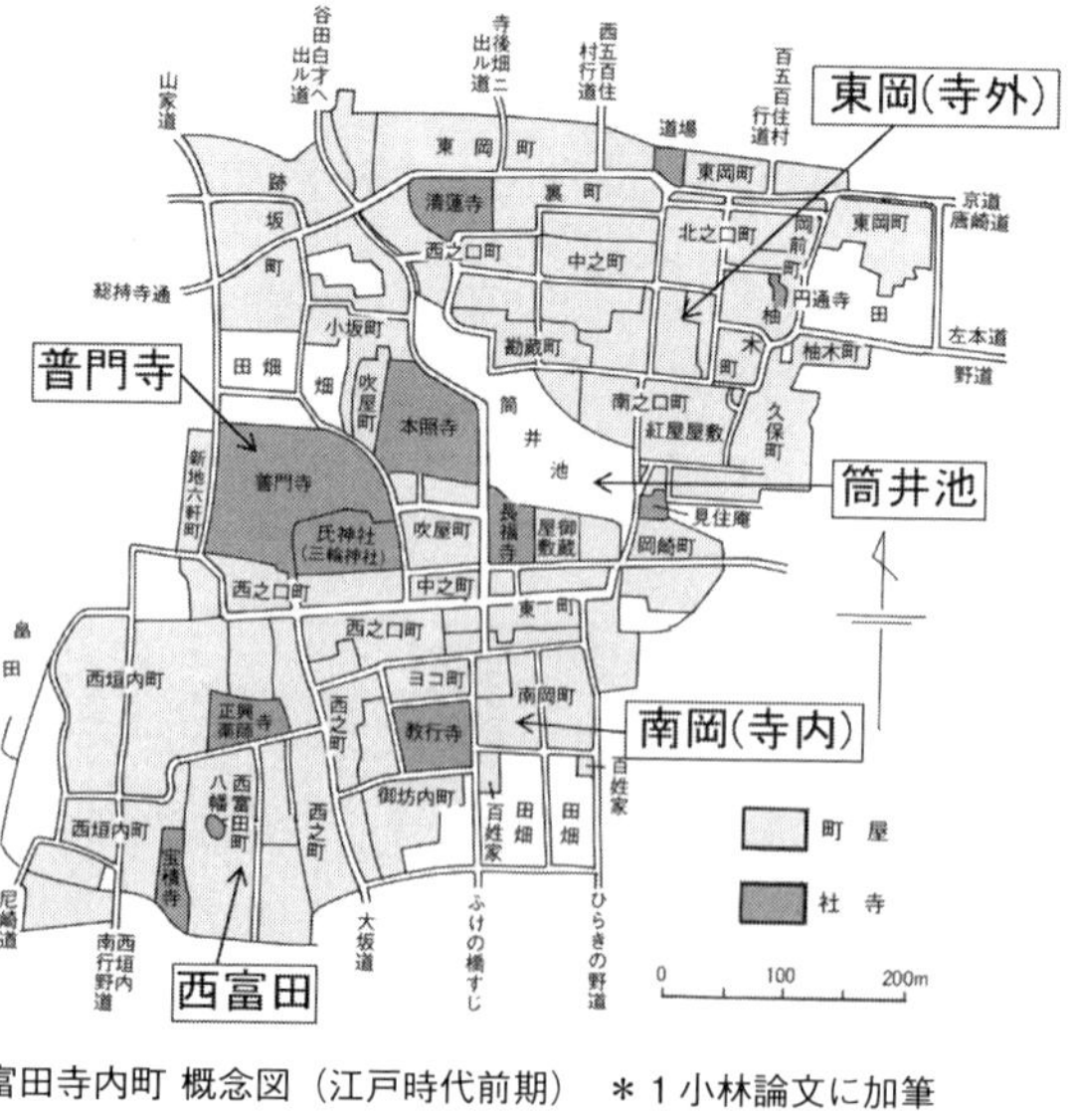

富田寺内町 概念図（江戸時代前期）　＊１小林論文に加筆

＊8　『言継』。

＊9　一五六九年六月一日付ルイス・フロイス書簡。

格が強い集落であったと思われる。

現在の普門寺境内の西側には長さ約四〇m、北側には約六〇mの長さの土塁と、その外側には堀の跡が確認できる。寛政十年（一七九八）に刊行の『摂津名所図会』所収の普門寺の挿絵を見ると境内周囲に植林がなされており、これが土塁であるのかもしれない。なお、現在の境内は、江戸期よりも縮小している。

この境内を「普門寺城」と称する場合もあるが、同時代史料で「城」を伴った表現は確認できない。寺院などの宗教施設では土塁や堀が結界を示し、江戸期の環濠集落にも内外を明示するために構築されることがある。一方、京都の将軍邸（御所）でも堀や土塁が常態化するのは第十三代将軍義輝の時代であり、阿波三好家の拠点勝瑞（徳島県藍住町）など戦国期の武家居館でも土塁が確認できない事例もある。普門寺境内の本質は寺院であり、「城」との評価には慎重な姿勢が求められる。

さて、直前の義栄は摂津下郡の拠点城郭である越水城（兵庫県西宮市）に入ったが、直線で約五・五km離れた三好氏の支配拠点・芥川城という摂津最大規模の山城に入った形跡はない。義栄らの居所は、三好本宗家の居城とは別の寺内町であったことに注目すべきだろう。一方で富田は武家との関係が深い町場で、阿波三好家の重臣篠原長房由縁の教行寺が所在した。義栄の関係者が滞在できる環境や施設があり、中でも禅宗の由緒ある普門寺が義栄にふさわしい居所に選ばれたのだろう。この普門寺で義栄の幕府は機能し、当時は将軍御所の観を呈したに違いない。ただし、その実態は不明な部分が多く、引き続き検討する余地も大きい。

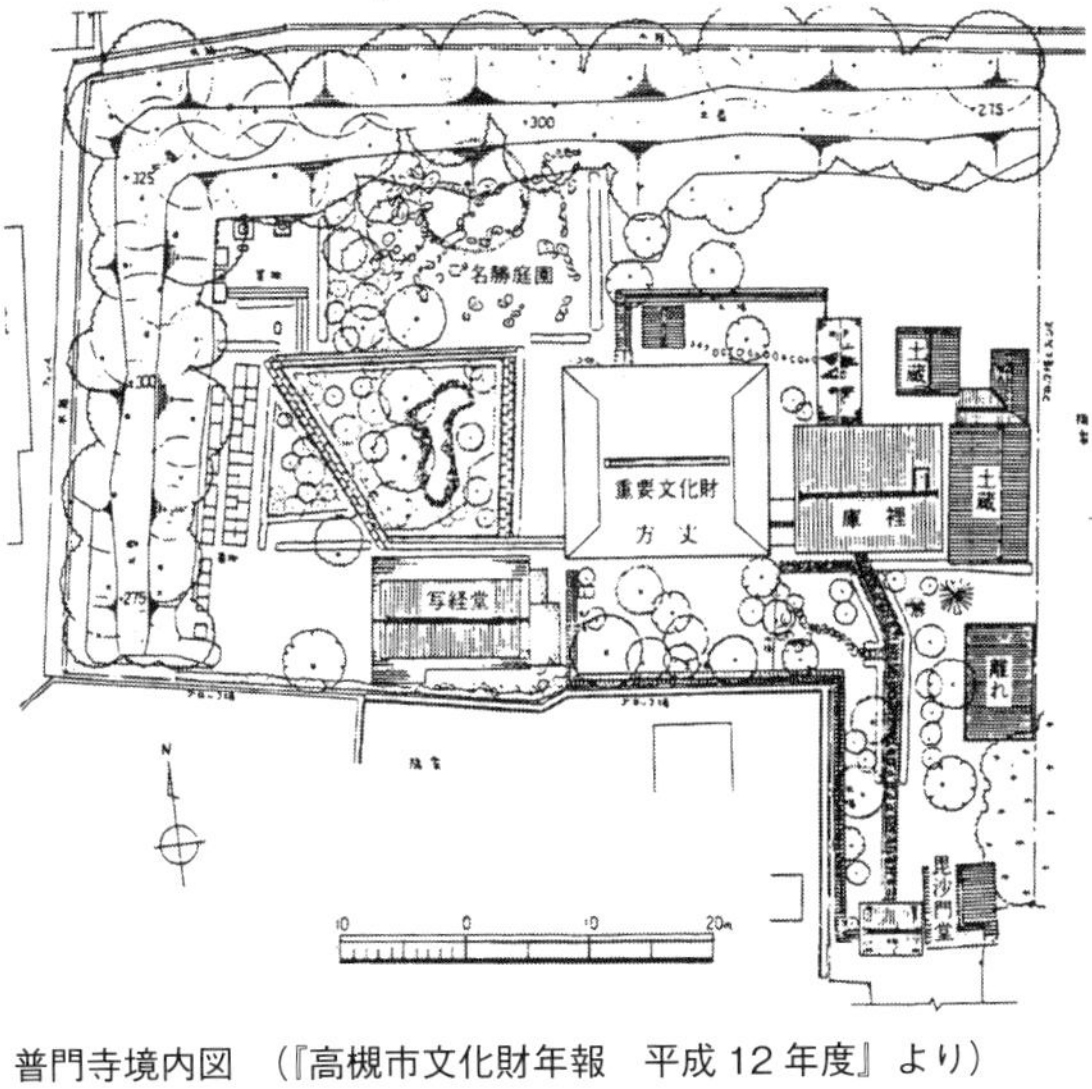

普門寺境内図　（『高槻市文化財年報　平成 12 年度』より）

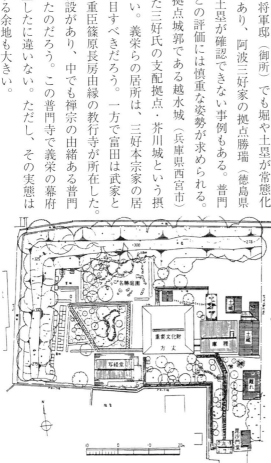

義昭の居所と越前朝倉氏の戦国都市

24 御所《ごしょ》・安養寺《あんようじ》（一乗谷《いちじょうだに》）

①所在地：福井市東新町
②将　軍：足利義昭
③立　地：谷底平野（標高約八〇m）
④遺　構：平坦面・石垣

【概要】永禄十年（一五六七）十一月から翌年七月にかけ、朝倉義景の庇護を受けて足利義昭が滞在した寺院である。安養寺跡に接して御所跡とされる場所があり、発掘調査がなされて平坦面や石垣などを目にすることができる。国の特別史跡である。*1

【立地】戦国時代の都市を代表する一乗谷は、一乗谷川が流れる谷底平野で形成されており、上・下の二ヶ所の城戸《きど》が内外を隔てていた。安養寺は上城戸の外側に位置し、一乗谷東側の山稜裾の高台にある。一乗谷は北側に美濃へと向かう街道と日本海の三国湊《みくにみなと》（福井県坂井市）へと続く足羽川《あすわがわ》の川湊があり、越前府中（同越前市）への街道も整備されるなど水陸交通の便に富む地であった。

【歴史と背景】永禄九年（一五六六）八月二十九日、近江の矢島（滋賀県守山市）にいた足利義昭は織田信長との上洛計画を見送り、妹婿の武田義統を頼って若狭へ向かった。その叔父信実《のぶざね》と弟信景《のぶかげ》は義昭の近臣で、義統には矢島に参陣すれば望みの知行を安堵すると伝えていた。*2 しかし、若狭では義統に反発する家臣が子の元明《もとあき》を擁立する軍事的緊張が生じていたため、義昭は九月八日に越前国敦賀《つるが》（福井県敦賀市）に移る。同月には義昭に対抗する勢力（三好三人衆や阿波三好家）が将軍候補に擁立した足利義栄が阿波から渡海し、摂津の越水城（兵庫県西宮市）に入っていた。

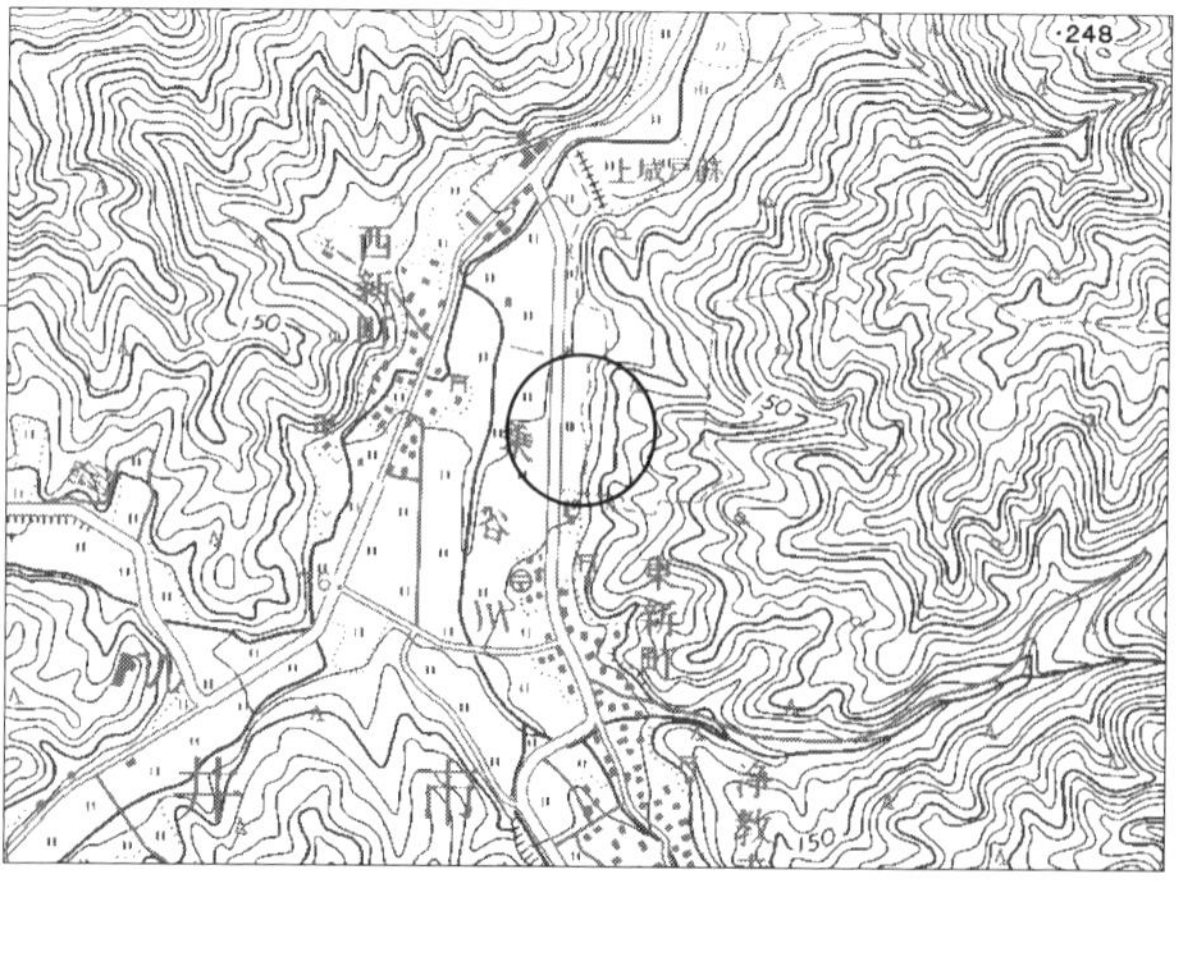

『越州軍記《えっしゅうぐんき》』によれば義昭は朝倉義景を頼り、義景は一族の朝倉景鏡《かげあきら》を礼に遣わしたという。義昭は越後の上杉謙信による支援を強く望みつつ、義景と加賀一向一揆との和睦を成立させて翌永禄十年十一月になって一乗谷の安養寺へと入った。義昭の敦賀滞在は一年以上に及び、朝倉景《かげ》恒《つね》の敦賀城に入ったともいう。[*3] ただし、朝倉景恒が就いた敦賀郡司の居館の所在地を含め、義昭の居所などの詳細はよくわからない。

安養寺（浄土宗西山禅林寺派）は、文明五年（一四七三）に一乗谷へと移ってきた寺院で朝倉孝《たか》景《かげ》の建立とされ、越前に五ヶ寺、一三〇の道場を擁する一乗谷でも大きな寺院であった。[*4] 長享二年（一四八八）には信濃善光寺（長野市）の真盛《しんせい》が説法を行って朝倉貞景《さだかげ》が聴聞し、天文十六年（一五四七）から翌年にかけては儒学者の清原枝賢《きよはらのえだかた》が儒学を講じた。一乗谷焼亡後は天正三年（一五七五）に柴田勝家が北庄《きたのしょう》城（福井市）を築いた際に足羽川対岸の町屋地区の隣接地に移し

上：安養寺跡
中：朝倉館跡
下：朝倉館跡の内部

＊1　後述する御所・安養寺跡の発掘調査成果については、岩田隆「第97・98次調査」（『特別史跡 一乗谷朝倉氏遺跡 平成8年度発掘調査環境整備事業概要』二七、福井県立一乗谷朝倉氏遺跡資料館、一九九七年）を参照されたい。

＊2　若狭武田氏については河村昭一『若狭武田氏と家臣団』（戎光祥出版、二〇二一年）を参照。

＊3　佐藤圭「安養寺と足利義昭の御所」（『特別史跡 一乗谷朝倉氏遺跡 平成8年度発掘調査環境整備事業概要』二七、福井県立一乗谷朝倉氏遺跡資料館、一九九七年）。

＊4　安養寺については＊3佐藤論文を参照。

たといい、近世福井城下の寺院として存続している。*5

再び『越州軍記』によれば、義昭は十一月二十一日に安養寺に入り、二十七日には義景が重臣を従えて出仕した。十二月二十五日には義景の館へ義昭の御成が行われ、さまざまな進物と酒肴一献に及ぶ盛儀が執り行われた。*6 翌十一年三月八日には義景の母・光徳院《こうとくいん》が二位の尼に任ぜられ、その居所へも義昭は御成を執り行った。三月下旬には義館の北東にある南陽寺《なんようじ》で糸桜を愛でる宴が行われ、義昭は「もろ共に月も忘るな糸桜　年の緒長き契と思はゞ」、義景は「君が代の時にあひあう糸桜　いともかしこきけふのことの葉」との歌を詠んだという。

二月には義栄が摂津富田で将軍に任官していたが、三好義継が敵対する松永久秀の下へと逃亡して前年に美濃の一色（斎藤）氏を追った信長と結んだ。一乗谷において義昭は謙信と武田信玄、北条氏康《ほうじょううじやす》との間の停戦を働きかけ、義景は義昭の文書に副状を出すようになった。*7

永禄十一年四月、義昭は元服して名を「義秋」から「義昭」にあらため、義景が加冠役をつとめた。五月十七日に義昭は義景の館へと御成を行い、走衆《はしりしゅう》や御供衆を従えた盛儀の内容が「朝倉亭御成記」から知られる。しかし義景が軍勢を出さぬまま、七月に信長が上洛への供奉をあらためて義昭に申し出た。そして義昭は十三日に一乗谷を発った。十六日に信長と連携する近江の浅井長政の小谷《おだに》（滋賀県長浜市）に逗留し、二十五日に美濃の立政寺《りゅうしょうじ》（岐阜市）に入っている。

なお、かつて一乗谷には足利義稙も一時滞在した。明応二年（一四九三）に細川政元らが起こした「明応の政変」で失脚した将軍義稙は、政変で斃れた畠山政長《まさなが》の分国であった越中に逃れ、神保長誠《じんぼながのぶ》の支援を受けた。同七年になって朝倉貞景を頼って上洛を果たそうとし、九月に一乗谷の含蔵寺《がんぞうじ》という寺院に滞在した。ただし貞景は非協力的で、翌月には一乗谷を去っている。*8

【構造と評価】一乗谷は上城戸《かみきど》、下城戸《しもきど》という土塁・堀によって外部を遮断し、内部には義景の

御所跡の北端

*5　河端しのぶ・藤田勝也「近世福井城下における寺町・寺院集積地の景観形成と地域性」（『福井大学地域環境研究教育センター研究紀要』九、二〇〇二年）。

*6　松原信之『越前朝倉一族』（新人物往来社、一九九六年）。

*7　久野雅司『足利義昭と織田信長』（戎光祥出版、二〇一七年）。

*8　*3佐藤論文、山田康弘『足利義稙』（戎光祥出版、二〇一六年）。

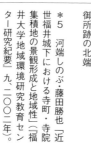

館（朝倉館跡）と母光徳院の中の御殿跡、南陽寺跡などという当主館と関連施設が存在する地区があり、さらに武家屋敷地、町家などが展開した。谷筋東側の一乗城山（標高四七五m）には越前を代表する本格的な戦国期山城である一乗谷城跡が所在し、麓との比高は約三七〇m、規模は東西約四四〇m×南北約六二〇mである。無数の畝状空堀群を備えつつ、面積の大きな曲輪が設定されている。*9

安養寺跡は一乗谷南端の上城戸から約三〇〇m離れた外部にあり、北側の御所跡とあわせると南北約一四〇mに及ぶ山裾高台の平坦面群となる。南端は東西最大長が約五〇mとまとまった面積になっており、平成八年度に発掘調査がなされた。平坦面は山を背負う東から上・中・下段に分かれて礎石建物や柵列、石垣、溝などが検出され、越前焼の甕や壺、土師皿の他、さらには池状遺構から笏谷石《しゃくだにいし》製の狛犬が出土した。寺跡は後世の削平を受けて出土資料数は少なく、出土遺物の器物の傾向は中級の武家屋敷地に似ると評価されている。*10

さらに、東側の谷地形には東西約三〇mの範囲で階段状の平坦面が存在し、石塔や石仏が確認されている。北側に続く御所跡の平坦面でも東側の谷部にまとまった面積の平坦面があり、屋敷跡だと考えられる。御所跡の北端には東側から尾根が突き出た形となり、範

上：一乗谷の下城戸
下：一乗谷の上城戸

*9　一乗谷城については、新谷和之「一乗谷城の縄張構造」（『一乗谷朝倉氏遺跡資料館紀要二〇一九』、福井県立一乗谷朝倉氏遺跡資料館、二〇二一年）を参照。

*10　*1岩田論文。

一乗谷城跡の「千畳敷跡」

囲を区切る土塁のような機能を果たしている。

一乗谷北側の下城戸外部は、足羽川の川湊と街道が結節する阿波賀という流通の町が成立し、小野正敏氏は都市の周縁として無縁の原理が働く場と評した。[*11] 大規模な武家屋敷地も存在したが、城

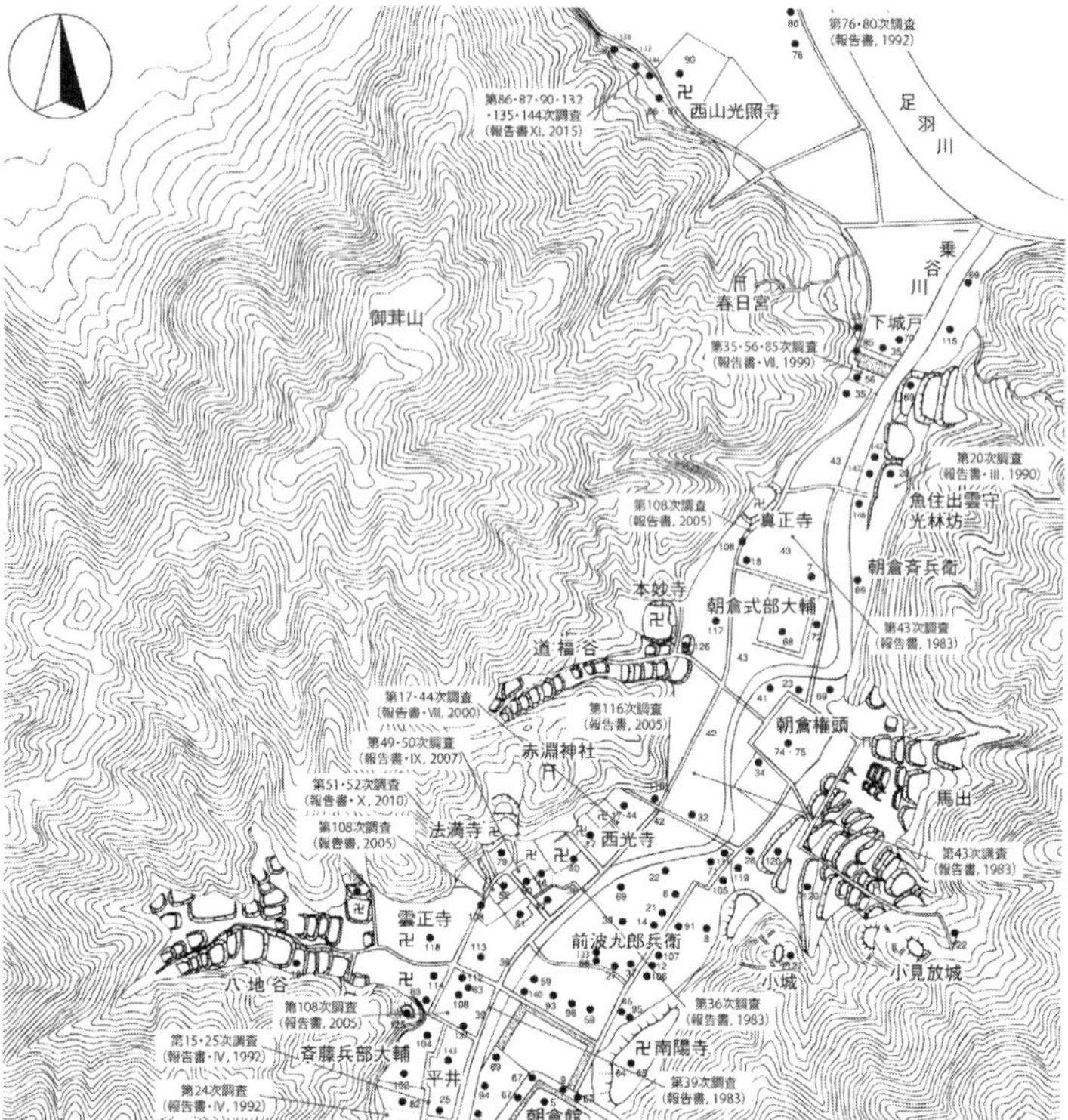

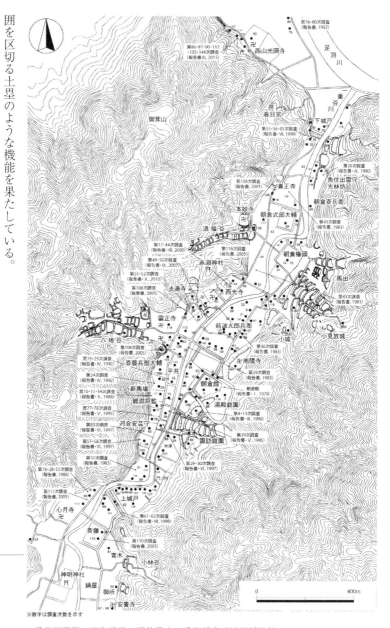

一乗谷概要図　画像提供：福井県立一乗谷朝倉氏遺跡博物館

*11　小野正敏『戦国城下町の考古学』（講談社、一九九七年）。

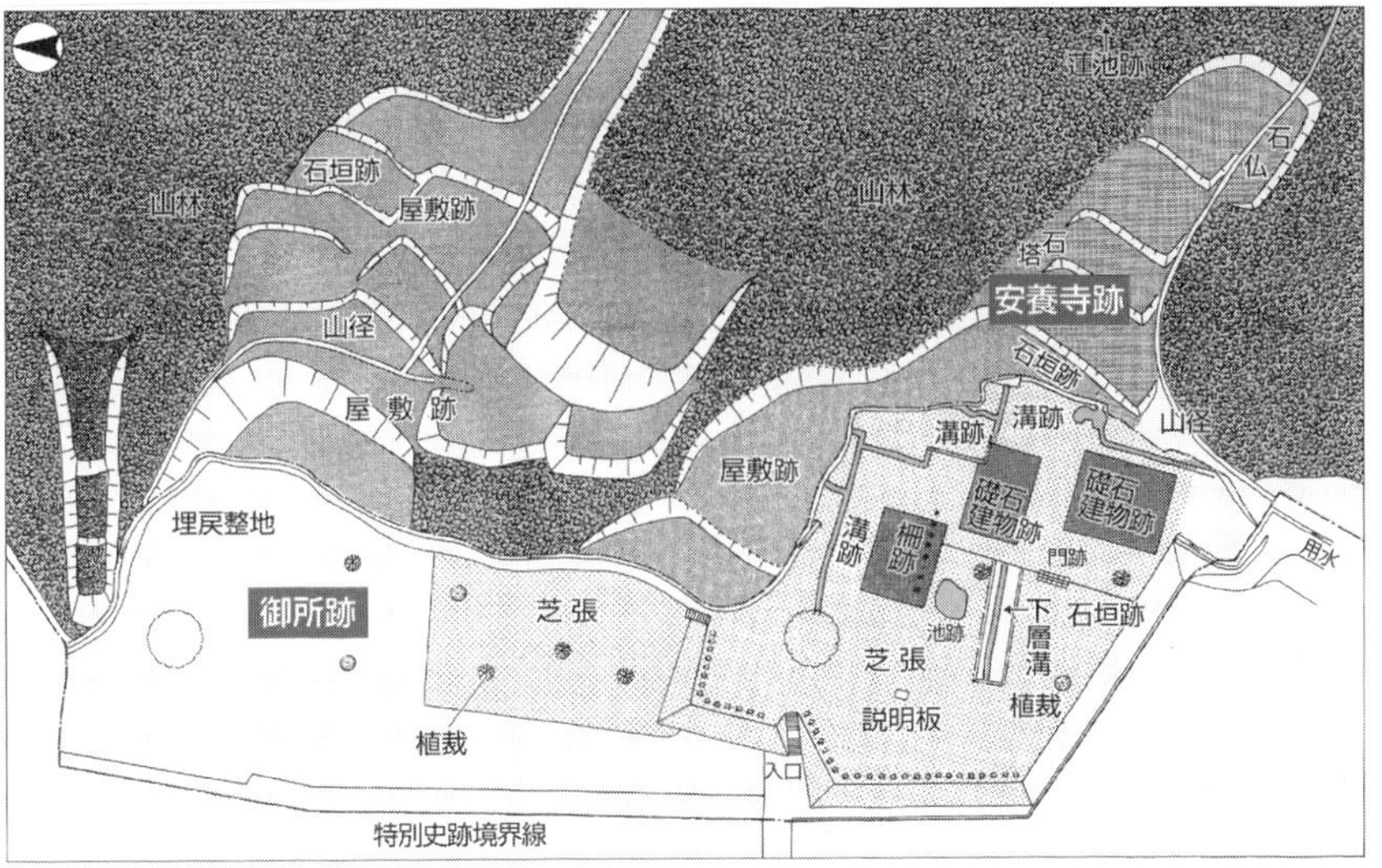

御所・安養寺跡 遺構図　作成：福井県立一乗谷朝倉氏遺跡資料館（当時）。『室町最後の将軍—足利義昭と織田信長—』（滋賀県立安土城考古博物館、2010 年）より転載

戸の内側とは状況を異にし、火葬場や骨捨て場が確認されている。西山光照寺《こうしょうじ》という大規模な寺院跡も存在し、[*12] 足利義稙が滞在した含蔵寺はこの阿波賀にあった。

上城戸の外にも武家屋敷地が存在しつつ、「東新町」「西新町」等の地名から町家の存在が想定される。安養寺跡の反対側の山裾には、約七〇〇体の石仏が存在する盛源寺《せいげんじ》跡もある。城戸の外は無縁の原理の世界、朝倉氏との主従関係に縛られた支配空間ではないニュートラルな俗世の権力や抗争とは無縁の場であった。まさにその場に存在する寺院が義昭の入った安養寺であり、義稙もそうであった。一乗谷の安養寺は京都を没落した将軍と庇護する権力との関係を示し、他の将軍の居所や武家拠点における屋敷地の立地を考える上での好事例になるだろう。また、安養寺跡は発掘調査がなされた将軍の御所跡としても貴重である。

＊12　西山光照寺は文明三年（一四七一）に朝倉孝景が叔父の将景の菩提を弔うために真盛の高弟盛舜を招いて再興したとされ、一乗谷の真盛派の代表的寺院となった。近世は福井城下に移転したが、寺跡には大型の石仏が四〇体、石塔、石仏三四〇体以上があり、堂宇の礎石や石組が発掘されている。

西山光照寺跡

義昭の天下支配と三好氏の拠点

25 芥《あくた》川《がわ》城《じょう》

①所在地：大阪府高槻市大字原
②将　軍：足利義昭
③立　地：山頂部（標高約一八三m）
④遺　構：曲輪・土塁・竪土塁・堀切・虎口・石垣

【概要】永禄十一年（一五六八）九月、上洛を目前とした足利義昭が二週間滞在し、勅使や畿内の武将と対面して将軍任官の準備を整えた摂津の拠点城下である。それまでは三好氏による畿内支配の政庁であり、この城に入ることで義昭らは新たな幕府のスタートを示したと考えられる。二〇二二年に国の史跡に指定された。*1

【立地】北摂山地と大阪平野が接し、北・西麓が芥川の峡谷となる標高一八二・六mの城山（三好山）山頂に中心部が立地する。麓との比高は約一一〇mで、南に約三・五km離れた場所に西国街道の芥川宿が所在した。なお、東側の帯仕山には天文二十二年（一五五三）に三好長慶が城攻めをした際の陣城遺構が残されている。

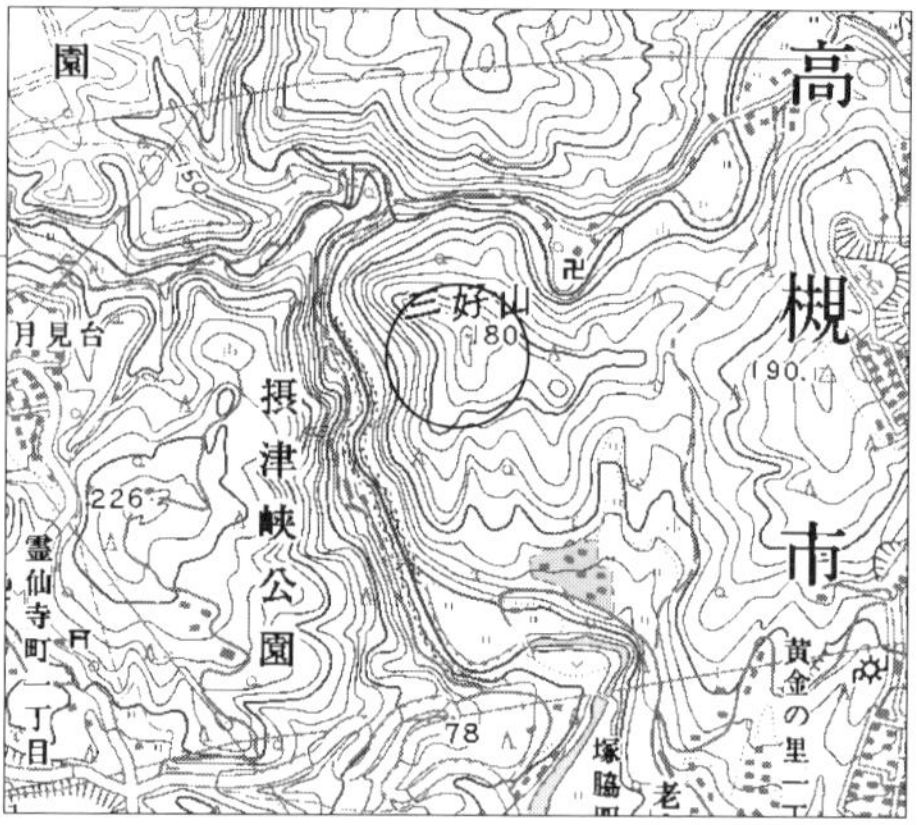

南南東の上空からみた芥川城跡　画像提供：高槻市教育委員会

【歴史と背景】永正十二年（一五一五）に細川京兆家の細川高国が築城した。細川京兆家は摂津・丹波などの守護、室町幕府の管領をつとめる家であり、広く畿内に力を振るった。しかし築城の時点では分裂しており、天文二年（一五三三）以降は高国を倒した細川晴元が長期滞在し、天文二十二年には晴元を追放した家臣の三好長慶の居城となった。細川京兆家は在京を志向したが長慶（三

*1　芥川城については、中西裕樹・早川圭編『芥川城跡—総合調査報告書—』（高槻市、二〇二一年）を参照。

好本宗家）は芥川在城を基本とし、将軍を擁しない畿内支配を行った。城には松永久秀らの重臣が屋敷を構え、城内では文書発給や連歌や儒学といった文芸が行われる場となった。寺社や村落間の相論裁許が行われ、多くの人びとが長慶や家臣との折衝や対面を求めて登城している。芥川城は畿内支配の政庁として機能し、広く周知されていた。

永禄八年（一五六五）に三好氏らが第十三代将軍足利義輝を殺害した後、弟の足利義昭は上洛と将軍任官を目指して越前朝倉氏らを頼った。三好三人衆らが戴いた対抗馬の足利義栄が摂津富田（大阪府高槻市）で将軍につくが、永禄十一年七月に義昭は美濃の織田信長に迎えられて上洛への軍事行動を起こす。[*2] 九月七日に信長は岐阜城（岐阜市）を進発し、敵対した近江六角氏の観音寺城（滋賀県近江八幡市・東近江市）を制圧して義昭と合流した。近江を掌握して二十六日には別働隊が上洛したが、義昭と信長の本隊は京都南郊の東寺（京都市南区）などを経て西国街道を西に向かい、三好三人衆の石成友通《いわなりともみち》が拠る勝龍《しょうりゅう》寺《じ》城（京都府長岡京市）を攻撃した。そして摂津国の天神《てんじん》馬場《ばば》（大阪府高槻市）に進んで二十八日に芥川宿と思われる「芥川之市場」を放火し、三好三人衆の三好長逸と京兆家の細川昭元（信良）が籠もる芥川城の「麓」を攻撃した。[*3] 長逸らは没落し、三十日に義昭は芥川城へ入った。

信長の軍勢は十月二日に敵対する摂津池田氏を降して芥川城に戻り、三日には河内畠山氏と松永久秀の他、畿内近国の国人ら義昭に出仕し、信長に礼を述べた。堺商人の今井宗《いまいそう》久《きゅう》も進物を携えて登城し、人々の訪問は「門前に市をなす」

山頂近くで検出された塼列建物　画像提供：高槻市教育委員会

＊2　上洛周辺の動向や芥川城の位置づけについては中西裕樹「永禄十一年の足利義昭・織田信長の上洛と芥川城」（『しろあとだより』二〇、二〇二〇年）を参照。

＊3　『言継』。

有様であったという。[*4] 六日には朝廷が万里小路《までのこうじ》輔房《すけふさ》を勅使として芥川城に派遣し、義昭に太刀、信長に酒肴十合十荷を下賜している。公卿の飛鳥井《あすかい》氏、烏丸《からすま》氏、日野《ひの》氏らが登城し、義昭の将軍任官・参内に向けた談合と装束の調整、調達にあたって京都では義昭家臣の諏訪晴長《すわはるなが》、信長家臣の明院良政《みょういんりょうせい》、村井貞勝《むらいさだかつ》が働いた。そして十四日、芥川城での滞在二週間を経て、義昭は念願の上洛、将軍就任を果たした。この後の芥川城は義昭重臣の和田惟政が城主となり、義昭による摂津支配を支えた。[*5] 家臣の高山飛騨守（子が右近）を城代とするが翌年には高槻城（大阪府高槻市）を居城とし、以降に機能は停止していったと考えられる。

【構造と評価】 城域は東西約五〇〇m×南北約四〇〇mに及び、縄張りは大きく西・中央・東の曲輪群で構成される。[*6] 西曲輪群最高所が主郭で桝形状の虎口が想定され、中央曲輪群との間の谷間が大手の登城路として把握される。東側曲輪群には土塁で囲まれた曲輪と竪土塁が存在するが中央曲輪群との間には堀切があり、全体的に曲輪の縁辺部が不明瞭である。後世の改変も大きいが、表採資料は質・量とも西・中央曲輪群より劣る。地形的に芥川城は城外東側の帯仕山の標高が若干高いため、日常的に機能する西・中央曲輪群に対し、東曲輪群はこの弱点の克服や駐屯を想定した臨時的なエリアであった可能性が高い。

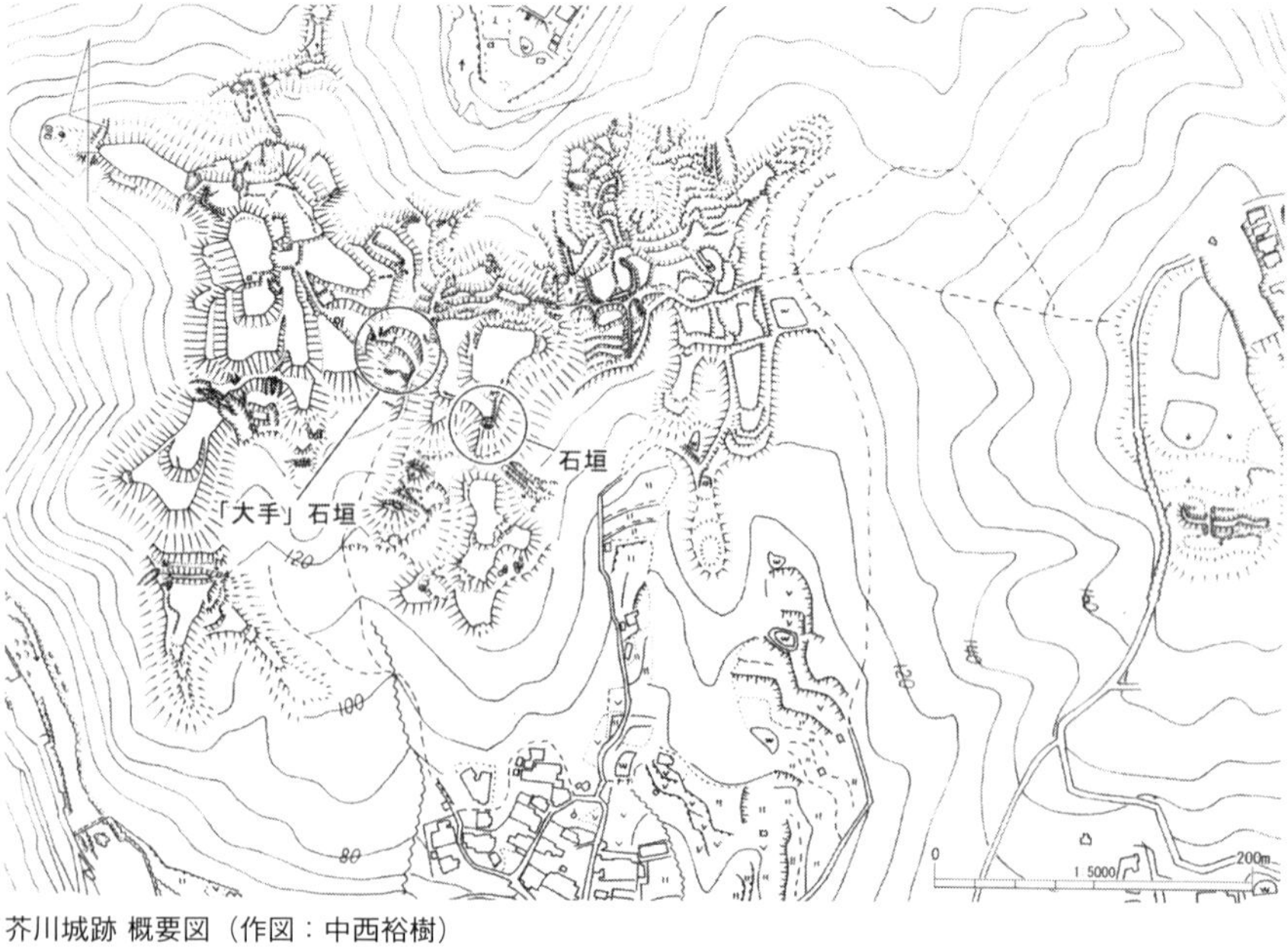

芥川城跡 概要図（作図：中西裕樹）

主郭の発掘調査では、北側で六・七五m×二・九m以上の縁がまわる礎石建物が検出され、遺構が確認できなかった南側は広場であったと考えられている。主郭の南側では蔵構造であったと思われる塼列《せんれつ》建物と、一体となる大型礎石建物が検出された。一連の発掘では弘治二年（一五五六）の火災と思われる焼土層が確認され、これ以降に整備された建物であることが判明している。城が機能した時期の供膳・調理・貯蔵用の食器の他、奢侈品や文具、茶道具等も多く出土し、他の戦国期城郭に比して突出した数の同時代史料が伝存、確認されている。

戦国期の山城としては珍しい石垣が認められ、大手には谷間を塞ぐ高さ三m以上、長さ約一二mに復元できる石垣が残存し、中央曲輪群にも高さ二・一m、長さが七m以上の石垣が確認できる。織豊期・近世城郭のような切石を用いて隅石部を持つ高石垣ではないものの、間詰石と裏込め石を伴って横目地を意図した積み方であり、大型石材の使用と大手やルートを意識した構築場所をふまえ、これらの石垣には視覚効果が意図されたと考えられる。

戦国期の将軍は京都復帰時に前将軍の御所を再生し、一時的に入る行動をとった。これには権威や秩序、権力の継承に場所と家屋の記憶を利用した可能性が指摘されている。*7 上洛前に京都の南を迂回して芥川城に入り、人々の挨拶を受けた義昭の行動は首都京都に代わる三好氏の畿内支配の政庁を意識したものだろう。これは義昭らが将軍ではない三好氏による天下成敗の城郭という場を認め、その継承を意図した可能性を示している。この後の義昭は和田惟政をはじめ、国人の池田氏や伊丹氏らの国人を合戦に動員した。以前の将軍は、摂津を直接、掌握するようなことはなかった。これらの点をふまえると、義昭は従来の将軍とは一線を画すことを意図していたことも想定できる。

*4　『信長公記』。

*5　和田惟政については中西裕樹「和田惟政」（天野忠幸編『戦国武将列伝8　畿内編下』戎光祥出版、二〇二三年）を参照。

*6　以下*1を参照。

*7　髙橋康夫『海の「京都」』（京都大学学術出版会、二〇一五年）。

芥川城跡に残る石垣

足利義昭による幕府終焉の地

26 鞆《とも》城《じょう》（鞆《とも》の浦《うら》）

①所在地：広島県福山市鞆町後地
②将　軍：足利義昭
③立　地：独立丘陵（標高約二四ｍ）
④遺　構：曲輪・石垣

【概要】天正四年（一五七六）から将軍足利義昭が滞在し、毛利氏の庇護下で自らを追放した織田信長に対抗した「鞆幕府」の所在地である。すでに鞆には城郭が存在したが不詳であり、現在の遺構は慶長五年（一六〇〇）に福島正則《ふくしままさのり》が重臣大崎玄蕃《おおさきげんば》を配して改修したものである。＊1

【立地】瀬戸内海の港町・鞆の中心に位置する独立丘陵上（標高約二四ｍ）に中心部が立地し、山麓との比高差は約二二ｍであり、周辺を含めて関連施設が存在したと考えられる。鞆の浦は、瀬戸内海の中央に位置する「潮待ち」の港町であり、鎌倉期から町場が形成されてきた。

鞆の浦の風景

【歴史と背景】天正四年（一五七六）二月八日、将軍足利義昭は毛利輝元《てるもと》が支配する鞆の浦に入った。この鞆は、永正五年（一五〇八）に周防の大内氏の勢力を背景に上洛し、将軍に復帰した将軍足利義稙がその行程で滞在した場所であった。義昭は天正元年に槇島城（京都府宇治市）での挙兵に失敗し、織田信長に京都を追放された後、河内の若江城（大阪府東大阪市）や堺（堺市堺区）を経て、十一月九日に紀伊へと密かに向かった。

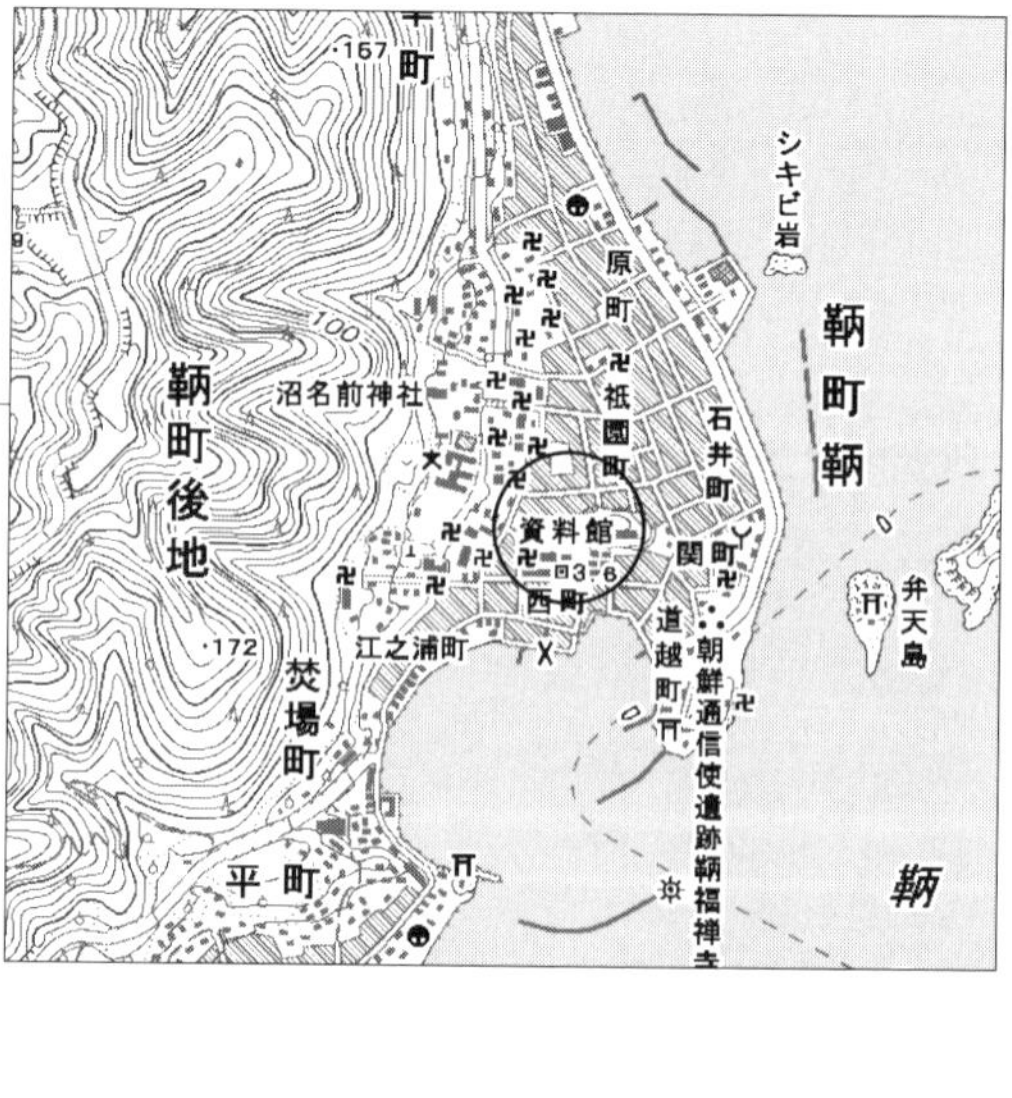

＊1　鞆城については、後註のほか、小都隆「鞆城」（『日本城郭大系』一三、新人物往来社、一九八〇年）、木村信幸「鞆城跡」（『広島県中世城館遺跡総合調査報告書』三、広島県教育委員会、一九九五年）も参照した。
＊2　山田康弘『足利義輝・義昭』（ミネルヴァ書房、二〇一九年）。

従うものは二十人ばかりといい、同月末頃に紀伊国の興国寺（和歌山県由良町）に入ったと考えられる。信長との再和睦の不成立、頼む毛利氏の消極的な姿勢を察した後のことであった。*2 本願寺や三好氏、遊佐《ゆさ》氏らの畿内でも南を押さえる勢力が義昭の背後にはいたのだろう。

紀伊での義昭は家臣を派遣して東は上杉・武田・北条氏、南は島津氏、さらに信長の同盟者である徳川家康にも協力を命じる。しかし、天正三年に信長は河内の高屋《たかや》城（大阪府羽曳野市）で三好康長《やすなが》、長篠の戦いで武田勝頼に勝利して本願寺を降す。そこで天正四年二月、義昭は隠密で毛利氏配下の村上《むらかみ》氏らが支配する鞆の浦へ移った。*3 毛利輝元らが知らぬ行動で、九州へと向かう道中の立ち寄りであったともみられる。*4 しかし、義昭は天正十年に北西に約五km離れた熊野《くまの》（広島県福山市）の常國寺《じょうこくじ》に移り、同十三年には鞆から北西約一三km離れた津之郷（福山市）に移るが、天正十五年に豊臣秀吉に迎えられるまで広義の鞆の範囲に滞在し続ける。これは紆余曲折の結果、毛利氏が義昭支援と織田氏との対立を選択したためである。

「鞆公方」と呼ばれた義昭は毛利輝元を副将軍とし、輝元は義昭の御内書に添状を出すようになった。多くの家臣に加え、近江の六角義堯《よしたか》や伊勢の北畠《きたばたけ》具親《ともちか》、丹波の内藤ジョアンの他、畿内の義昭幕府を支えた畿内近国の旧勢力も鞆に集まった。義昭は毛利氏に依存しつつ公儀として存在し、藤田達生氏は「鞆幕府」との呼称を与えた。*5 義昭は毛利氏家臣を御供衆とし、または特典を付与し、外様の大身家臣の相続にも関わった。毛利家中に義昭が秩序を与えることは毛利家のメリットでもあり、反面では礼としての莫大な金品を財源とした。鞆が所在する備後国沼隈《ぬまくま》郡において、義昭は一三五〇石以上の所領を有し、*6「鞆夫」という独自の夫役（人夫役や普請役）を周防・長門両国に課した。西国の大名らからも進物があり、京都や鎌倉の禅宗五山の住持を任命する「公帖《こうじょう》」の権限を維持していた。

*3　鞆での義昭周辺については檀上浩二編『鞆幕府 将軍 足利義昭』福山市鞆の浦歴史民俗資料館、二〇二〇年）を参照されたい。

*4　長谷川博史「戦乱の時代の港町・鞆の浦～足利義昭と鞆の浦～」（*3檀上編文献）。

*5　藤田達生『謎とき本能寺の変』（講談社現代新書、二〇〇三年）。

鞆城跡南西麓の「クボ」付近

毛利氏は大坂本願寺や上杉氏と連携して織田氏との戦いを展開し、天正六年には播磨の別所《べっしょ》氏や摂津の荒木《あらき》氏が信長から離反したが、これらを駆逐した信長は対毛利氏の戦を本格化させる。しかし、同十年に明智光秀が信長を殺害する本能寺の変が起こり、これには義昭による働きかけがあったとされる。＊7 この後、義昭は光秀を倒した羽柴秀吉、対立する柴田勝家の双方から接近を受け、天正十二年には帰京が検討されるが、最終的に義昭は太政大臣・関白となった豊臣秀吉が天正十五年に九州へ出陣する際に拝謁、帰京し一万石が与えられた。

【構造と評価】義昭段階の鞆城の様相は不詳で、慶長五年（一六〇〇）に福島氏が近世城郭として大改修した後、元和の一国一城令で破却を受けたといい、公園化でも遺構は損なわれている。石垣も修復を受け、必ずしも旧状を伝えてはいない。

縄張りについては、髙田徹氏が現状遺構と地形、発掘調査、近世絵図などに基づいて復元されている。＊8 丘陵上の主郭は長方形で天守相当の櫓があり、石垣が構築されて城域は丘陵周辺に拡大した。全体は鞆の港を取り囲む曲輪配置で、文禄・慶長期に朝鮮半島で築城された倭城《わじょう》が港湾

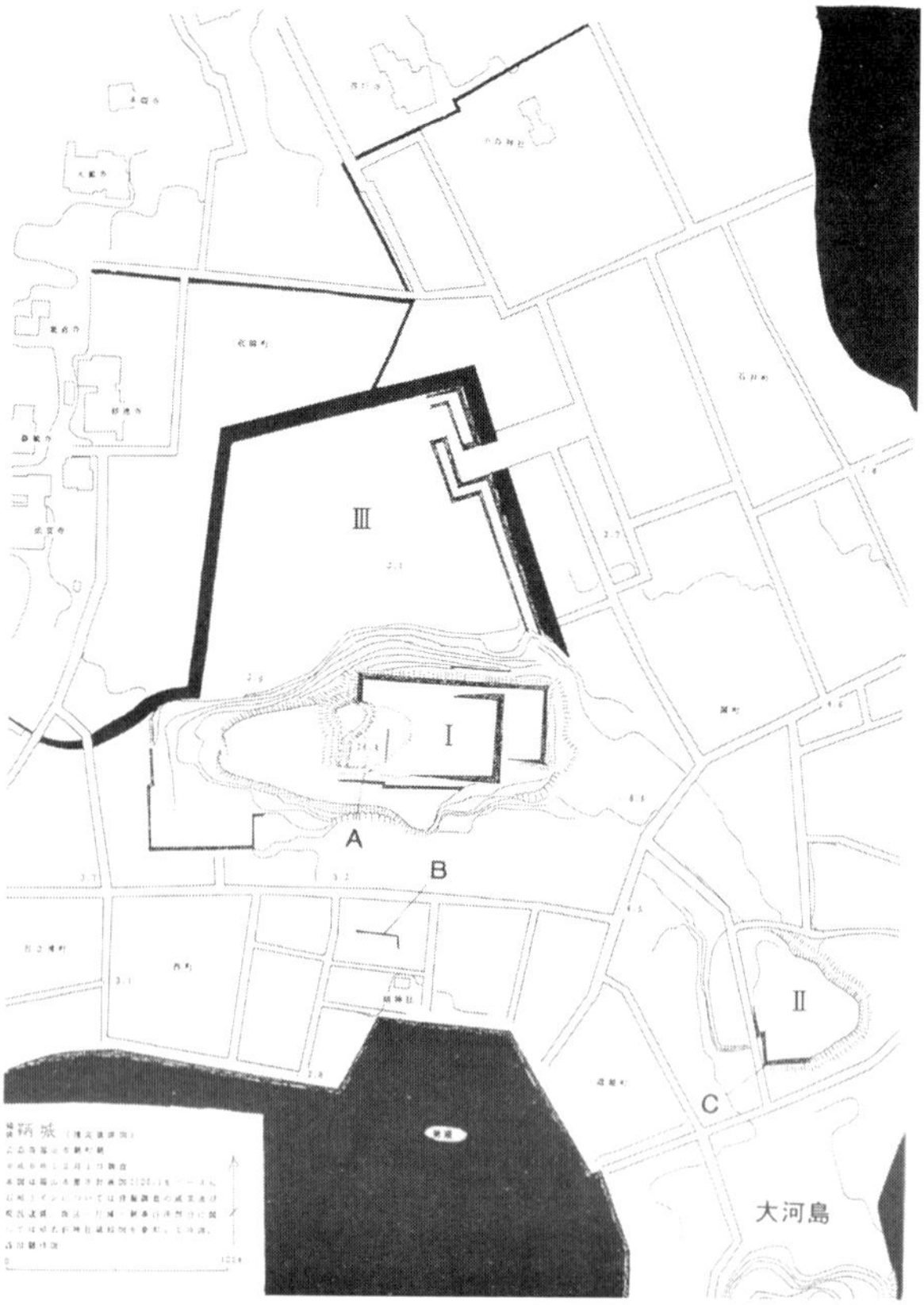

鞆城 復元図（作図：髙田徹氏）

＊6　長谷川博史編「中世の港町鞆の浦を探る」（『鞆の浦の歴史 福山市鞆町の伝統的町並に関する調査研究報告書Ⅰ』福山市教育委員会、一九九九年）。

＊7　藤田達生『本能寺の変の群像』（雄山閣、二〇〇一年）。

を確保した縄張りに通じる。

義昭の御所であるが、元禄年間（一六八八〜一七〇四）の絵図（沼名前神社蔵）には城跡南西麓に「此処ヲ　クボト云」、享保三年（一七一八）の絵図では西側の寺院集中地区に「公所谷」の記載があり、居所や関連施設の所在地の可能性がある。*9 このほか、申明亭《しんめいてい》と呼ばれる庭園も御所の庭ともいう。

義昭が鞆に入った理由については、初代将軍足利尊氏が鞆の小松寺で再起を期した足利氏由緒の他、四国や九州ににらみがきく瀬戸内の要港であることが指摘される。ただし長谷川博史氏は義昭が毛利氏の本拠吉田郡山《よしだこおりやま》（広島県安芸高田市）に赴かず、かつて将軍義輝の使者として義理の叔父 聖護院道増《しょうごいんどうぞう》が下向した際に鞆に申し留めたことに注目する。毛利氏は当初義昭の対応に困惑する一方、他勢力とつながる義昭とは一定の距離があった。また、戦国期の港町は複数の町場から構成され、遠隔地を含むさまざまな人々が活動する中立的な緩衝帯という側面を生み出した。これらが深く関連し、義昭の鞆滞在の長期化となった可能性がある。*10 大名権力の支配地域や本拠における、京都を離れた将軍の居所を考える上で重要な指摘であろう。

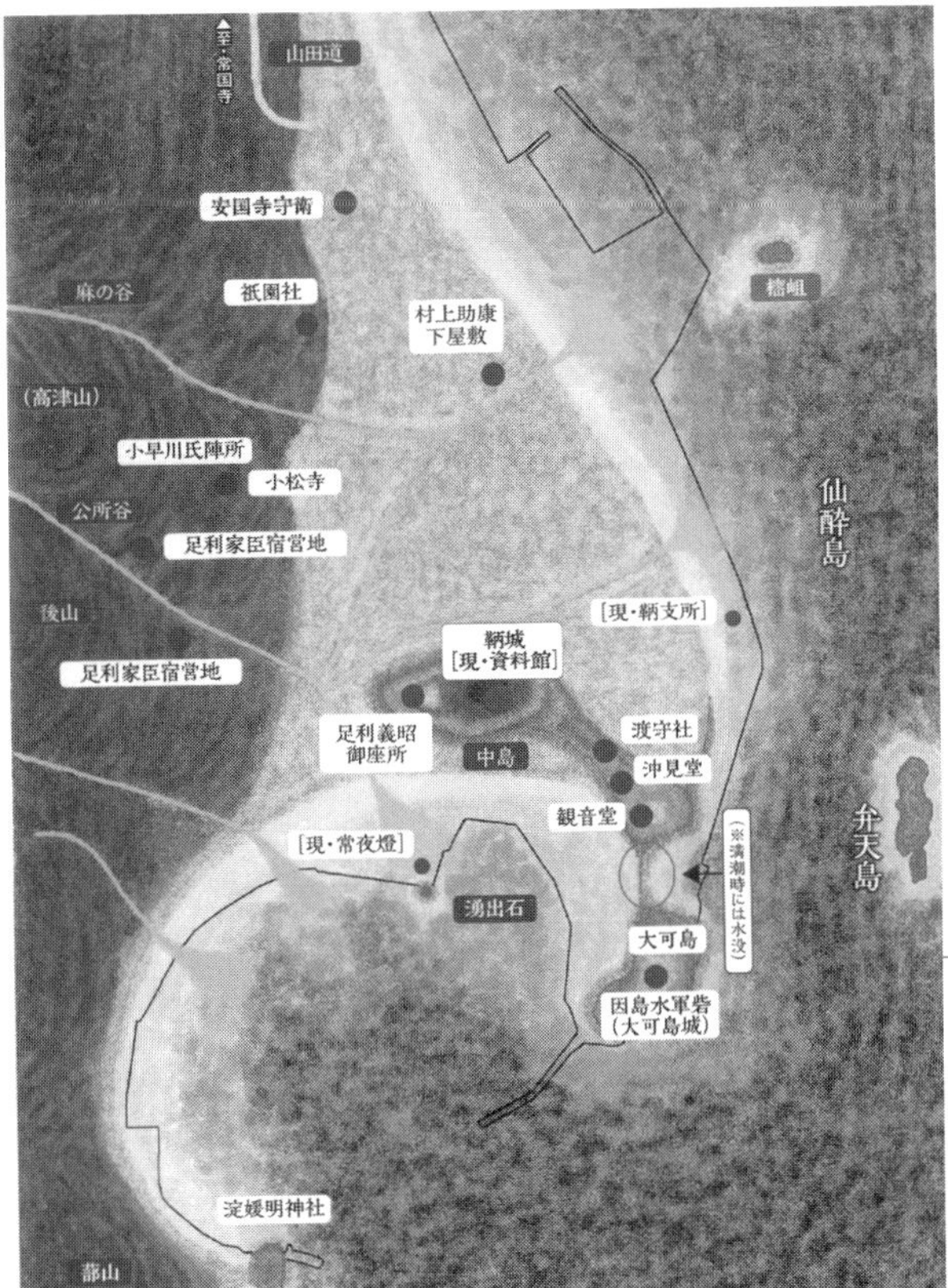

鞆幕府時代想像地形図（画・北村憲司氏）　画像提供：福山市鞆の浦歴史民俗資料館

*8　高田徹「慶長期における本城・支城構造―福島・毛利領を中心として―」（『中世城郭研究』九、一九九五年）。

*9　*3檀上編文献。

*10　*4長谷川論文。

あとがき

京都周囲の山々を見渡すと、驚くほどに城跡が隠れている。しかも、その多くは観光で多くの方が訪れる寺院、また見上げる庭園の借景や名峰であったりする。大学時代を京都で過ごした著者にとって、これらの城跡は調査の経験を積む場所であり、良好に残る遺構を目の前にしては驚きの連続であった。その主体の軸となるのが、戦国の足利将軍たちである。戦国期の列島には万単位の城館が成立したが、その大半は存在を記録にとどめていない。一方でその「土地柄」もあり、京都周辺の城館は当時の日記などに登場し、将軍権力の動向とともに理解できる。これは大変魅力的で、もっと多くの人にその存在を知ってほしいと思ってきた。

さらに将軍の城館、また居所とは、思いがけない形で出会う。例えば滋賀県内をめぐると、その居所はときに城館、または山の寺、さらには村落内の一画という次第である。近年、城館研究の視野は変化し、山の寺の遺構や都市、集落を視野に入れた成果が相次いでいる。そこで、本書は「図説 日本の城郭シリーズ」でありながら城館だけにこだわらず、居所という形でも解説を加えてみた。

繰り返しとなるが、本書のきっかけは二〇一九年の戎光祥ヒストリカルセミナー「覇権戦争の実態を暴く!—足利将軍・三好・松永—」であった。そこで戦国期足利将軍の研究をリードする木下昌規氏の「畿内の動乱と将軍足利義晴・義輝の軍事」を拝聴し、その克明な分析に感銘を受けた。また、参加の方々からは、将軍の城への高い関心を頂戴した。戦国期研究の進展と城館への関心の高まりが京都と足利将軍の城へと目を向け、さらに城館研究が豊かになるのではないかと嬉しく感じた。

ところが出版の話をいただいて以降、自身の作業は遅々として進まず、この間も木下氏が将軍に関する論文、著作を次々と世に送り出し続ける中、ただ申し訳ない気持ちでいっぱいであった。この初夏、京都文化博物館の総合展示「足利将軍、戦国を駆ける！」のチラシを手にした際「室町幕府滅亡後四五〇年」の文字があり、「今年はそんな年なのか……」と初めて気づいたりもした。恐る恐る戎光祥出版株式会社編集長の丸山裕之氏に「まだ大丈夫でしょうか」と聞くこともあったが、木下氏とともにいつもエールだけをいただいた。責を果たしたかは心もとないが、あらためてお二人に御礼を申し上げたい。

実は、以前に龍谷大学のエクステンションセンターや大阪の毎日文化センターで京都、または足利将軍の城をテーマにした講座を担当させていただいた。これをきっかけに現地を訪れた城跡もあり、参加者からいただいた好意的な反応も大変有り難かった。

本書刊行にあたり、多くの研究者や関係機関の方々からは、図版の提供などの多大なご協力を賜った。戎光祥出版株式会社代表取締役の伊藤光祥氏をはじめ、同社のスタッフの方々にも支えていただいた。調査には、多くの方々のご理解があった。京都周辺の城跡、将軍ゆかりの遺跡からさまざまな歴史が紡がれることを願いつつ、後押しをいただいたすべての皆様に心から感謝を申し上げたい。

二〇二三年十月

中西裕樹

【参考文献】

浅利尚民・内池英樹編『石谷家文書　将軍側近のみた戦国乱世』吉川弘文館、二〇一五年
天野忠幸『三好長慶』ミネルヴァ書房、二〇一四年
同　『増補版　戦国期三好政権の研究』清文堂出版、二〇一五年
同　『三好一族と織田信長』戎光祥出版、二〇一六年
同　『松永久秀と下剋上』平凡社、二〇一八年
同　『列島の戦国史4　室町幕府分裂と畿内近国の胎動』吉川弘文館、二〇〇〇年
同　『三好一族』中公新書、二〇二一年
同　「三好長慶と足利義維・義栄親子」（堺市博物館図録『特別展　堺と武将―三好一族の足跡―』、二〇二二年所収）
天野忠幸編『畿内戦国武将列伝7　畿内篇上・下』（戎光祥出版、二〇二二年、二〇二三年）
飯倉晴武「応仁の乱以降における室町幕府の性格」（同『日本中世の政治と史料』吉川弘文館、二〇〇三年所収、初出一九七四年）
家永遵嗣「将軍権力と大名との関係を見る視点」（『歴史評論』五七二、一九九七年）
同　「足利義材の北陸滞在の影響」（『加能史料会報』一二、二〇〇〇年）
今岡典和「足利義稙政権と大内義興」（上横手雅敬編『中世公武権力の構造と展開』吉川弘文館、二〇〇一年所収）
今谷　明『戦国期の室町幕府』講談社学術文庫、二〇〇六年、初出一九七五年
同　『戦国三好一族』洋泉社、二〇〇七年、初出一九八五年
同　『戦国大名と天皇―室町幕府の解体と王権の逆襲』講談社学術文庫、二〇〇一年、初出一九九二年
同　「細川・三好体制研究序説―室町幕府の解体過程―」（右同所収、初出一九七三年）
同　「『東山殿時代大名外様附』について―奉公衆の解体と再編―」（同『室町幕府解体過程の研究』岩波書店、一九八五年所収、初出一九八〇年）
同　「室町幕府奉行人奉書の基礎的研究」（右同所収、初出一九八二年）
同　「大内義興の山城国支配」（同『守護領国支配機構の研究』付論Ⅱ　初出一九八四、法政大学出版局、一九八六年所収）

同　「室町幕府御内書の考察―軍勢催促状・感状を中心に―」（『国立歴史民俗博物館研究報告』五号、一九八五年）
石原比伊呂「室町幕府将軍権威の構造と変容」（『歴史学研究』九六三、二〇一七年）
同　「笙器「達智門」にみる足利義材の近江出陣」（『聖心女子大学論叢』一三二、二〇一八年）
上田浩介「守護在京制解体の画期と幕府求心力についての一考察」（『新潟史学』六九、二〇一三年）
臼井　進「織田信長の上洛経路」（『日本歴史』七八五号、二〇一三年）
榎原雅治「室町殿の徳政について」（『国立歴史民俗博物館研究報告』一三〇集、二〇〇六年）
榎原雅治・清水克行編『室町幕府将軍列伝』戎光祥出版、二〇一七年
大薮　海『列島の戦国史2　応仁・文明の乱と明応の政変』吉川弘文館、二〇〇一年
同　「戦国期室町幕府の政治的基盤としての北畠氏」（同『室町幕府と地域権力』第〇章、吉川弘文館、二〇一三年）
岡田謙一「室町後期の和泉下守護細川民部大輔基経」（『日本歴史』五六六、一九九五年）
同　「細川高国派の和泉守護について」（『ヒストリア』一八二、二〇〇二年）
同　「細川澄元（晴元）派の和泉守護細川元常父子について」（小山靖憲篇『戦国期畿内の政治社会構造』和泉書院、二〇〇六年）
同　「細川右馬頭尹賢小考」（阿部猛編『中世政治史の研究』日本史史料研究会、二〇一〇年）
同　「細川晴国小考」（天野忠幸・片山正彦・古野貢・渡邊大門編『戦国・織豊期の西国社会』日本史史料研究会、二〇一二年）
同　「足利義維の御内書について」（『古文書研究』七三、二〇一二年）
尾下成敏・馬部隆弘・谷徹也『戦国乱世の都』吉川弘文館、二〇二一年
加栗貴夫「足利将軍家重代の鎧「御小袖に関する一考察―「御小袖御拝見」の再検討を通して―」（『青山史学』三五、二〇一七年）
同　「足利将軍家重代の鎧「御小袖」と吉田家―足利義輝政権の一側面―」（『年報中世史研究』四七、二〇二二年）
片山正彦「「江濃越一和」と関白二条晴良」（同『豊臣政権の東国政策と徳川氏』思文閣出版、二〇一七年、初出二〇〇七年）
金子　拓『織田信長〈天下人〉の実像』講談社現代新書、二〇一四年
同　「室町幕府最末期の奉公衆三淵藤英」（同『織田信長権力論』吉川弘文館、二〇一五年所収、初出二〇〇二年）
川口成人「畠山政近の動向と畠山中務少輔家の展開」（『年報中世史研究』四五、二〇二〇年）

同　「室町～戦国初期の畠山一門と紀伊」（『和歌山地方史研究』八一、二〇二一年）
同　「戦国期の細川一門「五条殿」（『戦国史研究』八五、二〇二三年）
河村昭一『若狭武田氏と家臣団』戎光祥出版、二〇二〇年
川元奈々「将軍足利義昭期における幕府構造の研究―奉公衆を中心として―」（『織豊期研究』一二、二〇一〇年）
同　「足利義昭・織田信長と京郊の在地社会―曇華院領山城国大住庄を事例として―」（『都市文化研究』一九、二〇一七年）
河内将芳『戦国京都の大路小路』戎光祥出版、二〇一七年
同　『信長と京都―宿所の変遷からみる―』淡交社、二〇一九年
神田千里「織田政権の支配の論理に関する一考察」（同『戦国時代の自力と秩序』吉川弘文館、二〇一三年所収、初出二〇〇三年）
同　「中世末の「天下」について」（右同所収、初出二〇一〇年）
同　『織田信長』ちくま新書、二〇一四年
同　『顕如』ミネルヴァ書房、二〇二〇年
木下聡編著『若狭武田氏』戎光祥出版、二〇一六年
同編著『管領斯波家』戎光祥出版、二〇一五年
木下　聡『室町幕府の奉公衆と外様衆』同成社、二〇一八年
同　「「足利義昭入洛記」と織田信長の上洛について」（田島公編『禁裏・公家文庫研究』第五輯、二〇一五年）
木下昌規編著『足利義晴』戎光祥出版、二〇一七年
同　『足利義輝』戎光祥出版、二〇一八年
木下昌規『足利義晴と畿内動乱』戎光祥出版、二〇二〇年
同　『足利義輝と三好一族』戎光祥出版、二〇二一年
同　「戦国期侍所の基礎的研究」（拙著『戦国期足利将軍家の権力構造』岩田書院、二〇一四年所収、初出二〇〇八年「戦国期侍所開闔の基礎的研究」を改稿）
同　「永禄の政変後の足利義栄と将軍直臣団」（右同所収、初出二〇一二年）
同　「鞆動座後の将軍足利義昭とその周辺をめぐって」（右同所収）

同　「足利義輝・義昭期における将軍御供衆一色藤長」（戦国史研究会編『戦国期政治史論集西国編』岩田書院、二〇一七年所収）
同　「「御随身三上記」の基礎的研究―将軍足利義尹と武家故実の一側面―」（『十六世紀史論叢』四、二〇一五年）
同　「史料紹介　岩瀬文庫所蔵『室町家日記別録』所収の足利義輝期の番帳について」（拙編著『足利義輝』所収）
同　「足利将軍の「軍事・警察力」は、どの程度あったのか?」（山田康弘編・日本史史料研究会監修『戦国期足利将軍研究の最前線』山川出版社、二〇二〇年所収）
木下昌規・久水俊和編著『足利将軍事典』戎光祥出版、二〇二二年
久野雅司編著『足利義昭』戎光祥出版、二〇一五年
久野雅司『足利義昭と織田信長』戎光祥出版、二〇一七年①
同　「織田信長と足利義昭の軍事的関係について」（同『織田信長政権の権力構造』戎光祥出版、二〇一九年所収、初出二〇一七年②）
同　「足利義昭政権滅亡の政治的背景」（右同所収、初出二〇一七年③）
久保尚文「足利義材の越中下向」（『富山県史通史編二』第三章第二節、一九八四年）
同　「和田惟政関係文書について」（久野二〇一五所収、初出一九八四年）
車谷　航「明応年間における和平交渉の展開と「二人の将軍」」（『戦国史研究』八五、二〇二三年）
黒嶋　敏『天下人と二人の将軍』平凡社、二〇二〇年
同　「『光源院殿御代当参衆并足軽以下衆覚』を読む―足利義昭の政権構造―」（同『中世の列島と権力』高志書院、二〇一一年所収、初出二〇〇四年）
同　「足利義昭の代始め徳政」（『日本歴史』八八六号、二〇二二年）
黒田　智「「鎌倉」と鎌足」（同『中世肖像の文化史』ぺリカン社、二〇〇七年所収、初出二〇〇二年）
小池辰典「鈎の陣にみる戦国初頭の将軍と諸大名」（『日本歴史』八五一、二〇一九年）
同　「明応の政変における諸大名の動向」（『白山史学』五一、二〇一五年）
同　「明応年間における足利義澄「政権」の構造に関する一考察―山内就綱の六角物領拝命・近江入部から―」（『十六世紀史論叢』七、二〇一六年）
同　「明応の政変後の争乱における畠山義豊」（『戦国史研究』八四、二〇二二年）

小谷利明『畿内戦国期守護と地域社会』清文堂出版、二〇〇三年
同　「畠山稙長の動向」（矢田俊文編『戦国期の権力と文書』高志書院、二〇〇四年）
同　「畿内戦国期守護と室町幕府」（『日本史研究』五一〇、二〇〇五年）
小谷量子「歴博甲本洛中洛外図屏風　将軍邸近辺の空間構造」（同『歴博甲本洛中洛外図屏風の研究』勉誠出版、二〇二〇年所収、初出二〇一四「戦国期細川邸近辺の空間構造―歴博甲本洛中洛外図屏風を素材として―」を改稿）
笹木康平「戦国期畿内政治史と若狭武田氏の在京」（『日本歴史』七六八、二〇一二年）
同　「天文期の若狭武田氏に関する一考察―粟屋元隆の反乱と天文九年武田・六角・京極同盟―」（十六世紀史論叢』九、二〇一八年）
佐藤進一「室町幕府論」（同『日本中世史論集』岩波書店、一九九〇年所収、初出一九六三年）
清水敏之「戦国期丹後一色氏の基礎的研究」（『戦国史研究』八二、二〇二一年）
菅原正子「旗を揚げること」（同『中世の武家と公家の「家」』吉川弘文館、二〇〇七年所収、初出一九八七年）
同　「中世の御旗―錦御旗と武家御旗―」（右同所収、初出一九九一年）
末柄　豊「『不問物語』をめぐって」（『年報三田中世史研究』一五号、二〇〇八年）
同　「細川氏の同族連合体制の解体と畿内領国化」（石井進編『中世の法と政治』吉川弘文館、一九九二年）
設楽　薫「足利義材の没落と将軍直臣団」（『日本史研究』三〇一、一九八七年）、
同　「足利義尚政権考―近江在陣中における「評定衆」の設立を通して―」（『史学雑誌』九八―一、一九八九年①）
同　「足利将軍が一門の「名字」を与えるということ」（『姓氏と家紋』五六、一九八九年②）
柴　裕之『織田信長』平凡社、二〇二〇年
同　「足利義昭政権と武田信玄」（『日本歴史』八一七、二〇一六年①）
同　「永禄の政変の一様相」（拙編著『足利義輝』、初出二〇一六年②）
新谷和之編著『近江六角氏』戎光祥出版、二〇一五年
新谷和之『戦国期六角氏の権力と地域社会』思文閣出版、二〇一八年
同　『図説　六角氏と観音寺城　〝巨大山城〟が語る激動の中世史』戎光祥出版、二〇二二年
同　「戦国期における守護権力の変質と有力被官―近江伊庭氏を事例に―」初出二〇一四年①
同　「戦国期近江における権力支配の構造―六角氏を中心に―」初出二〇一四年②

高橋康夫「描かれた京都―上杉本洛中洛外図屏風の室町殿をめぐって―」（同編集『中世都市研究12　中世のなかの「京都」』新人物往来社、二〇〇六年）
谷口克広『将軍義昭と信長』中公新書、二〇一四年
鳥居和之「応仁・文明の乱後の室町幕府」（『史学雑誌』九六―二、一九八七年）
長江正一『三好長慶』吉川弘文館、一九六七年
中西裕樹「永禄十一年の足利義昭・織田信長の上洛と芥川城」（『しろあとだより』二〇、二〇二〇年）
同　「元亀四年の足利義昭の挙兵と淀川水系の城郭」（『しろあとだより』二一、二〇二〇年）
西島太郎『戦国期室町幕府と在地領主』八木書店、二〇〇六年
同　「室町幕府奉公方と将軍家」（『日本史研究』五八三、二〇一一年）
羽田　聡「足利義材の西国廻りと吉見氏―一通の連署状から―」（『学叢』二五、二〇〇三年）
馬部隆弘「永禄九年の畿内和平と信長の上洛―和泉国松浦氏の動向から―」（『史敏』通巻四号〈二〇〇七年春号〉）
同　「信長上洛前夜の畿内情勢―九条稙通と三好一族の関係を中心に―」（『日本歴史』七三六、二〇〇九年）
同　「「堺公方」期の京都支配と松井宗信」（同『戦国期細川権力の研究』吉川弘文館、二〇一八年所収、初出二〇一四年①）、
同　「「堺公方」期の京都支配と柳本賢治」（右同所収、初出二〇一四年②）
同　「細川国慶の上洛戦と京都支配」（右同所収、初出二〇一四年③）
同　「細川澄元陣営の再編と上洛戦」（右同所収、初出二〇一六年）
同　「足利義晴派対足利義維派のその後」（右同所収、新稿）
同　「戦国期畿内政治史と細川権力の展開」（右同所収、初出二〇一六年）
同　「天文十七年の細川邸御成と江口合戦」（『年報中世史研究』四六号、二〇二一年①）
同　「江口合戦への道程―三好長慶と細川晴元の思惑―」（『大阪大谷大学歴史文化研究』二一、二〇二一年②）
同　「足利義昭の奉公衆と城普請」（『織豊期研究』二三、二〇二一年③）
同　「六角定頼の対京都外交とその展開」（『日本史研究』七一〇、二〇二一年④）
同　「細川晴元内衆の内訌と山城下郡支配」（『大阪大谷大学紀要』五六、二〇二二年①）
同　「内藤宗勝の丹後・若狭侵攻と逸見昌経の乱」（『地方史研究』七二―一、二〇二二年②）

浜口誠至「義晴前期の幕府政治―「御作事方日記」を中心に―」(『在京大名細川京兆家の政治史的研究』思文閣出版、二〇一四年所収、初出二〇一二年①)
同「大名邸御成と在京大名」(右同所収、初出二〇一二年②)
同「足利義稙後期の幕府政治と御内書・副状」(四国中世史研究会・戦国史研究会編『四国と戦国世界』岩田書院、二〇一三年)
同「戦国期管領の在職考証」(『日本史学集録』三九、二〇一八年)
同「戦国期管領の政治的位置」(戦国史研究会編『戦国期政治史論集 西国編』岩田書院、二〇一七)
菱沼一憲「南北朝期半済制度の再評価―兵粮料所預置制度として―」(『国史学』二三〇、二〇二〇年)
福山市鞆の浦歴史民俗資料館『特別展 鞆幕府 将軍足利義昭―瀬戸内・海城・水軍―』二〇二〇年
藤井 崇『大内義興―西国の「覇者」の誕生―』戎光祥出版、二〇一四年
同『大内義隆』ミネルヴァ書房、二〇一九年
藤田達生「鞆幕府」論」(『芸備地方史研究』二六八・二六九号、二〇一〇年)
同「鞆幕府論再考」(福山市鞆の浦歴史民俗資料館『特別展 鞆幕府 将軍足利義昭―瀬戸内・海城・水軍―』二〇二〇年)
福島克彦『戦争の日本史11 畿内・近国の戦国合戦』吉川弘文館、二〇〇九年
同「洛中洛外の城館と集落―城郭研究の首都論―」(高橋康夫編集『中世都市研究12 中世のなかの「京都」』新人物往来社、二〇〇六年)
福田豊彦「室町幕府の奉公衆(一)・(二)」(同『室町幕府と国人一揆』吉川弘文館、一九九五年所収、初出それぞれ一九七一年)
同「室町幕府の奉公衆体制」(右同所収、初出一九八八年)
藤岡琢矢「山城国槙島城と真木嶋氏」(『市大日本史』二五、二〇二二年)
古野 貢『中世後期細川氏の権力構造』吉川弘文館、二〇〇八年
堀 新「織田信長と勅命講和」(同『織豊期王権論』校倉書房、二〇一一年所収、初出二〇〇一年)
水野智之「足利義晴~義昭期における摂関家・本願寺と将軍・大名」(久野雅司編著『足利義昭』所収、初出二〇一〇年)
水野 嶺「足利義昭の栄典・諸免許の授与」(同『戦国末期の足利将軍権力』吉川弘文館、二〇二〇年、初出二〇一三年)

同　「義昭期幕府における織田信長」右同所収、初出二〇一八年「幕府儀礼にみる織田信長」を改稿）
光成準治『毛利輝元』ミネルヴァ書房、二〇一六年
同　『小早川隆景・秀秋』ミネルヴァ書房、二〇一九年
村井祐樹『六角定頼』ミネルヴァ書房、二〇一九年
同　「幻の信長上洛作戦―出せなかった書状／新出「米田文書」の紹介をかねて―」（『古文書研究』七八号、二〇一四年）
森　幸夫「室町幕府奉公衆の成立時期について」（同『中世の武家官僚と奉行人』同成社、二〇一六年、初出一九九三年）
森田恭二『戦国期歴代細川氏の研究』和泉書院、一九九四年
同　「細川政元政権と内衆赤沢朝経」（中世公家日記研究会編『戦国期公家社会の諸様相』和泉書院、一九九二年所収、初出一九七九年）
森脇崇文「足利義昭帰洛戦争の展開と四国情勢」（地方史研究協議会編『徳島発展の歴史的基盤―「地力」と地域社会―』雄山閣、二〇一八年所収）
山下真理子「天文期山城国をめぐる三好宗三の動向―山城守護代的立場の木沢長政と比較して―」（『戦国史研究』六七、二〇一七年）
山田邦明『日本の歴史第八巻　戦国の活力』小学館、二〇〇八年
山田貴司「足利義材の流浪と西国の地域権力」（天野忠幸・片山正彦・古野貢・渡邊大門編『戦国・織豊期の西国社会』日本史史料研究会、二〇一二年）
山田康弘「明応の政変直後の幕府内体制」（同『戦国期室町幕府と将軍』吉川弘文館、二〇〇〇年所収、初出一九九三年を補訂）
同　「文亀・永正期の将軍義澄の動向」（右同所収）
同　『戦国時代の足利将軍』吉川弘文館、二〇一一年
同　『足利義稙』戎光祥出版、二〇一六年
同　『足利義輝・義昭』ミネルヴァ書房、二〇一九年
同　「十四代将軍義栄と「二神家文書」所収御内書について」（『戦国史研究』五五、二〇〇八年）
山田康弘編・日本史史料研究会監修『戦国期足利将軍研究の最前線』山川出版社、二〇二〇年

弓倉弘年『中世後期畿内近国守護の研究』清文堂、二〇〇六年
同　「紀伊守護畠山氏の家督変遷」（右同所収、初出一九九〇年より補訂）
同　「戦国期紀州湯河氏の立場」（右同所収、初出二〇〇二年）
同　「畿内に出陣した紀州衆」（小山靖憲編『戦国期畿内の政治社会構造』和泉書院、二〇〇六年）
吉田賢司「室町幕府の軍勢催促」（『室町幕府軍制の構造と展開』第一部第二章、吉川弘文館、二〇一〇年、初出二〇〇三年）
同　「室町幕府の戦功褒賞」（右同第一部第三章、初出二〇〇三年）
同　「足利義政期の軍事決裁制度」（右同第二部第四章、初出二〇〇六年）
同　「室町幕府の内裏門役」（『歴史評論』七〇〇、二〇〇八年）
若松和三郎『阿波細川氏の研究』戎光祥出版、二〇一三年①　一九八九年私家版の改訂新版
同　『戦国三好氏と篠原長房』戎光祥出版、二〇一三年②、二〇〇〇年私家版の改訂新版

【編者略歴】

木下昌規（きのした・まさき）

1978年生まれ。現在、大正大学文学部准教授。

主な業績に、『戦国期足利将軍家の権力構造』（岩田書院、2014年）、『足利義晴と畿内動乱』（戎光祥出版、2020年）、『足利義輝と三好一族』（戎光祥出版、2021年）、『足利義晴』（編著、シリーズ・室町幕府の研究3、戎光祥出版、2017年）、『足利義輝』（編著、シリーズ・室町幕府の研究4、戎光祥出版、2018年）、『足利将軍事典』（編著、戎光祥出版、2022年）などがある。

中西裕樹（なかにし・ゆうき）

1972年、現在、京都先端科学大学特任准教授。

主な業績に、『大阪府中世城館事典』（戎光祥出版、2015年）、『戦国摂津の下克上』（戎光祥出版、2019年）、『高山右近 キリシタン大名への新視点』（編著。宮帯出版社、2014年）、『飯盛山城と三好長慶』（共編著。戎光祥出版、2015年）、『幕末の大阪湾と台場』（共編著、戎光祥出版、2018年）、『松永久秀の城郭』（編著、戎光祥出版、2021年）などがある。

図説 日本の城郭シリーズ⑱

足利将軍《あしかがしょうぐん》の合戦《かっせん》と城郭《じょうかく》

2024年1月10日 初版初刷発行

著　　者　木下昌規　中西裕樹

発 行 者　伊藤光祥

発 行 所　戎光祥出版株式会社

〒102-0083 東京都千代田区麹町1-7 相互半蔵門ビル8F
TEL:03-5275-3361(代表)　FAX:03-5275-3365
https://www.ebisukosyo.co.jp

編集協力　株式会社イズシエ・コーポレーション

印刷·製本　モリモト印刷株式会社

装　　丁　山添創平

ISBN978-4-86403-493-7

弊社刊行関連書籍のご案内

各書籍の詳細およびそのほか最新情報は戎光祥出版ホームページをご覧ください。

(https://www.ebisukosyo.co.jp)　※価格はすべて刊行時の税込

【図説 日本の城郭シリーズ】〈以下、続刊〉　A5判／並製

- 2　大阪府中世城館事典　中西裕樹 著　319頁／2970円
- 6　織豊系陣城事典　高橋成計 著　294頁／2860円
- 7　三好一族と阿波の城館　石井伸夫・重見髙博 編　326頁／2860円
- 10　尼子氏の城郭と合戦　寺井 毅 著　340頁／2970円
- 11　今川氏の城郭と合戦　水野 茂 編著　313頁／2860円
- 12　戦国和歌山の群雄と城館　和歌山城郭調査研究会 編　306頁／2860円
- 13　明智光秀の城郭と合戦　高橋成計 著　243頁／2750円
- 14　最上義光の城郭と合戦　保角里志 著　253頁／2860円
- 15　朝倉氏の城郭と合戦　佐伯哲也 著　310頁／3080円
- 16　秀吉の播磨攻めと城郭　金松 誠 著　252頁／2860円

【中世武士選書】〈以下、続刊〉　四六判／並製

- 31　三好一族と織田信長—「天下」をめぐる覇権戦争　天野忠幸 著　203頁／2750円
- 33　足利義稙—戦国に生きた不屈の大将軍　山田康弘 著　229頁／2750円
- 41　戦国摂津の下克上—高山右近と中川清秀　中西裕樹 著　267頁／2860円
- 44　足利義晴と畿内動乱—分裂した将軍家　木下昌規 著　312頁／3080円
- 45　足利義輝と三好一族—崩壊間際の室町幕府　木下昌規 著　324頁／3080円

室町幕府将軍列伝 新装版　榎原雅治・清水克行 編　四六判／並製／424頁／2970円

足利将軍事典　木下昌規・久水俊和 編　四六判／並製／336頁／2970円

戦国大名の権力と城郭
3　松永久秀の城郭　中西裕樹 編著　A5判／上製／360頁／9680円